本著作为北京市教育科学“十三五”规划重点课题《产教融合背景下的学生研学旅行质量标准研究》的研究成果
（项目编号：CADA18071）

走向生活世界

——中小学研学旅行管理学

李永生　编著

北京航空航天大学出版社

内容简介

本书以全面落实教育部等11部委发布的《关于推进中小学生研学旅行的意见》为基础，探索中小学研学旅行的内在规律，对研学旅行进行教育学意义的理论建构，完善中小学研学旅行的基础理论；针对中小学不同学段、不同年级，研究中小学研学旅行的产品体系，开发可对接学校学科教学计划的旅游资源，形成课程范例；根据不同学段的教育教学目标和学生的身心发展特点，研究以学校为单位组织研学旅行的组织管理的基本流程以及其交通安全、食宿卫生等集体活动规范要求；研究研学旅行基地的学校选择与建设标准；研究研学旅行课程开发的基本理论和规范要求；探索研学旅行指导教师的专业标准、研学旅行的安全责任体系、社会支持系统、研学旅行效果评价体系等具体管理内容，形成中小学校研学旅行相关管理规范和评价标准。

图书在版编目(CIP)数据

走向生活世界 ：中小学研学旅行管理学 / 李永生编著. -- 北京 ：北京航空航天大学出版社，2021.4

ISBN 978-7-5124-3495-0

Ⅰ. ①走… Ⅱ. ①李… Ⅲ. ①教育旅游－中小学－教学参考资料 Ⅳ. ①G632.429

中国版本图书馆CIP数据核字(2021)第063711号

走向生活世界

——中小学研学旅行管理学

李永生 编著

策划编辑 刘 扬 责任编辑 刘 扬

*

北京航空航天大学出版社出版发行

北京市海淀区学院路37号(邮编100191) http://www.buaapress.com.cn

发行部电话：(010)82317024 传真：(010)82328026

读者信箱：qdpress@buaacm.com.cn 邮购电话：(010)82316936

涿州市新华印刷有限公司印装 各地书店经销

*

开本：787×1 092 1/16 印张：24.25 字数：719千字

2021年5月第1版 2021年5月第1次印刷

ISBN 978-7-5124-3495-0 定价：75.00元

自　序

世纪之交,我国开启了新中国成立以来的第八次基础教育课程改革。国家通过改革基础教育课程,调整人才培养目标,改变人才培养模式,提高人才培养质量,从而为提高民族素质、增强综合国力服务。伴随着基础教育课程改革的不断深化,长期以来困扰基础教育课程与教学的一些旧病顽疾逐步得到解决。在课程结构方面的改革,将综合实践活动课设置为必修课,其中,研学旅行课程就是改革的亮点之一。通过研学旅行活动可以加强学校教育与社会的联系,改变学校教育封闭办学、脱离社会的倾向,加强学生创新精神和实践能力的培养,提高学生的社会责任感,为每个学生健康发展创造条件。

中小学生研学旅行是由教育部门和学校有计划地组织开展的研究性学习和旅行体验相结合的校外教育活动,是加强学校教育和校外教育衔接的创新形式,是教育教学的重要内容,是综合实践育人的有效途径。2016 年 12 月教育部等 11 部门联合发布的《关于推进中小学生研学旅行的意见》、2017 年 1 月国家旅游局发布的《研学旅行服务规范》以及教育部发布的《中小学德育工作指南》和《中小学综合实践活动课程指导纲要》都明确学校要组织开展研学旅行,以推进中小学生综合素质的提升。

历史上,由于教学观念滞后,受办学条件、社会环境等多方面的限制,一些学生的学习基本上都是在校园里、教室内进行,生活在"书本世界"里,课程结构单一,学科体系封闭;一些课程内容脱离学生经验和社会实际,思想品德教育的针对性、实效性不强;一些课程评价过于强调学业成绩和甄别、选拔的功能,学生的学习以死记硬背、题海训练为主;教学过程难以适应当地经济、社会发展的需求和学生多样发展的需求。中小学研学旅行则以立德树人为根本任务,秉持"创新、协调、绿色、开放、共享"的发展理念,目的是帮助中小学生了解国情、热爱祖国、开阔眼界、增长知识,着力提高学生的社会责任感、创新精神和实践能力,让学生真正走向"生活世界"。

"生活世界",原本是西方的一个哲学概念。早在 20 世纪 20 年代之前,胡塞尔就已经开始使用"生活世界"概念。胡塞尔认为"生活世界"有四层含义。第一,"生活世界"是一个非课题性的世界。也就是说,这个世界是不言自明的现实存在,它不需要我们把它作为一个问题来进行研究。第二,"生活世界"是一个奠基性的世界。在这里,"生活世界的自然态度"与"客观科学的态度"和"哲学的反思态度"得到区分,后面的两种态度都在某种程度上将现实世界作为课题来探讨。第三,"生活世界"是一个主观的、相对的世界。① 它随个体自我主观运动而发生变化。第四,"生活世界"是一个直观的世界。不同的经验主体由于其主观视域的差异,其所面对的生活世界也不完全相同,它可以是相对于个体的人而言的世界,也可以是相对于集体的人而言的世界。总的说来,在胡塞尔看来,生活世界是直觉经验世界,是主体的构造,是经验和前科学生活的结果。

哈贝马斯认为,"生活世界"是由文化、社会和个性构成的,是人们在日常生活中进行相互

---

① 胡塞尔.欧洲科学的危机与超越论的现象学[M].王炳文译.北京:商务印书馆,2001:159.

交往的舞台，它给人们提供了一个背景知识，在这个背景知识下，人们能够相互理解、形成共识；“生活世界”是行为主体进行协商、形成互动、维护社会规范的“信念储蓄库”。“生活世界”有三个背景特征。一是“绝对的明确性”。“它赋予我们共同生活、共同经历、共同言说和共同行动所依赖的知识以一种悖论的特征”。二是“总体化力量”。这种总体既是社会空间上的总体，包括村庄、地区、国家、民族、社会等，也是历史时间上的总体，包括一代又一代人的延续，各个历史时代、年代以及上帝面前的个体生活历史等。三是和绝对性、总体化联系在一起的“整体论”。整体指的是“生活世界”中的各种要素相互交融，结成一体。①

马克思以现实的人的物质生产实践为立足点和出发点，指出人类的“生活世界”的本质不是一个自然的生活现象，而是一个现实的、辩证的、能动的生活过程，人在改变生活世界的过程中改变着整个世界，包括改变着人自身。

哲学家胡塞尔、哈贝马斯、马克思关于“生活世界”本质特征和现象表征的论述，为研究中小学通过研学旅行走进“生活世界”提供了理论参照。但中小学生研学旅行所走向的“生活世界”有其时代特征，它是特指因地制宜，引导学生走出校园，走进与学生日常课堂生活不同、有地域特色，可以拓宽视野、丰富知识、了解社会、亲近自然、参与体验的社会实践环境；它是符合学生身心特点、接受能力和实际需要的，具有系统性、知识性、科学性和趣味性的，为学生全面发展提供良好条件的体验空间；它也是一个建立了安全保障机制，明确安全保障责任，落实安全保障措施，确保学生生命健康安全的探索场所。中小学生研学旅行所走向的“生活世界”一般多指能够结合域情、校情、生情，依托自然和文化遗产资源、红色教育资源的综合实践基地、大型公共设施、知名院校、工矿企业、科研机构等；是对学生进行理想信念教育、爱国主义教育、革命传统教育、国情教育的重要载体；也是体验祖国大好风光、民族悠久历史、优良革命传统和现代化建设成就的场景。

研学旅行课程的探索，推进了基础教育课程功能的转变，促进了过去注重单纯传授知识向关注学生学习的过程与方式转变，强调在学习知识的过程中潜移默化地培养学生正确的价值观、人生观和世界观，改变了以前过度关注学生的学习结果倾向；研学旅行课程的探索，加强了与学生生活以及现代社会和科技发展的联系，关注了学生的学习兴趣和经验，精选了一些学生学习必备的基础知识和技能；研学旅行课程的探索，改变了过去课程实施过于强调接受学习、死记硬背、机械训练的现象，倡导学生主动参与、乐于探究、勤于动手，培养学生搜集和处理信息的能力、获取新知识的能力、分析和解决问题的能力以及交流与合作的能力；研学旅行课程的探索，也改变了课程评价过分强调别与选的功能，发挥了评价促进学生发展、教师提高和改进教学实践的功能。

由于研学旅行是新一轮基础教育课程改革的一种新型课程形式，起步较晚，发展体系尚在探索之中，所以，还缺乏科学系统的管理机制，统一规范的学校管理标准还欠缺。旅游部门虽然出台了《研学旅行服务规范》，但还是以导游服务规范、旅行社国内旅游服务规范和旅行社服务通则为标准，与中小学生身心发展规律和研学旅行课程建设仍然存在一定差距。具体表现为：缺乏以学校为单位组织研学旅行的交通安全、食宿卫生、医疗防护等集体活动的学校管理标准，缺乏研学旅行行业准入的教育管理规范，缺乏研学活动教育评价标准，缺乏学校选择基

① 哈贝马斯.后形而上学思想[M].曹卫东，等译.南京：译林出版社，2001：79、84.

地的教育标准(一些研学旅行基地、机构的资质参差不齐,功利性强),缺乏研学导师工作标准(普通导游不熟悉教育,学校老师不熟悉旅行,指导研学旅行的效果受到限制),研学旅行课程开发没有纳入学科教学计划,课程的针对性不强。同时,学校对研学旅行的宣传不足,很多家长和学生不了解研学旅行及其价值,一些研学旅行产品又存在虚假宣传,导致全面推进研学旅行受到影响。正是因为如此,研学旅行效果不太理想,研学旅行活动中存在“只游不研”或“游”“学”分离现象。

2018年,北京市教育科学规划办批准由北京财贸职业学院李永生研究员主持的《产教融合背景下的学生研学旅行学校质量标准研究》为北京市教育科学“十三五”规划2018年重点课题。与此同时,北京市教委高度重视科学、规范地开展中小学生研学旅行活动,注重顶层设计,也将中小学生研学旅行研究确定为2018年北京市教委政策研究课题,旨在通过项目研究解决全市中小学研学旅行管理与政策问题。受北京市教委的委托,拟定《产教融合下的学生研学旅行管理标准与课程化开发》项目,并将其与教育规划课题进行合并研究。

本课题以北京财贸职业学院为牵头单位,整合了部分旅游企业,遴选了北京市部分中小学校,以全面落实《关于推进中小学生研学旅行的意见》为基础展开课题研究。

作为课题研究成果,本书是以当前中小学研学旅行活动中的实际管理需要为基础展开论述,目的是为学校开展研学旅行活动提供规范化的组织管理流程和指导,构建一套管理规范、流程清晰、职责明确的中小学校研学旅行的学校管理与评价标准;依据不同年级学科教学内容开发一批对接相关年级学科教学内容的研学旅行示范课程和有影响力的精品研学旅行线路,推动中小学研学旅行发展体系建设。

全书分为三个部分,包括研学旅行管理理论部分、研学旅行学校管理质量标准部分和研学旅行课程开发参考案例部分。研学旅行管理理论研究部分分为九章,主要是对中小学研学旅行进行基础理论建构,包括中小学研学旅行的理论概述、中小学研学旅行的学校管理质量标准、中小学研学旅行的产品体系、中小学研学旅行的学校组织管理规范、中小学研学旅行课程建设、中小学研学旅行基地学校选择、中小学研学旅行运营的社会支持与安全保障体系、中小学研学旅行的指导教师的专业素养和中小学研学旅行的评价等。研学旅行的学校管理质量标准部分分为六章,主要研究了中小学生研学旅行学校组织准备的管理规范、承接中小学生研学旅行的基地、企业(旅行社、机构)的学校选择标准、中小学生研学旅行安全保障的学校工作标准、中小学生研学旅行指导教师的专业素养标准和中小学生研学旅行的效果评价标准等。研学旅行课程开发参考案例部分,提供了11条线路设计范例,以北京的中小学为例,按照小学、初中、高中三个学段不同特点,设计了不同范围的研学旅行课程。

本书适用于研究或从事研学旅行管理的教育行政部门干部、教研部门教师、中小学校长、中层干部、班主任和教师;从事研学旅行方面的旅游企业的干部及员工,研学基地的干部及员工;大专院校旅游专业的师生。

参加课题研究的成员有:北京财贸职业学院的刘雁琪、徐楠、侯雪艳、王悦、周晓凌、夏飞、董雪梅、付新建、王俏、孔玲老师和北京教育学院朝阳分院的刘继玲老师。

参加课题研究的学校有:北京财贸职业学院、北京市陈经纶中学、北京市潞河中学、中央民族大学附中、北京第十二中学、北京第八中学、北京市京源学校、北京市大峪中学、北京市昌平二中、北京四中房山分校、北京市东城区史家小学、中国人民大学附属小学、北京师范大学第二实验小学永定分校等。

参加课题研究的企业有：北京人生远足国际教育文化发展有限公司、北京世纪明德教育科技股份有限公司、中青旅控股股份有限公司、中国国旅集团旅游劳务培训中心、北京大潮研学国际旅行社有限公司、北京康庄国际旅行社股份有限公司、北京市联合国教科文组织协会研学旅行办公室、亲子猫（北京）国际教育科技有限公司等企业。

李永生

2021年3月

目　　录

第一部分　研学旅行管理的基本理论

第二部分　研学旅行的学校管理质量标准(规范)

第三部分　研学旅行的课程开发参考案例

第一部分
研学旅行管理的基本理论

引　言

中小学研学旅行管理学是以全面落实《关于推进中小学生研学旅行的意见》为基础，以中小学开展的研学旅行活动为对象，梳理研学旅行的发展历史，对研学旅行进行教育学意义建构，以完善中小学研学旅行的基本理论；针对中小学不同学段、不同年级，研究中小学研学旅行的产品体系，开发可对接学校学科教学计划的旅游资源，形成课程范例；根据不同学段的教育教学目标和学生的身心发展特点，研究研学旅行组织管理的基本流程；研究以学校为单位组织研学旅行的交通安全、食宿安全、医疗防护等集体活动的工作标准或规范要求；研究研学旅行基地的学校选择与建设标准；研究研学旅行课程开发的基本理论和规范要求；探索研学导师的专业标准、研学旅行运营的社会支持体系和安全责任体系、研学旅行效果评价体系等具体管理内容，为中小学校安全、科学组织开展研学旅行提供规范化的管理实践指导，为教育行政主管部门考核、评价中小学校研学旅行效果提供参考，形成中小学校研学旅行相关管理规范和评价标准。

中小学研学旅行管理是现代学校管理的一部分。中小学研学旅行理论与现代学校管理理论之间存在丰富的互动关系，其根本使命在于服务学校教育教学质量的提高。中小学研学旅行理论就是借鉴学校的一般管理理论分析判断中小学研学旅行管理中的现象和规律，运用学校管理的相关技术与方法，处理研学旅行现实管理问题，从而进行相关的理论建构。

中小学研学旅行管理是为提高研学旅行有效开展的一种行为和过程。中小学研学旅行有自己的内涵与意义，它同样涉及相应的权力、责任、原则、价值等问题。因此，本书将上述内容纳入研究范畴，由此，试图进一步探索中小学研学旅行管理学的对象、性质和任务内容等。

中小学研学旅行管理学的研究对象是研学旅行活动和规律。研究中小学研学旅行活动是研究研学旅行活动管理的本质和规律的切入点，通过对研学旅行活动的研究来认识研学旅行管理的规律，为研学旅行管理者提供理论支撑和方法指导，为制定方针政策提供科学依据。

中小学研学旅行管理学是现代学校管理学的一个部分。中小学研学旅行是学生研究性学习和旅行体验相结合的校外教育活动，其发展进程是与基础教育课程教学改革发展紧密相伴的。虽然中小学研学旅行是综合实践育人的有效途径，是教育教学的重要内容，是与教育学紧密相连的，它运用教育学视角分析研学旅行管理中的教育问题，并为教育教学提供直接服务,但它不从属于教育学。由于中小学研学旅行是由教育部门和学校有计划地组织安排并通过集体旅行、集中食宿方式开展的,其过程、方法、手段,深受现代学校管理理论的影响,其理论是以现代学校管理学理论为基础,很多内容甚至是对现代管理学的直接借鉴。中小学研学旅行管理学是研究如何提高研学旅行活动有效性的学科,是应用教育学、管理学、社会学、经济学和法学等理论具体分析研学旅行管理中的实践问题,寻找解决问题的途径和手段,实现理论与实践相统一的实用性学科。

时代是思想之母,实践是理论之源。改革和创新是时代发展的需要。中小学研学旅行的产生源于新时代基础教育课程改革的需要,具有强烈的时代性。从内容上看,中小学研学旅行管理学涉及研学旅行的管理思想、管理原则等宏观理念问题的研究,涉及研学旅行的管理体制、管理模式等制度设计问题的探索,涉及研学旅行的管理主体、管理客体、管理环境、管理文化等管理哲学问题的研究,以及研学旅行的管理目标、管理过程、管理内容、管理方法、管理功能、管理绩效、管理评价等微观操作问题的解决。除此之外,还涉及学校与政府、学校与企业、学校与家庭、学校与社会等方面的关系问题处理的研究。

总之,中小学研学旅行管理学旨在通过对研学旅行活动的研究,总结中小学研学旅行管理经验,了解中小学研学旅行活动特点,探寻中小学研学旅行管理规律,通过借鉴相关学科的知识、方法,丰富中小学研学旅行管理理论,以指导研学旅行工作,提高研学旅行效果。

第一章　中小学研学旅行的理论概述

中小学研学旅行是基础教程改革的一个创新举措，也是教育、旅游、文化长期交流实践的结果。中小学研学旅行以崭新的教育形式吸引了政府、企业、社会、学校以及家庭各方关注，推动了各地中小学以多种方式开展多样化的实践活动。对于这项改革，需要认真探索其内在规律，完善其基础理论。本章研究了研学旅行的内涵特点和构成要素，分析了研学旅行的不同主体以及不同学段研学旅行的目的、方式、功能、基本原则等基本问题；从社会学、教育学和旅游学等角度阐述了国内外研学旅行的演变过程和发展规律，探寻了其不同类型实践模式的变化特点，分析了研学旅行的学习本质和机制，以形成关于中小学研学旅行的理论框架。

一、中小学研学旅行的内涵

在国外文献中，"教育旅游"（Educational Tourism）的概念，强调旅游活动的学习目的性和参与主体的多样性，一般都将教育旅游解释为申请人或参与者以团体形式离开居住城市到异地进行学习实践的旅游项目。① 而对于"研学旅行"的英语表述的认识却不一致，有学者认为，与欧美国家相关度较高的词应该是为"Outdoor Education""Field Trip"和"Experience Education"，而不是"Educational Tourism"，因为研学旅行不是"教育"与"旅行"的简单叠加，而是具有"户外体验"的性质，所以，更倾向于用"Outdoor Education"来表示研学旅行。②

从现有的材料来看，我国最早开展研学旅行的理论研究始于1996年。③"研学旅行"这一概念是2013年我国《国民旅游休闲纲要（2013—2020年）》提出"逐步推行中小学生研学旅行"后才正式开始使用的。在此之前有"修学旅游""修学旅行"等不同的说法，但没有本质差别。国内一些研究者认为，修学旅游的本质是一种"专项旅游活动"，而非一种"教育产品"。作为一项基础教育改革的举措和一种旅游转型发展的方式，研学旅行走入国内教育界及旅游界的共同研究视野后，对于其本质内涵的研究也才逐渐聚焦，"旅游是手段，教育是目的"这一认识逐渐成为大家的基本共识。④

总的来看，关于"研学旅行"内涵的界定存在两个不同的视角。旅游学界认为研学旅行是旅游者出于文化求知的需要，暂时离开常住地，以独立出游、结伴或以团队形式前往异地开展的文化考察活动。⑤ 有研究者将这种活动大致分为"泛游"（以观摩为主要形式开展的旅游）、"行游"（由原来的观光游览变为以体验学习为主要形式开展的旅游活动）、"研游"（旅游的娱乐性消解，研究学习性凸显并上升到以提高个人素质和修养高度为目的的活动）。⑥ 而教育学界则将其界定为在教育部门和学校有计划地组织安排下，通过集体旅行、集中食宿的方式开展的

---

① Ritchie BW. *Managing educational tourism*[J]. *Managing Educational Tourism*, 2003: 11-13.

② 陆庆祥，汪超顺. 研学旅行理论与实践[M]. 北京：北京教育出版社，2018：14-15.

③ 吕可风. 话题讨论式教学——来华修学旅游学生教学方式探讨[J]. 旅游研究与实践，1996(1)：60-61.

④ 刘璐，曾素林. 中小学研学旅行研究进展与反思[J]. 教育探索，2018(1)：8-16.

⑤ 吕可风. 话题讨论式教学——来华修学旅游学生教学方式探讨[J]. 旅游研究与实践，1996(1)：60-61.

⑥ 陈素平，梅雨晴. 近20年我国研学旅游研究综述[J]. 湖南工程学院学报，2017(3)：16-21.

研究性学习和旅行体验相结合的校外教育活动，把它看作是学校教育和校外教育衔接的创新形式，是教育教学的重要内容，是综合实践育人的有效途径。[①] 也就是说，中小学研学旅行是一种教育和旅行相结合的校外教育活动，其根本任务是立德树人并培养富有社会责任感、创新意识和实践能力的社会主义建设者和接班人。其核心目标是育人，其基本功能是帮助学生在自然环境或实际情境下了解和掌握那些在教室情境中难以习得的内容，是学生在校外环境中跟随教师学习特定知识与技能的学习方式。

分析上述两个学界的定义，不难看出，前者是从广义角度将研学旅行确认为前往异地进行的专项旅游活动，其对象不仅包括学生，还包括任何以求知为目的进行旅游的其他人群；强调通过"旅游＋"推动的、与教育融合渗透而形成的新业态，这不仅为旅游业发展自身拓展了新空间、提供了新动能，也为教育事业发展创造了新的形式和路径。[②] 而后者则是从狭义角度，明确了研学旅行的对象特指中小学生，是有目的、有计划、统一组织的，以学生获取知识、体验生活为主的校外集体活动。两者的差别在于：前者关注研学旅行的观光性和体验性，重视研学旅行的市场成长性，所以，强调研学旅游研究的主体范围不应局限于中小学生；后者强调研学旅行的教育性、探究性和集体性，主要考虑了当前国家政策强调的研学旅行的主体为中小学生这一特定群体等，因而英文表述用"study travel"相对更合适一些。

中小学研学旅行是一种"社会行动"。马克斯・韦伯认为，社会行动是指行动者赋予了主观意义并指向他人的行动。旅游是一种社会行动。[③] 一定意义上说，旅游是对人类社会固有矛盾的一种折射，即对日常生活的空间固定性与人类的本能好奇心之间的矛盾的折射。旅游就是离开日常生活空间来获得陌生感、新鲜感，摆脱日常生活节律而获得放松感、解放感、自由感。也就是说，体验是旅游的内核。从这个意义上说，中小学研学旅行在形式上是一种旅游。然而，研学旅行不同于一般意义的旅游，它是通过户外旅行的方式让学生在真实的情境中掌握所需的知识与技能，扩展学生的学习方式，从而帮助学生将知识技能应用于生活实践当中的教育活动。[④]

中小学研学旅行是一种"意志行动"。美国结构功能主义的主要代表人物塔尔科特・帕森斯(Talcott Parsons)在他的社会行动理论中提出，意志行动是社会行动的基本单位，每一种行动都涉及主观目的，并构成行动中的意志自主因素。[⑤] 中小学研学旅行是一种目的引导下的教育活动，它是以促进学生的身心发展为宗旨的，让学生在实际的、直接的、生活的体验中学习，在旅行过程中习得知识和技能，促进自我认识提高以及塑造自我在社会环境中的角色担当。

中小学研学旅行本质上也是一种"实践活动"。研学旅行是"学"与"行"相结合的学习方式，"行"是手段，"学"是目的。研学旅行之"学"具有更强的针对性，更重视对学生实践能力的培养。事实上，研学旅行和其他教育活动一样，都是在一定的客观环境中进行，通过一定的条件和手段实现的。虽然研学旅行具有十分鲜明的主观性，但它既是一种特殊的综合实践活动

---

① 教育部等. 关于推进中小学生研学旅行的意见[EB/OL]. (2016-12-19). http://www.moe.gov.cn/jyb_xwfb/gzdt_gzdt/292360.html.

② 邢晓玉. 国内研学旅行研究进展与展望[J]. 江苏商论，2019，(12)：69-71.

③ 乔纳森・H. 特纳. 社会学理论的结构[M]. 吴曲辉，等译. 杭州：浙江人民出版社，1987：71.

④ 薛博文. 中小学研学旅行的价值意蕴与发展策略[J]. 现代教育科学，2020 (1)：19-27.

⑤ 乔纳森・H. 特纳. 社会学理论的结构[M]. 吴曲辉，等译. 杭州：浙江人民出版社，1987：71.

课程,又是一种研究性、体验性的学习,更是以学习共同体为方式开展的集体性学习活动。① 研学旅行是实践育人的有效途径,"教学做"一体是它的精髓。研学旅行具有集体性、综合性、开放性、自主性、体验性和研究性等特点。

二、中小学研学旅行的研究现状

总体上看,对于中小学研学旅行的研究,教育学界是以教育理论为依托,旅游学界是以经济理论、市场理论和消费者行为理论为依托展开的。

(一)教育视角下的研学旅行的研究

在深化素质教育改革、创新人才培养模式的探索中,旅游因具有文化属性和育人属性被教育实践者和理论研究者高度关注。有研究者认为研学旅行被看作承载着促进素质教育改革、践行社会主义核心价值观、培养学生文明旅游意识、提升中国学生核心素养等方面的教育价值,②可以使青少年在社会化过程中,获得很多校内难以获得的成长体验。也有研究者从国家、学校、学生三个层面阐释了研学旅行的教育意义;还有研究者借鉴创新人才培养所需要的心智模型理论,认为其对学生心智能力的培育有重要的影响和意义。③

关于中小学研学旅行的主体,研究者观点迥异,根据学校实际情况,主要包含教育行政管理部门、学校、中小学生和提供研学旅行服务的企业(旅行社、机构和研学旅行基地)等几个部分。但作为综合实践课程的重要组成部分,研学旅行具有的教育性、体验性、集体性、探究性和公益性等特点为大多数研究者所认同。

有研究者把研学旅行理论基础溯源为一种自然主义教育、一种生活主义教育、一种休闲主义教育。④ 有研究者指出,在学习内容上,研学旅行具有鲜明的文化特性;在学习过程上,研学旅行是实践共同体的互助;在学习结果上,研学旅行对学生人格形成和知识习得具有重要作用。有研究者主张研学旅行在教育理念和教育方式上需要继承传统并与国际接轨,强调借鉴欧美和日本等国家的经验,将研学旅行作为教学要求;同时也强调要继承中国传统文化中的教育理念。⑤

中小学研学旅行的课程化建构有不同视角。从研学旅行的主题看,有研究者将旅行课程归纳为自然类、历史类、地理类、科技类和人文类等几种。从研学旅行学生参与方式看,有研究者将其归纳为体验研学、专题研学、互动研学等几种方式。为促进研学旅行和学校课程有机融合,把研学旅行纳入学校教育教学计划的方式,根据中小学学段特点和地域特色,构建不同学段研学旅行资源的课程体系,形成研学旅行多元化的课程目标、综合性的学科内容、实践性的规划操作和发展性的评价机制。⑥

改革开放后的"冬令营"和"夏令营"可以看作我国狭义上的中小学研学旅行的一种早期组织形式。当前国内中小学研学旅行的组织大致有两种:一种是由学校独立组织的,另一种是由

---

① 杨晓.研学旅行的内涵、类型与实施策略[J].课程·教材·教法,2018(4):131-135.
② 沈晓春.广东修学旅游产品开发研究[J].邵阳学院学报,2011(10):65-68.
③ 衣新发,衣新富.研学旅行与学生创造心智培养[J].创新人才教育,2017(3):49-55.
④ 陆庆祥,汪超顺.研学旅行理论与实践[M].北京:北京教育出版社,2018:14-15.
⑤ 李军.近五年来国内研学旅行研究述评[J].北京教育学院学报,2017(6):13-19.
⑥ 周艳春,汤敢峰.企校银合作构建大学生修学旅游市场开发的全新模式[J].吉林省教育学院学报,2011,27(10):24-26.

学校选择主题、由研学旅行基地或旅游企业来协助完成的。相比较而言，目前国外中小学研学旅行实施的模式主要有自然教育模式、生活体验模式、文化考察模式和交换学习模式等。①

（二）旅游视角下的研学旅行的研究

旅游学界对于研学旅行的研究比较偏好用"研学旅游""修学旅行"的概念来表达，而且研究比较集中在研学旅行的产品经营方式上。国内研学旅行产品大多数是以旅游市场为依托、以地域资源特色为设计思路进行开发的，而对于研学旅游产品开发的研究大多数是以传统旅游具有的特性而展开的。有研究者提出，在文化旅游业大发展的时代下，研学旅行产品可以分为"研学＋科技、文化、农业、拓展"四类模式。也有研究者提出研学旅行产品市场多元化、精品化、运作规范化、政策优化和区域合作化的开发建议。② 而对于研学旅行资源的研究主要集中在研学旅行基地建设上，特别是有地域特色旅游资源的研学旅行产品的开发设计上。

关于研学旅游产品的推广与营销，一些研究者运用4P理论对研学旅游产品营销策略进行了研究；还有研究者针对学校、青少年学生、家长群体、社会大众和中间商等五种不同对象提出进行有针对性的宣传活动、促销手段和方法。关于研学旅行市场，不同地区研学旅游市场发展还存在差距。有研究者关注到，日韩地区、欧美地区的入境研学和出境研学都广受追捧，中国港澳台地区的研学旅游市场也较为发达。我国研学旅行市场在2013年后才进入发展的快车道，据《中国研学旅行发展报告》的数据显示，研学旅行出行人次与市场规模均出现快速增长，出行人次年复合增长率超过34%，市场规模年复合增长率接近60%。有研究者认为，研学旅游的经营模式是对研学旅行市场做出反应的一种范式。按照企业分类，可以划分为单一化经营模式和多元化经营模式。根据研学旅行的发展特点，当前，研学旅行经营模式有校企结合模式、校企银合作模式、政企校合作模式和区域合作开发模式四种，但校企结合模式应当成为主流。

随着对现代旅游业教育属性认识的不断深入，国家加快推出了研学旅行政策。2013年2月，国务院关于《国民旅游休闲纲要（2013— 2020年）》提出要"逐步推行中小学生研学旅行"；2014年7月，教育部发布《中小学学生赴境外研学旅行活动指南（试行）》，为境外研学旅行提供了基本准则要求；同年8月，国务院发布《关于促进旅游业改革发展的若干意见》，再次提出要"积极开展研学旅行"；2015年8月，国务院办公厅发布的《关于进一步促进旅游投资和消费的若干意见》提出了要"支持研学旅行发展，把研学旅行纳入学生综合素质教育范畴"；2016年1月，国家旅游局公布首批10个"中国研学旅游目的地"和20家"全国研学旅游示范基地"；2016年底，教育部等11部门联合发布《关于推进中小学生研学旅行的意见》，明确"把研学旅行纳入学校教育教学计划"，并将之置于落实立德树人教育任务的战略新高度。2017年8月和11月教育部发布了《中小学德育工作指南》和《中小学综合实践活动课程指导纲要》。一系列政策的推出使研学旅行在全国各地得到快速发展，但也出现了一些困难与问题。

影响研学旅行组织实施效果的原因是多样的。有研究者认为主要在实施因素、保障措施和实施策略三方面；有研究者强调在于学生对研学旅行的认知及满意度；也有研究者强调出行安全、经费保障、协调资源、效果评价、现场指导、旅游市场等因素对研学旅行具有重要影响。③

① 刘璐，曾素林．国外中小学研学旅行课程实施的模式、特点及启示[J]．课程教材教法，2018(4)：136-140.
② 汪季清，李庆庆．黄山市修学旅游开发的原则和策略[J]．淮海工学院学报：人文社会科学版，2012(6)：60-63.
③ 李先跃．研学旅行研究综述及探讨[J]．高教学刊，2018(24)：191-193.

而研学旅游障碍因素研究也引起了关注。国外学者(Mc Guire,1984)将旅游障碍因素分为外部资源、时间、获准、社会、健康等五类。① 国内有研究认为,研学旅行受效果、安全、外界影响、学习、时间等五大因素影响。②

综上所述,现有对研学旅行的研究主要集中在研学旅行的背景情况介绍、内涵特征、教育价值、课程开发、政策解读和推进措施等方面。这些研究虽然初步回答了相关的理论和实践问题,但是仍存在一些不足:从宏观理论上看,研学旅行理论体系的研究亟待加强;从微观实践上看,缺乏从不同主体出发来研究研学旅行需求,对研学旅行资源也缺乏全域性理念关注,在研学旅行产品的内容挖掘上思维较局限,尚没有构建研学旅游的产品标准,缺乏研学旅行运行的学校工作标准,缺乏对研学旅行的组织实施的质量监控研究,缺少把旅游资源与学校课程教学、学生生活世界对接的研究,在专业的研学导师指导、研学服务平台建设方面也缺乏综合性研究等。③

三、中小学研学旅行实践的历史性考察

将旅行作为一种教育教学的方式,有着悠久的历史,也是人类最早的教育方式之一。可以从国外和国内两个角度进行历史考察。

(一) 国外研学旅行的历史考察

以学习为目的的旅行,西方历史上早已有之。英格兰人前往欧洲大陆旅行的做法由来已久,可以追溯到中世纪之初。近代初期,牛津学者开启赴欧洲大陆寻求新知识的先河,此后,派遣贵族青年前往欧洲大陆进行教育旅行,逐渐成为训练宫廷精英熟悉国际事务和世界文化的一种方式,并在上流社会形成了制度。在16—17世纪的欧洲地区,旅游作为对贵族子弟的一种培养方式,"大游学(Grand Tour)"运动兴起了④。研学旅行风靡欧洲,英国、德国、法国和意大利人都崇尚"漫游式修学旅行"。18—19世纪之交,英国研学旅行迎来了新的发展:"为教育而旅行"(Trip for Education)的群体开始由贵族阶层走向普通大众,大量中产阶级和普通英国工人家庭子女参与到研学旅行中。⑤ 二战后,旅游更是被欧美等国家用作学校系统内拓宽大中小学生视野、提高跨文化理解能力的教育方式。

旅游与教育结合被关注的背景是世界范围内大众化旅游的盛行。鄱因(Poon,1993)在其著作《旅游、技术与竞争战略》中提出:大众化旅游差不多是与1958年喷气式飞机一起起飞的。可以说,研学旅行发端于现代旅游业的发展。而教育旅游(Educational Tourism)是旅游者(过夜游客和远足游客)将"学"作为重要目的的旅游活动,是通过各种学校教育来普及旅游知识的活动。⑥ Holdnak,A. and Holland,S. 在其《教育旅游:假期的学习》中将教育旅游项目大致分为一般学习课程的旅游项目和技能学习的旅游项目两类。⑦

---

① Mc Guire F A. *A factor analytic study of leisure constraints in advanced adult-hood/Leisure Sciences AnInter disciplinary Journal*,1984:6,pp. 313-326.

② 李东和,朱玲玲,朱国兴. 研学旅行影响因素分析——以合肥市青少年为例[J]. 黄山学院学报,2016(12):23-28.

③ 李先跃. 研学旅行研究综述及探讨[J]. 高教学刊,2018(24):191-193.

④ 付有强. 英格兰教育旅行传统探析[J]. 贵州文史丛刊,2013(4):115-120.

⑤ 李碧静. 英国研学旅行:从贵族化走向大众化[J]. 今日教育,2017(5):22-23.

⑥ Ritchie B. W. *Managing educational tourism* [M]. London: Channel View Publications,2003:11-13.

⑦ 杜丽卿. 研学旅行产品开发研究——以金华为例[J]. 中国商贸,2015(24):98-100.

现代教育意义上的“研学旅游”最早是日本提出并正式纳入教育体系在全国范围内实施的，明治维新时期的日本就鼓励中小学生进行研学旅行，让研学旅行服务于发展现代教育，培养现代化人才。[①] 欧洲则是从 20 世纪 70 年代的丹麦开始的。近年来，国际社会，尤其是欧美和日本等，进一步认识到研学旅行对于学校教育和师生间的教学活动的重要意义，纷纷从国家最高层面制定相应政策并投入实际的经费来推动研学旅行。2006 年英国颁布了《教室外学习宣言》(*Learning Outside the Classroom Manifesto*)，希望借此推动英国校外学校的发展；[②]美国也于 2007 年通过《不让孩子留在室内法案》(*No Child Left Inside Act*)，目的是让学生拥有更多的时间和机会在教室外进行学习。[③]

(二) 国内研学旅行的历史考察

我国自古以来就有“读万卷书，行万里路”的游学之风。“游学”一词最早出现在《史记・春申君列传》中：“盖谓其因游学，所以能博闻也。”研学旅行活动最早可以追溯到春秋战国时期。当时孔子携弟子周游列国，宣扬礼乐，考察国风。此后，“游学”历经数千年。历朝历代，都有文人骚客、达官贵人，抑或上层社会子弟、寒门学子，他们游览名山大川、寄情山水、陶冶情操或负囊游学、志在四方。中国修学旅游历史可以分为三个阶段，即古代的以自发修学行为为主的个体化阶段、近代的以外派“留洋”学习和寻求强国之道为特征的组织化阶段以及现代的以大众化和产业化为特征的产业化阶段。[④] 应该说，前两个阶段虽然都是一种异地化的，或政治或文化或生活的活动，但还不是真正的现代教育意义上的研学旅行。现代意义上的研学旅行从 20 世纪 30 年代陶行知组织的“新安修学旅行团”开始。

改革开放以来，随着旅游逐渐成为一种生活方式，研学旅行以其巨大的商业潜力日益成为旅游业界关注的重点。2003 年全国首个“研学旅游中心”在上海成立。2006 年山东曲阜举办了全国首个研学旅行节庆活动——“孔子修学旅行节”。到了 2009 年，广东地区才开始提出将修学旅游纳入学生综合实践课程。总体来看，这个时期的发展还是比较缓慢的。

2013 年之前，研学旅行只是在广东和上海开展试点工作。2013 年《国民旅游休闲纲要(2013—2020 年)》颁布后，研学旅行才逐渐成为国内教育界及旅游界的实践热点。教育部发文选择苏州、合肥、西安等城市开展中小学生研学旅游试点工作，安徽省、河北省、西安市、武汉市等地还探索建立了研学旅行基地。2014 年 12 月，“中国课程化研学旅行联盟”在北京成立；2015 年 7 月，国家旅游局组织陕西等 7 省成立“内地游学联盟”；同年 5 月，“中国研学旅行联盟”成立，随后，“中国研学旅行发展联盟”成立。研学旅行产业联盟的发展是研学旅行走向专业化发展的重要表现。研学旅行的发展主体逐渐由政府主导开始转向企业主导，学校、旅行社、旅游目的地、旅游企业和中介机构之间开始了跨界融合。

四、中小学研学旅行参与者的结构性考察

所谓结构性考察一般是指对系统中各组成部分及其关系变动规律的分析。这是一种静态分析方法，是分析某一现象的内部结构特征、性质、功能和变化规律的方法。

---

① 杨生，司利，张浩. 日本修学旅游发展模式与经验探究[J]. 旅游研究，2012，4(2)：25-29.

② Education skills D. F. *Learning outside the classroom*：*manifesto*[J]. *Department for Education & Skills*，2006.

③ 薛博文. 中小学研学旅行的价值意蕴与发展策略[J]. 现代教育科学，2020(1)：19-24.

④ 陈非. 产业发展与理论缺失：修学旅游价值形态研究[J]. 理论月刊，2010(8)：177-179.

(一)研学旅行参与者的结构要素

研学旅行活动与其他活动一样,具有各种不同的主体形态及与其相关的结构特点与体系类型。研学旅行作为一种教育活动,也是一种建构性活动,一方面,其本身是在一定的客观环境下形成结构化的,呈现为一种结构特点;与此同时,研学旅行活动本身也再生产出一定的结构。研学旅行的这种建构的二重性,加之与其相互作用的媒介各有特点,所以,它与其他教育活动的结构属性也有所区别。

美国学者罗伯特·麦金托什(R. W. McIntosh)和夏希肯特·格波特(X. Leiper)认为,旅游活动是由游客、旅游企业、目的地政府和目的地居民在吸引和接待游客的过程中产生的现象与关系之和。旅游系统包括旅游者、旅游业、客源地、旅游通道和目的地等五个要素。① 按照现代旅游学的分类,旅游通常包括旅游客体、旅游主体和旅游介体三个部分,而出行安全、经费保障、协调资源、效果评价、现场指导和旅游市场等是其中的重要内容。由于中小学研学旅行是以旅行为载体的校外教育活动,它的教育性、公益性、普及性特点决定了它不仅是教育部门的任务,也是全社会的责任;活动不仅涉及学校的教育目标、教学内容、课程、管理和师资,还涉及社会的环境、安全、交通、食宿和经费等内容。而研学旅行活动建构的二重性特点决定了政府部门、学校、中小学生、研学旅行目的地、研学旅行基地、研学旅行产品以及提供研学旅行服务的旅游企业都是研学旅行的结构要素;以学生为中心,上述各要素相互联系、相互作用,才能构成一次完整的研学旅行活动。②

(二)研学旅行参与者的结构性考察

根据研学旅行完整过程的参与要素的实际情况,下面重点对研学旅行活动的主体和研学旅行活动产品做结构性考察。

1. 政府部门是研学旅行的保障者和政策支持者

中小学研学旅行是我国一项国家教育改革政策,关联着社会很多因素。联合国教科文组织指出:“面向新世纪,必须超越学校教育范围,把教育的功能扩充到整个社会的各个方面。所有的部门——政府机关、工业交通、运输——都必须参与教育工作。地方共同体和国家共同体都显然是具有教育作用的机构。”③根据这些部门对研学旅行所肩负的责任分析,教育行政部门对中小学生的教育活动负主责,其他部门要在各自职能范围内予以支持。

教育行政部门是学校的直接领导,对学校开展的研学旅行活动进行管理、指导,提供政策支持和保障。教育行政部门要建立工作领导机构,对研学旅行要进行总体规划和设定教学目标,制定有关制度和管理标准,健全评价机制,为研学旅行营造良好的社会舆论氛围。

由于研学旅行是一项准公共产品,它的运营不能单纯依靠市场。政府相关部门要给予研学旅行以一定的方向指导、资金支持和政策优惠等;同时制定研学旅行管理与服务规范,维持市场秩序,进行督查。所以,政府这些部门是研学旅行的督查者和政策支持者。

---

① 罗伯特·麦金托什,夏希肯特·格波特,等.旅游学——要素·实践·基本原理(*Tourism:Principles,Practices,Philosophies*)[M].蒲红,方宏,等译.上海:上海文化出版社,1985.

② 刘璐,曾素林.中小学研学旅行研究进展与反思[J].教育探索,2018(1):8-16.

③ 联合国教科文组织国际教育发展委员会.学会生存——教育世界的今天和明天[M].华东师范大学比较教育研究所,译.北京:教育科学出版社,1996:174-201.

2. 学校是研学旅行的决策者和组织者

中小学研学旅行具有集体性特征。组织的集体性是有效实现中小学研学旅行教育目的的保证。学校是研学旅行的发动者、决策者、保障者和组织者，包括学校的领导决策层(简称“学校”)和具体组织实施的学校中层干部和学校老师(简称“教师”)。学校分年级、分时段、分主题组织学生开展集体旅行生活，通过集体性、群体化的活动使学生走向开放的社会。

学校要根据办学定位和学生发展的需要，研制研学旅行课程计划和活动方案并上报教育主管部门批准；建立学校的研学旅行管理体系，制定活动操作流程、管理手册和安全应急预案，对师生进行安全防范知识和技能培训；根据需要，配备一定比例的学校领导、教师和安全员，与家长签订协议书，选择符合标准的旅行社作为协作单位。将学生参加研学旅行活动的结果纳入学分管理体系和综合素质评价。

教师要综合考虑针对不同年级学生的教育目标，结合教学内容，借助旅游企业的专业力量，对资源进行选择和设计；向家长和学生宣讲相关活动意义、活动安排与要求等；指导学生成立小组，明确分工，细化方案和责任，做好准备工作；在活动过程中严格执行计划，做好应急处理，对各种可能的问题要科学研判、处理；研学后要指导学生总结工作，转化成果，内化所得。

3. 中小学生是研学旅行的主体、活动的主角

中小学研学旅行具有自主性特征。中小学研学旅行是为了学生而设计的。学生的自主性会影响中小学研学旅行实施的效果。研学旅行中的活动内容选择、方案制定、小组建立等内容，包含着的自愿、自决、自律精神，大都应该由学生自己决定。所以，学生是研学旅行活动的主角和主体。不仅如此，学生还是研学旅行的亲历者和体验者。当学生开始研学旅行，走向自然与社会时，他们会亲身去感觉、思考，重新审视自我、塑造自我。同时，在研学旅行过程中，中小学生可以围绕活动主题，从特定角度切入，进行对知识与信息的加工，生成有价值的问题，实现学习意义的建构，学生也是信息的加工者和意义的建构者。

4. 旅行社是研学旅行的中介、活动的服务者

中小学研学旅行也是一种综合服务活动。旅行社是旅游产品组织销售者，其作用在于连接旅游供给和旅游需求的纽带，提供信息，方便游客，促进旅游发展，是联系学校与旅游目的地的中介。中小学研学旅行的服务对象是未成年人，是一种特殊的探究性活动，特别强调服务管理的专业性和安全性。旅行社有专业的部门和导游，掌握丰富的旅游资源，可借此参与学校研学旅行课程设计，同时帮助学校解决组织大规模学生集体外出活动经验不足的问题，以及学校对研学旅行目的地的环境资源信息掌握不充分的问题，起到重要的中介作用和服务作用。

5. 研学旅行目的地是研学旅行的活动载体

中小学研学旅行具有开放性特征。随着时代的发展，学校教育呈现出“去边界化”的趋势，社会越来越成为开展教育教学活动的一个重要场所。在研学旅行中，学生超越教材、课堂和学校的局限，向自然、社会领域不断延伸，研学旅行目的地使得研学旅行活动具有更大的适应性。美国学者冈恩(Gunn)指出，目的地地带是由吸引物组团、服务社区、中转通道和区内通道等几部分构成的。[①] 旅游目的地是一定地理空间上的旅游资源同旅游专用设施、旅游基础设施以及相关其他条件的有机结合体。中小学研学旅行目的地主要依托当地自然和文化遗产资源、大型公共设施、知名院校、工矿企业、科研机构等，突出祖国大好风光、民族悠久历史、优良革命

---

① Gunn, C. A.. *Tourism Planning*[M]. New York: Tay-lor&Francis, 1988: 68-73.

传统和现代化建设成就，这些场所设施、配置、环境与条件等都是研学旅行的活动物质载体，为研学旅行基地建设提供基础环境。

6. 研学旅行基地是研学旅行的活动平台

中小学研学旅行具有体验性特征。环境的体验性是中小学研学旅行基地的基本要求。生态体验教育思想提出："营造一个'体验场'，创设好体验氛围，是使体验者顺利进入体验之境的关键。"①中小学研学旅行基地是学生认知和体验乡情、市情、省情、国情的平台，是理想信念教育、爱国主义教育、革命传统教育、国情教育的物质条件。研学旅行基地是推动资源共享和区域合作、打造精品线路、形成布局合理、互联互通的研学旅行网络的重要依托，也是利用目的地的特色资源进行课程化产品开发的平台，它涉及企业资质条件、课程内容、教学安排、研学导师、研学路线、教育体验、质量评估、生活服务和安全保障等方面的内容。中小学研学旅行基地利用名胜风景、人文遗址、科技馆、博物馆、现代农业园、现代化企业等资源，经过精心的设计，让学生分期分批走进这样的环境，使学生获得一种参与过程体验、一种情感意志体验、一种分享合作体验。

7. 研学旅行产品是研学旅游的运行内容

中小学研学旅行具有综合性的特点。中小学研学旅行打破学科界限，将众多的学科内容和环境资源整合到预先设计的主题路线当中，形成综合性的研学旅行产品，包括但不限于课程。旅游产品是指旅游经营者为了满足旅游者的需求而提供的各种物质产品、精神产品和旅游服务的总和。中小学研学旅行是一种意志行动。按照社会学理论，社会意志行动可以分为伦理型、表意型、工具型三类。② 根据研学旅行的性质，研学旅行产品有伦理型研学旅游产品、表意型研学旅行产品和工具型研学旅行产品三大类。研学旅游是这三大类产品的综合运行。

五、中小学研学旅行的合理性考察

中小学校已经具有这么多学科、这么多活动了，为什么还要开展研学旅行活动？开展研学旅行活动有什么价值和意义？开展这样的活动有什么理论依据？怎样开展才是有价值、有意义的？对这些问题的回答，涉及研学旅行理论上的合理性问题。

任何社会活动的存续与发展都有其特定的合理性。任何一项教育改革活动在推进时，人们无不对其背后的合理性予以关注并进行追问。马克斯·韦伯（Max Weber）认为，社会行动可分成四种基本类型，即目的合乎理性行动、价值合乎理性行动、情绪行动和传统行动。其中，人的合乎理性的社会行动可以分成两类。一是"工具合理性行动"，是一种由对处于周围和他人环境中的客体行为的期待所决定的行动。二是"价值合理性行动"，是由对特定价值的意识信仰决定的行动。③ 研学旅行作为一种教育改革创新形式，是特定目标导引下的教育行动，它涉及活动的事实条件、价值判断、理论支撑、技术方法、组织管理和资源环境等众多因素。对于研学旅行合理性问题的回答，既是其内在的诉求，也是其外在的约束，它深刻影响着人们对这一教育改革活动的评价和认同。

---

① 刘惊铎.研学旅行，让教育充满诗意[N].中国旅游报，2018-6-25：4.

② 乔纳森·H.特纳.社会学理论的结构[M].吴曲辉，等译.杭州：浙江人民出版社，1987：71-74.

③ Max Weber. *Economy and Society*: *An Outline of Interpretive Sociology*[M]. University of California Press, 1978, pp. 24-25.

研学旅行作为一种培养人的有组织的集体性教育活动，既是一种“工具合理性行动”，也是一种“价值合理性行动”。按照韦伯的观点，对社会活动进行合理性考察，既包括对社会活动的条件环境、手段方法的特点进行工具合理性分析，也包括对社会活动的目标、功能、意义与理论基础做出价值性分析。以此对研学旅行的理论依据做合理性分析。

(一) 研学旅行的工具合理性考察

所谓工具合理性，主要是从活动的条件和手段所反映的特点出发进行考察。一般来说，一种活动是否合理，主要取决于这种活动的安排与设计是否具有一定的客观条件和手段，以及活动本身是否适合这种条件或者它所采用的手段是否恰当。① 对研学旅行的工具合理性考察，实际上主要考虑的是研学旅行活动与周围环境和条件的适应性，以及某些手段对达到特定的研学旅行目标所具有的能力和可能性。它所考察的是研学旅行的实践行为是否能够以自身特点合理地适应环境条件，并有效地使用各种手段从而获得较大的功利和效益。

严格意义上说，中小学研学旅行具有目的性(探究学习)、主体性(学校组织、学生参与)、建构性和时空上的短暂异地性等特点。② 研学旅行注重培养学生的情感、态度和价值观，具有综合性、实践性、开放性、自主性、生成性、体验性、研究性和社会性等特点。

1. 组织的集体性保证了中小学研学旅行发挥的教育性

中小学研学旅行是有目的、有意识地集中组织的活动，是在安全第一、教育为本的原则下，以学校为单位，分年级、分班级、分时段、分主题组织学生开展集体旅行生活，集体学习研究，集体收获成长。中小学研学旅行以学习传统美德、革命历史，发扬爱国主义、社会主义核心价值观为目标而开展活动，其活动的地点是经过设计，有特殊意义的。在开阔的环境中，学生的天性和乐趣被激发，具备不同学习能力的学生结合起来可以形成新的学习共同体。

通过研学旅行构建的学习共同体一般是异质性学生分成一组，这种分组方式能让具备不同学习能力或不同社会经济文化背景的学生间产生沟通，藉由情感上的相互支持达成团体的学习目标。在研学旅行集体活动中，学生参与和体验生活，相互研讨，相互合作，培养团队合作精神和社会实践能力。可见，研学旅行活动是学生集体的群体体验，通过集体性、群体化的活动使学生从封闭的自我中心走向开放的社会化。③

2. 参与的自主性影响着中小学研学旅行实施的有效性

在中小学研学旅行中，强调学生既是研学旅行的接受者，也是研学旅行的主体参与者。学生在研学旅行活动中有较强的自主性，其主体性发挥状况取决于研学旅行的吸引力，并且这种影响力影响着研学旅行的有效性。研学旅行中的活动内容、经费使用、小组建立、参与者的权利与义务等内容大都由学生自己商量决定；当学生开始研学旅行时，超越书本，开始这种别样的生活与生命的体验，能够吸引学生去感觉、去思考，或激扬或沮丧，或觉悟或迷茫，或喜或悲。只有学生主动去实现对学习意义的建构，去丰富自己的知识，有兴趣探索，研学旅行的实施才是有实效的。

3. 内容的开放性提高了中小学研学旅行实践的适应性

中小学研学旅行是学校教育和校外教育相衔接的教育形式。学生的旅行观察与体验是开

---

① 谢维和. 教育活动的社会学分析——一种教育社会学的研究[M]. 北京：教育科学出版社，2007(2)：156-157.

② 朱立新. 研学旅行专题主持人语[J]. 湖北理工学院学报(人文社会科学版)，2017(2)：21-21.

③ 薛博文. 中小学研学旅行的价值意蕴与发展策略[J]. 现代教育科学，2020 (1)：19-27.

放的，研学内容也是开放的。虽然活动开始前就有具体的计划和设计，但活动中的内容是多样的和变化的，学生基于已有经验和兴趣专长所选择的内容与关注的重点会有所不同，活动成果也会不同。随着活动的展开，学生会不断获得新体验，不时产生新思想，会生成新的主题和目标，从而使研学旅行的广度被拓宽、深度被延伸。不仅如此，在相同的研学旅行中，学生个体经验的差异还让学生的个性发展获得了新的空间。中小学研学旅行鼓励学生超越教材、课堂和学校的局限，向生活世界延伸与扩展，使得学生在不同的时空里的具体活动内容获得更大的开放性，从而使学生研学旅行实践有更大的适应性，让学生与社会的联系更为密切。

4. 过程的探究性突出了中小学研学旅行的活动的目的性

中小学研学旅行是研究性学习和旅行活动相结合的校外教育活动。中小学研学旅行的目的就是借助自然与社会事物，激发学生强烈的好奇心，激发学生内在的求知欲，让学生自主地运用已知去探求未知的过程。首先，在研学旅行过程中，学生在教师的指导下，从研学旅行资源中选择和确定研究主题，在观察、记录和思考中，捕捉来自其中的问题并进行界定、甄别、筛选和整合，提出假设，形成合理的行动方案，习得方法；其次，运用实地观察、访谈、实验等方法，对可利用的资源进行分析、综合、比较与评估，研制工具，获取证据，解决问题，提出解释或观念，提高研究能力；再次，通过探索或试误，发现新知，验证发现，交流、评价探究成果，反思和改进，形成理性思维、批判质疑和探索研究的精神。①

5. 环境的体验性强化了中小学研学旅行的教育的针对性

夸美纽斯在其著作《大教学论》中指出，“教学活动中最重要的是让学生亲临事物本身，直观性教学原则应当是整个教学活动当中必须遵循的金科玉律”。② 中小学研学旅行活动是在学生学习课本知识以后，让学生分期分批走进与学校生活不同的环境，走进名胜风景、人文遗址、科技馆、博物馆、现代农业园、现代化企业……通过参观实验、体验探究、反思总结，使理论知识和社会实践相互印证。研学旅行就是针对学生长久的教室和书本学习可能存在的枯燥、单一和沉闷问题，让学生融入自然景观、融入人文社会，陶醉于山水之中，拓宽视野、了解社会、感知自然，激发兴趣、获得灵感，得到精神熏陶，在具体生动的环境中习得知识和技能。

6. 方法的综合性提高了中小学研学旅行的目标的达成度

发展学生核心素养是我国基础教育的目标任务，它包括文化基础、自主发展和社会参与三个向度，综合表现为人文底蕴与科学精神、学会学习与健康生活、责任担当与实践创新六大素养十八个基本要点。学生的核心素养发展是全方位多维度的，需要跨越多个学科和融合多个领域才能完成所肩负的教育目标任务。研学旅行不是常规的单一分科教学，它打破学科界限，鼓励学生跨领域、多学科学习。研学旅行综合了大量的学习与实践内容，包括自然、历史、地理、文化、语言和政治、经济、生物、体育、音乐、美术等各类相应的学科内容。研学旅行涉及众多学科的交叉与融合，并不是简单地将学校科目直接转移到户外，它内容方法的跨界性、综合性提高了中小学研学旅行的教育目标的达成度。③

（二）中小学研学旅行的价值合理性考察

所谓价值合理性是指活动符合社会和教育方面的某种理念和准则，即根据主观上的一定

① 丁运超.研学旅行：一门新的综合实践活动课程[J].中国德育，2014(9)：12-14.

② 夸美纽斯.大教学论·教学法解析[M].北京：人民教育出版社，2006：141.

③ 刘璐，曾素林.国外中小学研学旅行课程实施的模式、特点及启示[J].课程教材教法，2018(4)：136-140.

标准，确认这些行动所具有的价值。价值合理性考察通常有两个特点。一是将活动所追求的目标当作一种特定的价值。二是强调的主观价值可能是多样的，可以是某种伦理和道德上的价值，也可以是某种比较普遍的、共同性的社会或教育行为规范与原则。① 中小学研学旅行的价值合理性考察就是从研学旅行具有的政治、管理、教育和经济等多种功能层面分析其所体现的合理性价值。

1. 从政治功能看，体现了促进立德树人的政治价值

立德树人是发展中国特色社会主义教育事业的根本任务，习近平指出，培养担当民族复兴大任的时代新人，教育最根本的是要解决好“培养什么人、怎样培养人、为谁培养人”这个根本问题。学校开展研学旅行，有利于促进学生培育和践行社会主义核心价值观，激发学生对党、对国家、对人民的热爱之情；落实立德树人根本任务，帮助中小学生了解国情、热爱祖国、开阔眼界、增长知识，着力提高他们的社会责任感、创新精神和实践能力。② 学校通过研学旅行拓宽了育人途径，将学校教育目标与国家未来人才发展定位结合起来，提升德育的效果，实现为党育人、为国育才。

2. 从管理功能看，体现了推进基础教育改革的创新价值

随着信息时代的发展，学校的教育边界在不断地消解与重构。新技术正在突破以固定的教材、教师和教室为支撑的传统学校对人类社会知识传播的限制。联合国教科文组织指出，“在课堂和外部世界的分隔变得不甚严格的情况下，教师应努力把教育过程延伸到校外”。③ 新一轮基础教育课程改革，在学习领域中，增加了综合实践活动学习领域，就是从国家教育理念层面体现了“能力为本”“整合为要”的特征。中小学研学旅行开启了教育改革的新探索，它召唤着教育工作者去创设育人的新环境，引领着师生去开发教育的新资源。学校教育活力因研学旅行而激发，学校教育改革因研学旅行而深化。通过这样的改革，创新人才培养模式，促进教育与社会深度融合，推动全面实施素质教育。

2016 年《中国学生发展核心素养》总体框架正式发布，标志着我国基础教育改革的“素养核心”时代的到来。学生发展核心素养为研学旅行课程提供了育人目标，研学旅行以其体验式学习、研究性学习和综合实践的有机统一，成为落实核心素养培养体系的重要方式。研学旅行以其填补学校课程的不足，成为培养学生核心素养的一种重要方式。④

3. 从教育功能看，体现了促进学生有效学习的育人价值

中小学研学旅行通过促进书本知识和社会生活经验的紧密结合，把教育从校内延伸到校外，引导学生主动适应社会，强化能力塑造。研学旅行着眼于改善学生的学习状态，着眼于激发学生创造力和想象力，提高学生审美趣味或情感表达等。通过丰富学生的学习方式，促进学生主体性发展和健全人格塑造。总之，研学旅行意在促进学生身心更加有效的发展。

马克思指出：“要多方面地享受，他就必须有享受的能力，因此他必须是具有高度文明的人。”⑤随着社会经济发展，人们的文化诉求日渐强烈。然而，长期以来，我国休闲教育缺失。

---

① 谢维和. 教育活动的社会学分析——一种教育社会学的研究[M]. 北京：教育科学出版社，2007(2)：156-157.

② 教育部等. 关于推进中小学生研学旅行的意见[EB/OL].（2016-12-19）. http://www.moe.gov.cn/jyb_xwfb/gzdt_gzdt/292360.html.

③ 联合国教科文组织总部. 教育——财富蕴藏其中[M]. 联合国教科文组织中文科，译. 北京：教育科学出版社，1996：136.

④ 薛博文. 中小学研学旅行的价值意蕴与发展策略[J]. 现代教育科学，2020（1）：19-27.

⑤ 马克思，恩格斯. 马克思恩格斯全集第 46 卷（上册）[M]. 北京：人民出版社，1979：932.

中小学研学旅行就是要将“文化”和“育人”融合起来，寓学于游，游研结合，为学生提高自身文化享受能力提供新的机会和方式，在研学旅行过程中，强调学生良好习惯的养成教育，培养学生成为一个文明游客。大力发展研学旅行，满足学生日益增长的旅游需求，从小培养学生文明旅游意识，养成文明旅游行为习惯。[①]

4. 从经济功能看，体现了落实国民休闲旅行计划的产业价值

21 世纪的人类社会注定会迈进休闲时代。我国正从旅游大国向旅游强国跨越。据统计，按照教育部文件规定可参加研学旅行的学生数，2019 年小学约 5100 万(4～6 年级在校生)，初中约 3300 万(7～8 年级在校生)，高中约 1600 万人(高一、高二在校生)，总人数约 1 亿人。虽然研学旅行是公益性质的，但它本身也是一种社会消费行为。中小学生是研学旅行产品存在的前提。所以，这个中国最大的教育群体也是旅游业最大的目标客户群体。伴随着旅游逐渐成为一种生活方式，研学旅行在其潜在的巨大的商业活力推动下日益为旅游业界所关注。研学旅行作为一项“国民休闲旅游计划” 被提出，凸显了它的社会价值和产业价值。

(三) 中小学研学旅行的理论基础合理性考察

所谓研学旅行的理论基础的合理性考察，主要是从研学旅行这一教育形式产生的理论依据出发，从不同视角分析研学旅行发展的学术渊源，研究研学旅行的本质和机制，深入探寻其背后的理论基础，揭示研学旅行的基本内涵，同时为研学旅行实践的科学发展提供不同角度的启发。不仅如此，合理性还体现在对研究对象进行分析的基本方法、原则所具有的理论逻辑和标准上。

由于研学旅行是一种主要以文化旅游、社会生活环境为交往媒介的教育活动，是在活动中实现学生的知识建构、情感体验、价值确立和能力形成的，所以，对中小学研学旅行进行理论基础的合理性研究对于推进研学旅行健康发展具有重要意义。

人是一个实然存在与应然存在的统一体。教育促使人从“应然”走向“实然”，成为一个理想中的人。任何一种教育活动或一种教育理论都内在地包含着教育使人成为什么样的人的期待，这是教育的核心问题。研学旅行具有教育和旅游双重属性，是以旅游为载体的一种教育活动。研学旅行是教育和旅游的功能统一，是区域资源与时空组合的价值统一。研学旅行活动的对象是“人”，目的是培养“人”。因此，研学旅行可以在中西方先哲的思想中得到溯源，把握其理论脉络，也就可以探寻其特殊的运动规律。

1. 古今中外哲学思想是研学旅行产生的滥觞

古代西方哲学以研究本体论为重点，其对教育实践的影响是以教育观点或教育思想为中介。古希腊哲学家苏格拉底提倡在自我认识中，探索与寻找永恒的真理，寻找最高的善——智慧。古希腊哲学家柏拉图则以善的理念作为本体，提出教育就是对儿童的习惯所给予的影响和培养，通过这种影响，使他们“心灵的和谐达到完善的境地”。[②] 亚里士多德则提出了要使人的灵魂能得到满意的充分的发展，最有效的途径是教育和训练。他特别重视活动，认为存在就是活动，有活动就有发展，活动和发展是一切生存的基础。[③] 古代中国也有很多伟大的哲学思想。孔子重视道德教化、修齐治平，孟子讲究“性善”“修身”，荀子主张“隆礼”“重法”，庄子强调

---

① 陈非. 产业发展与理论缺失：修学旅游价值形态研究[J]. 理论月刊，2010(8)：177-179.

② 柏拉图. 柏拉图论教育[M]. 郑晓沧，译. 北京：人民教育出版社，1958：49.

③ 张焕庭. 西方资产阶级教育论著选[M]. 北京：人民教育出版社，1964：564.

“天人合一”“道法自然”，朱熹认为认识与行动是“常相须”的，王阳明倡导“知行合一”。中西方古代思想家们虽然没有直接论述研学旅行问题，但是他们提倡在自我认识中探寻真理、主张知行结合、重视习惯培养和活动价值等，这些思想对当代开展研学旅行具有重要的启发意义。

近代西方哲学把认识论的研究作为重点，可分为理性主义哲学与经验主义哲学。理性主义认为理性的力量支配着一切。一切知识均来自某种先验的普遍的必然的理性原则。与之相应的理性主义教育则十分重视教育的社会功能，对通过教育进步促进人类进步充满信心；重视理性思维的培养，认为依靠科学知识、技术、智慧征服世界，占用世界；强调能力的培养，把教学过程看作是“学习—思考—辩论—训练”过程。理性主义还注重道德教育，把人的理性知识和智慧看作是道德的来源。[①] 近代经验主义注重经验观察和感性经验，把人看作是一个血肉之躯的生物机体，把人的幸福归结为人的感官享乐。认为人的情感意志、本能冲动等非理性活动在人的整个精神存在中起决定作用。与之相应的经验主义教育强调教育的本质作用就是向受教育者传授知识；教育过程是人与人之间体验、表达和理解的过程，即心灵与心灵的对话过程，是教育者传递教育的爱的过程。[②] 经验主义教育把教学过程看作是掌握知识的过程，把教学过程看作是“感知教材—理解教材—巩固知识—应用知识”过程。

马克思主义则指出：人的本质在其现实性上，是一切社会关系的总和。社会性是人的根本属性，实践性也是人的社会性的表现。马克思主义创始人从唯物主义历史观出发，把教育的本质看作是人类自身再生产和科学文化再生产活动，提出了教育促进人的全面发展理论。马克思主义充分肯定环境和教育对人的发展的影响，“环境的改变和人的活动的一致，只能被看作是并合理地理解为革命的实践”。[③] 认为人的认识本质上是社会性和历史性的活动，实践不但是人类认识的基础，也是认识的标准和目标。因此，在教育过程中，强调理论联系实际，教育与生产劳动相结合，培养学生的分析问题和解决问题的能力。

中西方哲学思想深刻影响着教育实践，影响着人们对教育本质的认识、教育功能的发挥和教育方法的选择。这些哲学思想无疑对研学旅行这一教育活动的目的、方式、功能、原则等的确立产生深刻的影响。

2. 中外旅行教育思想为研学旅行发展提供教育学依据

西方文艺复兴时期，有许多人文主义思想家、文学家在自己的著作中论述了旅行教育问题。意大利人文主义教育家维多利诺重视儿童的兴趣，强调使教学做到生动、实际、有趣，以利于发展儿童的个性。人文主义教育家拉伯雷提出要结合生活中的实际问题来扩大学生有用的知识，注重旅行、实地观察、参观等在学习活动中的重要作用。而意大利的空想社会主义者康帕内拉在他的名著《太阳城》中提出，儿童在成人带领下，通过看画在七道城墙上的大型壁画来学习自然及生活中的各种基础知识。英国哲学家弗兰西斯·培根提出学习既要重视感性经验，又要重视理性消化。他指出，对于年轻人，旅游是一种学习的方式；而对于成年人，旅游则构成一种经验。[④] 捷克著名教育家夸美纽斯遵循感觉论和教育必须自然适应原则，认为通过旅游体验，学生可以了解并探索自然本质以及人类所创造的事物的规律与特点。他提出低年级学生每天必须有八小时用于吃饭、操练和娱乐，通过郊游、旅行、游戏、跑跳和球戏等“使身体

① 黄济，王策三. 现代教育论[M]. 北京：人民教育出版社，1996：57-59.

② 鲁洁，冯建军. 教育转型理论、机制与建构[M]. 北京：教育科学出版社，2013：29.

③ 马克思，恩格斯. 马克思恩格斯全集第3卷[M]. 北京：人民出版社，1960：3.

④ 弗兰西斯·培根. 培根论人生[M]. 何新，译. 上海：上海人民出版社，1983. 61-63.

活动而心灵休息”。而成年期的学生在第六年末，以旅行作为大学的结束。① 文艺复兴时期的这些理论闪烁着人文主义重视教育作用和要求改革教育的进步思想的光芒，很多思想家关注了旅行教育形式，甚至直接阐述旅行对教育的价值。

近代西方教育理论开始把旅行作为一种重要的教育方式。最早的游学活动可以追溯到中世纪之初的英格兰。近代之初，知识结构的变化、人文主义的影响、绅士教育重点的转变及国际外交实践的影响，催生了西方新型的教育旅行。② 英国思想家约翰·洛克提出绅士教育理论，他认为，旅行的主要好处可以归纳成两类：第一是语文；第二是看多了人，交接惯了各种各色的人，知道了他们的性情、习俗和生活方式各不相同，尤其是和自己所在的教区和临近的人迥不相同，他便可以在智慧和审慎上获得长进。旅行是教育上普遍存有的最后一部分内容，一个绅士要接受旅行之后才算完成教育。③ 法国自然教育倡导者卢梭认为“感觉是知识的门户”。他重视实地考察和旅行参观，他特别指出，“一个人抱着什么目的去游历，他在游历中，就只知道获取同他的目的有关的知识”。瑞士著名教育家裴斯泰洛齐十分重视体育对实现教育目的和任务的重要作用，要求学校要按规定开展一些诸如游戏、森林旅行、游泳、手工劳动等体育活动以促进各要素发展。德国教育理论家赫尔巴特提出根据学生的不同的心理状态和不同的兴趣阶段进行教学的意见，重视教学的教育性，重视统觉在教学中的作用，重视新旧经验的联合，重视教师和教材在整个教学过程中的作用等，对研学旅行教育活动的开展具有一定的借鉴价值。④ 而德国教育家第斯多惠根据其自然适应性和文化适应性原则，强调必须对学生进行爱国主义的教育，培养他们具备一切优良的社会性的品质。⑤ 英国哲学家斯宾塞认为，教育的真正目的就在于“为完满的生活做准备”，而所谓完满的生活包括能在生活中的闲暇时间满足爱好和感情的各种活动等五个方面。美国教育家杜威倡导从生活中学习，从经验中学习，从做中学，强调学校的任务在于把青年从相对地说是一个偶然的活动环境，转移到按学习的指导选择的生活与活动的环境。教师和书本不再是唯一的导师，任何书本或地图都不能代替个人的经验，不能取代实际的旅行。⑥ 苏联教育家苏霍姆林斯基认为，学生集体生活可以使学生获得道德体验，培养高尚的品质。他特别重视参观旅游活动，认为青少年时期的参观旅游活动为确立学生之间的集体主义相互关系创造了良好的条件。教师要赋予旅游以社会公益性质，成为一种鼓舞力量。在参观旅游中出现的许多无法预料的情况，教师可以用来卓有成效地对学生进行忠于集体、铲除自私自利和个人主义的教育。⑦

在中国古代，很多先哲们的人生与“周游”紧密联系在一起。孔子周游列国，在游中问学，游中入仕，比德山水。孟子在人游天地间养“浩然之气”。荀子强调“君子居必择乡，游必择士”。春申君游学博闻。庄子秉持“返璞归真”“天趣自然”的超脱意识，探索天地人和。宋代胡瑗的“苏湖教法”提倡“必游四方，尽见人性”。明代颜元强调“反静主动”。总之，古人虽然各自的理想目标、人生态度、价值取向、社会环境相异，但大多都把接触自然、体察社会看作是人生发展的重要途径。我国现代的教育家陶行知坚持“教学做合一”，倡导研学旅行。他认为，生活

① 夸美纽斯. 大教学论[M]. 北京：人民教育出版社，1984：224-230.

② 付有强. 英格兰教育旅行传统探析[J]. 贵州文史丛刊，2013(4)：115-119.

③ 约翰·洛克. 教育漫话[M]. 傅任敢，译. 北京：教育科学出版社，1999：181.

④ 张焕庭. 西方资产阶级教育论著选[M]. 北京：人民教育出版社，1964：282.

⑤ 王天一等. 外国教育史[M]. 北京：北京师范大学出版社，1993(2)：337.

⑥ 杜威. 民主主义与教育[M]. 王承绪，译. 北京：人民教育出版社，2001.

⑦ 肖甦，编译. 苏霍姆林斯基教育智慧格言[M]. 北京：人民教育出版社，2014：70-95.

中的一切都可以作为教育的内容，教育是为了生活，怎么样生活就怎么样教育。① 他的生活教育理论为研学旅行发展指明了生活化、社会化、体验化的方向。

中西方教育思想虽然有所不同，但注重旅行活动促进人的发展的教育价值是一致的。这些教育观点所倡导的顺应自然本性，引导受教育者走向社会，走向大自然，探究周围世界，获得情感的陶冶、素质的提升，在集体活动中获得体验，感知他人的观点，从不同方面影响着当前研学旅行的目标、内容、方法、手段的选择和发展。研学旅行以这些思想为指导，通过研究性学习与旅行的结合，从而将教育目标追求变成自身发展的内在需要。

3. 现代心理学思想为研学旅行发展提供心理学基础

加拿大学者斯蒂芬·史密斯在其著作《旅游分析手册》(*Tourism Analysis：A Handbook*)中提出，虽然从经济学和管理学的角度看，旅游是一种商业活动、一种行业行为，但从心理学和社会学的角度看，旅游则是一种体验，一种个人的心路经历，是一种社会行为，是主体(游客)与客体(旅游对象)的互动行为。在旅游过程中，游客将自身感受投射到旅游对象之上，客体环境作为背景因素，已不再是单纯的物理时空，而是转变为一种主观的心理体验，有了个体"意向"。这种主客体互动使主体建构了丰富的主观结果，对旅游具有重要的生成意义。

从教育的角度出发，美国行为主义心理学家斯金纳注重个体的积极操作和环境对于这种操作的目的性强化，他认为行为学习是由有机体所处的环境和有机体的操作及其结果构成的。而行为主义心理学家班杜拉则从观察学习和替代性强化理论出发，强调示范榜样在人的社会化过程中的重要性。在他看来，示范榜样不仅指现实生活中的人，还包括文字符号、图像信息、语言描述、艺术形象等。个体思想品德既是通过榜样示范作用形成的，也可以通过榜样示范作用加以改变。精神分析学派代表人物埃里克森把整个人格发展过程划分为八个阶段，与八个阶段相对应的八种心理品质分别是希望、意志、目标、能力、忠诚、爱、关心和智慧。他对于社会文化环境因素在人格发展中作用的重视深刻影响着道德教育。而人本主义心理学家罗杰斯强调人的自我实现，情感与主体性接纳，重视人的价值、经验和人际关系。他认为，为了自我的充分发展，培养健全的人格，必须创造出一个无条件积极关注的成长环境。由此他提出了非指导性教学理论，即教学要以学生为中心，师生间要创造一种新型人际关系，教师是学生学习过程的促进者和服务者。② 美国心理学家布鲁纳认为学习的实质在于主动地形成认知结构。他提倡发现学习(又称发现法)，让学生独立思考，改组材料，自行发现知识，掌握原理、原则。他认为学习的最好动机是对所学材料本身的兴趣；学习过程是一个认识过程，包含着三个差不多同时发生的过程——新知识的获得、知识的转化和评价；他特别重视学习的迁移，提出了特殊迁移与非特殊迁移的理论。前苏联心理学家维果斯基认为人的高级心理机能的个体发展起源于社会，受社会的文化历史发展的规律所制约。他强调交往是活动的最重要形式，是形成高级心理机能的社会基础，没有社会的交往就不可能形成高级的心理机能。建构主义心理学家皮亚杰从他的认知发展结构理论角度指出，学习是认知结构不断扩展的进程。当新知识符合学生原有的认知结构时，认知处理会将其同化并纳入认知结构当中。若新知识与学生原有认知结构发生冲突，认知处理就会采取顺应的方式以纳入新知识。③

上述四个流派的基本思想，对认识研学旅行的学习本质和机理有重要的启发意义。研学

---

① 华中师范学院教育科学研究所. 陶行知全集第三卷[M]. 长沙：湖南教育出版社，1988：27.

② 黄济，王策三. 现代教育论[M]. 北京：人民教育出版社，1996：125-133.

③ 王丕. 学校教育心理学[M]. 开封：河南大学出版社，1988：93-117.

旅行过程中的学习与课堂学习是存在很大的差别的，如果说课堂学习涉及认知性内容比较多，而研学旅行除涉及认知之外，还包括情感因素（例如对某文化或事物的态度变化）和行为因素（例如在环保方面的行为变化）。① 研学旅行的学习的发生是个体在特定情境下通过一系列社会交互行为完成的学习过程，其结果反过来促进个体在以后的环境中更好地适应与发展。研学旅行重视改变传统学校封闭化环境，在真实性的世界中，激发学生主动作为，倡导学生依靠自身经历获得知识、情感、态度、价值观的发展。研学旅行中的学习不仅发生在游学进行过程中，也存在于事后分享、谈论与回忆中，这些往往还包含情感成分，并构成学习刺激的主要维度。研学旅行过程中的集体生活、团队活动能够使学生在个体经历的基础上，开展互动，进行交流、评价，从而使个人社会化程度得到更快提高。

六、中小学研学旅行课程的开发性考察

中小学研学旅行课程化开发是以学校教学计划为基础，对教育目标、主题内容、旅行线路、教学时间、教学过程、资源条件、组织实施、管理评价等方面进行规划和设计，系统地整合校内外相关的教育因素并纳入课程范畴，以实现研学旅行的教育功能。中小学研学旅行课程的开发性考察就是要分析研学旅行课程的性质，探究研学旅行课程的目标导向，解构课程开发的策略和原则，剖析课程实施的过程以及课程结果评价的范式。

（一）中小学研学旅行课程的性质与目标

课程设置是实现人才培养目标的核心工作。课程集中体现了社会的教育思想和教育观念。在我国，是全面贯彻党的教育方针、开展人才培养的施工图。从性质上看，研学旅行是校内教学需要和校外教学资源有机融合的综合实践活动课程的一个部分，是学校因地制宜地培养学生综合素质的跨学科实践性课程，它与其他学科课程并列设置为国家“必修课程”，也是基础教育课程体系的重要组成部分。

研学旅行课程的目标是使学生在与社会生活及大自然的接触中获得丰富的基础知识和实践经验，提升综合素质，发展价值体认、责任担当、问题解决、创意物化等方面的意识和能力。研学旅行课程是把教育目的变成课程目标，具体体现在三个维度上：知识目标——帮助学生深化对传统知识的理解，提升对自然、社会和自我之内在联系的整体认识；能力目标——围绕研学课题，让学生能够收集和处理信息、提出问题、制定活动方案，发展学生组织活动的能力，提升学生沟通与合作和积极服务社会的实践能力；情感目标——通过研学旅行，使学生掌握社会活动规则，获得公共道德亲身体验，激发兴趣，增进感情，增强社会责任感和义务感。②

（二）中小学研学旅行课程的开发

把研学旅行纳入学校教学计划是国家的制度安排。按照要求，中小学研学旅行应该根据学生的年龄特点，在学段、年级、课时、活动主题、活动范围都有明确的规定，这种框架性与计划性的规定，有利于增强研学旅行实施的强制性和规范性，克服随意性与盲目性，提高活动实际效果。

中小学研学旅行课程构建模式一般仍然遵循美国学者泰勒提出的“目标模式”，即主要解

---

① Dewey，J. *Experience and Education*[M]. New York：Macmillan，1938：37.

② 丁运超. 研学旅行：一门新的综合实践活动课程[J]. 中国德育，2014(09)：12-14.

决四个基本问题：达成怎样目标、如何选择、如何组织、如何评价。这种课程建构的目标模式使得课程设计精致化和结构化。此外，还可以借鉴英国学者斯滕豪斯的“过程模式”、美国学者施瓦布的“实践模式”、英国学者斯基尔贝克的“情景分析模式”进行研学旅行课程开发。必须指出的是，研学旅行的课程在很多方面显示出跨学科、非线性、网络化、平等对话以及管理上的非等级性和无常性等特点，体现了知识生产新模式（New Knowledge Production Mode）“模式Ⅱ”的特征。① 目前，从已开发出的中小学研学旅行课程内容看，大体分两类：一类根据各年级的学科教学内容，将同一学期内各学科知识点与一定旅游线路的景点相关联，开发成研学旅行线路和主题活动方案，这类课程是利用教学计划时间安排游学，聚焦教材内容，促进研学旅行活动和学校课程有机融合；另一类根据旅游企业提供的、通过优化的、符合学生学习特点的旅行线路，直接利用旅游企业的成熟产品，引导学生在自由旅行中参与体验、拓宽视野。总的来看，研学旅行课程的开发呈现出综合化、主题化、系列化、模块化的发展趋势。

中小学研学旅行课程开发要坚持的原则是，首先，要建立学生学习世界与生活世界的有机联系；其次，重视校企合作，共同就特定旅游资源梳理学科问题，将研究性学习内容在旅行过程中得到合理“嵌入”；再次，坚持面向未来，同时注重优秀传统文化的传承。

（三）中小学研学旅行课程的实施

研学旅行课程顺利实施的关键是课程管理。课程管理要坚持以下几个基本原则：

一是活动的学校计划性，学校要有研学旅行顶层设计，对课程的任务、活动组织、管理、评价要有详细的设计。二是内容的学生选择性，注重学生主动实践，让学生在课程选择上享有较大的自主权。三是组织的师生共建性，学生自主服务、小组合作、研学导师指导相结合，形成共同管理机制。四是过程的权变性，由于实施过程中受各种不确定因素影响，要随着研学旅行过程的展开而有所变化，课程实施也要适当调整。

建立学校组织管理标准。要制定学校开展研学旅行课程实施前期、中期和后期三个重要环节所需的规章制度、实施细则等。要以国家标准为基础，形成研学旅行的集体活动、交通管理、食宿卫生、医疗防护等学校管理规范和安全保障方案。

构建统筹协调的行政领导机制。组成中小学研学旅行工作政府协调领导组，加强政府统筹规划、指导和督办。营造良好的社会环境和舆论氛围，构建共同关注的舆论宣传机制。探索建立共同承担的多元化经费筹措机制。建立安全职责界定、责任落实、事故处置及纠纷处理机制和分级备案制度，完善研学旅行安全责任体系。

（四）中小学研学旅行课程的评价

研学旅行课程评价坚持多元评价和综合考察。开展综合评价可以从企业服务水平与客户满意度、学校组织管理效能、教师教育指导效果、学生收获体验等维度进行评价。开展过程性评价，可以聚焦任务项目，将学生活动中的各种表现和活动成果作为分析考察课程实施状况与学牛发展状况的重要依据；开展表现性评价，关注和鼓励学生活动中的积极进取表现和不断创新状态；注重形成性评价，重视学生自我评价与同伴间的合作交流和经验分享，肯定学生活动方式和问题解决策略。②

① 刘继玲．比较视野下的中小学研学旅行课程开发思考[J]．中小学信息技术教育，2019(7、8)：140-143.

② 高峡．研学旅行评价具有特殊性[N]．中国教师报，2019-11-13(7).

第二章　中小学研学旅行的学校管理质量标准

2016 年教育部等 11 部门联合发布了《关于推进中小学生研学旅行的意见》，随后，部分省市也相继出台了本地推进实施意见，全国各地中小学普遍开展了研学旅行活动。从实施过程看，效果良好，但也还存在一些问题，表现为研学旅行活动缺乏教育学意义的组织管理规范，工作目标不明确，管理机制不健全，安全保障不规范，特别是缺乏确保其有效运行的质量管理标准，影响了研学旅行有效开展的科学性和有效性。

一、质量的基本内涵

质量是一个内容丰富，不断发展、完善和深化的概念。我国国家标准 GB/T19000：2016 对质量的定义是：客体的一组固有特性满足要求的程度。

所谓“特性”是指事物可区分的特征。一般而言，特性是用以区分不同类别的产品或服务的概念。特征则是用以区分同类服务中不同规格、档次、品味的概念。事物具有多种类型的特性，特性可分为固有的特性和赋予的特性。“固有特性”就是指事物本身固有的特性；“赋予特性”则不是事物本身固有的，而是该事物因应不同的要求而对其所增加的特性。固有特性与赋予特性具有相对性，不同事物的固有特性和赋予特性各有不同，某种赋予特性可能在一定条件下与其固有特性发生一定的转换。就产品而言，不同类型的产品，质量特性的表现形式也不尽相同。硬件产品的质量特性表现为性能、寿命、可信性、安全性和经济性等。软件产品的质量特性表现为功能性、可靠性、易用性、效率、可维护性和可移植性等。流程材料产品的质量特性表现为物理性能、化学性能、力学性能、外观等。服务产品的质量特性则表现为功能性、经济性、安全性、时间性、舒适性和文明性等。

所谓“要求”是指对产品或服务需要的表述或将需要转化为一组针对实体特性的定量或定性的规定，这些“要求”必须转化为有指标的特性，作为评价、检验和考核的依据。质量概念的核心在于“要求”。具体来说，“要求”是“明示的、通常隐含的或必须履行的”需求或期望。“明示的”，是在文件中阐明的要求或顾客明确提出的要求。“通常隐含的”可以理解为组织、顾客及相关方的惯例或一般做法，其虽然没有明确规定，但其自身用途、特征、标准是显而易见的。“必须履行的”是指法律法规规定的或有强制性标准的。

从更为广泛的意义上说，质量不仅关注产品本身的品质，也重视产品形成的过程和体系。一般认为，质量越高越好。只有满足需求的产品，才会被认为是质量好的产品，质量越高价值就越高。由于组织、顾客及相关方的需求和期望是不断变化的，对质量的要求也是不断变化的，因此，质量具有时效性。除此之外，由于组织、顾客及相关方可能对同一产品的功能提出不同的需求，也可能对同一产品的同一功能提出不同的需求，需求不同，质量要求也不同，反映了质量的多样化特性，因此，质量还具有相对性。①

按照标准化要求，质量可以分成技术质量、职能质量、形象质量和服务质量四类。

---

① 360 百科. https://baike.so.com/doc/5722263-5934994.html.

技术质量是指服务过程的产出质量，又称为结果质量。技术是解决问题的方法，是人们利用现有事物形成新事物，或是改变现有事物功能、性能的方法。技术质量是顾客从技术服务过程中获取的实际产出。

职能质量是指顾客所感受到的相关人员在履行职责时的行为、态度等给顾客带来的利益和享受，即在职能发挥中顾客所体验到的感受。技术质量与职能质量构成了感知服务质量的基本内容。

形象质量是指企业通过视觉识别、理念识别、行为识别等系统多层次地在社会公众心目中体现的总体印象。它包括企业的整体形象和企业所在地区的形象两个层次。顾客可从企业的资源、组织结构、市场运作和企业行为方式等多个侧面认识企业形象。

服务质量既是服务本身的特性与特征的总和，也是消费者感知的反应，因而服务质量既由服务的技术质量、职能质量、形象质量和真实瞬间感受构成，也由感知质量与预期质量的差距所体现。

在一般工作活动中，服务质量更为大家所重视。服务质量可以从被服务者的物质需求和精神需求的角度来分析，简要归纳有功能性、经济性、时间性、安全性、舒适性和文明性等六个方面的特性。功能性是企业提供的服务所具备的作用和效能的特性，是服务质量特性中最基本的一个。经济性是指被服务者为得到一定的服务所需要付出的费用是否合理，是相对于所得到的服务质量而言的。安全性是指企业保证服务过程中顾客、用户的生命不受危害，健康和精神不受到伤害，货物不受到损失。安全性也包括物质和精神两个方面，改善安全性的重点在于物质方面。时间性是为了说明服务工作在时间上能否满足被服务者的需求，时间性包含了及时、准时和省时三个方面。在满足了功能性、经济性、安全性和时间性等方面的需求的情况下，被服务者期望服务过程是舒适的。被服务者得到一个自由、亲切、受尊重、友好、自然和谅解的气氛，有一个和谐的人际关系，体现了服务质量的舒适性和文明性特点。①

二、质量标准

国家新修订的《中华人民共和国标准化法》（简称"《标准化法》"）确立了我国新型标准体系，将标准划分为国家标准、行业标准、地方标准、团体标准和企业标准等五类；按照属性不同，将政府主导制定的标准分为强制性标准和推荐性标准。为鼓励积极参与国际标准化活动，新法除采用国际标准外，扩展了我国参与国际标准化活动的范围外，还明确提出国家积极推动参与国际标准化活动，开展标准化对外合作与交流，推动中国标准与国外标准之间的转化运用，并鼓励企业、社会团体和教育、科研机构等各方参与国际标准化活动。所以，本章将国际标准也列入体系。

（1）国际标准是指国际标准化组织（ISO）、国际电工委员会（IEC），以及其他国际组织所制定的标准。其中ISO是目前世界上最大的国际标准化组织，它成立于1947年，到2002年已有117个成员，包括117个国家和地区。ISO现已制定10300多个标准，主要涉及各个行业各种产品的技术规范。IEC也是比较大的国际标准化组织，它主要负责电工、电子领域的标准化活动。

（2）国家标准是对需要在全国范围内统一的技术要求，由国务院标准化行政主管部门制

① 360百科. https://baike.so.com/doc/229067-242326.html.

定的标准。1988 年,我国仿效国际标准化组织(ISO)在 1987 年发布的《质量管理和质量保证标准》等国际标准制定我国国家标准,编号为 GB/T10300 系列。但它在编写格式、技术内容上与国际标准有较大的差别。从 1993 年 1 月 1 日起,我国采用 ISO9000 系列标准,编号为 GB/T19000 - ISO9000 系列,其技术内容和编写方法与 ISO9000 系列相同,使产品质量标准与国际同轨。我国的国家标准是采用等同于现行的 ISO9000:2000 标准,编号为 GB/T19000 - 2000 系列。

(3) 行业标准又称为部颁标准,由国务院有关行政主管部门制定并报国务院标准化行政主管部门备案。当某些产品没有国家标准而又需要在全国某个行业范围内有统一的技术要求时所制定的标准即为行业标准。

(4) 地方标准是由省、自治区、直辖市人民政府标准化行政主管部门制定的,报国务院标准化行政主管部门和国务院有关行政主管部门备案的标准,目的是为满足地方自然条件、风俗习惯等特殊技术要求。地方标准为推荐性标准。

(5) 为增加市场标准有效供给,新修订的《标准化法》明确了国家鼓励学会、协会、商会、联合会、产业技术联盟等社会团体,协调相关市场主体共同制定满足市场和创新需要的团体标准。团体标准由国务院标准化行政主管部门会同国务院有关行政主管部门制定,构建政府主导制定的标准与市场自主制定的标准协调配套的新型标准体系。

(6) 企业标准主要是针对企业生产的产品在没有国家标准和行业标准的情况下而制定的企业组织生产的依据。企业标准只能在企业内部适用。新修订的《标准化法》取消企业产品标准备案制度,建立企业标准自我声明公开和监督制度,明确企业应当按照标准组织生产经营活动,并公开其执行的产品和服务标准。①

遵照法律精神,制定标准应当符合下列要求:有利于保护人身健康和生命财产安全;有利于维护国家安全;有利于促进科学进步和技术创新;有利于提高经济效益、社会效益、生态效益;有利于标准之间的协调配套;有利于增强产品的通用性、可替换性;有利于提升服务水平和质量;有利于方便人民群众生产生活;有利于促进对外经济技术合作和对外贸易;有利于推进军民通用标准建设和资源共享。

制定强制性标准和推荐性标准,应当在立项时对有关行政主管部门、企业、社会团体、消费者和教育、科研机构等方面的实际需求进行调查,采取多种方式征求意见。而且,强制性标准应当公开,供社会公众免费查阅。国家推动免费向社会公开推荐性标准。

一般来说,产品标准是指对产品的结构、规格、质量、检验方法所做的规定。完整的产品标准包括技术标准和管理标准两个方面。

所谓"技术标准"是对技术活动中需要统一协调的事物制定的技术准则。根据其内容不同,技术标准又可分解为基础标准、产品标准和方法标准三方面的内容。

(1) 基础标准是标准化工作的基础,是制定产品标准和其他标准的依据。常用的基础标准主要有通用科学技术语言标准、精度与互换性标准、结构要素标准、实现产品系列化和保证配套关系的标准、材料方面的标准等。

(2) 产品标准是指对产品质量和规格等方面所做的统一规定,它是衡量产品质量的依据。产品标准的内容一般包括产品的类型、品种和结构形式;产品的主要技术性能指标;产品的包装、贮运、保管规则;产品的操作说明,等等。

---

① 360 百科. https://baike.so.com/doc/4184095-4384597.html.

(3) 方法标准是指以提高工作效率和保证工作质量为目的,对生产经营活动中的主要工作程序、操作规则和方法所做的统一规定。它主要包括检查和评定产品质量的方法标准、统一的作业程序标准和各种业务工作程序标准或要求,等等。

所谓"管理标准"是指为了达到质量的目标,而对重复出现的管理工作所规定的行动准则。它是单位或部门组织和管理生产经营活动的依据和手段。管理标准一般包括以下四方面内容。

(1) 生产经营工作标准。它是对生产经营活动的具体工作的工作程序、办事守则、职责范围、控制方法等的具体规定。

(2) 管理业务标准。它是对各管理部门的各种管理业务工作要求的具体规定。

(3) 技术管理标准。它是为有效地进行技术管理活动,推动单位或部门技术进步而做出的必须遵守的准则。

(4) 经济管理标准。它是对单位或部门的各种经济管理活动进行协调处理所做出的各种工作准则或要求。

通俗地说,制定服务质量管理标准,大致应该包括如下内容。

(1) 对服务单位或部门所贯彻的标准的要求:服务单位或部门应制定切实可行的服务规范,建立健全服务质量体系结构,编写服务质量手册,对提供所有服务阶段的质量进行有效的控制、评价和改进。

(2) 对服务单位或部门所提供设施的要求:如对基地餐厅、面积、灯光亮度、环境噪声,提供的卧具、餐具、用具(电话机、电视机、洗浴器、话筒)等设施应具备方便、舒适、安全、卫生的良好使用性能。

(3) 对服务单位或部门所提供服务质量的要求:如对饮食质量标准,做到供应的原料新鲜,投料准确,符合营养卫生要求,并能及时提供;食品、饮料应当执行进货检查验收制度,产品标识须符合《中华人民共和国产品质量法》的规定。

(4) 对服单位或部门所提供服务人员、服务方式的要求:服务人员须经过严格的上岗培训,应具有良好的仪容仪态、职业道德、服务技能、应答能力。

(5) 对服务单位或部门所提出费用的要求:服务单位或部门应以合理的价格收取费用,并符合国家物价收费标准,不准以任何方式向客人索取财物、小费等。

(6) 对服务单位或部门违反规定的处理:按照法律、法规给予必要的行政处分和经济处罚。

三、中小学研学旅行的管理质量标准主要内容

中小学研学旅行是综合社会各方面力量共同保障未成年人接受教育的一种服务活动。所以,中小学研学旅行除了重视研学旅行的产品质量,还特别重视研学旅行的服务质量。质量标准内容特别丰富、复杂。考虑到中小学研学旅行工作体系的复杂性,本研究主要从学校管理角度来探讨研学旅行质量管理,重点研究中小学研学旅行服务质量管理标准。

本研究的学校管理"质量标准",主要是指为科学、有效、安全地开展学生研学旅行,为学校提供研学旅行服务的各相关方应该遵循的各种基本规范和准则。该标准既包括研学旅行课程化建设管理规范,也包括开展研学旅行的集体活动组织管理标准、食宿卫生和安全防护规范等,既包括开展研学旅行运营与支持制度,也包括研学旅行的指导教师专业素养标准,还包括

研学旅行基地和旅行机构产品标准等。

中小学研学旅行管理质量标准注重推动学校教育管理、课程教学和评价发生的相应转变；关注促进学校和教师、企业、社会对研学旅行的目标、要求和内容的理解；在教学实践上，关注推动教学由教师中心转向学生中心，关注学生终身学习能力的培养，关注师生自主性得到增强，从而使教学的有效性得到提高；在教育评价上，关注“获得取向的评价”，使跨学科的知识、能力、情感、态度、价值观的综合评价成为可能。

本书所谓的中小学研学旅行管理质量标准是以推动学校科学、有效开展研学旅行活动为主要目的，在遵照执行国家和行业相关法律、制度和标准的前提下，结合学校教育实际，确定的具有教育学意义的活动组织与管理规范和准则，是学校教育管理规范体系的一部分。从内容上看，主要包括研学旅行课程建设规范、研学旅行活动的学校组织管理规范和运营的领导与社会安全保障机制三方面。近期，一些地方，比如，河北省、安徽省等地都发布了研学旅行基地的建设规范，一些行业，比如中国旅行社协会正在研究《研学旅行指导师（中小学）专业标准》《研学旅行基地设施与服务规范》等标准，值得关注。

1. 中小学研学旅行的学校管理质量目标

中小学研学旅行以立德树人、培养人才为根本目的，通过深化改革、完善政策，统筹协调，整合资源，因地制宜，实现研学旅行活动课程育人效果突出、研学旅行基地示范带动作用明显、研学旅行线路具有影响力；实现中小学生能够广泛参与、活动品质持续提升、组织管理规范有序、基础条件保障有力、安全责任落实到位、文化氛围健康向上。最终实现让广大中小学生在研学旅行中感受祖国大好河山，感受中华传统美德，感受革命光荣历史，感受改革开放伟大成就，增强对坚定“四个自信”的理解与认同；同时学会动手动脑，学会生存生活，学会做人做事，促进身心健康、体魄强健、意志坚强，促进形成正确的世界观、人生观、价值观，培养他们成为德智体美全面发展的社会主义建设者和接班人。①

一般来说，质量目标与质量方针是保持一致的，因为质量方针为质量目标提供了制定和评审的框架，因此，质量目标应建立在质量方针的基础之上。可以采用从质量方针引出质量目标的方法，即在充分理解质量方针实质的基础上，将具体目标引出来。要立足学校和学生的未来发展需求确立质量目标，使质量目标具有前瞻性。也就是说，确定学校研学旅行的质量目标既不能好高骛远，经过努力也达不到，也不能轻轻松松不用费劲便能实现，应不断激励师生的积极性和创造性，实现其增值效果。同时，研学旅行的质量目标应在关注社会现状和未来发展的基础上，充分考虑学生和社会相关方的需求和期望，考虑各方的要求是否得到满足及满足的程度，才能对学校教育质量目标有充分的引导作用，并与社会发展需求相吻合。总之，管理质量目标要考虑管理现实的结果，在尊重历史标准的基础上，推动组织向着适宜性、充分性和有效性方向发展，纠正不足，追求卓越，使之更有针对性，更好地发挥作用。②

2. 中小学研学旅行学校管理质量标准确立的基本原则

原则是说话或行事所依据的法则或标准，也是处理事物的基本要求与限度。原则处于承上启下的关键地位，是目标和手段的连接中介。推进中小学研学旅行有效开展及其质量高低，标准的确立是前提，要坚持以下几个原则。

---

① 教育部等. 关于推进中小学生研学旅行的意见[EB/OL].（2016-12-19）. http://www.moe.gov.cn/jyb_xwfb/gzdt_gzdt/292360.html.

② 360百科. https://baike.so.com/doc/5379057-7578842.html.

（1）教育性原则。研学旅行强调要适合学生身心特点、接受能力和实际需要，注重内容的系统性、知识性、科学性和趣味性，为学生全面发展提供良好成长空间。因此，体现教育特性是研学旅行的质量标准的基本要求。

（2）实践性原则。将研学旅行纳入学生综合实践课程，强调研学旅行应该是因地制宜，地域特色显著，引导学生走出校园，目的是在过程参与和旅行体验中拓宽视野、丰富知识、了解社会、亲近自然、研究问题、培养团队合作能力和社会实践能力。

（3）安全性原则。研学旅行要坚持安全第一，建立安全保障机制，明确安全保障责任，落实安全保障措施，完善预案制度，加强培训演练先行，确保学生安全。

（4）公益性原则。研学旅行要坚持育人为先，政府、学校、家庭、社会多方协同支持学生研学旅行，对贫困家庭学生要减免费用；企业运营不以营利为目的。

（5）规范性原则。研学旅行要建立健全规章制度，加强管理，有组织、有计划地开展活动，确保规范操作；对活动过程、活动成效、活动的服务保障有系统的评价监督体系。

3. 中小学研学旅行学校管理质量标准的主要内容

（1）研学旅行课程学校建设规范。研学旅行课程建设的规范主要包括：落实国家文件精神，制定实施办法，根据教育教学计划灵活安排研学旅行时间、活动范围和主题内容。学校根据学段特点和地域特色，结合具体的研学旅行活动实践情况，完善、优化活动方案，构建学校的研学旅行活动课程体系。学校根据不同年级和学科的教学内容关联一定旅游线路的景点产品，开发研学旅行线路和主题活动方案，构建研学旅行课程手册。

（2）研学旅行基地的学校选择规范。研学基地是学校开展研学旅行活动的物质基础。基地建设应该坚持教育性和实践性原则，结合学生身心特点，因地制宜地呈现景区地域特色，为学生的学习体验提供良好空间；同时坚持“安全第一”的原则，确保学生人身安全；突出公益性特点，不以营利为目的。研学旅行基地应具有较高的观赏价值以及历史价值、文化价值或科学价值，具有一定的教育意义；应有丰富的研学产品，提供知识性、趣味性的体验与互动项目，并配有体现寓教于乐功能的专用设施和交流场所。根据研学旅行的育人目标，将基地所包含的自然或社会资源加以分类运用。

在选择基地的标准方面，学校可以基于国家或行业标准基础，在企业资质条件、场所设施、人员配置要求、环境与卫生条件、课程体系、教学安排、研学导师、研学路线、教育服务与体验、质量评估、安全等方面明确教育管理的指标内容，从而形成遴选的管理标准。如在考察基地的资质条件时，主要关注其是否具备法人资质、经营资质和服务能力，是否已经取得工商、卫生、消防、旅游等管理部门颁发的各类有效证照，开办一年内是否有重大环境污染及负主要责任的安全事故等。研学旅行基地要根据开展研学旅行的需要配置专业人员；开展研学旅行活动的企业要建设专（兼）职的研学旅行导游队伍。此外，基地提供的研学路线应保证以周边资源和环境相结合的外部条件合格和以基地规划和配套设施相结合的内部条件合格，保证路线设置便捷、合理，与基地研学主题协调一致。

（3）研学旅行组织准备的学校工作标准。中小学研学旅行工作要做到“活动有方案，安全有专案，行前有备案，应急有预案”。建立各关键环节所需的规章制度、操作步骤、实施细则等。拟定活动计划与实施方案；配备一定比例的学校领导、教师和管理人员作为研学旅行活动负责人；制定科学有效的研学旅行安全保障方案，做好师生行前安全专题教育和行前研学知识准备工作；确认出行师生购买意外保险和校方责任险；与家长签订安全责任书；负责研学旅行活动的企业或机构有资质、信誉好并签订安全责任书。

(4) 研学旅行安全保障的学校工作标准。以国家旅游饭店(GB/T 14308)、食品安全(GB 14934)、饭馆(餐厅)卫生(GB 16153)、旅游汽车服务质量(LB/T 002)、风景旅游道路及其游憩服务设施(LB/T 025)等标准为基础,提炼出学校组织研学旅行的集体活动的交通管理标准、食宿卫生管理标准、医疗防护规范。针对研学旅行中相关部门人员配置、产品分类、服务改进、安全管理问题,制定学生研学旅行安全保障方案和工作规程,建立安全责任体系。

(5) 研学旅行指导教师的专业素养标准。研学旅行指导教师是指在研学旅行过程中,具有能够具体制定或实施研学旅行教育方案,指导学生开展各类体验活动的专业人员;研学旅行指导教师应该具有五方面素养:专业态度体现在研学旅行的专业认识、专业准则两个方面;专业知识体现在研学旅行知识、教育教学知识、通识性知识三个方面;专业能力体现在研学旅行课程方案设计、研学旅行组织与实施、研学旅行激励与评价;反思提升持续发展意识。研学导师专业素养标准包括研学旅行的课程开发、主题确定、组织管理、后勤保障、安全管理和突发事件应急处置等方面的专业素养标准。

(6) 研学旅行效果的评价标准。建立研学旅行教育效果测评制度,评价研学旅行课程效果,评价研学旅行企业服务水平与满意度,评价学校组织管理效能,评价教师教育指导情况。建立与学校、学生及家长实时沟通平台,对研学活动开展综合评价。重视对学生的研学态度、研学能力和方法、研学结果等方面进行综合性评价。

(7) 研学旅行的安全运行与社会支持标准。构建完善的安全责任机制,建立安全职责界定、责任落实、事故处置及纠纷处理机制和分级备案制度,形成研学旅行安全责任体系。建立统筹协调的行政领导机制,构建共同关注的舆论宣传机制,探索建立政府、学校、社会、家庭、企业共同承担的多元化经费筹措机制。

第三章　中小学研学旅行的产品体系

随着我国居民收入水平的不断提高、旅游休闲生活方式的不断普及，特别是基础教育改革的不断深入，在国家政策的推动下，教育与旅行跨界融合，促进了中小学研学旅行市场快速发展。中小学研学旅行产品作为其运行内容，在开发和营销上不断得到推进，成为旅游企业与教育部门联合推动研学旅行健康发展的一项重要内容。

一、中小学研学旅行产品的特点

旅游产品是旅游经营者提供给旅游者购买的完整的旅游经历，它是为了满足旅游者的需求而提供的各种物质产品、精神产品和旅游服务的总和。旅游产品与旅游资源有着密切关系，是旅游资源经过规划、开发建设而形成的，包含吃、住、行、游、娱、购等六大要素。从广义角度看，旅游产品是指旅游经营者凭借旅游吸引物、交通和旅游设施，向旅游者提供的用以满足其旅游活动需求的全部服务，是指吃住行游购娱、导游服务以及各项与旅游活动有关的事物。从旅游者角度看，旅游产品则是指旅游者花费了一定的时间、费用和精力所换取的一次完整的旅行经历。

中小学研学旅行产品以满足教育为目标，是按照中小学生身心发展特点要求，由旅游经营者和学校按照国家相关政策，将一些旅游产品进行整合与设计而形成的，向中小学生提供的用以满足学校集体组织的教育需求的全部服务。中小学研学旅行产品的镜像表现是旅行线路或活动课程。

从旅游学角度看，中小学研学旅行产品是一种组合式的“旅行线路”。中小学研学旅行产品是以基地为重要依托，以资源共享和区域合作为基础而形成的研究性学习的旅游线路。它突出祖国大好风光、民族悠久历史、优良革命传统和现代化建设成就，是开展理想信念教育、爱国主义教育、革命传统教育、国情教育的重要载体。从现有的实践看，有“红色之旅”线路，是利用当地红色资源，突出“传承红色基因”主题；有“绿色之旅”线路，是利用地方丰富的生态资源，培养中小学生绿色生活理念和环境保护意识；有“古色之旅”线路，是利用地方深厚的历史文化积淀，让学生知晓优秀传统文化并加以弘扬的。

从教学角度看，中小学研学旅行产品也是一种“活动化课程”。中小学研学旅行产品有明确的教学目的、主题设置、游览体验与研究探索内容、时间安排和效果评价等方面的要求。根据小学、初中、高中不同学段的研学旅行目标，有针对性地开发自然与文化、历史与地理、科技与人文、工业与农林、城市与乡村、传统与现代、参与与体验等多种类型的活动内容，形成研学旅行课程体系。

总的来看，中小学研学旅行产品既是游程安排的旅游线路，又是学习和体验活动的课程设置。它取材于自然与社会的各种风景名胜和民俗风情，蕴含科学文化体验、参观游览、教学探究活动几大环节，它可以根据不同学习群体的学习需求灵活调整这些环节容量和先后次序。但它又不局限于这些，还包括吃住行游购娱等多种服务。

中小学研学旅行产品具有以下几个特点。

1. 旅游性特点

中小学研学旅行在形式上首先表现为一种旅游。中小学研学旅行产品具有旅游产品的基本特性。旅游产品不同于一般的物质产品的生产和消费，它没有独立的生产过程。旅游产品是把物质部门和非物质部门的相关产品组合起来，通过旅游服务满足旅游者需要，其生产过程和旅游者的消费过程是结合在一起的。也就是说，旅游产品的生产和消费具有同期性。因此，它同样也具有一般旅游产品的综合性、无形性、生产与消费同时性、不可贮存性、所有权不可转移性等特点。

2. 教育性特点

中小学研学旅行产品虽然是旅游产品，具有市场指向性，但是，中小学研学旅行的本质目的在于教育，是学校有计划、有目的组织的集体教育活动，中小学生作为研学旅行产品的消费主体，是未成年人消费者，与普通的旅游产品所体现的休闲、娱乐、观光不同，其目的性很明确，特别强调产品对学生的实践与体验的作用，注重产品对学生的思想道德、情感态度和价值观念的影响，重视产品对学生的知识、能力、方法获得的保障。

3. 组合性特点

在旅游产品谱系中，有传统和新兴两大类共计 74 种旅游产品。[①] 中小学生研学旅行产品绝大多数实际上都是在一些旅游产品整合与改造的基础上形成的。它是以教育需求为目标，选择自然风景游、历史遗产游、军事游、校园游等进行单项或多项组合与改造而成的，抑或是对文化游、会展游、体育游、场馆游、野营游、工业游、农业游、科技游等一些因素进行改造与组合而成的。

4. 低成本特点

由于传统旅游产品本身具有现成的设备设施或场所景物，具有特定的功能，按照教育目的，将这些资源进行筛选、组合转化成中小学研学旅行产品，一般不需要大量的资金投入，不需要大规模、高强度的开发，具有投入相对低而产出较高的特点。由于中小学研学旅行产品开发成本门槛较低，资源临时性组合的方式很多、潜力很大，市场容易混乱，专业性不高，所以必须加快研学旅行基地建设。

5. 公益性特点

研学旅行是学校开展的教育活动，是素质教育的一个重要环节，活动具有公益性质。按照国家政策规定，它不能以赢利为目的，只能适当收取成本费。因为研学旅行产品的消费者和购买者是分离的。中小学生尚没有独立的经济能力，中小学生虽然是产品的消费者，但他们的家庭、学校（或者政府）是产品的购买者。所以，对中小学生研学旅行产品进行市场分析，要关注其不能以赢利为目的要求。不仅需要考虑消费者的特征，还要考虑购买者的支付能力和潜在支付空间。[②]

二、中小学研学旅游产品体系

中小学研学旅行产品的开发需要旅游企业与中小学校联手，通过产教融合，根据小学、初

① 吴必虎. 区域旅游规划原理[M]. 北京：中国旅游出版社，2001：150-200；244-316.

② 武艺，吴小根. 中小学生教育型旅游产品潜力分析[J]. 旅游学刊，2004(2)：41-46.

中、高中不同学段的学生教育目标所确定的研学旅行目的与任务，结合研学旅行目的地特点，设计出满足学生不同需要的、以课程形式表现的主题活动方案或主题旅行线路。这些不同类型产品，根据其资源性质、功能价值等分类、汇总形成研学旅行产品体系。

从旅游学的角度看，按构成要素看，旅游产品是由旅游资源、旅游设施、旅游服务和旅游商品等多种要素组合而成。中小学研学旅行作为一种特殊的旅游形式，它的产品也同样缺少不了这些构成要素。但由于中小学研学旅行是集体组织的教育实践活动，而不是商业活动，这里主要分析旅游资源、旅游设施、旅游服务这三个基本要素，旅游商品作为次要因素，在此不做分析。

首先，中小学研学旅行产品中的旅游资源也同样包括自然旅游资源和人文旅游资源。自然旅游资源是在千百年来自然地理环境的演变之中形成的具有旅游功能的事物和因素，有地文景观、水域风光、生物风光、天象与气候景观等四大类。人文旅游资源是人类创造的，反映各时代各民族的政治、经济、文化和社会风俗民情状况，包括古迹与建筑、消闲求知、健身和购物等内容。

其次，中小学研学旅行产品同样需要完善的旅游设施，包括旅游服务设施和旅游基础设施。前者是完成旅游活动所必须具备的设施、设备和相关的物质条件，一般包括游览设施、交通设施、餐饮设施、住宿设施及其他服务设施等；后者是旅游目的地基本设施，包括风景区道路、桥梁，供电、供热、通信、排水、排污、消防系统，环境保护和环境卫生，以及城街区美化、绿化、路标、路灯、停车场等。这些设施是开展研学旅行师生活动及其生活所必需的物质条件。

再次，旅游服务是旅游产品的核心要素，中小学研学旅行虽然具有学生自主性特点，但中小学研学旅行也必须有构成旅游的基本服务，这些服务包括旅游交通服务、参观游览服务、住宿服务、餐饮服务、购物服务、旅游娱乐服务和其他服务等七种。除此之外，一些特别保障性服务，如建筑、食品、卫生、环保、科技、教育、设计等部门提供的服务也是必需的。①

中小学研学旅行产品的上述三大构成要素之间相互独立，又相互依存。它们都是以市场为基础，以服务教育为目的，围绕学生学习活动而存在并相互发生作用的，每一要素的存在和组合状况都为其他要素提供条件，每一个要素质量的优劣都影响其他要素，最终影响研学旅行的教育效果。

由于中小学旅游产品的三大构成要素都是为了满足研学旅行的需要而存在的，各自具有不同的功能，所以是不可替代的。但其内部的各组成成分之间是互补和互代关系，而且，随着研学旅行活动的展开和教育主题的丰富，内部的各组成成分可以根据研学旅行需求的发展变化和自身条件相互转化，这种互补和互代关系的转化可以改进旅游企业经营方式，创新产品内容，丰富课程体系，赢得更多的主体参与。

按照国家旅游局的分类，普通的旅游产品体系包括四大部分。即观光旅游产品（自然风光、名胜古迹、城市风光等）、度假旅游产品（海滨、山地、温泉、乡村、野营等）、专项旅游产品（文化、商务、体育健身、业务等）和生态旅游产品四种类型。普通的旅游产品从构成上看，可以分为核心旅游产品（原初形态，是指具有能满足旅游者审美愉悦需要的效用和价值）和组合旅游产品（终极形态，是指对旅游产品的核心价值、多重价值追加以极尽满足旅游者旅游需要的效用）。这种产品分类体系，对于中小学研学旅行来说，不完全适合，因为中小学生的研学旅行和学校的操作是一个有特殊教育需求的产品。

---

① 崔晓文.旅游经济学[M].北京：清华大学出版社，2009：35-39.

中小学研学旅行产品体系，按照不同的分类标准，有以下五种。

一是按中小学研学旅行产品所依托的资源基本构成进行分类，有科考与地质、遗产、军事、校园、产业、森林公园、野营、博物馆8种，形成产品体系，如表1所示。①

表1 中小学生教育型旅游产品依托资源表

基本旅游产品	依托的资源
科考与地质旅游	A(地文景观)等
遗产旅游	EA(史前人类活动场所)、EBA(历史事件发生地)、FDD(名人故居与历史纪念建筑)、FDE(书院)等
军事旅游	EBB(军事遗址与古战场)、FAI(军事观光地)、军事院校等
校园旅游	FAA(教学科研实验场所)、FAE(文化活动场所)、FAH(动物与植物展示地)等
产业旅游	FAF(建设工程与生产地)等
森林公园旅游	C(生物景观)等
野营旅游	BAA(观光游憩河段)、BBA(观光游憩湖区)、FGA(水库观光游憩区段)等
博物馆(含美术馆)旅游	FBC(展示演示场馆)

二是按资源类型进行分类，有知识科普型、自然观赏型、体验考察型、励志拓展型、文化康乐型五种。

(1) 知识科普型。主要包括各种类型的博物馆、科技馆、主题展览、动物园、植物园、历史文化遗产、工业项目、科研场所等资源。

(2) 自然观赏型。主要包括山川、江、湖、海、草原、沙漠等资源。

(3) 体验考察型。主要包括农庄、实践基地、夏令营营地或团队拓展基地等资源。

(4) 励志拓展型。主要包括红色教育基地、大学校园、国防教育基地、军营等资源。

(5) 文化康乐型。主要包括各类主题公园、演艺影视城等资源。②

三是按课程内容进行分类，有自然类、历史类、地理类、科技类、人文类、体验类等六种。

(1) 自然类。主要包括欣赏自然现象与景观、观察自然资源与灾害、体验自然生态、探索自然规律等。其课程资源主要依托自然保护区、风景名胜区、地质公园、矿山公园、森林公园、湿地公园、水利风景区、生态旅游区等自然保护地。在研学旅行中，主要结合的是地理、生物、科学、艺术等学科的知识。其主要功能是让学生了解自然环境与人类发展的关系，感受大好河山，陶冶情操，增进保护环境的理念，培育科学精神、社会参与等素养。

(2) 历史类。主要包括探寻历史遗迹、文物与非物质文化遗产、考察历史聚落、参观纪念场所、欣赏历史题材艺术、体验家国情怀历史事迹等方面。其课程资源主要依托历史遗迹、革命遗址、博物馆、纪念馆、文艺展馆等人文遗产，在研学旅行中，主要结合的是历史、思想政治、社会、语文、地理等学科知识。其主要功能是让学生欣赏、体会优秀传统文化、哲学智慧、道德伦理、文学艺术特色、传统科技工艺创造、历史名人名士精神等，引导学生坚定文化自信、传承和弘扬革命传统。

---

① 武艺，吴小根. 中小学生教育型旅游产品潜力分析[J]. 旅游学刊，2004 (2)：41-46 .

② 原国家旅游局. 研学旅行服务规范[Z]. 2016-12-19.

（3）地理类。主要包括了解地理位置与地名、观察地理要素与景观、研究地理环境与地理标志、进行社会调查等。其课程资源主要依托自然和人文地理环境、地质地貌、气象水文、土壤植被等自然要素，人口、聚落、经济、文化、社会等人文地理事象等。在研学旅行中，主要结合的是地理、科学、艺术等学科知识。其主要功能是让学生借助地图、地理信息技术等工具，发现区域人地关系问题，培育学生的综合思维、人地协调观、地理实践力等核心素养。

（4）科技类。主要包括了解科技发展、研究科技研发成果、参观科技建设成就、体验科技伦理等。其课程资源主要依托科技馆、科技活动、科研机构、高等院校、国家重大工程、现代产业园区等场所。在研学旅行中，主要结合的是数学、科学、物理、化学、生物、信息技术等学科知识。其主要功能是让学生借助现代人工智能、VR、AR、3D打印等技术，通过参观、培训、实验等形式，培育学生的科学伦理、创新意识和劳动观念等素养。

（5）人文类。主要包括了解人文特色、研究社会发展、观察人居环境、参观文化建设成就等方面。其课程资源主要依托爱国主义教育基地、社会发展展馆、城乡村落、战略发展项目、社会科学研究机构、高等院校、民族聚居地等。在研学旅行中，主要结合的是思想政治、历史、社会、地理等学科知识。其主要功能是让学生感知中华人民共和国建立以来，尤其是改革开放以来我国社会发展所取得的成就，探究当前我国转型发展的重大问题与发展战略，培育学生的家国情怀、世界眼光和社会责任感等素养。

（6）体验类。主要包括开展体育与拓展运动、进行劳动与创业、组织集体生活等。其课程资源主要依托综合实践活动基地、劳动教育基地、团队拓展基地、国防教育基地、军营、体育训练基地、现代生产企业等场所。在研学旅行中，主要结合的是劳动技术、信息技术、体育、艺术等学科知识。其主要功能是让学生通过从事生产劳动、军事训练、团队拓展、职业体验、体育培训等形式，达到身心体验、精神提升和团队协同等目的，培育学生的自我发展、健康生活、勇于拼搏、团队合作等素养。①

四是按服务学生身心发展功能进行分类，有健身项目、健手项目、健脑项目、健心项目四类。

（1）健身项目。以培养学生生存能力和适应能力为主要目的的服务项目，如徒步、挑战、露营、拓展、生存与自救训练等。

（2）健手项目。以培养学生自理能力和动手能力为主要目的的服务项目，如综合实践、生活体验训练、内务整理、手工制作等项目。

（3）健脑项目。以培养学生观察能力和学习能力为主要目的的服务项目，如各类参观、游览、讲座、诵读、阅读等。

（4）健心项目。以培养学生的情感能力和践行能力为主要目的的服务项目，如思想品德养成教育活动以及团队游戏、情感互动、才艺展示等。②

五是按照社会学理论，根据研学旅行特有的性质，把研学旅行产品分为伦理型、表意型、工具型三类。

美国社会学家帕森斯指出，社会意志行动是行动者就实现目标的手段做出的一切主观决定，受着观念和情景条件的制约。行动者根据动机（动员资源的需要和愿望）和价值（关于什么是恰如其分的观念）将形成对情境的各种不同的倾向。他认为，在行动者中存在着三类动机：

---

① 郭锋涛，等. 研学旅行课程标准（二）[J]. 地理教学，2019(6)：4-7.

② 苏州教育局. 苏州市关于开展中小学生研学旅行等社会实践活动的旅行社服务规范（试行）[Z].

认知的(信息的需要)、感性的(感情归属的需要)、评价的(评价的需要)。与此同时,还存在着三种相应的价值:认知的(根据客观标准进行的评价)、鉴别的(根据审美标准进行的评价)、伦理的(根据绝对的正确与错误进行的评价)。而由这些动机和价值相关的特性构成的行动可以分成伦理型的、表意型的、工具型的三类。① 中小学研学旅行是一种意志行动。所以,研学旅游产品据此分为三类。

(1) 伦理型研学旅游产品。伦理型行动是一种与是非标准相关的行动,这类产品是指利用不同的主题活动对学生进行国家、安全、健康、历史和生态等方面的教育,旨在塑造学生正确的世界观、价值观和人生观而设计的产品。主要分为爱国教育、安全教育、心理健康教育、历史文化教育和自然生态教育等类产品。

爱国教育类产品引导学生了解国家历史脉络,领悟自己肩上的重任,为中华民族的伟大复兴而努力奋斗。通常有国情省情大讲堂、国防专题讲座、民主法治讲解、军事报道、时事追踪等方式。

安全教育类产品引导学生识别社会中一系列不安全因素,培养良好的安全意识和基本逃生技能,对学生个人安全和未来发展具有重要作用。通常有毒品预防、疫情防控、反恐演练、逃生技能培训等方式。

心理健康教育类产品注重解决青少年儿童的心理问题和心理障碍,帮助学生健全人格,促进身心协调发展。通常有心理咨询辅导、青春期教育、心理剧观看等方式。

历史文化教育类产品引导学生了解中华民族悠久的历史文化和优良的革命传统,培养他们顽强拼搏的精神,了解红色革命历史,以史为鉴,奋发图强。通常有历史胜地参观、民族文化采风、红军生活体验等方式。

自然生态教育类产品引导青少年儿童通过旅行的方式增强自身环境保护意识,树立正确的环保观,从身边小事做起,践行可持续发展理念。通常有环境保护讲座、生态体验、科学调查、植树放飞等方式。

(2) 表意型研学旅行产品。表意型行动是一种意在实现感情上满足的行动。这类产品是指以提高学生个人素质为基础导向,以趣味活动为实践方式,以德、智、体、美、劳全面发展为根本目标而设计的产品。主要包括体能拓展、竞技比赛、团队合作和文化娱乐四类产品。

体能拓展类产品通过引导学生参与一系列的户外运动拓展活动,锻炼身体、强健体魄,增强学生体质,培养学生不怕困难、敢于吃苦的意志。通常有军事训练、爬山、攀岩、障碍跑、拉练等方式。

竞技比赛类产品引导学生参加各种比赛活动,在活动中适应相互竞争的环境,提升解决困难和障碍的能力,磨砺敢于斗争的意志,以达到素质提升的目的。通常有田径运动会和趣味竞技游戏等方式。

团队合作类产品旨在通过专门的团队拓展和娱乐项目增强集体凝聚力,培养学生的合作共赢意识,提高学生的团队协作能力。通常有团队益智游戏和集体户外生活等方式。

(3) 工具型研学旅行产品。工具性行动是一种意在有效地实现既定的生活目标的行动。这类产品是为了学生掌握操作技能、学会独立生活、开阔视野、提高社会意识、拓展创新思维而设计的集工作生产、技能训练和公共服务于一体的体验性产品。主要包括生存技能培训、劳动体验、社会服务、科学研究、艺术创作、手工技艺等类产品。

---

① 乔纳森·H.特纳.社会学理论的结构[M].吴曲辉,等译.杭州:浙江人民出版社,1987:74.

生存技能培训类产品培养学生的生活自理能力，提高学生的生存技能。通常有生活家政技能培训、野外露营、紧急救护训练等方式。

工农劳动体验类产品引导学生积极参加农事劳作或工厂生产，了解农业种植、培育和生长过程，熟悉工业产品生产加工流程。通常有农具认知、作物栽培、工厂流水线体验等方式。

社会服务实践类产品旨在培养学生乐于奉献、关爱弱势群体、服务社会大众的意识。通常有社区义务劳动，走进福利院、特教学校学习等方式。

科学研究类产品引导学生开拓视野，增长见识，感受现代科技魅力，激发创意和灵感，培养创新精神和实践能力。通常有科学观察、技术设计、模型建构等方式。

艺术创作类产品激发学生的审美兴趣，增强学生的美学感受，引导学生设计创作物品。通常有绘画、短片拍摄、剧情编演、服装设计等方式。

手工技艺类产品旨在培养学生的动手能力、实践能力，让学生在动手中感悟，在实践中成长。通常有陶艺制作、纸工工艺、泥塑艺术等方式。①

三、中小学研学旅行产品质量管理标准的设计原则

研学旅行是针对中小学生群体的一种教育活动，具有强烈的教育实践性和目的性，所以，它比普通的旅游产品更强调专业性。研学旅行市场实践表明，赢得欢迎的研学旅行产品的质量管理标准的设计要坚持以下几个基本原则。

1. 育人性原则

设计适销对路的产品需要明确市场需求，面向一个有清晰需求特征的人群。研学旅行面对的对象是中小学生，这是一个特定的受教育群体，作为未成年人消费群体，与普通旅游的需求不同，研学旅行要解决的是中小学生在传统学习中存在的理实脱离、知行分离的问题，因此，在设计研学产品时，要在坚持寓教于乐、知行合一的基础上，重视研学旅行产品满足学生能从中获得丰富的实践经验的教育需要，重视学生能够从中形成并逐步提升对自然、社会和自我之内在联系的整体认识，促进学生价值体认、责任担当、问题解决、创意物化等方面的意识和能力的提升。

2. 差异性原则

不同学校的情况不同、学校所处环境不同、学校总体办学定位和教育需求不同，学生实际情况不同，研学产品设计要坚持差异化原则，其目的是满足不同学校的教育要求。由于小学、初中、高中不同学段、不同时期具有明晰的教育目标需求，研学旅行产品的差异性体现在教育功能上、研学旅行内容项目上、线路先后顺序上、价格上、异地停留时间和其他教育服务上。按照文件规定，当前，小学四至六年级宜设计以知识科普型、自然观赏型和励志拓展型资源为主的产品，并以县情市情研学为主；初中年级宜设计以知识科普型、体验考察型和励志拓展型资源为主的产品，并以县情市情省情研学为主；高中年级宜设计以体验考察型和励志拓展型资源为主的产品，并以省情国情研学为主。

3. 参与性原则

中小学研学旅行具有学生主体参与性特征。中小学研学旅行就是为学生而设计的，学生

① 中国旅游研究院．中国研学旅行发展报告 2017[M]．北京：旅游教育出版社，2018：20-25.

的参与性影响中小学研学旅行实施的效果。因此需要从教育层面把课本活动化、活动课程化，打造出符合学生身心发展需要的教育旅游产品，防止“游而不研”“只游无学”，把学生研学旅行变成成人化的一般旅游。研学旅行产品设计尊重学生是参与主体，为了学生、依靠学生，根据游学线路(地点)本身特点及学生身心发展特点，设置形式多样、灵活有趣且实操性强的任务，让学生主体参与、自我组织，获得知识性、活动性、体验性等实践。

4. 创新性原则

研学旅行服务市场日益成熟，产品体系也逐渐成形。但是，随着学生学习需求的多元化发展，特别是新时代、新技术发展，要注重新产品、新线路的开发与研究，根据教育改革需要和旅游市场情况变化及时推出以特殊专业知识学习为主的研学旅行产品，推动一些以高科技探秘与体验为特色的研学旅行产品进入市场。这就要求研学旅行产品设计要不断创新，以主题新颖、形式活泼吸引更多的学校师生，探索研学旅行产品体系的多元化发展路径，创新研学旅行主题化产品。

5. 可行性原则

研学旅行产品设计过程中，要充分考虑学生的学龄特征，注重产品的易操作性，确保研学旅行安全、可行。由于线路的结构顺序与节奏不同，产生的效果也不同。一条好的研学旅行线路就好比一首美妙的交响乐，有跌宕起伏、平仄交替的旋律，有序幕—发展—高潮—尾声。在旅游线路的设计上，要求线路编排详略得当、主题清晰、重点突出，符合研学旅行目的要求，活动张弛有度，而非走马观花，疲于奔波。在技术上，要将学生的学习心理、探究兴趣与景观特色分布结合起来，注意重点景点在线路上的布局。在经济上，要重视成本开销的节省。在安全上，要顾及师生吃住行的安排，还要注重对师生的人文关怀，要重视师生的心理和身体承受力。作为承接研学旅行的企业(基地、旅行社、机构)应该制作并提供研学旅行产品说明书，产品说明书除应符合《中华人民共和国旅游法》《研学旅行服务规范》和教育部等 11 部委《关于推进中小学生研学旅行的意见》有关规定外，还应包括研学旅行教育服务项目、研学旅行教育服务评价方法、研学旅行安全防控措施、中小学生研学旅行过程中的监护办法等内容。

第四章　中小学研学旅行的学校组织管理

中小学研学旅行是一种综合社会实践活动，是创新校内校外教育相衔接的一种形式。研学旅行的学校组织管理是一个复杂的系统工作，涉及的内容繁多。因此，要加强学校的组织管理，坚持教育性原则，注重实践性，把安全放在第一位，健全管理制度，建立研学旅行学校管理体制，确保操作规范。

一、研学旅行的学校组织准备工作

学校教育工作的基础是组织管理。法国管理学家法约尔在他的《一般管理与工业管理》一书中提出，管理就是实行计划、组织、指挥、控制和协调。计划就是探索未来，制定行动计划，必须具有统一性、持续性、灵活性、精确性的特征；组织就是建立企业的物质组织和社会组织，使其同企业的目标、资源和需要相适合；指挥就是使每个人都履行其所负的职责，做出最好的贡献，从而使整个社会组织发挥出应有的作用；协调就是统一和调和企业各部门以及各个职工的活动，使所有工作都能和谐地进行；控制就是核实计划落实情况，以便发现缺点、采取措施、加以纠正，以使实际活动与计划保持一致。

在管理学中，组织的内涵可以从静态与动态两个方面来理解。从静态方面看，指为了实施计划而建立起来的一种系统结构，即用部门和层次的方式把人、职位、任务以及它们之间的特定关系确定下来，明确各自的任务、职责以及分工的范围、程度、相互之间的协调配合关系等，形成框架体系。从动态方面看，为完成组织目标，通过组织机构的建立与变革，将活动中的各个要素、各个环节，从时间上、空间上科学地组合起来，使每个成员都能接受领导、协调行动，从而产生新的功能的行为或者过程。①

研学旅行的学校组织管理工作是研学旅行活动顺利进行的最重要内容。中小学研学旅行的学校组织管理工作，首先要做到“活动有方案，安全有专案，行前有备案，应急有预案”。要研究各关键环节所需的方案、规章制度、操作步骤、实施细则等。有学者从课程实践的视角，提出“三阶段四环节”研学旅行课程模型。在时序上，可以把研学旅行课程分为课前、课中、课后三个阶段；在完成任务上，可以把研学旅行课程分为确定目标、选择资源、课程实施、课程评价四个环节。②

课程模型是对研学旅行组织工作的一种理论概括。事实上，研学旅行作为一种有计划、有组织的集体教育活动，其整个过程可以简单地分为行前、行中、行后三个阶段。行前阶段是研学旅行活动实施之前的准备阶段，这个阶段的主要工作包括成立学校研学旅行领导组织、确定研学旅行主题、选择研学旅行地点、研究路线、实地考察、确定计划、制定方案、报备方案、选择服务企业、学生教育等。行中阶段是研学旅行的实施阶段，是研学旅行教育计划全面实施阶段，这个阶段学校主要要做好交通管理、食宿管理、活动课程管理等具体管理工作。行后阶段

---

① 李建设．组织管理学[M]．杭州：浙江教育出版社，1987：3.

② 朱洪秋．“三阶段四环节”研学旅行课程模型[J]．中国德育，2017(12)：16-20.

是研学旅行总结评价阶段。以下几个方面是主要任务。

(一) 学校研学旅行领导结构的成立

为了组织好学校研学旅行活动,学校要建立在党组织领导下的学校研学旅行领导小组,总负责人是学校主要领导,即校长或书记,学校分管领导,教育处、教学处、安稳(或保卫)处处长,年级主任是成员。领导小组负责全校整体研学旅行的规划和决策工作。

学校每次组织的具体研学旅行也要成立项目领导小组,学校分管领导(总领队)是执行负责人,具体实施负责人是学校中层干部或年级负责人(年级主任)、班级责任人(班主任)和相关研学导师。项目领导小组具体负责本次研学旅行项目活动的组织和领导。

(二) 学校活动方案的制定

学校开展研学旅行活动应提前拟定活动方案。活动方案的制定是全部研学旅行活动的开端。方案的科学性、详细性直接影响研学旅行教育活动的效果,甚至影响到师生的安全。学校的活动方案必须要对学校的教育需求,学生身心发展需要以及研学旅行资源预先做细致的调研,确保活动的教育性和针对性。由于涉及的旅行内容比较专业,很多学校可以请一些有资质、信誉好的旅游企业(旅行社、基地、机构)参与学校前期的方案制定。学校的活动方案要具体说明研学旅行目的及路线的设计,详细分析参加活动的学生情况,确定活动内容与研学方式,明确活动的职责分工,细分研学旅行具体行程以及学生安全教育的准备和活动保障等方面内容。

(三) 学校方案的上级报备

形成学校完整的方案后,经过征求意见、集体讨论决策后,要按管理权限上报上级教育行政部门审核、备案。待上级教育主管部门审阅、同意备案后,学校才可以执行该方案。

(四) 行前的学校组织动员

(1) 学校可以通过招标等形式,选择有资质、信誉好的旅游企业或机构,通过购买服务的形式委托这些企业负责部分研学旅行活动内容。

(2) 学校组织学科教师、管理人员等相关力量实地考察研学旅行线路和研学目的地,与这些企业(机构)共同细化原先制定的活动方案,明确委托企业或机构承担学生研学旅行的责任以及研学旅行活动场地责任,并与之签订委托协议书。

(3) 学校研学旅行方案应该通过家长委员会,根据方案内容起草致家长的一封信,召开家长会,告知家长活动意义、时间安排、出行线路、费用收支、注意事项等信息。

(4) 组织学生报名与分组。组织相关年级的学生报名,并根据研学主题进行分组。分组方式可以进行同质分组,也可以进行异质分组。明确小组的负责人员、联系方式,建立活动组织体系。

(5) 学校要组织学科教师与旅游企业专业人员,根据学段特点和地域特色,结合研学主体,规划学生背景知识准备,设计研学旅行活动教学方案,细化线路中每日教学要点,制订师生使用的《研学旅行手册》。

(6) 配备研学指导教师和服务管理人员。根据需要配备一定比例的学校领导、教师和安全员,一般师生比为1∶20～30为宜;小学阶段确有需要也可吸收少数家长作为志愿者,负责学生活动管理和安全保障。

（7）学校要制定科学有效的研学旅行安全保障方案，做好师生行前安全专题教育。

（8）确认出行师生购买意外保险和校方责任险；与家长签订安全责任书；与委托开展研学旅行的企业或机构签订安全责任书，明确各方安全责任。

（五）行前的学生自我准备

为了更好地达成研学旅行的目标，应要求参与研学旅行的所有学生和工作人员提前做一定的工作，让学生在预先了解此次旅行的目的和意义的基础上，进行知识、生活、安全、行动等方面的提前准备。

（1）行前的知识准备。在教师的指导下，学生了解研学旅行活动的背景、意义，研习研学旅行教材，收集相关资料，初步了解研学旅行基地、营地、线路情况。具体地说，学生要根据研学旅行主题，准备各学科的相关教材知识内容资料以利于学生建立课内课外、校内校外的知识联系；根据研学旅行主题要求，提前搜集相关的目的地的历史、地理、文化、相关的地域特色和民俗文化等背景知识和相关的政治经济情况，以利于拓宽学生的体验面，同时具有针对性，为研学旅行做好知识上的储备。做好吃苦克难、规避风险的身心准备。

（2）学习用具准备。学生准备的研学旅行学习用品应包括手机、iPad以及充电器、数码相机及充电器、文具用品（笔记本、笔、橡皮等）、手边读物（与本次研学旅行主题相关的）、研学旅行手册、研学特别需要的相关资料和工具书等。

（3）生活用具准备。学生准备的研学旅行装备、生活用品应包括证件：身份证、学生证等；服装：制式校服、外套（风衣、冲锋衣）、保暖外套、内外衣服、运动装、运动鞋、拖鞋、太阳帽、太阳镜、雨具、旅行用小水壶、双肩包等；个人卫生用品：洗涤用品，洗漱用品（牙刷、牙膏、洗发护发、洗浴液、毛巾等），生理用品等；日常药品：晕车药、感冒药、肠胃药、创可贴、防蚊虫药、护肤品、防晒霜等；零用钱：安全起见，不要多带。

（4）活动信息准备。学生告知家长亲友自己的研学旅行的信息，包括学校研学出发集合的时间与地点、返回时间与地点；自己所在的班级、小组的研学导师和同学的姓名、联系电话等。

（六）行中的学校相关人员的工作职责

（1）学校带队领导的职责（总领队）：对本线路活动的进程和学生的安全负责，对管理教师组织管理情况给予评价；对活动中的突发事件进行及时有效的处理，定时向学校汇报活动情况；协调和督促承办研学旅行企业按照协议安排有效地完成活动。

（2）年级主任（副领队）的职责：负责统筹安排全年级教师职责分工、安全教育、行程计划、学生动员等。

（3）班主任的职责：负责班级管理、学生分工组织、安全教育、家长联系等。

（4）研学导师的职责：研学导师包括受过专门培训，经考核合格的学校老师和承办研学旅行企业的导游等。这些方面人员要相互配合，负责按照活动方案中规定的每日教学要点，根据行程安排，指导对本组学生安全开展研学活动；负责对本组活动进程监控与组织，加强对学生进行全面的安全管理；负责指导学生组长，组织学生安全有序愉快地开展活动，督促学生按照要求完成活动计划；随时观察学生状况，与学生沟通交流，掌握学生情况，并及时向带队领导汇报；负责指导、督促本组学生为活动结束后的汇报、总结和评价做好准备。

(5) 学生组长的职责:协助教师组织本组的学生活动,随时向教师汇报本组学生人员情况;负责集合召集点名、组织站队、信息通知与报告等工作;负责房间休息的检查、退房、出入餐厅组织、下车的收容工作;负责协助老师做好后期的汇报组织和催交作业工作。

(6) 学生成员的职责:按照研学旅行课程手册或学案要求,服从组织安排,遵循计划,参与研学旅行活动;积极参与实践操作,在实践活动中争取发现问题,认真倾听别人的意见,积极表达自己的意见,参与集体讨论和辩论;户外活动严格遵守活动安排,服从教师和组长的管理,不单独离队,有事及时汇报;注意保管随身财物及贵重物品,注意人身安全;住宿时不串房间,不离开房间随意外出;注意及时收集活动心得、照片等并及时整理,为做好总结、交流、评价做准备。

(7) 家长的职责:负责督查孩子自己所做的外出前的各项准备工作,进行遵守纪律和安全自护的家庭教育;了解学校外出和返回地点,按照规定时间接送孩子。[①]

(8) 承办学校研学旅行企业的职责:负责与研学旅行目的地做好联络和对接的工作;负责提供符合标准的良好的交通等生活保障;做好行中的学生安全保障工作;负责配备研学导师(导游),配合学校对学生进行适时的研学指导。

(9) 研学旅行目的地(基地)的职责:负责提供符合标准的住宿保障、餐饮保障和人员保障;负责对所有研学产品进行行前线路安全评估考察,构建严密的安全管理制度。

(七) 行后的总结评价工作

行后阶段的主要工作是对本次研学旅行的总结和评价。这个阶段主要是学生做好研学旅行的个人总结与集体总结,完成研学作业、撰写研学旅行报告,交流与展示研学成果;研学导师对学生研学成绩进行认定;做好对不同对象的考核评价等工作。

评价方式一般有个人自评、同学互评、教师点评。被评价对象主要是学生。但考虑到学校管理的系统性,绩效体现的完整性,被评价的对象还包括学生活动小组、研学导师、设计本次活动的学校本身、提供服务的旅游企业和研学旅行目的地(基地)等。评价主体同样也包括学生、学校带队领导、研学导师、旅游企业、研学旅行目的地(基地)等。

二、研学旅行的学校组织准备的工作规范

研学旅行组织管理的各环节是紧密相连的,具有程序性特征。对于学校来说,按照严格的工作规范或标准操作是学校顺利开展研学旅行活动的根本保障。因此,研学旅行的学校组织工作规范是必须研究的实体性内容。它既涉及师生两个教育管理主体间的权益和责任关系,还涉及校企、产教、家校等不同主体的权益与责任关系;既涉及经济因素,又涉及人身安全、社会稳定因素。研学旅行的学校组织工作规范既调节师生间教育关系,也调节研学旅行不同主体的法律关系。研学旅行的学校组织准备工作规范的内容是复杂的。只有严格的规范,才能保证活动的严谨。有规范的工作文本和制度,可以减少工作的随意性。这里主要分析一下五个方面的内容。

---

① 参见《北京陈经纶中学嘉铭分校研学手册》。

(一) 学校制定研学旅行活动方案的工作规范

学校的活动方案大致包括研学旅行目的及路线的设计、参加活动的学生情况分析、活动内容与方式确定、活动的职责分工、研学旅行具体行程、学生安全教育的准备、有关活动保障等几个方面内容。

(1) 详细说明研学旅行目的的设计。清晰地描述研学旅行课程活动的目标、意义、重难点,以及具体研学旅行路线或目的地的背景介绍。根据研学旅行课程活动的目标,选择研学旅行地点与设计研学旅行线路对于活动的开展就具有决定性意义了,因为研学旅行地点和线路的特色是研学旅行资源的核心价值所在,去不同的地方研学,学习的内容是不尽相同的。

(2) 具体分析参加活动的学生情况。对参加活动的学生及活动安排的时间、活动人员结构(学生人数、教师人数、研学机构或旅行社人数)做详细说明。

(3) 明晰具体线路安排。分析具体线路活动性质,详细描述研学旅行的具体行程,包括线路日程安排、学时安排和人员容量等。如果一次安排多条线路,每条线路都应该叙述。

(4) 详细说明活动内容与研学方式。结合不同学段、不同年级学生学科教学要求和学生身心发展的特点,确定研学旅行活动线路及其主题,选择历史、地理、科技、人文和爱国主义教育等具体内容;确定学生研学活动方式,明确讲解说明、社会调查、参观访问、实践体验、资料搜集、集体探索、分组研究、论文总结等选择形式;确定研学旅行中的评价方式,进行相关可能的评价方式的设计。

(5) 具体说明人员的职责分工。学校要成立专项活动组织,要明确学校总负责人、研学活动线路实施负责人、年级责任人、班级责任人、学校相关部门人员的关于研学旅行实施、对外联系、研学宣传、活动组织、医疗保障、备案申报等责任,做到责任到人。

(6) 说明对学生安全教育的准备情况。包括出发前安全教育:学校制定并组织学习学生外出活动安全守则,组织学生学习文明旅行公约、观看安全视频、学习活动安全须知(安全注意事项),召开安全培训会、动员会;途中安全教育:安全提示、安全标语、安全广播、安全视频等;研学活动地安全教育:配备教师、安全员,设置学生安全员,引导学生自我安全管理等。

(7) 具他有关活动保障。包括活动的生活保障、安全应急预案等。

(二) 学校制定致学生及家长信的内容规范

学校致学生及家长的一封信,实质上是学校就研学旅行活动对家长和学生的正式的告知书,以这样的形式告知,既有通知的作用,也有彼此平行沟通互动的价值。研学旅行虽然是学校教育的一个组成部分,但由于学生是未成年人,研学旅行涉及学生身体健康、安全保障、一定的成本分担等问题,需要家长的支持和理解,家长也有权获得相关的详细信息。因此,学校以这样平等的方式与学生和家长进行信息交流,体现了学校对教育主体一方——家长和学生的尊重,是家校共同做好主题教育工作的一种工作方式,并不是免责的借口。

学校致学生及家长的一封信应该主要体现以下方面的内容:告知家长活动设计的依据,承办研学旅行服务企业(基地、旅行社、机构)的基本情况、研学旅行活动背景,学生参加意愿选择方式、研学主题、目标、时间、地点、内容、收费项目与交费方式、研学评价、报名方式、纪律要求和生活安全条件。

学校致学生及家长的一封信应该附有《家长回执》。这是学校确认家长收到学校联络的信息,知悉学校组织本次教育活动的情况和反馈参加活动的意愿的方式,也是预防未来万一出现意外和纠纷时学校工作的一个凭证。同时，为了解学生身体状况，确保学生安全参与活动，学校要拟定学生健康信息登记表和安全告知书，确认学生当前身体状况，告知家长相关安全责任，并且要求家长签字以保证家校信息对称。

由于研学旅行不同于校内的课堂教学，其对学生的集体组织纪律要求具有很高的标准，涉及每个学生行为规范与严格的纪律奖惩落实，需要家长密切配合教育，学校可以制定学生纪律告知书，随信同时交家长，方便家长配合学校提前做好学生的纪律教育。

（三）研学旅行委托合同的内容规范

当前，研学旅行委托合同存在一些问题：一是合同内容不全面。由学校与研学旅行服务机构之间签订的合同的内容没有覆盖全部活动，一些合同只是针对旅行过程中的餐饮、住宿和交通等旅游服务条款，研学内容涉及的少，合约内容粗糙、不具体且缺乏相关质量标准约定。由此为承办企业的服务质量不高留下空隙。二是法律责任的约定不够明确。在研学旅行过程中，学校、学生和承办企业是不同法律主体，各自应承担相应的法律责任，但很多合同中没有予以明确，也没有明确活动中出现问题时，处理的法律依据和处理的方法。三是合同及其签署不规范。目前研学旅行合同主要以旅游企业合同文本为本，合同的一些内容与学校和研学旅行教育实际要求不相符，合同文本不够科学、规范。一些承办企业在合同内容方面与签署过程中，还存在偷换概念与躲避责任的问题。

1. 研学旅行的活动主体的法律关系

研学旅行的活动主体多样，至少涉及教育和旅游等相关政府部门，学校、研学旅行服务企业（旅行社、中介机构）、研学旅行相关资源供给部门（比如，研学目的地旅行社、酒店、餐厅、景点、研学基地、车队等）以及学生和家长等，各方围绕服务学生学习和发展，具有各自的职责和功能，在研学活动中，形成不同的权利、义务和责任关系。①

教育、旅游等政府部门是研学旅行的主管部门，对研学旅行工作进行统筹规划、管理指导和监督，并推动研学旅行的健康发展，它们分别与学校、研学旅行服务机构（旅行社）、研学旅行相关资源供给部门发生直接的行政法律关系，这种关系受行政法调整。

学校、承办研学旅行企业、研学旅行资源供给部门与学生和家长关系复杂。受研学旅行的性质决定，相对于学生而言，他们的关系首先是教育关系，受教育法、未成年人保护法和学生伤害事故处理办法调整；然后，才是民事法律关系，受侵权责任法、合同法调整，因为研学旅行形式上就是旅行。另外，由于学生是未成年人，其民事关系由其监护人——家长代为实施，因此，家长与学校、承办研学旅行企业、研学旅行资源供给部门还存在一定的教育责任和安全责任委托关系。

学校是研学旅行的发起方、主办方，提供研学旅行活动目标和要求，组织研学旅行活动，按照规定，公开招选承办企业，研学服务企业通过应标成为学校研学旅行的承办方，两个主体间是民事法律关系，受合同法、旅游法、侵权责任法、产品质量法调整。

承办研学旅行企业（旅行社、基地、中介机构）与研学旅行相关资源供给部门之间同样是民事关系，同样受合同法、旅游法、侵权责任法、产品质量法调整。承办研学旅行服务企业、研学旅行相关资源供给部门按照学校的研学旅行活动目标和要求，与学校共同研发及设计研学旅行课程，组织和安排研学旅行行程等。上述各方都是研学旅行法律体系中不可或缺的组成部

① Serena. 大潮研学的经营之道：教育为本诚信为金[J]. 旅行社资讯，2019(3)：28-31.

分，并在各自的合同框架内，行使合同权利、履行合同义务。

2. 研学旅行委托合同的内容规范①

学校与承办研学旅行企业的委托合同，是双方在平等自愿的基础上，就双方合作实施学生研学旅行计划、提供研学旅行服务等事宜达成的协议。其明确的具体委托事项，包括研学旅行活动主要内容、双方业务的联系、费用支付方式、双方各自权利义务、合同的变更、解除与不可抗力、违约责任、争议解决、合同期限与效力以及合同中的术语及解释等方面的内容。

由于研学旅行活动时间长、范围广、人员多、组织性高、安全责任大、教育性强，所以，涉及的业务内容特别多，而且，活动开展前后都还可能有多种组织上的变化，因此，学校与研学旅行服务企业在签署委托合同后，还要签署《研学旅行活动确认单》，详细确认研学旅行过程的各项服务内容。这既是双方计算支付费用的明细，也是双方明确责任的清单，如果出现矛盾纠纷，也是双方确定问题责任，通过法律等途径解决问题的依据。《研学旅行确认单》应当包含如下内容。

（1）研学旅行的课程、行程安排，包括研学行程的出发地、途经地、主要目的地、结束地，线路行程时间和具体安排。

（2）承办研学旅行企业按照学校要求统一安排的教育教学活动及参观考察或游览项目的具体内容及时间（研学旅行线路内容，包括教育教学活动、景区点及游览项目名称等，教育教学活动开展的最少保障时间）（按自然日计算，含乘飞机、车、船等在途时间，不足 24 小时以一日计）。

（3）学生及带队老师参团人数，包括本团最低保证参加研学旅行的学生人数，参加研学旅行的学生的年级、班级情况，带队教师人数，特殊减免情况。

（4）研学服务企业委托的地接社的名称、地址、联系人和联系电话。

（5）交通服务安排及其标准（交通工具及档次等级、出发时间以及是否需中转等信息）。

（6）住宿服务安排及其标准（住宿饭店的接待标准，应当注明是否有空调、热水、独立卫生间等相关服务设施）。

（7）用餐（早餐和正餐）服务安排及其标准（用餐次数、标准）。

（8）承办研学旅行企业安排的随团工作人员。

（9）研学旅行的费用核算及付费方式。

（10）师生保险落实的基本信息。

（四）研学旅行安全预案

安全预案是学校活动安全预测预警机制的重要组成部分。可以由学校独立制定，也可以是学校与承办企业共同制定的。安全预案的总目标是控制学校活动安全紧急情况的发生并尽可能消除危机，将危机危害减少到最低程度。安全预案一般包括安全预案制定的目的和依据、安全预案的适用范围、突发事件的分类分级、组织领导体系、应急机制、保障措施、预案管理等相关内容。安全预案编制出来以后还要进行预案的演练，以检验预案是否合理有效，发现问题及时进行修正完善。研学旅行服务各方还应制定和完善突发事件的应急预案。为保证研学旅行安全责任的全面落实，承办企业在每次活动前应与学校签署的安全责任告知书（企业告知学校）。

① 参考北京大潮研学国际旅行社有限公司《研学旅行法律体系建设文件汇编》。

第五章　中小学研学旅行课程的建设

课程建设是人才培养目标实现的关键。为避免出现“只游不学”或“只游无研”的现象，促进研学旅行活动健康持续发展，需要深入研究研学旅行课程建设理论，明确研学旅行课程性质和课程定位，加强研学旅行课程建设，做好研学旅行课程的设计和开发，推动研学旅行课程的科学实施。

一、中小学研学旅行课程建设的理论基础

研学旅行课程，从性质上看，是学校因地制宜地培养学生综合素质的跨学科实践性课程，它与其他学科课程一样都是国家“必修课程”，是基础教育课程体系的重要组成部分，也与其他学科课程有着共同的理论基础。现代课程的主要流派为中小学研学旅行课程建设奠定了理论基础。

1.“目标模式”课程理论

美国学者泰勒是现代课程理论的重要奠基者、科学化课程开发理论的集大成者。“泰勒原理”的基本内容是围绕四个基本问题展开的：第一，学校应该试图达到哪些教育目标？第二，如何选择有助于达到这些目标的学习经验？第三，怎样有效组织这些教育经验？第四，如何评价学习经验的有效性？泰勒提出的“目标模式”，主要解决四个基本问题：达成怎样目标、如何选择、如何组织、如何评价。作为西方课程理论的主导范式，他揭示了课程编制的四个阶段——确定目标、选择经验、组织经验、评价结果，是现代课程论最有影响力的理论构架，对我国课程理论研究和实践工作具有重要的借鉴意义。[①] 这个模式所提出的四大任务仍然为中小学研学旅行课程构建所遵从，并使得研学旅行课程设计从一开始就注意到了精致化和结构化的要求。

2. 后现代课程理论

以美国课程多尔为代表的后现代课程观在批判以泰勒为旗帜的现代主义课程观的基础上异军突起。多尔认为泰勒模式把课程的重点放在课程目标的选择上。课程评价只关注目标是否得以实现，对于目标的适宜性则不关注，预先目标的选择作为目的超越了过程之上或外在于过程本身。多尔以后现代主义视角来剖析课程问题，他在其著作《后现代课程观》中，用课程的“4R”标准取代课程传统的“3R（读、写、算）”标准。所谓的“4R”，是指丰富性（richness）——课程的深度、意义的层次、多重可能性或多重解释；回归性（recursion）——课程并没有起点和终点，任何课程活动的终结都意味着一个新的开始；关联性（recursion）——课程结构的内在联系以及课程之外的文化或宇宙观的联系；严密性（rigor）——它与诠释性和不确定性联系在一起，即有目的地寻找各种可能的选择方案。多尔的后现代课程理论具有生成性、开放性、对话性、选择性的特点，顺应了人本化、个性化时代的特点和需求，是对泰勒现代课程理论的一种发展和补充，也是研学旅行课程个性化、人本化的重要理论依据。[②]

---

① 夏婧. 现代课程理论的圣经——“泰勒原理”[J]. 天津市经理学院学报，2013(10)：99-100.

② 王友缘. 课程：从现代到后现代的历险——在泰勒与多尔之间[J]. 学前课程，2009(5)：11-13.

3. “过程模式”课程理论

英国课程理论家劳伦斯·斯滕豪斯，同样在批判、反思目标模式的基础上，提出了“过程模式”课程理论。斯滕豪斯认为，课程的研究和开发应该是一个动态的、持续发展的过程，课程的设计应该是研究、编制、评价合为一体。人们可以通过详细说明内容和过程中各种原理与方法来合理地设计课程，而不必用目标预先指定所希望达到的结果。在具体课程设计依据方面，强调通过详细说明知识内容和过程原则的方法来编制课程。在课程内容的选择方面，强调应该通过分析公共文化价值，研究知识本质，来寻找有关课程内容的选择原则，因而赞同赫斯特对“知识形式”的解释和布鲁纳学科基本结构的思想；在课程内容组织和教学方面，强调既要使之清楚地反映各学科领域的基本概念、过程和方法，又要能被普通教师教给普通学生，因此选择了布鲁纳的螺旋式课程组织，提倡采用讨论法。斯滕豪斯的“过程模式”并不能囊括所有的设计方法，但它利用当代教育哲学的成果，弥补了目标模式的局限性。这种模式的各个组成部分不是直线式的，它充分考虑了教学内容的多样性和教师的自主性，是中小学研学旅行课程设计的理论基础之一。

4. “实践模式”课程理论

美国课程理论专家施瓦布提出的“实践模式”课程理论，强调课程的实践价值和动态过程，追求课程的实践性，重视课程开发中结果与过程、目的与手段的统一，主张用集体审议的方式解决课程问题，同时把教师和学生视为课程的主体和创造者。施瓦布提出的集体审议(group deliberation)是指在特定情境中通过对问题情境的反复权衡而达成一致意见。其具体步骤是：确定迫切需要解决的问题→对各事实判断和价值判断形成共识→拟定备选的方案→权衡各备选的方案，选择最佳方案→对确定的方案进行“预演”→反思。施瓦布将课程的研究下移到“校本课程”的研究与开发，改变了课程只由专家开发的思想，提出了“课程集体”是以学校为基础，由校长、教师、学生、社区代表、课程专家、心理学专家和社会学家等人员组成，突出了学校、教师、学生等人员开发课程的地位，超越了泰勒的原理，把控制师生的过程变为充分发挥师生作用的过程。施瓦布提出的实践模式的方法论——行动研究，即实践者等于研究者，实践过程等于研究过程，课程实践等于课程研究等，并且注重行动研究中的反思，体现了课程建设从重视理论研究向重视实践研究的转变，更加贴切了实际的需要和学生的实际发展水平。①

5. “情境模式”课程理论

英国学者劳顿和斯基尔贝克是“情境模式”课程理论的主要代表人物。“情境模式”是强调通过对社会文化情境的分析，着重于进行文化选择，使课程生成于时代文化之中的一种课程研制模式。反对在脱离社会现实及学校具体氛围与情境中研制课程方案。劳顿认为，学校课程必须具有广泛的理论基础，使其在儿童、社会与知识之间取得平衡。强调课程研究方法的跨学科性质，认为无论是哲学、社会学，还是心理学，它们本身都不能作为课程研制的唯一基础，只有在文化分析的基础上，阐明课程与文化的关系，才能准确地揭示课程的本质，制定出全面、合理的课程研制方案。劳顿特别关注公共基础文化，强调达成学科间的平衡，提出了一个建立在文化分析基础上的课程研制程序或步骤。斯基尔贝克进而在对具体的学校情境进行微观层面分析的基础上，构建学校本位课程研制模式，其中心及焦点在于具体的、单个学校及其教师，并认为校本课程研制是促进学校获得真正发展的最有效的方式。这种模式由五个具体阶段构

---

① 史学正，徐来群. 施瓦布的课程理论述评[J]. 外国教育研究，2015(1)：68-70.

成:情境分析、目标表述、制定教学方案、阐明和实施、检查与反馈及评价和改进。情境模式作为当代最有影响的课程开发模式之一,是一种灵活的、适应性较强的课程开发模式。

6. 建构主义课程理论

建构主义认为,学生的学习过程是学生逐步建构自己知识的过程。学生不是被动的信息接收者,而是意义的主动建构者。学生的知识建构过程具有积极性、建构性、探究性、情境性、社会性特征。建构主义的课程观强调用情节真实复杂的故事呈现问题,营造问题解决的环境,强调学习环境的内容丰富性、挑战性和开放性,以帮助学生在解决问题的过程中活化知识,变事实性知识为解决问题的工具;主张用产生于真实背景中的问题启发学生的思维,支撑并鼓励学生开展解决问题的学习、基于案例的学习、拓展性的学习与基于项目的学习并以此方式参与课程的设计与编制;强调方法的导引性与支撑性,为学生进行探索和建构知识提供大量认知工具,通过设计各种类型的问题,不断开拓学生的思维、创新与实践的空间,以支持学生在学习与生活中的成功;强调利用超媒体和超文本提供跨学科、跨时空、面向真实世界的链接;强调教学情境的浸润性,重视学习共同体的构建,共创互动合作、支持双赢的学习文化;重视评价的激励功能与支持反思和自我调控的功能。总之,建构主义的课程观是与基于案例的学习、问题的学习以及项目的学习密切相关的一种课程设计理念。课程与教学的改革基于学科,超越学科,面向真实世界;始于课堂,走出课堂,融入复杂社会。

二、中小学研学旅行课程的性质与功能

1. 研学旅行课程的性质

研学旅行是由教育部门和学校有计划地组织安排,通过集体旅行、集中食宿方式开展的研究性学习和旅行体验相结合的校外教育活动,是学校教育和校外教育衔接的创新形式,是教育教学的重要内容,是综合实践育人的有效途径。① 研学旅行是中小学综合实践活动的重要形式,是各个学段课程方案中的必修课程。研学旅行属于综合实践活动课程,与学科课程并列设置、相互补充,是中小学课程结构重要组成部分。自学校课程出现至今,人们已经开发出了诸多不同的课程类型,不同类型的课程具有各不相同的价值。研学旅行是学科课程内容的延伸、综合、重组与提升,既是学科课程基础知识、基本原理的应用,也是对学生各学科核心素养形成的实践检验、各学科领域学习成果的拓展和加深。研学旅行可以推进中小学研究性学习的开展,培养学生良好的学习习惯。

2. 研学旅行课程与一般课程的区别

中小学研学旅行课程与一般学科课程建设一样有着共同的理论基础,有共同的课程理念、课程性质、开发原则、实施方式和评估方法。但作为一门新型课程,中小学研学旅行课程不同于传统的分科课程,其学科综合的范畴非常宽广,其课程的设计与实施是以语文、数学、地理、历史、政治、物理、化学、生物、艺术、体育等学科为主,整合各相关学科的教学和教研力量,突破学校课堂教学及分科教学的局限,探索构建理论与实践相结合,多学科融合的校外活动课程模式。两者之间存在侧重点上的不同,实际操作上也存在一些差异。

(1) 课程内容价值与编制方式差异。一般学科课程内容的主导价值在于有效地传承人类

① 教育部等.关于推进中小学生研学旅行的意见[EB/OL].2016-12-19.http://www.moe.gov.cn/jyb_xwfb.html.

文明，使学生掌握、传递和发展人类积累下来的文化遗产，使学生获得逻辑严密和条理清晰的文化知识，其课程编制方式主要是螺旋式或直线式体例；研学旅行的课程的主导价值在于使学生获得关于现实世界的直接经验和真切体验，形成把握和解决问题的全息的视野与方法，不仅注重学习结果的一致性，也注重学习过程的多元化、个性化，其课程建构过程和结果较为开放，其编制体例主要是网络式或散点式。

（2）支撑理论差异。一般学科课程支持理论是以分科主义为主要思想，泰勒的目标模式、斯金纳的程序学习、布卢姆形成性评价和掌握学习理论是其理论基础；研学旅行课程受建构主义思想的直接影响，斯滕豪斯的“过程模式”、施瓦布的“实践模式”和劳顿及斯基尔贝克的“情境模式”也深刻影响其课程定位、课程理念、课程结构、课程内容、课程实施和课程评价。

（3）学习观差异。一般学科课程体现的学习心理学基础是个人主义、个人竞争；强调学习的心理机能是反应的强化、知识的习得、技能的积累，重视对学生的发展产生直接影响的价值知识。研学旅行课程体现的学习心理学基础是建构主义学习观；强调学习本身是学习主体与环境的积极互动，包括认知性经验、社会性经验、伦理性实践，反映为活动型学习、合作型学习、反思型学习的三位一体，重视对学生的发展产生熏陶作用的价值影响。

（4）课程实施方式。一般学科课程常常是传授性课程，其主导方式在于使学生能够在教师的指导下获得“规范”的发展；研学旅行是研究性课程，其主导方式在于使学生能够通过自主研究和发现获得“自由”的发展。

（5）教学范式差异。一般学科课程的教学范式常常是知识讲授式。研学旅行课程由于其资源范围、情景和需要解决的问题的复杂性，教与学的不确定因素要大于传统分科课程。研学旅行课程更多地通过项目式、跨学科主题式的方式来开展，而课程实施的时空广阔性问题，需要有不同于学科课程的行前课、行中课、行后课的持续设计，还需要就课程的学习体系、安全体系、组织管理体系进行深入细致的设计与落实。①

（6）课程设计、开发和管理主体差异。我国基础教育实行三级课程制度。一般学科课程主要为国家课程或地方课程，其价值在于通过课程体现国家的教育意志或满足地方社会发展的现实需要；研学旅行主要属于校本课程，其主导价值在于通过课程拓展校内课程、展示学校的办学宗旨和特色。

总之，研学旅行课程与学校一般学科课程各自具有特定价值，且彼此价值的互补性共同构筑了学校目前的课程结构。研学旅行活动中学生主动运用各门学科知识分析解决实际问题，使学科知识在综合实践活动中得到延伸、综合、重组与提升；学生在研学旅行活动中所发现的问题在相关学科教学中得到分析解决，使获得的知识在相关学科教学中拓展加深。两类课程有机结合，相辅相成，促进了学生核心素养的提升。

3. 研学旅行课程的价值

研学旅行对于全面培育学生的人文底蕴、科学精神、学会学习、健康生活、责任担当、实践创新等核心素养，落实立德树人根本任务，培养德智体美劳全面发展的社会主义建设者和接班人具有重大意义。从课程职能的角度看，课程的价值取向主要表现为个体本位或社会本位的两个维度，研学旅行课程是为促进个体发展进而促进社会进步服务的；从课程内容遴选和组织的角度看，课程的价值取向主要表现为知识本位、能力本位或观念本位三个维度，研学旅行课程强调以形成和改变学生特定思想观念为目标；从课程设计和开发主体的角度看，课程的价值

① 刘继玲.比较视野下的中小学研学旅行课程开发思考[J].中小学信息技术教育，2019(7、8)：140-143.

取向主要表现为教师本位或学生本位两个维度，研学旅行课程强调课程设计与开发的主体是以教师为主导，学生为主体，师生结合；从课程管理的角度看，研学旅行推进中小学地方课程、校本课程的建设和实施，使各学科的地方课程、校本课程突破地域限制，开展异地研学，拓展了课程视野，提升课程的品位和实效。

总之，研学旅行课程是以全面落实立德树人为宗旨，以真实问题情境为课程内容，以引导探究和合作学习为课程教学方式，以核心素养培养为课程目标的新型课程。

三、中小学研学旅行的课程目标

课程是育人的媒介，也是施教的蓝图。课程目标是构成课程的基本内容之一，是指课程实施所要达到的预期水平（包括质量和数量两方面的要求）。具体地说，课程目标是指课程本身要实现的具体结果，是一定教育阶段的学生通过课程学习以后，在知识、智能、品德、体质等方面达到的程度。新课程改革提出了“知识与能力”“过程与方法”“情感态度与价值观”的三维目标。核心素养的概念提出以后，则将“三维目标”整合为素养目标。研学旅行作为实践活动类课程，要将课程目标细化分解到实施的层面，把“三维目标”作为重要的抓手和落脚点，促进研究性学习与体验性学习相结合，落实“情感”的目标，运用方法目标和能力目标，打通课堂内学习和校园外学习之间的联系。

课程目标一般具有整体性、递进性特征。所谓“整体性”，是指课程目标是一个多层次和全方位的系统，各级各类的课程目标都是相互关联的，课程目标可以逐步分解为总目标和从属目标。所谓“递进性”，是指高年级课程目标是低年级课程目标的延续和深化，低年级课程目标是高年级课程目标的基础。所以，中小学研学旅行的课程要重视各级各类课程目标的相互联系和不断深化要求。

1. 研学旅行课程总目标

研学旅行作为综合实践活动的一部分，其课程目标应符合综合实践活动的课程总目标。研学旅行课程的总目标是通过亲近和探究自然，接触和融入社会，关注和反省自我，体验和感受集体生活，使中小学生养成价值认同、实践内化、身心健康、责任担当等意识和能力。所谓“价值认同”，是指课程能够使学生热爱祖国大好河山，继承中国传统美德，赞美社会经济巨大发展成就，尊重中华民族优秀文明成果，热爱中国共产党，理解、接受并践行社会主义核心价值观，形成国家意识、文化自信和拥护党的意识和行动，有家国情怀和人文底蕴。所谓“实践内化”，是指课程使学生在校外真实情境中，经历问题研究的过程，获得探究体验和经验，形成发现问题、提出问题、分析问题、解决问题的志趣和能力，在实践中内化、提升知识和素养，培养批判质疑、勇于创新的科学精神。所谓“身心健康”，是指课程使学生缓解学业紧张和压力，放松身心，提高审美情趣，磨炼体魄和意志，培养吃苦耐劳精神和抗挫折能力，具有安全意识、自我保护和生存能力；体验社会文明建设，养成健康的行为习惯和生活方式；学会生活，提高生活质量和品位。所谓“责任担当”，是指课程使学生能够适应集体生活和研学旅行活动，形成团队意识和互助精神；学会交流和分享研学成果、创意，提高与人交往的能力；养成规则与法制意识，明辨是非，自尊自律；养成文明礼貌、宽和待人的品格以及积极参与和谐社会建设的意愿和能力；形成社会责任感以及积极履行公民义务的意识和能力；在现实情境中理解可持续发展理念，践行绿色生活方式，提高行动能力。

2. 研学旅行学段课程目标

由于研学旅行课程主要覆盖范围是小学、初中、高中七个年级三个学段，而各年龄段学生的身心发育程度有很大的差异，研学旅行课程培养的价值认同、实践内化、身心健康、责任担当的意识和能力也因年龄而存在程度、层次上差别。因此，应形成各学段课程目标，见表1。

表1　中小学不同学段研学旅行课程目标[①]

学段＼课程目标	价值认同
小学四至六年级	感受乡土河山之美，感知乡土文化中的优良传统，了解当地的革命史迹，了解家乡历史、发展与祖国的关系，知道并初步践行社会主义核心价值观，初步形成国家意识、文化自信和拥护党的意识
初中一、二年级	了解旅行目的地生态环境优势，体会地方文化反映的中国传统美德，认知地方历史演变和现实发展中的革命传统和改革理念，接受并践行社会主义核心价值观，形成国家意识、文化自信和拥护党的意识
高中一、二年级	认知旅行目的地体现的祖国大好河山、中国传统美德、革命光荣历史，理解旅行目的地历史和现实所反映的在中国共产党正确领导下中华民族复兴的光辉业绩和宏伟前景，理解、接受并践行社会主义核心价值观，形成国家意识、文化自信和拥护党的意识和行动，培养家国情怀和人文底蕴

学段＼课程目标	实践内化
小学四至六年级	在校外真实情境中，对于给定的简单问题，初步学会收集、处理简单信息，初步掌握研究问题、使用工具的简单程序和方法，学会集体生活、集体研学，能够初步提炼实践经验，整理、总结和展示研学成果，并从中获得体验乐趣，初步形成动脑筋探索、动手实践，以及与人合作、师生互动的习惯
初中一、二年级	在较为复杂的校外真实情境中，对于给定的较为复杂的课题，能够收集、处理相关信息，应用所学知识，发现其中较为简单的科学问题，初步运用科学研究方法和手段分析解决问题，能够主动接受教师指导，积极参与小组分工合作，学会整理、概括实践经验，获取新知识，掌握新技能，完成较为简单的研学报告或其他形式的研究成果，并能与人交流分享，从中获得成功体验，形成乐于实践、敢于质疑探索、实事求是的科学态度和初步的创新意识和能力
高中一、二年级	在复杂的校外真实情境中，面对现实问题，能够运用所学基本理论、基础知识，收集和处理有关信息，发现值得探究的实际问题，积极参与团队研学，制定科学的研究计划和路径，运用适合的研究方法和设备，主动争取教师和专业人员的指导，自主发现、分析和解决问题，完成研学成果的创作，展示和推广成果，获得成就感，养成科学态度和创新精神，培养科学伦理和人文素养，提升实践意识和能力

① 段玉山等.研学旅行课程标准(一)前言、课程性质与定位、课程理念、课程目标[J].地理教学，2019(5)：4-7.

课程目标 学段	身心健康
小学四 至六年级	亲近自然，体验文明，放松身心。初步学会体验生态之美，初步树立中华民族文化自信心，初步养成尊重生命、热爱生活的态度和爱美情趣，初步形成投身生态建设、文明建设的意愿。在集体生活中敢于面对困难，克服困难。磨炼体魄，锻炼意志，初步形成健康生活方式、独立生活能力。初步形成安全意识和自我保护能力
初中一、 二年级	走进自然，走进社会，开阔视野，缓解学业紧张和压力。学会发现和欣赏大自然和社会中的美，形成生态文明意识、传承中华民族优良传统的意愿，应用研学成果为生态建设、文明建设做贡献。在研学旅行过程中培养刻苦耐劳和抗挫折的精神和能力，形成积极锻炼的态度和健康生活的习惯。形成安全意识，提高行为能力，能够保障研学旅行安全
高中一、 二年级	养成热爱自然、热爱社会的情感和自然、社会审美情趣。学会自我放松和缓解学业紧张和压力。理解生态文明、社会文明的美学实质，形成陶冶情操、创造美的意识和能力。能够积极评价和参与生态建设、文明建设。养成艰苦奋斗的精神、坚韧乐观的心态和良好的心理素质。养成健康的生活方式和积极的生活态度，提高生活质量和品位。具备安全基础知识、基本理论和基本技能，以及积极参与安全建设的意愿和能力

课程目标 学段	责任担当
小学四 至六年级	置身大自然、社会和集体生活，初步了解乡情乡史及其所反映的家国关系，产生较强的爱乡爱国情感和努力学习建设家乡、报效祖国的初步志趣，初步感受到社会主义事业接班人的责任和荣誉。形成热爱集体、互爱互助、从小事做起表现自我价值的初步意识和能力。了解建设法治社会、和谐社会的基本内容，具有参与社区服务、保护环境的初步意愿和能力
初中一、 二年级	融入大自然、社会和研学团队，理解地方实情和发展问题以及地方与中央的关系，树立爱国理念和报国志向，具有社会主义接班人的意愿，学好建设家乡、建设祖国的本领并付诸研学行动。形成团队意识，自觉承担研学中的责任，在研学活动中服务社会，从中体验正确的自我价值和成就感。初步形成法制意识和生态理念，自觉维护法制、保护生态环境
高中一、 二年级	学会在自然考察和社会调查中认知国情国力、国家发展前景和问题，形成热爱社会主义祖国、成为社会主义事业接班人的高尚情操和人生观。培养集体主义和勇于担当的精神，有意识有能力取得解决现实问题、为社会发展做贡献的研学成果，并从中提升自身全面发展的素养。培养公民意识，履行公民义务，树立可持续发展观念，形成积极参加社会建设和生态建设的社会责任感

四、中小学研学旅行的课程结构与类型

1. 研学旅行课程的结构

课程结构是课程内部各类型、各要素和各成分之间合乎规律的组合形式。它主要解决课程内容的各个部分之间的协调问题。课程结构与课程目标是在依存中共生的，课程目标是课程结构确立的基础或依据，而课程结构则是课程目标得以体现并最终实现的一种重要方式与途径。课程结构的确立植根于课程的目标，它是课程目标转化为教育成果的纽带，是课程实施活动顺利开展的依据，在课程的设计与编制中发挥着承上启下的作用。

课程结构有多种表现方式，主要有三种。一是描述性方式，是指以文字语言表述课程类型和具体科目及其各自在学校课程体系所拥有的地位的方式。描述性课程结构主要明确的是各

种类型的课程和具体科目在学校课程体系中所拥有的地位、作用及其相互关系，一般表现为课程计划和课程标准。二是数量化方式，是指对各种课程类型和具体科目在学校课程体系中所拥有的地位进行数量化表达的方式。一般包括数字表达式、时间表达式、分值表达式等具体的形式。三是应用性方式，是指课程实施过程中将课程类型和具体科目直接展示出来的一种方式。一般表现为课程表，而课程表又具体分为班级课程表、年级课程表和学校总体课程表。课程表中则隐含了各具体科目以及各类课程在学校课程体系中所拥有地位及其各自所占的比重。①

简单地说，课程结构是课程各部分的配合和组织，它是课程体系的骨架，主要规定了组成课程体系的学科门类，以及各学科内容的比例关系、必修课与选修课、分科课程与综合课程的搭配等，体现出一定的课程理念和课程设置的价值取向。按照规定，研学旅行课程应纳入中小学教育教学计划，一般在小学四到六年级、初中一到二年级、高中一到二年级开展。学校可以结合本地、本校的实际，按照要求适当拓展研学旅行范围，比如，有条件的学校还可以开展境外研学旅行尝试，但须严格按照教育部《中小学学生赴境外研学旅行活动指南（试行）》规定进行。作为必修课程，研学旅行是综合实践活动的重要组成部分。中小学研学旅行要有课时保障，也应该有相应的学分安排。由于研学旅行涉及集中食宿，所以，初中和高中学段每次研学旅行允许在外留宿若干夜晚。因研学旅行课程条件、内容与形式多样，难以统一要求研学旅行时间，学校可根据实际情况，灵活调整学年累计研学旅行时间和每次研学旅行时间，原则上，每个学生在小学、初中、高中就学期间，每学年至少各参加一次研学旅行；每次小学 1 至 2 天、初中 3 至 4 天、高中 5 至 6 天，予以一定的学分或成绩确认，见表 2。研学旅行时间应尽量避开旅游高峰期，但是必须保证三个学段的研学旅行能够有效实施。

表 2　中小学不同学段研学旅行的时间和学分建议表②

学　段	年　级	每学年累计研学时间	学分建议
小学	四至六年级	1～2 天	4 学分
初中	初一、初二	3～4 天	
高中	高一、高二	5～6 天	

2. 研学旅行课程的主题类型

研学旅行课程是从学生的真实生活和发展需要出发，将生活情境中发现的问题，转化为活动主题，通过多种活动方式，培养学生综合素质的跨学科实践性课程。由于研学旅行目前尚没有统一的课程标准和教材，因此其活动主题就显得很重要。依据《国务院关于促进旅游业改革发展的若干意见》规定，根据学段特点和地域特色，原则上小学阶段以乡土乡情为主、初中阶段以县情市情为主、高中阶段以省情国情为主，统筹构建研学旅行课程体系。研学旅行课程主题可以分为地理类、自然类、历史类、科技类、人文类、体验类等。

每次研学旅行活动可以是以某一类主题为主，也可以是多种类别主题的综合。综合主题的研学旅行内容可以是并列的或独立的，也可以不存在逻辑和先后顺序的关系，但可根据实际开展活动的时间长短进行内容上的调整。

一般来说，小学阶段的研学旅行课程的内容应以游览、观光、体验为主，重视游戏性、艺术

① 钟启泉等. 为了中华民族的复兴为了每位学生的发展[M]. 上海：华东师范大学出版社，2001：56-60.

② 郭峰涛等. 研学旅行课程标准（二）——课程结构、课程内容[J]. 地理教学，2019(6)：4-7.

性，减少讲授，目的是满足这一年龄段学生好玩、喜动、充满好奇的天性。初中阶段的研学旅行课程应以理解性内容为主，适当增加竞赛、参与、探索性内容类型，目的是满足这一阶段学生强烈的求知欲、好奇心。高中阶段的研学旅行课程内容应以知识的拓展、理论的应用、综合性体验、研究性学习为主，辅之以观光、考察、游历等活动类型。

五、中小学研学旅行课程的设计与开发

课程设计与开发就是将课程目标转化为具有可操作性的课程内容，并对课程实施过程和课程评价活动予以规范，确立课程内容之间的比例关系及其各自在课程体系中的地位。研学旅行设计与开发除涉及课程目标、课程内容、实施方式、评价方式等一般性要素外，还涉及研学旅行特有的要素，如：研学主题、研学基地、课程手册、活动过程、研学导师、安全管理等。

1. 研学旅行课程设计与开发的原则

（1）适应提升学生发展核心素养的需要。研学旅行课程建设要切实将学生发展核心素养的培养贯穿在研学旅行课程的建设和实施中，要围绕“德、智、体、美、劳”全面发展的主线，体现德育为先、能力为重，认知为基础，强调社会责任感、创新精神和实践能力，注重研学旅行的文化性、科技性、自主性和社会性，让学生通过研学旅行，在自然和社会的大课堂中提升终身发展所需的情商和智商，做全面发展的人。

（2）适应时代发展的需求。新时代我国的经济增长方式和社会政治体制发生深刻变革，社会文化自信不断提升且文化日益多样化。百年未有之大变局对当前和未来的人才需求体现出重质量和多元化的趋势。研学旅行课程必须顺应时代发展需要，提供现实的、探究价值高的学习体验资源，满足学生深入探究和多元学习的需求，培养学生集体观念，提高学生生活技能，养成自理自立、文明礼貌、互勉互助、吃苦耐劳、艰苦朴素等优秀品质，拓宽人才培养渠道，为造就高素质人才奠定基础。

（3）适应基础教育改革的需要。当前，围绕发展学生核心素养的课程改革比较关注学科融合，强调跨学科的综合，重视教育教学内容和方式的整合，鼓励学生综合运用各学科知识和方法去思考、认知、解决综合性问题。在研学旅行过程中，学生要面对自然和社会情境中的真实的问题，学生可以学习综合运用不同学科的知识和方法处理与自然、与他人、与社会、与自我的关系。研学旅行是当前以学科教育为主的情景下推进综合教育改革的重要途径。

（4）适应学生身心发展特点的需要。研学旅行基本特点是离开学生常住地，使学生体验旅行经历、异地观景和研学实践。所以研学旅行课程设计与开发重视不同学段学生的年龄与身心发展条件的差异，[①]重视学生人身安全，注意设计和开发的课程主题和内容能够引发学生探究兴趣，能够适应和提高学生的生活品位、审美情趣和创新意识。

2. 研学旅行课程设计与开发的主要类型

简单地说，研学旅行课程的设计与开发包括两个方面的内容：课题和行程。课题多是以学校教师设计为主，行程常常是由旅游企业协助学校共同设计和开发，由教师和导游带领学生进行实施的。研学旅行课程的设计与开发可以分为以下两类。

一类是根据不同年级的不同学科教学内容，选择与某个年级一个学期内的各学科的知识

① 郭峰涛等.研学旅行课程标准(二)——课程结构、课程内容[J].地理教学，2019(6)：4-7.

点相关联的旅游线路景点产品，设计学生研学旅行线路和主题。它是以学校年级为组织单元，遵照中小学国家课程标准，围绕该学期（或学年）教材内容，开发出研学旅行线路和主题活动方案，由此可以形成相应的研学旅行课程教材。这类课程设计的目的是充分利用教学计划安排的游学时间，聚焦教材学习内容，促进研学旅行的活动和学校课程有机融合，确保学生“游有所学”，防止“游而不研”。根据研学旅行教学计划，不同学段在规定的范围内，可以设计有不同侧重点的研学旅行主题内容。比如，在北京市，小学阶段可以以首都人文自然为主，初中阶段可以以京津冀历史文化为主，高中阶段可以以全国国情为主。

另一类是根据旅游企业提供的常规旅游产品，遴选一批比较成熟的旅游线路作为研学旅行线路，让广大中小学生在自由旅行中感受祖国大好河山，感受中华传统美德，感受革命光荣历史，感受改革开放伟大成就，形成主题自由的研学旅行课程。这类课程设计的目的是充分利用旅游企业提供的成熟的旅游产品，引导学生自由地参与体验、亲近自然、拓宽视野、丰富知识、了解社会。

这两类研学旅行课程可以根据学校教学计划安排，按照一个学年两个学期，设计两类各有侧重点的研学旅行活动。学校可根据不同学期不同情况自主选择，交替使用。但是，需要特别指出的是，研学旅行要突出研学旅行的“体验性”特点，要强调与学校书本上、课堂学习的知识的联系，通过现场体验、感性认识和直接接触来丰富对课堂和书本知识的理解和认识，不能把研学旅行搞成课堂搬家。

3. 研学旅行课程设计与开发的策略

研学旅行课程的设计与开发是一个系统工程。研学旅行的设计与开发首先要明确课程目标，然后围绕目标，突出课程主题，细化课程内容，落实课程评价。需求评估是设计研学旅行课程时应该优先做的研究性工作。研学旅行的开展要符合学生身心特点、接受能力和实际需要。学生的兴趣和教育需要是开发研学旅行课程的重要依据，需求评估包括学生兴趣、发展需要、学校教育需要、学校和社会的课程资源等。

研学旅行课程目标决定着研学旅行的主题和内容，但研学地点选择和线路设计是研学课程开发的重要一步，它对课程内容设置起着重要作用。选择特点鲜明、价值突出的研学目的地，并且根据具体研学地点资源条件和教育需要设计行程路线、拟订实施方案、细分每日研学目标内容，对实现研学旅行的教育目的至关重要。在此基础上，与旅游企业对接，实地踩点考察、编写课程手册、做好行前各项准备、落实安全保障措施、遴选并培训师资等都是研学旅行课程建设不可或缺的环节。

教学设计是研学旅行是否有效的关键环节。要明确研学旅行活动过程中的重点、难点和风险，制定突出重点、突破难点、规避风险的预案。突出学生的主体地位，组织有效的师生互动、学生小组合作学习。要综合运用多学科基础知识、基本理论，综合培育多学科核心素养，提升学生发展核心素养。综合运用考察、调查、实验等方法，切实引领学生从真实情景中发现问题、提出问题、分析问题进而解决现实问题。

依据各年级的教育教学目标和学科内容对接的旅游资源研究，结合当地实际，开发系列化研学旅行课程，设计研学旅行线路，把研学旅行纳入学校教育教学计划，促进研学旅行和学校课程有机融合，形成研学旅行课程。

研学旅行课程建设中应注意的问题包括几个方面。

一是研学旅行课程建设目的要明确。研学旅行是学校教育和校外教育衔接的创新形式，是教育教学的重要内容，是综合实践育人的有效途径。目的是落实立德树人根本任务，帮助中小学生了解国情、热爱祖国、开阔眼界、增长知识，着力提高他们的社会责任感、创新精神和实践能力，把握课程的建设方向。

二是研学旅行课程建设过程要动态。研学旅行开展的过程是不断生成变化的过程。要让教师、学生更主动地投入到课程建设中来，给师生更多的空间，注重研学旅行成果的实践生成，鼓励在变动中满足学生的需要。鼓励师生创新课程形态、教学方法、教学形式，不要过分追求过程的实效化。

三是研学旅行课程的场域要宽广。研学旅行的内容和施教场所不在学校，目的是要引导学生走向社会，走向生活，走向现代科技。不仅如此，研学旅行施教者不限于学校，要动员社会、企业、家长等方方面面的教育资源，提倡能者为师，这样才能把课堂拓展到农村、工厂、社会、大自然等，实现社会教育资源的重新整合和充分利用。

四是研学旅行课程实施要全员参与。课程实施提倡全体教师负责，共同参与实施。课程的设计者不是课程的建设、实施的唯一，只是课程设计的领头人。学校要组织带领教师、企业、学生、家长、社会共同参与、共同开发，营造氛围，推进校企合作、产教融合，构建全员参与的机制。

五是研学旅行知识学习要灵活。研学旅行课程不是向学生传授某方面的知识，进行纯知识的教育，而是注重学生原有生活经验和学习经验，进行主题式、综合性、探究性活动的学习，促进学生个性的发展，要避免把研学旅行课程当作为某些领域、某些学科、某些专业的知识传授课。

4.《研学旅行课程手册》的编写

一个完整的研学旅行过程可分为前期、中期和后期三个环节。研学旅行课程开发要研究研学旅行各环节的任务，以及对师生的培训、教育、指导和管理等要求与规范。《研学旅行课程手册》是学校为教师和学生编写的开展研学旅行活动的文本。它对研学旅行活动的背景、范围、目的、流程、内容、方式、要求和注意事项等做了具体说明。研学旅行课程手册作为教师与学生旅行过程中最重要的教与学的载体，它本身也是师生培训教育的教科书。研学旅行课程手册的主体是课程内容，是对一次研学旅行目的地和活动流程的完整呈现，因此应遵循中小学课程设计原则。

研学旅行课程手册大致需要研究的内容可以包括以下几个方面："前言与说明"部分总体介绍此研学旅行课程的基本内容；"研学旅行的各项准备"部分，即呈现课程目标，研学目的地简介和相关准备要求；"研学旅行活动"部分，即呈现学习目标、学习内容安排、总体行程安排和分时段的行程安排，将行程安排成前后衔接的学习单元；"研学旅行的组织安排"和"管理制度"部分，即要有学习内容提示、学习方式引导、小组合作形式，有探究和体验的小课题等。此外，手册中还应该有行为规范指导，因为研学旅行课程是在校外进行，因此在实施前，需要对研学中的纪律、交通、用餐、住宿等方面的行为规范加以特别强调和约束；最后部分是"附录"，主要呈现需要补充的内容。

为了便于学生自学，研学旅行课程手册通常还会提供一些基本的学习资料或资源，可以包括阅读书目或网站等，供学生学习过程中参考。编写课程手册应该有基本框架体例和研学内容，并在与旅游企业对接实施的过程中，对研学手册进行修改、完善，最终定稿、印刷。①

① 宋世云等.系统构建中小学研学旅行课程内容[J].中小学信息技术教育，2019(9)：84-87.

5. 研学旅行教材的建设

研学旅行教材主要是对研学旅行教师指导书、研学旅行学生读本、研学旅行组织管理指南等的统称，包括正式出版物和适用灵活的非正式出版物。研学旅行教材属于实践活动教学用书，不同于学术型课堂教学教材，具有指导校企合作师生研学旅行的活动行为的功能，包括校企和师生互动行为、学生小组合作学习行为、多学科教师协同指导行为。同时，该教材应该适用于研学旅行全过程，包括行前预备、旅行研学、行后总结评估和成果推广应用等。

2011 年，教育部颁发了《义务教育语文课程标准 2011 年版》等 18 个学科的课程标准。2017 年，教育部颁布了《普通高中课程方案（2017 版）》和 11 个高中学科课程标准。这些课程政策出台标志着我国基础教育课程改革进入新的阶段。研学旅行课程教材可以从这些《课程标准》中找到与学科相关的切入点，确定这些学科在研学中的目标。因为在每一门学科的《课程标准》中，都有总目标和分学段目标。研学旅行目标要适当体现学科课程目标的内容。

研学旅行教材大部分属于校本教材，也有少部分属于地方教材。无论是乡土教材，还是校本教材，原则上应该在相应教育主管部门备案，接受教育主管部门检查评估。

研学旅行教材应该兼顾域内外学生的研学旅行活动需求。可以分学段编制，也可以综合编制，但应该满足不同学段的选学需求。研学旅行教材的编写应该为学生提供研学旅行所需要的知识、信息，并作为研学活动的基础。但重点应该放在认知活动、操作活动、思维活动、情感体验活动上，保证其教育性和可操作性。

研学旅行教材内容应该包括：研学旅行的意义、目的和具体目标；研学旅行的组织开展及其过程；研学旅行的知识基础；研学旅行的基地、营地、线路、实践点及其活动任务；研学方式、方法和装备；研学旅行的成果与评估；研学旅行的注意事项与应急措施等。

研学旅行教材体例在表达形式上主要包括以下五个方面。前言：教材编写依据；知识的认知基础：各专题概述、认知引入、知识阐述、知识联系等；实践活动指导：实践活动目标、实践活动线路、每条线路上的实践活动点、每个实践活动点上的实践活动任务清单、实践方法、评价方式等；研学旅行活动的安全提示：安全警示、行动提示、活动装备等以及附录等。①

6. 研学旅行的课程评价

美国学者戴维・米德伍德、尼尔・伯顿指出，课程评价应该包含从前期的组织到后期的实施的全部过程。其中应该从三个维度关注课程的评价，即计划的课程：进入课程计划的内容（也就是选择材料）；提供的课程：教师教的内容（组织材料，进行教学）；接受的课程：学生实际体验到的内容（实施后的成果）。②

中小学研学旅行课程评价的重要任务就是要评估这三个维度之间的匹配程度，就是要评价研学旅行课程是否融入学校教学计划的整体课程中去，从而评价学生在研学旅行活动中的体验和收获的程度。在这三个维度的评价中，要防止只关注教师教的环节，或者前期组织环节，而忽略教学之后的学生实际体验到的内容。

---

① 袁书琪，李文，等. 研学旅行课程标准——课程建设[M]. 地理教学，2019(7)：4-7.

② 戴维・米德伍德，尼尔・伯顿. 课程管理[M]. 杭州：浙江教育出版社，2008：107.

第六章　中小学研学旅行基地的管理

随着国家旅游事业的不断发展和基础教育改革的不断深入，研学旅行已由促进旅游业发展的单一向度，上升到全面提高中小学生综合素质教育的高度。加强研学旅行基地建设和管理，提高研学旅行企业服务水平，对提高中小学研学旅行质量意义重大。

当前，虽然国家建设了一批具有示范意义的研学旅行基地，但总体上研学旅行基地的管理还处于起步阶段，还存在一些问题，主要表现在：基地基础设施设备安全保障措施不到位，安全防范意识不强；基地研学课程形式和课程质量不高，缺少专门的研学课程开发团队，实践性和创新性不够；服务配套不完善，高素质、专业性的研学导师队伍建设不足；基地研学旅行产品特色不明显，主题不突出，存在单一化、分散化倾向；基地产品营销宣传力度不够，吸引力不足；等等。

国务院《关于促进旅游业改革发展的若干意见》中提出，“支持各地依托自然和文化遗产资源、大型公共设施、知名院校、工矿企业、科研机构，建设一批研学旅行基地，逐步完善接待体系”。《关于推进中小学研学旅行的意见》提出，根据研学旅行育人目标，结合域情、校情、生情，依托自然和文化遗产资源、红色教育资源和综合实践基地、大型公共设施、知名院校、工矿企业、科研机构等，遴选建设一批安全适宜的中小学研学旅行基地；要以基地为重要依托，积极推动资源共享和区域合作，打造一批示范性研学旅行精品线路，逐步形成布局合理、互联互通的研学旅行网络。

总的来看，研学旅行基地的管理，安全是前提，硬件是基础，软件是保障，情感价值和服务价值是提高学校、学生和家长满意度和支付意愿的直接因素。研学旅行基地的建设和管理要根据教育规律，结合市场需求，建立管理质量标准，只有这样，才能更好地可持续性发展。

一般来说，普通的旅游管理质量大致涉及服务环境质量、景观质量和体验质量三方面。服务环境质量包括旅游交通、游览、旅游安全、卫生、通信、购物、综合管理、旅游资源及其环境保护等方面。景观质量包括资源要素价值与景观市场价值两方面。体验质量包括总体印象、可进入性、线路设置、旅游安排、观景设施、路标指示、景物介绍牌、宣传资料、讲解服务、安全保障、环境卫生、旅游厕所、邮电服务、购物、餐饮、旅游秩序、景物保护等内容。高质量的中小学研学旅行基地强调其地理位置适宜，交通便利，安全条件、措施与设施完善；强调其资源、产品和设施具有相当的规模和一定的特点，教育意义显著，课程开发较成熟、有特色，能保证较高的研学效益；强调其拥有较高水平的研学导师、服务人员；强调其管理体制、机制完善，发展规划合理，建设有序，经营有方。

一、中小学研学旅行基地的概述

研学旅行基地是学校开展学生研学旅行活动的物质基础，是依托相关资源，经教育、旅游主管部门批准，接待中小学生开展研学旅行的区域或为研学旅行过程中的学生提供良好的学习、实践、生活等活动的场所。

具体地说，研学旅行基地要重视以下几个方面的内容。

(1) 具备承接中小学生开展研学旅行实践教育的能力，能够结合资源单位特点，设计开发适合不同学段学生、与学校教育内容相衔接的课程；学习目标明确、特色鲜明、教育功能突出。

(2) 所依托的资源具有实践性、教育性、安全性的特点，可以是各地现有的爱国主义教育基地、国防教育基地、革命历史类纪念设施遗址、优秀传统文化教育基地、自然与文化遗产地、文物保护单位、科技馆、博物馆、生态保护区、自然景区、美丽乡村、特色小镇、科普教育基地、适宜开展研学旅行项目的三类产业园区、著名院校与科研机构所在地等。

(3) 有以中小学生开展研学教育为目的的场所、场地、教学用具和设备教育设施；有为中小学生开展研学教育提供的线路、标识、标牌、安全警示、景物说明等游览设施；有为中小学生开展研学教育提供的接待、交通、住宿、餐饮、安全、卫生等配套设施。

(4) 运行良好，有统一的管理机构、专业的运营团队、科学的管理制度和完善的安全保障措施负责中小学生研学实践教育工作。

(5) 经教育、旅游主管部门批准。

(6) 坚持公益性质，不以营利为目的，不允许有高收费或变相收费。

二、中小学研学旅行基地的管理原则

研学旅行基地的管理原则是人们在基地建设和管理过程中，在一定教育管理思想指导下，根据国家政策要求，结合实际而坚持的规则性框架和约束性标准，是处理基地内外环境及其变化、满足教育需求和完成社会责任做出的基本规定和底线要求。它是处理基地教育问题、指导处理基地与社会、与学校，工作与工作、人与人、投入与产出等关系的基本法则。它是在建设实践中产生的，反过来，又指导基地建设实践。它阐述着基地建设的基本思想，突出基地建设的理性特征。研学旅行基地建设就是要以教育为本，突出基地的教育性和实践性要求；坚持安全第一，确保师生活动健康安全；不以营利为目的，突出公益性特点。

1. 教育性原则

基地建设应符合中小学生理想信念教育和素质培养的要求，能够结合学生身心特点、接受能力和学校教育的实际需要，注重系统性、知识性、科学性和趣味性，为学生全面发展提供良好成长空间。基地建设要符合传统文化、红色文化、地域文化以及传授自然、人文和科学知识的要求，将研学旅行作为理想信念教育、爱国主义教育、革命传统教育、国情教育的重要载体，突出祖国大好风光、民族悠久历史、优良革命传统和现代化建设成就。

2. 实践性原则

基地建设应满足中小学生开展研学旅行的游览、探索、研究的要求。因地制宜，呈现地域特色，服从于中小学素质教育改革发展和旅游改革发展需要，符合规划要求。致力于培养学生认知能力、实践能力、创新精神、团队协作精神，拓宽学生视野、丰富知识、了解社会、亲近自然、参与体验。

3. 安全性原则

基地建设应符合安全第一、预防为主和环境保护的要求。应根据中小学生的身心特点以及不同研学旅行活动的课程内容，预测风险、完善设备设施、健全制度建设、完备管理流程，确保学生的人身与财产安全。基地应远离地质灾害和其他危险区域，有完整的针对研学旅行的接待方案和安全应急预案。

4. 公益性原则

基地建设应当遵循国家鼓励研学旅行的政策导向，履行社会责任，不以营利为目的。执行相关的研学旅行门票减免政策，落实交通与食宿优惠措施。基地收取由学生个人承担的相关费用须经当地相关主管部门核准，坚持公益性质，只能收取基本费用，对贫困家庭学生实行相应的减免费用政策。各级财政引导资金、各类公益基金支持研学旅行基地建设。

三、中小学研学旅行基地的分类

中小学研学旅行基地应具有较高观赏价值、历史价值、文化价值或科学价值，具有一定的教育意义；中小学研学旅行基地应根据研学旅行育人目标，结合域情、校情、生情，依托自然和社会资源，提供知识性、趣味性的体验与互动项目，配有体现寓教于乐功能的专用设施和研习交流场所。各地因为地域特点、资源禀赋不同，有不同的研学旅行资源，适合打造不同主题特色的研学旅行基地。比如，四川省依托省大熊猫栖息地、都江堰等资源打造一批世界遗产研学旅行基地；依托泸定桥、彝海结盟地等红军长征线路及故居、川陕革命根据地等资源打造一批红色教育研学旅行基地；依托金沙遗址、四川博物院等资源打造一批文博研学旅行基地；依托四川大学、西南交通大学等打造一批知名院校科技研学旅行基地；依托各地综合实践基地、大型公共设施、各类工矿企业、科研实验室、减灾教育馆等打造相应主题的中小学研学旅行基地。安徽省依托示范性综合实践基地、爱国主义教育基地、革命旧址、博物馆、科技馆、历史文化遗迹、生态文明基地和大型公共设施、知名院校、工矿企业、科研机构、现代农业产业园、美丽乡村、特色小镇等，遴选主题鲜明、管理规范、安全适宜、体验丰富的中小学生研学旅行基地。

总的来说，研学旅行基地一般都会结合学生身心特点、因地制宜地为学生全面发展提供服务。由此而形成具有不同研学主旨的研学旅行基地。

(1) 以培养学生体能和生存适应能力为主旨的基地，如徒步、露营、拓展、生存与自救训练等场所。

(2) 以培养学生自理能力和动手实践能力为主旨的基地，如综合实践、生活体验训练、内务整理、手工制作等场所。

(3) 以弘扬传统民俗、历史文化或红色传统等爱国主义精神为主旨的基地，如各类爱国主义教育基地、革命旧址、博物馆、科技馆、历史文化遗迹等场所。

(4) 以培养学生的情感能力和纪律约束能力为主旨的基地，如思想品德养成主题活动以及团队游戏、工农业体验场所、才艺展示等场所。

(5) 以培养学生观察能力，提高科学素养为主旨的基地，如游览自然生态景观、实验室、博物馆、科研机构等景点景观或场所。①

根据基地所包含的旅行吸引物等资源的性质，可以将基地分为自然观赏类、知识科普类、体验考察类、励志拓展类、文化康乐类五类。

(1) 自然观赏类基地。主要集中在自然与文化遗产地上。发挥自然与文化遗产在广大青少年群体中的阐释、教育、学习功能，发掘、展示、传播自然与文化遗产的科研、文化、审美价值。包括山川、江湖、海洋、草原、沙漠、风景名胜区、自然保护区、森林公园、地质公园等自然遗产地，古文化遗址、古迹、古建筑、地方性和原生性的人文景观，有历史、艺术和科学价值。根据不

---

① 参考中国旅行社协会发布的《研学旅行基地设施与服务规范》GB/T 16766—2016。

同学段学生的学习需要，制订生态文明研学，地质、水资源、气候和天象等景观研学，历史与文化研学，书画与摄影研学等不同研学主旨教育规划。

（2）知识科普类。主要集中在文博院馆等大型公共设施方面。博物馆研学旅行主旨是发挥博物馆的教育、研究、欣赏功能，传播自然与人文活动遗留物的科研与审美价值；科技馆研学旅行主旨是传播科学与技术知识，培养科学精神与思维，并激发研学旅行者的科学兴趣，开展主题性科普活动和体验课程，增强互动参与项目。

（3）体验考察类。主要集中在乡村研学旅行基地、工业研学旅行基地、传统工艺研学旅行基地、非物质文化遗产等方面 。乡村研学旅行基地是以特定农业或地方生活技术及资源为依托，普及青少年在农业生产、历史文化、民间传统工艺制作、民俗艺术、民俗风情等方面知识。乡村研学旅行基地包括观光农业园、采摘园、垂钓园、休闲农庄、休闲渔场、生态农业园、民俗文化村、古村镇与古建筑群落等。工业研学旅行基地以工业生产过程、工厂风貌、工人劳动生活场景展示为设计主旨，普及青少年在工业历史以及当代工业文明等方面知识。传统工艺研学旅行基地是以手工业生产和原始机械生产技艺为设计主旨，通过传统工艺传承人与青少年的直接交流与沟通，展示、传播传统工艺的科技、人文、历史和审美价值。传统工艺研学旅行基地研学内容包括雕塑、陶瓷制作、织染、传统建筑营造、金属冶炼加工、工具器械制作、文房四宝制作、印刷品、刻绘、髹漆、家具制作、编织扎制等中华传统工艺。非物质文化遗产主要包括社会风俗、礼仪、节庆、乡规民约、民俗文化表演、传统手工艺技能。

（4）励志拓展类。主要集中在科研机构、高等院校、红色旅游地、国防教育基地、军营等方面。科研机构与高等院校将产学研活动成果转化成可以对青少年进行科普教育的内容，广泛开展高新技术、前沿理论的普及，培养青少年学习科学知识的兴趣，激发青少年从小热爱科学、钻研科学的热情。纪念馆研学旅行主旨是展示、传播历史，发挥纪念馆的文化传承、爱国主义教育功能，开设相应知识竞赛、演讲等互动参与方式，形成励志思想教育。红色旅游研学旅行基地以革命、建设、改革的各个历史时期所遗存的纪念地、标志物为载体，开展主题性、教育性、游览性活动，以其所承载的革命历史、革命事迹激发学生的时代精神。

（5）文化康乐类。主要集中在各类主题公园、演艺影视城等方面。主题公园主要包括以大型游乐设施为主体的游乐园，大型微缩景观公园，提供情景模拟、环境体验等内容的各类影视城、动漫城等园区。这类基地将一些市场经营的文化娱乐资源做研学旅行资源合理的开发，通过发掘和宣扬文化娱乐产品或服务的教育内涵来为学生学习体验服务。

研学旅行基地分专门型、综合型两种。专门型的研学旅行基地包括各种教育基地、纪念设施和遗址、展馆、自然保护地、生产场地、科研中心、代表性学校、青少年校外活动场所等。综合型基地是兼具两种及两种以上专门型基地功能的研学旅行基地。专门型和综合型研学旅行基地均可针对小学、初中和高中等不同的学段开展活动。中小学研学旅行基地也可以分为国家、省、市、县等级别。①

四、中小学研学旅行基地的准入标准

“准入制度”是为保证某种产品或某个行业质量安全，具备规定条件的才被允许进行生产、经营活动的监督制度。实行质量安全准入制度是一种政府行为，是一项行政许可制度。推行

① 袁书琪，李文，等. 研学旅行课程标准（三）——课程建设[M]. 地理教学，2019(7)：4-7.

行业准入政策也是保证社会稳定和国民经济持续稳定增长的需要。

“准入”的字面意思是允许进入。“准入标准”一般是指某件事物进入的最低条件，也就是允许进入的最低门槛。“行业准入”标明的是从事该行业所必备的要求和条件，而且一般要经过审批。也就是说，只有满足一定的从业条件，才拥有从事某一行业的资格。不同行业的准入门槛存在差别，这种门槛可以是市场主体性质的门槛，可以是资金规模的门槛，也可以是地域分布的门槛等。

《关于推进中小学研学旅行的意见》提出，要探索建立中小学研学旅行基地的准入标准、退出机制和评价体系。由于中小学研学旅行基地是具有研学旅行资源和具备研学旅行设施的场所或区域，研学旅行基地的申报和设置，必须符合相关标准。

中小学研学旅行基地的准入标准主要关注企业是否具备法人资质、经营资质和接待服务能力，是否取得工商、卫生、消防、旅游等管理部门颁发的各类有效证照情况，以及在规定的时间内是否有重大环境污染事件及负主要责任的安全事故发生等。基地提供的每条研学路线也均应包括以周边资源和环境相结合的外部路线和以基地规划和配套设施相结合的内部路线，保证路线设置便捷、合理，与基地研学主题协调一致。①

学校组织研学旅行活动，其选择基地的标准，可以在国家或行业标准基础上，从企业资质条件、场所设施、人员配置要求、环境与卫生条件、课程体系、教学安排、研学导师、研学路线、教育服务与体验、质量评估、安全等方面提炼出学校教育管理所需要的指标内容，建立基地选择的管理标准体系。具体体现在以下几个方面。

1. 资质条件

研学旅行基地首先应具备法人资质，具备旅游经营资质和服务能力，按照合同约定履行义务能力；具有良好的企业形象和较高的社会知名度；应取得工商、卫生、消防、旅游等管理部门颁发的各类有效证照，保证开办一年以内无任何重大环境污染及负主要责任的安全事故；基地、场馆、景区、景点的门票应实施减免政策；申报和推荐程序应符合规范，设置得到教育主管部门批准，并接受定期监管评估。

2. 价值主旨

基地应具有较高观赏价值、历史价值、文化价值或科学价值，体现一定的教育意义；基地应该有一个以上的特色主题；基地能够提供相应的体验与互动项目并具有知识性、趣味性，配备的专用设施和研习交流场所能体现寓教于乐功能；基地在文化知识普及方面具备可供宣传教育的基础，在观光游览和休闲度假方面应具有较高的开发利用价值或较大影响力；基地要以培养团队协作能力、动手实践能力、自理自立能力、纪律约束能力，进行传统文化教育、传统民俗展示、爱国主义教育、科技知识教育、生态文明教育、体能训练等为主，应至少具备以上两项研学功能，满足研学活动需求。

3. 场所条件

各类研学旅行基地应当是正式对社会公众开放的符合经营规定的单位，要进出安全、便捷，交通设施完善，具备一定的接待规模以满足开展研学旅行活动的需求，每年接待各类学生的人次不低于接待总人次的相应比例。有相应的旅行接待设施和基础配套设施，基地内水、电、通信、无线网络等应配套齐全，运行正常；根据不同研学教育主题、研学旅行教育服务规划

① 钟志平，刘天晴. 研学旅行示范基地政策评价与需求方强相关性因素研究[J]. 湖南社会科学 2018(6)：147-153.

以及不同学段学生特点，配备相应的研学场地、设施和教学辅助设施，应对不同类型的研学旅行要求配置相应的演示、体验、实践的设施。特殊设备需具备主管单位的检测验收报告；室外研学场地应具有合理的游览路线与完善的交通设施，保证通行顺畅，方便游览与集散；基地内景点游览路线设计应与研学主题或相应景点景观相关；具备健全的安全管理制度，保证营运秩序良好、管理人员到位。环境整洁、安全卫生达标，能够保证学生的就餐、食宿等；具备基本的医疗保障条件。

4. 环境与卫生条件

基地内生态环境良好，周围 500 米范围内无污染源，环境空气质量符合 GB 3095 标准，声环境质量符合 GB 3096 标准；基地污水排放应符合 GB 8978—1996 规定，厕所应符合 GB/T 18973—2016 的要求，保证等级至少达到二星级，其图示标志应符合 GB/T 19095—2008 的要求；基地垃圾桶数量与分布合理，标志明显，分类设置，垃圾及时清扫，与环境相协调，无堆积、无污染；基地范围远离地质灾害和其他危险区域，无安全隐患，服务区附近可能发生危险处应当设置警示标志，能够通过电视、电子屏、广播服务网等方式及时预报雨雪、雷电、紫外线指数及灾害性天气，免费提供急、难、险事的求助服务。

基地建立有传染性疾病预防措施，符合 GB 19085 规定；具备完善的卫生与医疗管理规范和措施，定期进行检查；服务人员应按规定进行体检，个人卫生符合行业有关规定；基地内生活饮用水应符合 GB 5749—2006 的要求，保证用水便利，饮水管理规范、安全；餐厅卫生应符合 GB 16153—1996 的要求，餐饮、餐具的消毒卫生应符合 GB 14934—2016 的要求；基地洗浴卫生应符合 GB 9665—1996 的要求。基地内应全面禁烟，公众聚集场所消防安全应符合要求；醒目放置消防器材，并定期检验、维修，保持完好有效；设有专门的安全应急通道；建有全天候、无死角的监控系统，各种设施设备完好无损，近三年或开业（开业未满三年的）以来，无安全事故。①

5. 人员配备

研学旅行基地应当针对不同的中小学校，配备不同专业类型、不同学段层级研学旅行服务团队。研学旅行服务团队应具备与所从事岗位相适应的专业技术和素质，能为研学旅行者提供及时、有效的服务。基地服务人员应有与研学旅行学生数量相匹配的，为其提供各类研学旅行相关的配套服务的专业服务人员。这些专业服务人员应遵守服务时间，坚守岗位，举止文明，热情服务；应掌握一定的医学知识与灾害应急常识，熟悉基地内的医疗服务点、紧急避险通道等；应有遇突发情况自救和帮助游客进行避险逃离的能力；应掌握基本的法律常识、宗教信仰和民族习惯；应熟练掌握本岗位业务知识和技能，定期进行专业岗位培训和相关专业培训。

研学旅行基地应当对进入基地的团队进行分组，每个研学团组分成若干小组，每个小组以 10～15 人为宜，配有研学导师 1 人；每个研学旅行团队配置 1 名安全员（学生与安全员的比例一般不低于 25∶1），安全员在研学旅行过程中随团开展安全教育和防控工作；超过 50 名学生的研学团组，应当至少配备卫生保健志愿者或随团医生 1 人。

基地应该要求开展研学旅行的学校至少派出 1 名学校领导作为代表，负责督导研学旅行活动按计划开展，按照年级和班级配备相应的教师和工作人员（师生比不超过 1∶25）。应该要求承办研学旅行活动的企业为研学旅行活动配置 1 名项目组长（经理）全程随团活动，建立三

① 参考中国旅行社协会发布的《研学旅行基地设施与服务规范》GB/T 16766—2016。

方统筹协调研学旅行各项工作机制。[①]

五、中小学研学旅行基地的设施

如果说基地的资质条件、环境与卫生、人员配备是基地对外开展活动的必要条件，那么，基地设施的合格和完善、服务质量的达标就是基地准入的基本条件。基地的设施包括教育设施、导览设施、配套设施等。

1. 教育设施

教育设施是基地根据不同研学教育主题以及不同年龄段的学生配备的相应的场地和设施，包括根据研学旅行教育服务计划所配备的相应的教学辅助设施，以及应对不同主题的研学旅行所设置的演示、体验、实践等设施。

对于自然遗产类基地，要划定地质和自然地理结构的范围，明确标注濒危动植物生存区，有地质、生物结构和自然面貌的说明设施，有重要的地质过程、生物演化、人类与自然相互联系现象的演示，有自然现象、地貌特征、生物群落的实验区设置教学活动平台。

对于历史文化遗产类基地，包括历史文化、红色文化、民俗文化等。历史文化应该有地方史的展示空间；红色文化应该有伟人故居、旧居、革命活动地等旧址类教育场地的说明牌，并符合 LB/T055 的要求，有展示传统文化、革命文化、革命精神和革命事迹的景物设施；民俗文化应该有乡规民约的展示和说明，有社会制度、生产、生活、风俗等代表性实物的展示平台等。

对于非物质文化遗产类基地，应该有口头传授和表述的工具载体，表演艺术的载体和场地设施，社会风俗、礼仪、节庆等表现形式的演示设施，学习、了解、体验自然界和宇宙知识的实践场所，传统手工艺技能操作、体验的展示场所。

对于景观类基地，包括文化景观、历史景观、乡土景观、活动景观等。文化景观应该有展示、传承、学习和互动功能的设施，历史景观应有人物、事件、过程的展示设施，乡土景观有地方性、原生性的展示设施，活动景观有演示、体验、实践的设施。

对于科普类基地，应该有科普教育的展示、学习和教学等场馆，有开展科普教育的实验室，有开展科学知识教学的仪器设备，有开展科普活动的体验场地，有科普教育的标本采集区。[②]

2. 导览设施

导览设施是指为介绍全景、线路、景物、位置，方便参观等提供的标识标牌，是相关场所设置的服务指示设施、相关区域设置的交通引导设施和相关特殊位置设置的警示提醒标志。大致包括基础类导览设施、自然类导览设施、人文类导览设施三大类。

(1) 基础类导览设施。基地应该有完备的全景导览设施，有基地景点区域线路指示牌等。室外活动线路的设计应当充分考虑其自然价值、文化价值、历史价值、游憩价值、视觉价值。室外研学活动与游览线路布局合理，与研学主题联结度高，通行顺畅，方便游览与集散。沿线合理设置观景平台、休息场所等公共设施，数量能满足接待需求，舒适安全。设饮水处、方便座椅、遮阳避雨场所；配置通信、网络、移动信号覆盖和邮政设施。具备坡道、安全扶手等基本的无障碍设施。

游览步道应当符合人体工程学、景观美学原理，兼顾学生身心发展与审美需求；研学旅行

---

① 参考中国旅行社协会发布的《研学旅行基地设施与服务规范》GB/T 16766—2016。

② 参考《河北省研学旅行基地设施规范》DB13/T2630—2017。

所使用的游览步道、路面及沿途设施应定期检查维护，确保状态良好。在主要入口处、交叉路口、停车场、主要景观景点以及服务场所应当设置指示标志和导览标志。在医疗救护地点、危险地段、安全疏散通道、质量投诉处和参观线路上设置导览设施。提示标识应当涵盖安全警示、文明游览提示、可持续发展宣传等内容。公共信息图形符号按照 GB/T 10001.1、GB/T 10001.2、GB 2894 规定设置，基地导览设施有多种文字对照，使用国际通用语言和标识。这些标志要符合学生特点。

（2）自然类导览设施。基地应该有完备的地质和自然地理结构的导览设施，在濒危动植物生存区设导览设施，有地质、生物结构和自然面貌的设导览设施，在重要的地质、生物和人类活动区域设导览设施，有自然现象、地貌特征、生物群落的区域设导览设施。这些设施的导览要尽最联系研学内容要求。

（3）人文类导览设施。研学基地应该在古文化遗址、古迹、古建筑区域、故居、旧居、革命活动地等旧址类教育场地，在战役、战斗、重要事件等遗址类教育场地，在纪念碑、陵园、雕塑性建筑等祭奠类教育场所，在博物馆、纪念馆、科技馆、科研机构、高等院校及工矿企业等，在具有历史、艺术和科学价值的民间建筑，在具有传统手工艺技能操作、体验区等建设明确的导览设施。[①] 这些设施导览要突出各类场所特点，尽量联系学生校内课程学习内容。

基地应该具有准确、便捷、科学性和趣味性的游览解说系统。应该具有便捷的知识查询系统和两种以上中外文对照。有与主要研学活动区域交叉的游览区域，设置多媒体导览系统或流媒体导览系统；二维码标识位置适当。解说标识应当与基地研学旅行课程教育要求一致，可以结合自身特色，有针对性地开展自导式解说教育。解说标识与公共信息图形符号的数量适宜，文字精练、准确，图片精美、典型。研学旅行相关公众信息资料（研究论著、科普读物、综合画册、音像制品、导游图等）品种齐全，文字规范、内容丰富，适时更新，满足需求。[②]

3. 配套设施

（1）餐厅。学生就餐服务可以是基地自建餐厅，也可以是社会合作提供。但餐厅要选址科学，布局合理，面积、就餐设施满足接待要求，餐厅环境、空气质量、卫生标准、就餐设施符合 GB16153 的要求；餐饮、餐具的消毒卫生应符合 GB14934 的要求。可设置学生食堂，营养配餐，用餐卫生、方便快捷。餐饮服务人员应定期体检，持健康证上岗。

餐饮服务项目丰富，能够提供地方特色餐饮。食品安全与卫生有保障，“三证”（餐饮服务许可证、经营许可证、健康证）齐全，价格合理，饮用水卫生标准执行 GB 5749 规定。菜品质量要求、餐饮服务的基本原则、基本要求、基本程序、管理制度符合 GB/T 26361 公开就餐标准，明码标价，诚实守信。研学旅行基地内禁止使用不可降解的一次性餐具。

（2）交通。应有县级以上的直达公路，站牌指示醒目，内部交通应安全通畅。交通工具设施完好、整洁，宜使用绿色清洁能源。停车场、游步道等旅游交通应符合 LB/T 025—2013 的要求，设置研学旅行专用停车场。学生乘坐的交通工具设施完好、卫生整洁，宜使用绿色清洁能源；交通站点的设置方便学生上下车，站牌指示醒目，相关内容遵循 LB/T 002 要求。

（3）住宿。学生住宿服务，一般要由基地提供。学生宿舍要保证选址科学，布局合理，便于集中管理。学生宿舍配有沐浴设施、床铺及床上用品、存储柜等，符合 LB/T 003 要求。酒店类住宿的总体服务质量和安全管理应符合 GB/T 14308—2010 的要求。集体住宿应男女分

① 参见《河北省研学旅行基地设施规范》DB13/T 2630—2017。

② 参见《安徽省研学旅行基地与服务规范》DB34/T 2604—2016。

室，保证设施安全、卫生洁净。野(室)外露营、搭建帐篷等应当结合资源与环境保护、安全规定以及学生合理需求，符合 GB/T 31710.3—2015 的要求，帐篷搭建安全规范并设警示区。研学旅行基地接待研学团组时，使用“农家乐”或其他社会餐厅与住宿设施的，应当选择符合相应接待条件的服务与设施，并事先签署合作协议。

(4) 消防设施。在基地里开展研学活动，一般都存在大流量的学生集体活动，因此，消防设施安全十分重要。基地应急照明灯、应急工具、应急设备、处置设施和流量监控配置应齐全；疏散通道、安全提示和指引的标识应醒目。在出入口等主要通道和场所应安装闭路电视监控设备，实行全天候、全方位录像监控，保证电子监控系统健全、有效，影像资料保存应在 15 天以上。基地内禁止存放易燃、易爆、腐蚀性及有碍安全的物品。应设有安全和紧急避险通道，配置警戒设施，大的活动场所的安全通道和消防设备应有专人负责；住宿场所应配有宿舍管理人员负责学生安全，安排保安人员昼夜值班巡逻，保障学生的财产和人身安全。应配备消防栓、灭火器、逃生锤等消防设备，保证防火设备齐备、有效；应保证消防通道畅通，消防安全标识完整、清晰，位置醒目；消防应急照明和疏散指示系统应符合 GB 17945—2010 的要求。

危险地带(如临水、交通沿线)应设置安全护栏和警示标志，并保证其醒目、健全。游览娱乐设施的使用及维护应符合 GB 8408—2008 的要求。出入口应方便游客集散，紧急出口标志明显、畅通无阻。

基地基础救护设备齐备完好，与周边医院有联动救治机制。设有治安机构或治安联防点，与周边公安、消防等机构有应急联动机制。基地应针对各种安全隐患和紧急情况制定应急预案。[①]

六、中小学研学旅行基地的课程服务

中小学研学旅行基地的教学服务主要是通过基地课程的实施提供的。研学旅行基地课程不同于传统意义上的学校课程，它是在课外学习的课程，是行走中的课程，是以地点和资源样态来构建的。基地课程的特色是基地核心竞争力所在，基地应充分挖掘研学基地课程资源的教育价值来提供服务。研学旅行基地可以是自然风景区，可以是文化遗产地，也可以是工矿企业、科研院所，还可以是青少年户外拓展营地。因此，研学旅行基地课程可以结合基地的自然风光、人文特色、科技力量，有针对性地进行设置。

1. 基地课程的设置要求

基地各类课程的设置应由基地与学校、相关专家等多方共同研讨设计。基地应根据任务主题，设计与学校教育内容相联系的课程，明确研学旅行教学过程的内容以凸显本地的资源或文化特色。基地课程应融入理想信念教育、爱国主义教育、革命传统教育、国情省情区情教育、文化传承教育、学科实践教育等内容，并体现不同学段学生特点。基地设计的相应的研学教材(或手册)，内容编排要合理，要确保其具有教育性、实践性，同时，基地课程应从学生发展的需要出发，从基地的实际情境中发现问题，并转化为活动主题，通过探究、体验等方式，培养学生综合素质。因此，基地课程的设置应该有特色、有针对性，教学过程内容要规范，应符合相关要求。

① 参考中国旅行社协会发布的《研学旅行基地设施与服务规范》GB/T 16766—2016。

2. 基地课程的实施

研学旅行基地的课程及相关活动的时间和内容要合理安排，学生每天体验的研学课程项目要根据教学计划和学生学龄段以及地域特色等进行设置，一般来说，小学阶段每次课不少于60分钟，初中阶段不少于90分钟，高中阶段不少于120分钟。

在研学旅行基地，研学旅行课程服务过程是组织学生参与基地课程项目的过程，也是指导学生开展调查、探索、体验、撰写研学日记或调查报告的过程。在实施过程中，应体现学生与研学服务团队交流、学生之间互动、室内场所与室外场地融合、传授知识、情感价值体验与培养兴趣相结合的要求。随着活动的不断展开，在研学导师指导下，学生可根据实际需要，对课程的目标与内容、组织与方法、过程与步骤等做出动态调整，使活动不断深化。研学旅行结束后，基于应组织学生分享心得体会，将学生在活动中的各种表现和活动成果作为分析考察课程实施状况与学生发展状况的重要依据提供给学校。①

七、中小学研学旅行基地的建设与管理

一般来说，研学旅行基地建设与管理，除了基地课程建设外，还包括研学基地建设、管理机构及制度建设和研学导师团队建设等。研学旅行基地建设与管理包括研学场地、研学路线、研学旅行实践点、研学旅行营地等，论证、规划与建设，还要按照程序进行申报、审批、监理和验收。对人文、自然生态环境要有保护措施，对破坏的山体、植被应实施生态恢复工程，对文物古迹的修复应做到修旧如旧，保持历史原貌。基地的设施也要进行规范管理，建立检查、维护、保养、修缮、更换等制度。旅游景区管理机构申请研学旅行基地的，应当按照相应的国家标准、行业标准，加强游客中心建设、完善服务体系。②

1. 研学旅行场地的建设与管理

研学旅行基地应当建设或划定专门研学场地。研学场地由室内、室外教学场地构成。外场地的选择，应当符合基地所在区域总体规划要求。专业场馆的建设，应当兼顾中小学生活动特点、各项动手实践课程设置要求，应当有综合展厅专业人员解说制度，影视播放厅、触摸屏、公共网络链接等服务手段应当考虑研学旅行要求。依托各类文博院馆或者大型游客中心的研学场地，应当符合开展研学活动的要求。③

2. 研学旅行路线的建设与管理

"旅行线路"是旅游产品的重要内容。研学旅行线路不只是旅行交通路线，而是由研学地点串联而成的、与所安排的研学课程相联系的教育实践路线。广义的研学旅行线路，是研学旅行基地、营地的串联。狭义的研学旅行线路，可以是空间较大的研学旅行基地内部的研学线路，串联研学实践点。

研学旅行线路的选定和设计，应结合基地地理位置和周边资源，保证路线设置与基地研学主题协调一致，且安全、好操作。在实际研学过程中，一般提供的路线应包括以周边资源和环境相结合的外部路线和以基地规划和配套设施相结合的内部路线。

研学旅行线路的走向、路程和时程设置要综合考虑旅行效率与研学效益之间的关系，特别

---

① 参考中国旅行社协会发布的《研学旅行基地设施与服务规范》GB/T 16766—2016。

② 参考《河北省研学旅行基地设施规范》DB13/T 2630—2017。

③ 参考《安徽省研学旅行基地与服务规范》DB34/T 2604—2016。

是安全与便捷问题。沿线交通、服务设施不能受自然灾害或人为危害的威胁，线路要设计适应天气变化的沿线休憩、服务设施，配置医疗卫生设施、公共厕所等，要配置研学旅行课程实施所必须的沿线指示、解说设施，配置安全保障机构和预警、警示设施，从而有利于研学旅行课程的实施。研学旅行线路要具有旅行产品性质，资源与产品要具有一定的典型性和代表性，但首先要遵照研学旅行课程标准。研学旅行路线要设计合理，资源、产品和设施应相对集中，便于开展研学，时程长短适宜，具有一定的弹性。研学旅行线路要兼顾集体旅行与集中研学，管理、运行、维护的体制、机制要完善，能够可持续发展。设计和投产程序要符合规范，并通过教育、交通等相关部门的评审。

研学旅行线路，无论是专题型，还是综合型都应该考虑到小学、初中和高中不同学段的特点和要求，而研学旅行线路可以分为全国、省、市、县(区)等级别。

3. 研学旅行实践点的建设与管理

研学旅行实践点是开展研学活动的具体地点。每个具体的研学旅行实践点都具有不同的研学任务。研学实践点的选择和设置要体现研学资源、产品、设施特点，反映研学目标，遵照研学课程标准，要能够让学生面对真实情景，体验现实情境，发现与主题有关的问题，提出问题，激发学习兴趣，现场收集信息。

实践点任务的数量和难度应适应不同学段的需求。实践点应当具有地方特色，一般应为地势较为平坦、相对开阔的地区，能够支持集体集中研学活动，符合研学旅行线路规划，满足研学旅行课程、专题研学活动的要求。实践点不得在自然灾害、人为危险经常发生的地方，不得在人流量大、商业活动较密切的场所。实践点的应急预案、应急设备应当配置齐全。实践点要向教育和相关部门报备，接受教育部门监管、评估。①

4. 研学旅行营地的建设与管理

2016 年，原国家旅游局发布的《研学旅行服务规范》中提出了研学营地概念。同年原国家旅游局还公布首批“中国研学旅游目的地”和“全国研学旅游示范基地”名单。研学旅行营地是研学旅行过程中学生学习与生活的场所，是能够接待一定规模的师生集中食宿、开展主题活动的服务场所，有相应的研学旅行资源，具备研学旅行设施。

研学旅行营地应当安全条件、措施与设施完善，可接待研学师生食宿，有监控、应急预案。具备基本的医疗保障条件，周边有医院。公共经费来源稳定，财务管理规范。管理体制、机制较完善，发展规划合理。营地符合相关标准，具备法人资质，由教育主管批准。研学旅行营地有不同类型。比如，专业化的青少年拓展训练营地以及不同项目的动手实践营地，这些营地的建设都应当符合 GB 8404 规定以及 GB/T 16767 要求。

营地可分为综合型、专门型两种，综合型营地具有研学旅行基地的性质。表 1 为教育部基础教育司 2017 年 11 月 20 日批准的第一批“全国中小学生研学实践教育基地或营地”。② 营地还可分为公益型营地和市场型营地。研学旅行营地也有国家、省、市、县(区)等级别。

5. 研学旅行基地的安全管理

基地安全管理是一个系统工程。基地要建立安全防范体系，落实安全主体责任，制订研学旅行安全管理工作方案、研学旅行应急预案及操作手册、研学旅行产品安全评估制度、研学旅

---

① 袁书琪，李文，等. 研学旅行课程标准(三)——课程建设[M]. 地理教学，2019(7)：4-7.

② 袁书琪，李文，等. 研学旅行课程标准(三)——课程建设[M]. 地理教学，2019(7)：4-7.

行安全教育培训制度。组织专家力量进行科学的风险预测评估，评估研学旅行突发事件应急预案的操作性。

表1　首批全国研学旅行示范基地

北京卢沟桥中国人民抗日战争纪念馆	山东曲阜市三孔景区
天津滨海航母主题公园	河南安阳市红旗景区
河北石家庄市西柏坡纪念馆	湖北宜昌市三峡工程旅游区
山西太原市中国煤炭博物馆	广西桂林市龙脊梯田景区
内蒙古赫峰市克什克腾世界地质公园	重庆红岩景区
吉林长春市长影旧址博物馆	四川成都市都江堰旅游景区
上海科技馆	云南中国科学院西双版纳热带植物园
江苏南京大屠杀纪念馆	陕西历史博物馆
浙江绍兴市三味书屋—鲁迅故里	甘肃酒泉市中国酒泉卫星发射中心
安徽宣城市中国宣纸文化园	宁夏贺兰山市岩画遗址公园

基地要成立研学旅行专门管理机构，配备专门人员，作为研学旅行项目专员，负责与学校及教育主管部门、专业旅行社联系。研学联系联络人员，应纳入统一管理序列。

基地要建立安全管理机构，配备安全管理人员和巡查人员，并将安全管理人员的考核纳入其主管部门的安全生产管理范畴。建立常态化安全检查机制和研学旅行辅助人员安全培训机制，有针对性地进行安全教育与培训，确保所有人员了解研学旅行活动安全操作事前教育、现场监管、事后总结等相关流程，了解有关安全规章制度，掌握救护知识和技能。

基地要建立健全各项安全管理制度和安全应急机制，及时消除隐患，预防发生事故。

（1）健全基地门卫制度。建立人员出入登记或者验证制度，禁止无关人员和机动车入内，禁止将非教学用易燃易爆物品、有毒物品、动物和管制器具等危险物品带入基地。确定能够切实履行职责的人员担任保安。

（2）建立基地安全隐患定期排查制度。要按照国家有关规定，定期对基地建筑物、构筑物、设备、设施进行安全检查、检验；发现存在安全隐患的要及时维修或者更换；维修、更换前应当采取必要的防护措施或者设置警示标志。基地无力解决或者无法排除的重大安全隐患，应当及时书面报告主管部门和其他相关部门。在易发生危险的地方设置警示标志或者采取防护设施。

（3）建立基地消防安全维护维修责任制。对于消防设施和器材加强日常维护，保证其能够有效使用，并设置消防安全标志，保证疏散通道、安全出口和消防车通道畅通；各类消防设备、设施的维护维修责任到人，建立日常维护巡查台帐制度和问题维修更换销帐制度。

（4）建立基地用水、用电、用气等相关设施设备的安全管理制度。定期进行检查或者按照规定接受有关主管部门的定期检查，发现老化或者损毁的，及时维修或者更换。

（5）建立基地食品卫生管理制度。建立食堂物资定点采购和索证、登记制度，饭菜留验和记录制度，检查饮用水的卫生安全状况，保障师生饮食卫生安全。

（6）建立基地实验、实训场地安全管理制度。严格危险化学品、放射物质的购买、保管、使用、登记、注销等制度，保证将危险化学品、放射物质存放在安全地点。将基地安全管理制度和操作规程置于实验、实训场地的显著位置。

(7) 配备具有从业资格的专职医务(保健)人员,购置必需的急救器材和药品,保证对学生在基地突发病的急救,并负责向基地和学校报告发生的卫生事件。

(8) 建立基地学生安全信息通报制度。与学校和承办研学旅行服务企业建立密切联系,对活动过程中有特异体质、特定疾病或者其他生理、心理状况异常等情况的学生进行监测并及时进行通报,做好活动中的安全保护工作。

(9) 建立基地住宿学生安全管理制度。配合学校,配备专人负责住宿学生的生活管理和安全保卫工作。对学生宿舍实行夜间巡查、值班制度,并根据女生宿舍安全工作的特点,加强对女生宿舍的安全管理。采取有效措施,保证学生宿舍的消防安全。

(10) 建立基地交通安全管理制度。基地购买或者租用的专门用于接送学生的机动车,必须检验合格,并定期维护和检测,及时到公安机关交通管理部门备案;建立基地交通调度制度、车辆维护制度和驾驶人员培训、管理制度。

(11) 建立基地安全工作档案制度。记录日常安全工作、安全责任落实、安全检查、安全隐患消除等情况。将安全档案作为实施安全工作目标考核、责任追究和事故处理的重要依据。

基地应设立安全责任明示机制,与参加研学旅行学生家长和承办研学旅行的相关企业或机构签订安全责任书,明确各方安全责任。基地应为研学旅行学生购买在基地活动的公共责任险,可根据活动需求协助学生购买相应特色保险。同时,基地应建立健全投诉与处理制度,保证投诉处理及时、公开、妥善,档案记录完整。基地的商品合格要明码标价,无欺诈行为,无强买强卖和尾随兜售行为。

基地还应该确定专门机构或人员负责研学旅行者满意度监测工作;定期开展研学旅行者访谈与问卷调查以改进工作方法,提高服务水平。①

八、中小学研学旅行基地的分级评定机制

1. 研学旅行基地分级评定机制

按照省、市、县(区)三个不同的行政管理层级和管理区域,由教育(或旅游)行政部门联合成立不同层级和区域的研学旅行基地专家评定组织,负责研学旅行基地专业评定工作,对研学旅行基地申请者进行资料和文件审核并进行现场考察后提交审核报告;教育(或旅游)行政部门对审核合格的,进行批复和颁发相应区域层级的“研学旅行基地”称号和标志。

2. 基地的评价体系

研学旅行基地的评价体系可以从横纵两个维度建立。从横向维度看,基地的内容应该包括软件设施、硬件设施、服务内容、安全问题等。从纵向维度看,应该包括对基地的满意度、基地课程情感价值体现、学校和师生及家长的支付意愿等。评价体系要注重基地在行业内评价的满意度、研学指导教师对学生的综合评价、师生对基地开展活动的满意度。对于研学旅行基地情感价值的体现,应从课程开发互动性占比、是否融合基地特色和教学目标的实现等方面反映的情感价值培养。②

3. 基地的退出机制

对研学旅行基地实施动态管理,由教育和旅游行政部门组织研学旅行基地专家定期开展

① 参考中国旅行社协会发布的《研学旅行基地设施与服务规范》GB/T 16766—2016。

② 钟志平,刘天晴. 研学旅行示范基地政策评价与需求方强相关性因素研究[J]. 湖南社会科学 2018(6):147-153.

复核。存在问题的责令整改。对于那些研学旅行基地因为基本条件缺失、设施设备老化、管理松懈等，不符合最低要求的，限期没有达到整改要求的；因为教育体验与服务质量下降、教学效果低下、出现乱收费或擅自涨价等而连续受到投诉举报达五次以上并核实的；发生重大食、宿、交通等安全事故，造成重大社会不良影响的；有不良诚信记录、经济纠纷的；连续两年不进行年审的，要责令退出。

九、中小学研学旅行服务企业的准入标准与评定机制

研学旅行服务企业是连接学校和研学旅行资源的，第三方机构。它一般要根据学校的研学旅行目标和任务，开展研学旅行服务，提供与学校研学主题协调一致的活动方案或研学旅行线路，并确保研学活动安全有序。研学旅行服务企业要配备研学旅行导游队伍，其专业的解说能力能够保证学生在研学旅行中得到知识性的收获和较好的旅行体验。同时，研学旅行服务企业还要能够提供丰富的研学旅行产品，为学校和广大学生提供选择空间。当前研学旅行服务企业主要包括：承办研学旅行的旅游企业、相关培训机构、中介机构和相关教育基地等。[①]研学旅行服务企业实行准入制度和目录管理。

1. 研学旅行服务企业准入标准[②]

当前，从事研学旅行服务企业很多，如何保证高质量的企业从事中小学研学旅行服务，准入标准是重要的制度保障。这个准入标准具体包括以下方面的内容。

(1) 企业应该经工商行政管理部门登记注册成立，具备旅游行政部门批准的经营许可资质(营业执照和旅行社业务经营许可证)，企业应该是一个合法的企业。

(2) 企业应该有固定的经营和办公场所。经营场所不少于200平方米(含)。旅行社须符合《旅行社国内旅游服务规范》(LB/T 004—2013)和《旅行社服务通则》(GB/T31385—2015)要求，具有AA及以上等级，并符合《旅行社等级的划分与评定》(GB/T 31380—2015)要求。这是企业能够提供服务的基本物质条件。

(3) 企业应该连续三年内无重大质量投诉、不良诚信记录、经济纠纷及重大安全责任事故。产权明晰、资产优良，能够承受市场管理风险。购买意外伤害险单人单次不低于25万元。企业是经营良好的企业。

(4) 企业内部应该设有研学旅行专业部门和专业课程。配置项目管理人员、安全员、校外教育专家、研学导师、导游等，开展安全教育和防控工作，为中小学生提供研学旅行教育服务和生活保障服务。从业人员应具有应急救护的基本常识和基本技能。有多次承接教育部门大规模中小学生活动或一定人数以上中小学生旅行团队经验。有完备的研学旅行课程体系和精心设计的研学线路。制作并提供研学旅行产品说明书，产品说明书除应符合有关规定外，还应包括研学旅行安全防控措施、研学旅行教育服务项目及评价方法、未成年人监护办法等。

(5) 企业有明确的安全防控措施。选用具有道路旅客运输经营资质企业的旅游包车，并向公安交警部门和交通运输部门报备。

(6) 企业与研学旅行目的地企业签订正式服务合同。研学旅行目的地企业应该提供合法有效的相关证照资料，切实按照合同约定履行义务。

---

① 邱悦.江苏非物质遗产研学旅行产品开发研究[D].东南大学,2017(4).

② 参考中国旅行社协会发布的《研学旅行基地设施与服务规范》GB/T 16766—2016。

2. 研学旅行服务企业准入审核程序

承办中小学研学旅行活动的研学旅行服务企业进入管理目录，可以按以下程序进行。

(1) 书面申请。凡符合要求的企业(机构)，可在规定的时间内，向教育行政部门(或与旅游行政部门联合)提出书面申请(省、市、县三级，一般是市一级教育行政部门，下同)。

(2) 资格初审。教育行政部门(或与同级旅游行政部门联合)组织专业力量或第三方机构对企业申报资料进行初审，确定进入目录管理考察名单。

(3) 考察评估。组织专家组或第三方机构对初选入围的服务企业进行实地考察评估，主要考核企业的资质证照、企业实力、经营水平、制度建设、管理能力、员工队伍等方面的情况。

(4) 专家评审。企业(机构)负责人陈述相关情况，专家组或第三方机构对申报材料、陈述情况、承办企业(机构)条件等进行考察、问询。

(5) 结果公示。教育行政部门(或与同级旅游行政部门联合)根据专家组或第三方机构意见确定目录企业(机构)公示名单，无异议后最终确定进入目录的企业。

3. 评定与复核

中小学研学旅行服务企业资质评定与复核办法可以由教育、旅游等相关行政主管部门共同制定，资格评定与复核工作可由教育行政部门(或与同级旅游行政部门联合)负责委托专家组或第三方机构开展，评定、复核合格后，主管部门审核，并联合公布备案单位。

企业准入实行动态管理，委托专家组或第三方机构每两年复核一次。复核不达标，主管部门应对其提出限期整改要求或吊销其资格证书。

4. 研学旅行服务企业的退出机制

中小学研学旅行服务企业采取备案制，实行动态管理，每两年审核一次。对于落实研学旅行安全措施不力，发生安全责任事故和重大服务质量投诉的(比如，学校、家长投诉超过5例或满意率在80%以下)；或者擅自提高收费标准，或不履行合同，造成学校损失并侵犯学生权益的，吊销其承办研学旅行的资格证书，责令退出。

第七章 中小学研学旅行的社会支持体系与安全运营

任何一项社会活动的正常运营都需要必要的人、财、物等基本资源的支持。中小学研学旅行也不例外。它除了需要有自身的一系列内部管理要求外，社会的支持体系的建立也是必不可少的。研学旅行是以育人为目的，以综合实践活动为载体，将各种教育要素有机组合的综合教育服务。它是常规教育体系中的一种特殊组织形式，它涉及不同的责任主体，比如，教育行政主管部门、学校、家长、老师、研学旅行导师、基地等；研学旅行的展开还牵涉到交通运输、住宿餐饮、文化旅游等方方面面，会遇到意想不到的风险、困难和阻力。研学旅行健康运行，安全是基本前提，同时，需要统筹学校、交通、环境、卫生等多方面的关系。因此，要研究建立政府主导，学校、企业、机构、家庭各负其责的安全责任体系和社会支持体系。①

一、中小学研学旅行运营的社会支持体系

一般来说，社会产品的有效供给方式是由其自身所具有的属性来确定。公共产品主要是由政府提供的，私人产品多通过市场来供给。市场机制因具有竞争性、差异性和选择性的优势，是一种高效的资源配置机制。教育服务被认为具有"准公共产品"属性，这种属性使其供给既具有公益性，也具有市场性。然而，解决市场的逐利本性与教育的公共性的冲突，让教育供给回归公共属性，防止市场运行破坏教育的公共性和公益性，这是政府的责任。

公益性是中小学研学旅行的基本特点。国家关于研学旅行的一系列文件都明确规定，研学旅行不得以营利为目的。但在实践中，由于中小学研学旅行经费来源渠道不明确，上级部门不拨款或者拨款不足，为了活动能够正常开展，一些学校迫于无奈违规收费。另一方面，研学旅行是集体组织的活动，活动组织具有垄断性甚至强制性的特征，相关组织者主要是学校或者教育行政部门，由于没有机制保障，可能出现权力寻租、垄断经营和出于营利目的的乱收费问题。②

中小学研学旅行本质上是教育活动，而且是基础教育服务，部分明显属于公共产品，具有"准公共产品"属性。也就是说，研学旅行是一种具有公共属性的社会产品，具有非竞争性和非排他性特质。因此，政府部门有责任提供相应的服务。

但是，研学旅行也是一种旅游行为，具有很强的溢出效应，部分具有私人产品的竞争性和排他性。也就是说，研学旅行具有很强的个人消费特征和个人选择性，其个人收益率也较高，因此，应当通过市场方式来提供。中小学研学旅行"准公共产品属性"的定位，有利于在强调政府责任的同时，打开和拓宽研学旅行中校内校外资金、服务、信息和专业能力等渠道，激发社会力量参与研学旅行服务供给，为学生提供不同类型与层次的研学旅行服务产品，保障研学旅行的有效运营。

---

① 陈慧婷.利益相关者视域下的研学旅行社会支持系统构建[J].商业经济，2017 (11)：126-128.

② 李祥，郭杨.中小学研学旅行的风险及其规避[J].中小学管理，2017(8)：28-30.

中小学研学旅行是从校内产生，在校外开展的，中小学研学旅行具有“跨界”属性。这种“跨界”属性说明了研学旅行服务的供给牵动多种社会资源，单纯依靠学校或教育行政部门无法让研学旅行得到高质量运行。市场机制参与中小学研学旅行可以提供更为多元和优质的研学旅行产品，但市场的逐利风险，会产生公益性与营利性矛盾。研学旅行需要不同部门之间建立一种机制来调动各种资源并综合利用。将政府驱动和市场联动统筹起来，将教育目标和旅游资源融合一起，推动研学旅行与服务资源协调配套，相互支撑。协同相关部门研究对中小学研学旅行的优惠或减免政策及其他社会支持形式，建立中小学研学旅行经费多元化筹措机制。构建研学旅行的社会支持体系，保证研学旅行顺利运营。①

（一）构建政府三级研学旅行统筹协调领导机制

研学旅行工作涉及的政府部门多，从政府管理的角度说，存在多部门支持协作问题。目前，教育和文化旅游部门是研学旅行的主管机构，政策文件多出自这两个部门。从已出台的研学旅行文件来看，如果没有多部门合作，有些政策很难落实，因此，需要建立协同机制，成立促进研学旅行发展专门机构，统一研学旅行发展机制，研究专业化监管标准，在政策、资金、人才方面予以支持，形成全社会关注与支持研学旅行的氛围。

建立由教育行政部门牵头，发改、财政、公安、交通、食品药品监管、文化与旅游、保监和团委等各政府相关部门参与，省、市、县（区）三级研学旅行发展协调体制机制。各级都建立中小学研学旅行工作协调小组，办公室可设在教育行政部门。县（区）应成立中小学生研学旅行工作协调小组，根据省、市的中小学研学旅行管理标准，制订方案，加强对本区县研学旅行工作的统筹规划和管理，定期检查工作推进情况，加强指导督办。

1. 教育行政部门

省市级教育行政部门协同旅游、交通、公安、食药监等有关部门共同研究制定研学旅行基地、营地、线路的准入标准、评价体系和退出机制；接受企事业单位建设辖区研学旅行基地、营地、线路的申报，审定批准辖区研学旅行基地、营地、线路的设置。县区级教育行政部门牵头建立辖区相关部门协同实施研学旅行课程方案的体制机制，政府分管领导召集各部门有关负责人举行联席会议，研究、解决研学旅行相关问题，保障研学旅行顺利开展。

2. 政府相关部门

发改、财政、公安、交通、文旅、质检、食药监管、保监等政府各相关部门建立各自协助支持开展研学旅行的管理体制和工作机制，保障研学旅行顺利实施；部门负责人参加辖区各部门研学旅行工作联席会议，及时解决本部门负责处理的问题，落实本部门的分工责任；制定和落实本部门支持研学旅行的优惠政策和监督实施政策，评价政策实施效果。比如，发改部门制订研学旅行的规划以及与其相关的公共设施建设规划，财政部门保证年度研学旅行预算和专项资金支持，公安、交通、文旅、质检、食药监管部门对重大安全隐患进行整治，保监部门建立包括旅行意外保险、研学专项保险在内的安全和应急综合保障体系；协同开展研学旅行的宣传和智慧化工作。②

---

① 田晓伟，张凌洋. 研学旅行服务发展中的公私合作治理探析[J]. 中国教育学刊，2018(5)：46-50.

② 周维国，段玉山，等. 研学旅行课程标准（四）——课程实施、课程评价[M]. 地理教学，2019(8)：4-7.

（二）出台研学旅行的优惠政策

研学旅行费用的高低虽然不会影响学校和学生研学旅行的兴趣，却很大程度影响学校和学生研学旅行游的项目选择和行动频次。国务院在《关于促进旅游业改革发展的若干意见》中提出"鼓励对研学旅行给予价格优惠"。由于研学旅行的教育特殊性和学生参与的全员性要求，研学旅行不得以营利为目的，对贫困家庭学生要实行减免费用政策。目前，价格高、优惠少仍然是制约一些学校开展研学旅行活动的重要因素之一。

1. 中小学生研学旅行的食宿、交通、门票的优惠政策

政府发展改革委联合交通运输、旅游等部门制定关于开展研学旅行的食宿、交通、门票的优惠政策。借鉴国外的经验，发行专属于青少年学生的研学旅行优惠卡，让学生的研学旅行更加畅通。交通、铁路等部门根据研学旅行需求落实学生交通票价优惠政策，火车票半价不仅仅局限于学校至居住地之间。文旅部门落实中小学研学旅行活动中减免场馆、景区、景点门票等优惠政策；文旅和教育部门要求依托风景名胜区、自然保护区、森林公园、地质公园等自然与文化遗产地和博物馆、科技馆、纪念馆等大型公共设施而建设的各类研学旅行基地对中小学研学旅行实行门票减免和支持政策，实行基地内的交通、食宿、场地使用等价格对学生研学旅行优惠政策。

2. 对开展研学旅游企业的财税优惠补贴政策

政府发改、税务部门对开展研学旅游的企业实施财税优惠政策。发改、财政等部门联合制定政府对开展研学旅行企业的优惠补贴政策，使开展研学旅行的基地、旅行社、中介等研学旅行企业真正落实对学生优惠减免后能够获得一定补偿，从而一方面保证研学旅行的政策得到落实，另一方面保证企业能够正常经营。通过财税等方式鼓励开展研学旅行组织和接待的相关企业单位或机构实行普惠性的商务运行模式。

3. 对开展研学旅行企业的奖罚政策

政府文旅、教育、质检、工商等部门联合制定相关政策，根据企业承接研学旅行质量和数量（比如，接待研学团队的天数、异地、消费金额等）以及相关的评价结果予以一定的奖励，对于违规运营的研学旅行企业进行惩罚直至退出，促进研学旅行市场的健康发展。

（三）构建多元化的研学旅行经费筹措机制

研学旅行活动的正常实施需要有大量的人力、物力和财力的投入与保障，其中经费是制约研学旅行活动广泛开展的一个重要因素。为此，要探索建立政府、学校、社会、家庭共同承担的多元化经费筹措机制，满足研学旅行活动开展需要。

1. 建立学校研学旅行自筹机制

提高中小学校自身经费筹措能力，学校在年度预算中应该将研学旅行作为学生教育教学工作、学生社会实践活动的重要内容纳入预算范围内；学校还要根据研学旅行的活动内容和范围，合理测算研学旅行的费用开支（包括食宿、交通、门票等）并告知家长，家长在自愿的前提下支持孩子参加活动并保证经费，相关费用可纳入学校代收费项目。

2. 建立学生研学旅行的社会基金

建立以政府为主体、多样化的社会性融资模式，通过社会捐赠、公益性活动等形式支持开展研学旅行。成立开展研学活动的"国家财政教育研学旅行专项资金""社会捐赠研学旅行专

项基金""基金会筹措公益资金",以此为困难家庭分担研学旅行的费用,让绝大部分的学生都能够参与到研学旅行中来。

3. 建立学生研学旅行的保险机制

保险监督管理机构会同教育行政部门制定鼓励政策,推动将研学旅行纳入校方责任险;保险机构开发有针对性的相关保险产品,对投保费用实施优惠政策;承办研学旅行的企业或机构应该投保旅行安全相关责任险并为参加人员投保意外险。

(四)完善研学旅行相关的政策配套

加强研学旅行的政策配套,强化研学旅行市场的管理。在宏观上,充分发挥政府在资源配置中的作用和规划研学旅行的发展优势;在微观上,加强对研学旅行市场进行管理,利用市场机制的激励作用,提高研学旅行基地的供给能力和效率。建立定价机制,规范研学旅行基地收费标准;建立和完善研学旅行基地课程开发和知识产权保护机制,解决基地知识产权问题,促进研学旅行课程开发和创新的积极性。完善相关政策,维护研学旅行的市场秩序,维护研学旅行中的师生利益,制定相应的法律法规用以解决在研学旅行过程中发生的事故的责任归属问题,为促进研学旅行快速健康发展做出制度性的保障。①

(五)构建共同关心研学旅行的舆论宣传机制

积极创新宣传内容和形式,向学生、家长、社会宣传研学旅行的重要意义,加强舆论引导,动员各方面力量支持研学旅行活动,为研学旅行工作营造良好的社会环境和舆论氛围。要有针对性地对学校、家长、旅游点开展调研,了解开展研学旅行存在的困难,结合学校教育教学任务,在中小学校广泛开展研学旅行示范校创建工作。及时发现和培育先进典型,评选表彰先进集体和个人,根据工作推进情况,适时遴选研学旅行优秀案例,推广典型经验。

二、中小学研学旅行运营的安全责任体系

研学旅行是学生的集体活动。研学旅行活动涉及的环境是校外、室外,校外、室外很多地方的条件、环境存在不可控,常常是安全事故易发和多发的地方。社会交通、治安、食品、卫生、环境等诸多方面的管理可能还远远跟不上研学旅行发展的需要。

推进治理体系和治理能力现代化建设是国家改革发展的总要求,中小学研学旅行安全有效运营应当把安全责任体系建设放在更加广阔的现代治理的视域中审视。研学旅行安全运营应跳出传统的思维模式,准确厘定职责边界,强化责任追究,构建适应学校治理体系和治理能力现代化建设要求的现代安全责任体系。

由于研学旅行对安全问题都具有强相关性,为加强风险控制,防患于未然,研学旅行应该建立相关配套的制度,包括研学旅行安全保障制度、学生安全与基地安全建设制度以解决安全责任、事故处理、疾病预防、不可抗拒因素、保险保障、责任界定及纠纷处理等问题,避免让学校承担无限的责任,减少学校与家长对学生走出校门后的安全性担忧;约束学生的行为,防止因学生自身原因出现安全事故;指导基地形成全方位的安全体系。

当前,研学旅行安全责任体系主要存在以下一些问题:

① 钟志平,刘天晴.研学旅行示范基地政策评价与需求方强相关性因素研究[J].湖南社会科学,2018(6):147-153.

(1) 研学旅行安全工作机制不健全。从思想意识上看,安全责任常常被看作是“别人的事”,相关部门缺乏抓研学旅行安全工作的主动性。从领导机制看,按照文件规定,只有“工作协调小组”,对研学旅行安全工作缺乏有力的指导,组织松散,没有实体化运作,在推动行业系统落实安全责任过程中常常是措施乏力。

(2) 政府、行业在研学旅行的安全管理中的责任不明确。各级政府、行业部门对学生研学旅行履行的职责缺乏定性和定量规定。研学旅行的规划、公共设施建设管理、重大安全隐患整治等工作,涉及部门多、工作职责交叉多,在实际工作中,往往出现部门间推诿扯皮的情况,有的问题虽有统筹协调,但是在法无明文规定的情况下,很多部门唯恐避之不及,不愿主动承担责任。

(3) 学校管理安全责任边界被无限放大。由于学校管理责任边界模糊,学生安全容易被上升到社会稳定高度。受此影响,一些学校基于规避安全风险的考虑,试图以外包或委托给旅游企业或其他市场组织来规避研学旅行自我责任,但事实上,这并不减少其法律责任,因为“学校与第三方签订合同,将校外活动交由第三方具体承办,并不导致校外活动性质的变化,也不因此减轻或免除学校管理、保护学生的法定义务”。

(4) 企业和家长力量缺乏有效参与。研学旅行安全服务市场建设刚刚起步,市场发育不健全,竞争不规范、不充分,专业服务人员水平良莠不齐,市场手段在研学旅行管理中活力不足,比如,保险在研学旅行中的经济补偿和平抑风险等市场辅助功能还没有显现;研学旅行企业安全信息还没有纳入社会信用体系,企业信贷、税收与安全关联制度建设还没有启动。

(5) 安全责任难追究。由于法律法规不健全,行业企业部门安全不作为的成本较低,责任追究缺乏配套机制,除非发生重特大事故,其他工作失职难以真正被追责。即使追责,也因为多种力量相互博弈而妥协,不到位的现象客观上还存在。①

总之,目前研学旅行的安全责任体系化建设仍属于探索研究阶段,研学旅行安全管理职责分工不清晰、安全管理链条不连续、安全监管不力、责任落实不到位的问题是安全问题产生的根源。这些问题产生的原因就是研学旅行安全责任体系缺失、责任分配不合理、责任不具体不明晰、责任覆盖不全面或者存在交叉所造成的。研学旅行安全管理责任体系的内涵与结构内容有待进一步探索、研究。

(一) 安全管理责任体系内涵

现代安全管理理论指出,安全责任制是安全管理工作的基础,也是安全管理各项工作开展的制度依据。安全责任体系就是把安全责任以系统化的制度形式予以确立,建立以安全管理目标为导向,推动全员、全方位、全层级的安全岗位责任的运转体系。安全责任体系的建立不是简单的岗位安全责任的描述和罗列,而是围绕安全管理目标进行安全管理工作的责任化分工。体现“目标明晰、管理分级、工作分工、责任分解”安全责任体系建设思路。安全责任体系强调安全组织领导、安全制度建设、安全职责界定、安全责任落实、安全事故处置和纠纷处理等。安全责任体系建设包括安全理念、安全管理目标、安全岗位责任、工作分工、安全预防、安全监督评价等内容。

研学旅行要牢固树立“安全第一”的意识,守住安全底线,始终把安全出行当作第一要务。青少年学生是未成年人,是家庭的“希望”,他们的生命安全关系到千家万户,关系到社会和谐

① 李斌.现代治理视野中的消防安全责任体系重构[J].消防界(电子版),2018,4(3):123-125.

和稳定。研学旅行活动是校外集体活动，参与学生人数多，人群比较集中，每次外出少则几十人，多则几百人，组织管理和安全保障压力大，学生管理难度大，安全风险高，法律责任也大。保障学生在研学旅行中的健康安全是学校义不容辞的职责，也是学校开展教育活动的重要基础。要坚持警钟长鸣，防患于未然，把强化安全责任摆到最重要的位置，按照安全预案制订在前、安全教育时时开展、安全制度落实到位、商业保险和应急体系予以保障的原则，推进政府、学校、企业、基地、家庭各司其职，切实保障活动场地、活动设施设备、活动各个环节的安全运行。安全是研学旅行服务的生命线，要建立安全保障机制，明确安全责任，落实安全保障措施，确保学生安全。

（二）构建研学旅行的社会安全责任体系

按照法律规定，我国的行政管理分为五个层级，即中央级、省市级、地市级、县区级和乡镇级。研学旅行的安全责任主体，从实施监督管理的角度看，应该是县级以上，即不包括乡镇人民政府。除了教育行政部门、旅游主管部门外，对为研学旅行学生提供交通、住宿、餐饮、娱乐等服务的经营者进行监管的主管部门包括工商行政管理、食品药品监管、交通、卫生行政、质量监督等执法部门，以及景区主管部门（包括城市主管园林部门、建设主管部门、水利主管部门、林业主管部门等）、价格主管部门、安全生产监督管理的部门和公安机关都有责任对相关研学旅行经营行为实施监督检查。

构建完善的研学旅行安全责任体系，首先要在组织架构方面进行顶层设计。从工作实际出发，各地要成立由教育部门牵头，政府相关部门共同参加的中小学生研学旅行工作协调小组，加大对研学旅行工作的统筹规划和管理指导，从上至下建立起一套齐抓共管的安全责任体系，将职责层层分解落实到相关部门和单位，定期检查工作推进情况，加强督查督办。

按照"目标明晰、管理分级、责任分解、工作分工"思路，安全责任体系可以分为社会安全责任体系和部门安全责任体系。即，一是全社会不同部门之间因为职责分工形成的责任体系，如，全社会都要支持和服务中小学研学旅行，教育主管部门、旅游主管部门、工商行政管理部门、产品质量监督管理部门、交通运输部门等各有职责分工从而各负有不同责任，这些责任围绕中小学生安全开展研学旅行活动汇成社会责任体系；二是一个部门上下层级之间的职责分工而形成的责任体系。比如，学校为了开展中小学研学旅行，各相关部门按照各自工作职责形成的安全责任。

在社会安全责任体系中，各自安全责任大致如下：

（1）省市级教育行政部门负责牵头成立，发改、公安、财政、交通、文化、食品药品监管、旅游、保监和共青团等相关部门共同参加的中小学研学旅行工作协调小组，对旅游安全进行统筹安排，进一步明确政府各部门的旅游安全权责清单，不断提高其旅游安全监督管理责任和水平。在国家、省市相关旅游安全政策，法律、法规、条例的基础上，根据研学旅行安全实际及需求，制定完善研学旅行相应的政策、法规、制度，为指导研学旅行安全保障提供依据和法律保障，根据研学旅行发展态势和安全风险评估，重点制订和完善研学旅行发展规划、研学旅行行业规范、安全事故应急处置、事故责任追究、事故赔偿等方面的政策和法律法规，形成依法管理安全事故的平台。

（2）区县级教育行政部门负责审核学校报送的活动方案和安全保障专案（含保单信息和应急预案），负责督促学校落实安全责任。负责组织制订辖区研学旅行实施规划，指导编制辖区研学旅行课程标准、课程方案和课程教材；负责审核学校报送的活动方案（含保单信息）和应急预案，审阅学校制订校本研学旅行课程方案，督促学校对中小学生进行研学旅行的安全主题教育和对家长进行安全须知；负责接受学校报送的研学旅行活动计划，研学旅行基地、营地、线路选用及安全保障措施的备案；负责监督学校和承办研学旅行服务企业落实安全责任，推进辖区研学旅行智慧化管理和辖区研学旅行的对外宣传；负责建立学校研学旅行工作的检查评估机制并组织实施；负责组织辖区研学旅行师资和研学旅行基地、营地、线路管理和工作人员的培训和考核、准入和淘汰；负责组织辖区研学旅行教学研究。

（3）旅游部门负责审核开展研学旅行的企业或机构的准入条件和服务标准。负责监督检查承办研学旅行服务企业取得的经营、执业许可情况，经营行为合法情况，发布信息真实、准确情况，向外订购的研学旅行产品和服务质量情况；导游和领队等旅游从业人员的服务行为规范情况，以及法律、法规规定的其他事项。在研学旅行安全保障中，规范、约束从事研学旅行服务企业的行为、利益，指导这些企业规范风险事故预警，编制旅游安全应急、救援预案，进行规范施救、事故损失赔偿，事故责任认定等。负责对于相关违法行为予以处罚。

（4）交通部门负责督促有关运输企业检查学生出行的车、船等交通工具。切实加强客运企业驾驶员的管理和教育，督促客运企业选派车辆性能好，驾驶经验丰富、责任心强的驾驶员承担学生接送任务；完善研学旅行基地周边的道路标志标识设施；在必要地段和路口设立交通安全警示牌和交通提示标志；对非法营运车辆予以查处，并按相关规定予以处罚；落实有关交通减免政策。

（5）食品药品监管部门负责对研学旅行涉及的食品安全、住宿等方面的安全进行监督管理。检查承办研学旅行服务企业所制定的餐饮服务安全保障工作方案和食品安全事故应急预案；在研学旅行活动期间加强对餐饮服务提供者的事前监督检查。检查发现安全隐患，及时提出整改要求，并监督整改；对不能保证餐饮食品安全的餐饮服务提供者，及时提出整改要求和相应处罚，确保学生安全。

（6）公安部门加强对研学旅行涉及的住宿、餐饮等公共经营场所进行治安管理和消防监督。公安交警部门督促开展研学旅行的企业或机构遵守道路交通法规，依法查处运送学生车辆的交通违法行为；对客运企业接送学生车的驾驶人的基本情况进行核实，强化学生接送车驾驶人的交通法规观念和安全行车意识；核实运送学生车辆安全技术状况和定期检验情况，在符合《机动车运行安全技术条件》要求，检查车辆按规定参加保险情况；在学生出行集中的时段，对重点路段，视情安排警力加强管理，并帮助配置基本的交通管理装备，切实维护学生交通安全。

（7）安监部门以安全生产监督管理数据库为核心，结合智慧旅游大数据平台，通过联通国土、食药、交通、气象、消防等相关部门数据库，落实安全生产监督职责，指导基地的合理化布局和建设等。

（8）保险监督管理机构负责指导保险行业提供并优化校方责任险、旅行社责任险等相关产品。

（9）共青团负责组织大学生定期或者根据需要参与研学旅行服务志愿者活动，制定相关政策鼓励大学生参与志愿服务。

（10）承办研学旅行企业按照要求建立从法人代表到具体员工的安全责任体系，按规范配备一定比例的安全员（救护员）、志愿者，落实好各岗位的安全责任。

（11）学校负责制订科学活动方案、规划出行线路、方式和研学手册并向上级教育行政部门报备；选择具备资质的企业或机构；做好师生行前安全专题教育和行前研学知识准备工作和全过程的教育与管理；做好行前安全教育工作；负责确认出行师生购买意外险，并投保校方责任险，与家长签订安全责任书，与承办企业或机构签订安全责任书，明确各方安全责任。

（三）构建研学旅行的学校安全保障体系

学校研学旅行安全保障体系，要坚持“安全第一”原则，明确安全责任，落实安全措施，加强安全管理、严密安全防范，做好安全处理，确保学生安全。

学校要将研学旅行安全工作纳入学校目标管理范畴，制订研学旅行安全目标管理细则，逐级签订安全责任书；构建学校党政统一领导，相关部门具体负责，全体师生广泛参与和支持的安全工作格局；研学旅行安全工作实行学校“一把手”负责制，校长作为本单位安全工作的第一责任人，亲自布置研学旅行安全工作；建立覆盖研学旅行所有工作环节的安全责任体系，逐条细化，分解落实到人、落实到每项工作、每个环节；分管领导作为研学旅行直接责任人，切实负起责任；教师身处研学旅行教育教学工作的最前沿，必须辨识安全隐患和风险，提高安全意识和安全工作能力，关爱学生的生命安全。

1. 研学旅行中的学校安全责任体系

学校研学旅行安全责任落实涉及以下几个方面：学校领导的安全责任；研学旅行安全目标；研学旅行安全隐患和风险辨识与评价；研学旅行活动的组织和风险的控制；研学旅行安全应急准备和响应；纠正措施；资源支持；二级单位职责和权限；安全巡查；职能部门安全检查；研学旅行安全目标考核；研学旅行或教育培训与改进等。在这些要素中，学校领导的安全责任是核心，领导的意识和作为始终贯穿在体系的策划和运行、检查和安全目标考核以及持续改进的动态循环过程中。安全隐患和风险的辨识、评价与控制是基础。提高安全隐患和风险辨识、评价和控制的能力，教育培训必须先行。通过有针对性地对全部教师和学生进行相关法律法规和不同能力需求的教育培训，围绕安全隐患和风险辨识、评价和控制以及相关法律法规的遵守，学校的安全目标、指标和管理方案得到实施、运行和完成。① 具体体现在以下五个方面：

（1）学校安全责任。学校要做到活动有方案，行前有备案，应急有预案；明确研学旅行中学校、学生、家长权责，与家长签订安全责任书。学校要与承办企业签订委托合同，需约定安全责任或签订安全责任书，明确承办企业承担学生研学旅行安全责任。并且要监督承办企业选择资格、资质符合要求的旅行服务供应方，提供的研学服务合法，服务质量符合合同约定，纠正承办方的违法、违约行为。

学校要根据需要配备一定比例的学校领导、教师，形成学生、小组、班级、年级或研学团队，对学生进行教育、管理，学校负责学生活动管理和安全保障，行前安全教育工作，要求学生严格遵守研学纪律。学校要确保出行学生及带队老师的自身条件符合参加研学旅行活动的要求，将参团人员健康状况书面告知承办企业。学校要明确参团带队领导、老师的职责与纪律要求。

学校要和承办企业一起做好研学旅行医疗及救助工作，聘请具有职业资格的医护人员随团提供医疗及救助服务，明确学生生病或受伤等情况下的应急处理流程，妥善保管就诊医疗记录，维护学生的合法权益。②

（2）学生及家长安全责任。家长与学校签订安全责任书，与承办方签订《研学旅行合同》，

---

① 王岚，刘志国. 高校教学实验室规范化安全责任体系建设[J]. 实验室科学，2020(03).

② 北京德育研学国际文化交流活动中心 2019 大潮研学旅行资源共享峰会《研学旅行法律体系文件汇编》。

为研学学生办理意外险；如实填写学生安全信息卡、报名表等内容，告知研学学生的健康信息，并对真实性负责，保证所提供的联系方式准确无误且联络畅通。

学生及家长参加行前说明会，熟悉研学旅行相关信息、注意事项、安全须知等。服从带队老师、导游领队等工作人员的指挥与教育，顾全大局，维护研学团队整体利益，积极配合学校和承办方开展工作。

学生在研学旅行中应遵守法律法规、校规校纪、研学纪律，遵守公共秩序和社会公德，尊重研学旅行目的地的风俗习惯、文化传统和宗教信仰，妥善保管自己的行李物品、随身携带现金、贵重物品等。学生在人身、财产安全遇有危险时，及时请求救助和保护；人身、财产安全受到损害的，有权依法得到赔偿。

家长应教育学生在应对重大突发事件时，对学校或者承办企业采取的安全防范和应急处理措施予以配合。

(3) 学校领队(分管校长和年级主任)安全工作职责。对学校本次研学活动安全工作负总责，在授权范围内具有决策权；统筹安排随队老师工作分工；协同承办企业人员，召开工作碰头会，总结一天情况，听取随队老师、各班领队有关安全工作汇报，发现问题，及时处理，讨论第二天的工作要求，每天向研学领导小组报平安；统筹协调与承办企业有关的研学过程中的工作，提供紧急事件报告，对紧急事件进行应急处置；统筹协调与研学当地的教育行政部门、旅游、安全等相关部门的有关工作；做好工作日志。

(4) 班级领队(班主任)安全工作职责。服从总领队的工作安排，按要求参加每天研学工作碰头会；做好工作中的安全预判、分析与应对，建立研学网格化安全管理体系。负责学生分组工作，每组学生控制在 15 名以内，明确学生组长或带队老师，建立小组群、班级群，师生 24 小时开机，保持手机畅通；做好行前安全教育工作，在不同的时间、事件中做不同的安全提醒与教育；负责日常家长沟通，外出前与学生家长建立微信群；负责学生安全教育提醒，关注学生用餐、住宿、身体情况、情绪状态、人身安全和财物安全；负责学生纪律教育与管理，约束学生的行为，特别关注学生玩手机等电子产品、迟到、离队、发生纠纷等的情况；参加研学夜间值班、查宿工作；遇到问题保持冷静，首先要考虑学生安全；找总领队、承办企业人员协助解决。有特别必要时由总领队决定通知家长，并说明采取的措施；做好工作日志。

(5) 研学导师安全工作职责。服从领队的工作安排，按要求参加每天研学工作碰头会；在工作中注意安全预判、分析与应对；参加研学夜间值班、查宿工作；负责处理学生安全事件，遇事冷静；自觉遵守师德师风要求，注意个人素质和教师形象，着装规范；不饮酒、不吸烟、不打牌、不自行离队外出；做好工作日志；完成总领队其他工作安排部署。①

2. 研学旅行中的学校安全管理措施

(1) 成立学校研学旅行工作领导小组。选派研学领队、随队老师及班级领队老师，并建立安全应急工作领导小组。制定好“三方案”，签订好“两个协议”，落实“两保险”，即研学旅行工作方案、安全管理工作方案、研学突发事件应急预案；与承办企业签订研学旅行委托协议、与家长签订安全责任书；购买校方责任险、研学师生意外险。

(2) 建立研学网格化安全管理体系。明晰安全工作职责与要求，健全安全责任网络，层层落实责任，保持通信畅通；做好全程安全教育，建立夜间值班、查宿制度，做好工作日志及应急处理记录，留存相关资料。

① 国旅集团旅游劳务培训中心《游学安全预案》。

(3) 做好行前安全准备。包括安全设备检查、购买保险、提前了解掌握研学营地、酒店周边的医疗及救助资源状况等。

(4) 落实行前安全教育。出发前组织出行说明会，为学生做专场安全知识讲座，对学生、家长进行纪律教育、防暴恐安全教育、住宿安全教育、公共场合安全教育、行程安全和活动安全教育、防范走失安全教育、饮食安全教育、医药安全教育等，增强学生安全意识。[①]

(5) 完善学生安全手册。明确对学生安全的基本要求，做好行李、住宿、交通、游学、购物等不同方面的安全提示。

3. 研学旅行中的学校安全防范

安全防范重在细节，学生的行为教育、行动约束是安全防范的前提。具体表现为以下几个方面。

一是集体出行，所有学生要一切行动听指挥；保留老师手机号，保持联络畅通，遇紧急情况，第一时间拨打紧急求援电话；全程小组活动，不能擅自离队，特殊情况下离队，需向班主任或本班带队老师请假，经同意方可离队，至少三人结伴同行；活动中认清自己的队伍、队旗，服从老师安排，跟着导学老师的路线走，认真听讲解。参观、拍照时注意脚下安全，“走路不看景，看景不走路”。

二是注意集合时间和上车地点，认清乘坐的车型、车号，以免跟错团队；注意行李不要脱离自己的视线，不要将自己的行李箱单独放置在某个地方而无人看管。人多拥挤的时候，要看管好自己的随身物品。上车后要及时将自己的行李物品放好，特别是贵重物品要放在能够始终处于自己视线范围内的地方。

三是进入酒店房间检查设备，有破损、污染物品提前上报领队。熟悉酒店的安全通道。检查窗户，休息时锁好门窗。在酒店洗澡时要铺好防滑垫，防止滑到。离店时仔细检查个人物品，以免遗失；使用、饮用热水时要谨慎行事，谨防烫伤。

四是尊重他人、礼貌待人，如与他人发生冲突或纠纷，及时请本班带队老师或其他老师协助处理。提高对陌生人的警惕，不要轻信陌生人；不要多管闲事，不随便与陌生人攀谈，不随便接受陌生人的礼物，不吃陌生人的食物，不加陌生人的微信、QQ 等联系方式。

五是勤洗手，讲究卫生；拆开袋的零食当天吃完，以免变质。

（四）构建研学旅行安全管理责任社会体系应遵循的原则

构建研学旅行安全管理责任体系应该遵循以下几个基本原则。

1. “谁主管，谁负责”原则

安全责任是以主管负责为基本原则的。从组织行为看，学校和承办研学旅行的服务企业都是研学旅行责任主体。从行政管理的角度看，教育和旅游行政部门都是研学旅行的主管部门，但各自责任按照分工有一定区别。

2. 不违背法律原则

所有岗位、人员的安全责任均应以法律法规为基础，对安全管理失职追责也是以法律法规为准绳。

3. 责任不交叉原则

安全责任不同于岗位职责，安全责任应强调明确且不允许交叉，工作可以有不同的岗位、

---

① 中青旅控股股份有限公司《安全措施及保障方案》。

由不同的人承担，但安全责任必须有明确的责任主体。研学旅行安全责任主体承担安全问题的全部或者主要责任，非主体者只承担相应的安全责任。

4. 岗位分工与责任相适应原则

研学旅行安全责任必须与岗位职责分工做到最大化适应，什么岗位、做哪些事情就负哪些安全责任，强调一岗双责。

5. 责任全覆盖原则

任何一个研学旅行岗位的安全责任都应该覆盖这个岗位的全部职责。责、权、利对等，享有权利也应对等承担相应的安全责任。实行责任“清单化”管理。

（五）构建研学旅行安全管理责任体系的工作程序

从全国的安全管理形势看，随着对安全管理责任追究的力度越来越大，各管理层级都强调安全管理“靠前指挥、直奔基层、直插现场”，不可避免地会造成多头管理、重复检查的局面。然而，即使在这样高强度的检查下，现场安全事故仍时有发生。这说明理清安全责任、落实安全职责始终是安全责任体系化建设的主要工作内容，也是安全责任体系化建设的主要方向。不仅如此，安全责任比较多地强调安全管理的领导责任，安全管理责任追究也比较多地追究管理人员的失职失责，对于操作层面的尤其是具体作业人员的安全责任涉及较少。安全管理责任的工作程序不明确甚至混乱也是发生安全问题的重要原因。建立研学旅行安全责任体系应遵循以下工作程序。

（1）明确研学旅行活动不同阶段、不同范围安全主体责任，将研学旅行安全责任按照工作分解到各个管理层次，分配给相应的工作岗位从而达到责任与岗位分工的契合。

（2）对于研学旅行不同阶段、不同范围安全主体的安全管理责任，用签订责任书、安全协议书的形式予以确定。

（3）对于研学旅行活动中各岗位的安全责任以制度条文形式予以确认，用交底、培训方式对相关岗位人员予以责任告知。

（4）确定研学旅行各岗位安全责任的量化考核方式、奖惩机制等管理措施。

（六）建立研学旅行安全责任清单

建立安全责任清单是安全责任考核、责任追究的主要管理方法。安全责任清单分为系统清单和单一岗位清单两方面。安全责任系统清单是部门自上而下全部管理层级和岗位的安全责任明晰化的体现。单一岗位安全责任清单是个人岗位所承担的全部的具体安全责任。研学旅行单一岗位安全责任体系建立应包括以下几项内容（研学旅行系统岗位安全责任前文已述）。

（1）所承担的研学旅行岗位的安全责任有法律法规依据和岗位职责要求。

（2）所承担的研学旅行岗位的安全责任是具体从事的管理及工作内容，相关工作内容应具体、明确、量化，可以此作为责任追究、考核的依据。

（3）所承担的研学旅行岗位的安全责任的落实情况。

（4）监管部门及上级单位的监督检查内容。

（七）研学旅行危机事件处理

学校要加强研学旅行危机管理，建立预测预警机制，防患于未然。危机管理（crisis management)是现代管理理论研究的新发展，它通过剖析危机孕育、发展、爆发和消失的全过程，掌握危机变化的规律，完成对危机的处置。美国危机管理专家罗伯特·希斯提出了危机管理4R模式，即由缩减(Reduction)、预备(Readiness)、反应(Response)、恢复(Recovery)四个阶段组成[①]。做好学校研学旅行危机事件处理，包括以下几个方面的内容。

1. 建立研学旅行危机应急指挥中心

学校要与承办研学旅行服务企业建立研学旅行危机应急指挥中心，负责领导、指挥研学旅行危机应急处理工作。指挥中心应把握研学旅行危机的性质和程度，成立相应的功能性小组。遵循预防为主、常备不懈的方针，贯彻统一领导、分工负责、反应及时、措施果断、依靠科学、加强合作、依法管理的原则。

总领队、随队老师、班级负责人以及研学各方工作人员必须树立"学生安全第一"的意识，时刻关注学生的安全，一旦发生安全隐患或事故，要确保每个学生的安全，绝对禁止出现对学生不负责的现象。应急处理时本着学生安全第一的原则，要保持镇静、沉着应对，就地抢救，及时拨打110、120、119求援，保持秩序、迅速疏散。

2. 建立监测预警网络

监测是预警、应急的基础，加强监测是建立预警、应急机制的关键手段。学校与这些研学旅行服务企业要结合实际，因地制宜，建立监测研学旅行安全的预测预警网络，形成上下结合、分工协作的监测体系，全面开展研学旅行安全危机的监测工作。

3. 制订预测信息管理制度

学校对研学旅行安全事故、危机的可能及其波及的范围和造成的危害进行预测和评估，根据学校安全危机事件的危害程度和学校的控制能力，设立危机级别，规定预警事项，建立预警事项处置程序，开展预测、预报和评估工作。

4. 制订应急预案

应急预案是学校危机预测预警机制的重要组成部分，它的总目标是控制研学旅行紧急情况的发展并尽可能消除危机，将危机危害减少到最低程度。应急预案一般包括应急预案制订的目的和依据、应急预案的适用范围、突发事件的分类分级、组织领导体系、应急机制、保障措施、预案管理等相关内容。应急预案编制出来以后还要进行预案的演练，以检验预案是否合理有效，发现问题及时进行修正完善。

5. 完善执行过程

遇突发或意外安全事故，第一知情人要及时处理并立即向总领队和承办企业带队负责人报告。报告内容包括：事件发生的时间、地点、经过、伤亡人数、抢救处理情况和已采取的措施、报告人姓名等。总领队、承办企业带队负责人在最短时间内到达事故现场，本着"先控制，后处理，救人第一，减少损失"的原则，指导师生离开危险区域，保护师生安全，维持现场秩序，做好善后工作。如遇重大突发事件并造成严重影响的，由总领队和承办企业负责人第一时间向有关部门报告。在应急处理现场，所有老师及工作人员要协助做好各方面的工作。对缓报、瞒报、延误有效处理时间造成严重后果的相关责任人将严肃处理。

学校要建立研学旅行应急保障机制，做好学校人力、物力、财力、交通、卫生以及信息保障等方面的工作。学校实行严格的研学旅行危机防范和应急处理责任制，切实履行各自的职责，

---

① 罗伯特·希斯.危机管理[M].王成，等译.北京：中信出版社，2001：172.

保证研学旅行危机应急管理工作的正常进行。

6. 建立危机应急报告制度和信息发布制度

研学旅行危机事发后，学校要及时准确地向上级管理部门报告危机发生的情况。报告的内容包括：时间、地点、原因、性质、危害、波及的范围、已经采取的应急措施、可能的发展方向等。不得隐瞒、缓报、谎报、漏报或者授意他人隐瞒、缓报、谎报或者漏报。学校在研学旅行安全危机处理过程中要根据上级要求，规范、及时地向社会发布统一信息，以争取社会的理解、配合和支持，防止出现信息混乱。①

7. 危机事故的处理

危机事故具有不确定性，但是发生的概率很大，方案要预设一些事故。

交通事故。如遇车辆故障，立即上报总领队，与承办方负责人共同进行安排处理；如遇交通事故，第一知情人要记住肇事车的车型、车牌、颜色，拨打110报警电话，并及时向总领队汇报，报告出事地点及详细情况，总领队和承办方负责人立刻指挥师生实施自救，并以最快的速度赶到事发现场，组织力量实施处理。如学生有受伤情况，尽快由随车管理老师、承办方工作人员将其送往离出事点最近的医院进行抢救。其他老师或工作人员将车上其他学生带离出事点，转移到安全地带。如发生严重事故应及时向学校安全工作领导小组、学校领导汇报详细情况，后以书面材料上报。

饮食卫生事故。比如有人发生类似食物中毒症状或出现食物中毒症状，第一知情人应立即上报总领队，总领队和承办方负责人安排应急处理，如需送医院治疗，安排老师、承办方工作人员护送前往，立即安排对所有学生进行调查，并对每项食物留样检查，以免造成多人中毒事故，组织人员查明原因，与有关人员进行沟通处理。对严重事故应及时向学校安全工作领导小组、学校领导汇报详细情况，后以书面材料上报。

人身意外事故。在活动中发现学生走失，第一知情人应立即通过电话联系，确定其位置。无法联系到的，立即向总领队报告，总领队、承办企业负责人协调各方安排寻找。如出现摔伤、扭伤、撞伤或疾病，第一知情人应立即报告总领队，并与随队医务、工作人员取得联系，及时进行救助，如伤情较重应马上送医院治疗，并及时上报病由、病情。如遇其他突发事件，班级领队、随队老师和全体工作人员应始终站在学生身前，以避免学生受到任何人身攻击或其他伤害，要机智应付，巧妙周旋，赢得时间，根据需要拨打110报警，并向总领队报告情况。

极端天气。如遇天气突变（雨、雪、风、雾等），总领队协调承办企业负责人要在最短的时间内做出决策，组织带领学生采取乘车返回、就地避险等措施。②

（八）研学旅行责任制考核

在建立研学旅行安全责任奖惩管理制度、编制明确的研学旅行安全管理权利责任清单的基础上，对学校、教师和研学旅行服务企业的考核方式可以采取单次考核、月度考核、学期考核和年终考核相结合的办法。安全职责的目标考核结果可以作为工作绩效考核的主要内容之一，纳入绩效考评范畴。

考核可以用优、良、合格、不合格等级制进行区分，也可以采用百分制形式进行。百分制总分为100分，总分85分以上为优秀，84～71分为良好，70～60分为合格，60分以下为不合格。

---

① 中国国旅集团旅游劳务培训中心《游学安全预案》。

② 大河塔镇中心小学《研学旅行突发事件应急预案》。

根据考核的结果，对于研学旅行过程中出现重大安全责任事故的单位（部门）和个人，在责任追究上实行尽职者照单免责、失职者照单问责；对于安全责任落实优秀的予以表彰奖励，鼓励先进，惩戒落后，为学校研学旅行工作的顺利开展打下坚实的基础。①

① 王超之. 一岗双责管理模式下安全责任体系的建立[J]. 交通世界，2019(27)：126-127.

第八章　中小学研学旅行指导教师的专业素养

随着国家关于研学旅行政策的不断推进，研学旅行教育实践活动发展迅速。然而，由于传统的导游员缺乏教育知识和教学能力，难以胜任研学旅行教育工作，而学校缺乏旅游资源、教师缺乏导游知识和能力，所以，研学旅行的发展遇到了人才瓶颈。研学旅行指导教师因为其对引导中小学生进行研学旅行实践有着重要的专业作用，所以，作为一种新的职业应运而生。于是一些地方的教育和旅游等行政主管部门加强了对研学旅行指导教师的从业行为的规范。到2018年，山东、湖北、湖南、四川、黑龙江等地先后开始要求研学旅行指导教师持证上岗。主管部门要求研学旅行服务企业要配备具备研学旅行指导能力、参加过研学指导教师培训并获得证书的研学旅行指导教师。

研学旅行指导教师，作为研学旅行活动中的教育管理者，他们陪护研学旅行活动的全过程，既是风景名胜和民俗风情的讲解员，又是教学实践课的指导师，他们组织学生安全开展活动，解答学生的各种问题，具有很高的专业要求。然而，从人才培养的情况看，目前高校开设的旅游管理专业，大多学生只考取导游资格证，对教育教学方法和研学内容和方法知之甚少；而师范专业，大多学生只有教师资格证，对旅游专业知识和研学旅行也了解不多。因此，需要深入研究研学导师的专业内涵，明确研学导师在新环境下的培养与认定方式，从而为开展中小学研学旅行实践提供专业人才。

一、研学旅行指导教师的内涵

研学旅行指导教师（简称“研学导师”）是指在研学旅行过程中，能够具体制订或实施研学旅行教育方案，指导学生开展各类研究学习和体验活动的专业人员。研学导师具有教师与导游的双重职能，既要善于研学辅导，又要善于旅行组织。

研学导师不同于旅行社的导游人员，导游员的服务对象一般是普通游客，主要工作是为其提供导游服务、讲解服务、安排行程中的吃、住、行、游、购、娱等各项服务。研学导师服务对象主要为开展研学旅行过程中的中小学生，虽然有旅游企业参与和提供旅途生活服务和导游服务，但为学生提供旅途生活管理和安全教育是其必须承担的任务，同时还要为学生提供研究性学习的教育指导。研学导师的职能要远远高于一般导游人员。

研学导师也不同于学校的一般教师，研学导师是具有一定的研学旅行专门知识、教育教学组织管理技能和为人师表品德的专业指导人员，是能够制订并实施研学旅行教育方案，既具有导游服务能力又具有教育教学水平的新兴职业人员，是服务于中小学研学实践的带队的核心人物。指导对于中小学生研学旅行活动来说，作用重大，不可或缺。研学导师指导学生开展各类研究学习和体验活动，为学生提供旅途生活管理和旅行服务。①

目前，研学导师的来源主要有以下几个方面，中小学校负责本地本校研学旅行相应的教学指导与服务管理的教师或相关人员及研学旅行活动负责人；研学旅行基地（线路）、爱国主义教

① 陆庆祥，程迟．研学旅行的理论基础与实施策略研究[J]．湖北理工学院学报，2017(3)：22-26．

育基地、革命旧址、博物馆、科技馆、减灾教育馆等场所根据研学旅行相关规定需要配置的专业人员；研学旅行服务企业配备的专(兼)职的研学旅行指导人员以及社会上热心研学旅行的其他志愿者。

1. 研学导师的职业资格条件

一般来说，职业的专业化，通常需要具备八个主要特征，研学旅行也是如此。

(1) 有过长期的专业训练。

(2) 有完善的知识体系。

(3) 建立起系统的伦理规范以约束其管理行为。

(4) 有明确的从业标准和要求。

(5) 有严格的资格限制。

(6) 具有专业上的自主性。

(7) 拥有较高的社会声誉和经济地位。

(8) 拥有成熟的专业组织。

从《中小学教师专业标准》的基本内容看，专业素养包含"维度""领域"和"基本要求"三个层次结构性要求。具体分为"三个维度、十四个领域、六十一项基本要求"。"三个维度"是"专业理念与师德""专业知识"和"专业能力"；在各个维度下，确立了四至六个不等的领域；在每个领域之下，又有三至六项不等的基本要求。

如上所述，研学导师既不同于学校的一般任课老师和辅导员，也不同于传统的导游员。从职能上看，研学旅行导师应该具有导游人员的带团与控团能力以及教师的教育知识与能力，是一个全能型的专业人员。因此，研学导师应该有一定的任职资格条件。以下从四个方面考虑其条件要求。

首先是思想政治条件。作为基础教育的重要组成部分，研学旅行的根本目的是立德树人。研学导师本质上是教育工作者，因此，其必须思想政治过硬，拥护党的领导，具有良好的思想政治素质、职业道德与责任意识，爱岗敬业，关爱学生，举止文明，作风正派，语言规范健康，这是取得职业资格的基本条件。

其次是学历、年龄和身体条件。强调具有大专及以上学历(含全日制在校大学生)，年龄在70岁以下，精神和身体状态健康，无犯罪记录，能够胜任负责的研学旅行相关工作内容。这些主要是考虑到当前研学旅行在我国刚刚起步，研学导师需求量巨大，而且社会各界对学生研学旅行的热情高，资源广泛而分散，所以，将研学导师的学历、年龄等资质条件相对放宽。

再次是知识、能力资格条件。强调具有教师资格证或中高级职称证书，普通话二级乙等及以上标准。那些有上述证书并且具备相应的旅游知识和教育教学能力，能够切实开展教育教学管理工作的教职员工；或者具有初级及以上导游资格证书，并且与旅行社订立劳动合同或者在导游服务公司登记，普通话标准，具有适应导游需要的知识、语言表达能力和带团组织能力的旅游企业员工；其他相关部门有意愿从事研学旅行管理与服务的人员，都可以报考研学导师资格证书。这些内容体现的研学导师的知识能力条件是为了服务学生学习生活需要达到教育和旅游两大方面"融合""跨界"的需求。

最后是准入方式。强调研学导师采取持证上岗方式。其资格由教育行政部门和旅游行政部门合作认定，所有人员须经过教育部门系统培训，考核合格取得资格证书后，方可成为研学导师。对研学导师资格进行分级管理，可以有初、中、高三个不同级别水平的区别。

2. 研学导师的职责

研学旅行导师在研学旅行过程中，责任重大，内容繁多，具体表现在以下几个方面：

（1）负责制订研学旅行教育工作计划，对研学旅行资源进行选择，设计、规划与学校教学内容相衔接的不同学段、不同主题的研学课程，可以参与研学旅行活动基地、营地的课程建设。负责贯彻研学旅行课程标准，开发研学旅行课程教材，落实立德树人根本任务，促进学生践行社会主义核心价值观，发展学生核心素养。

（2）在其他工作人员的配合下，负责组织带领学生参加研学旅行活动，明确分工，细化方案和责任，指导学生做好准备工作，成立学生学习小组。在活动过程中严格执行计划，管理学生的集体旅行、集体食宿，现场指导学生开展研究性学习，进行必要的讲解、个别辅导。研学后指导学生总结工作，转化成果，内化所得。

（3）负责向家长和学生宣讲活动意义、活动安排与要求等，沟通协调学校、社会、家庭，共同完成研学旅行教学任务。

（4）负责研学旅行过程中的安全问题的应急处理，按照安全预案，讲解安全注意事项，教育、监督学生遵纪守法、注意安全，注重活动推进过程中的细节设计与管理要求，严格按照问责清单执行，及时化解和处理突发事件。

（5）负责、公正、客观、科学评阅学生研学旅行作业，撰写学业评语。

（6）开展研学旅行教研活动，参与学校或企业的研学旅行的课程建设和教学改革。[①]

3. 研学导师的职业行为准则

职业行为准则是结合从业者从事某职业所提出的职业行为要求。既有正面倡导、高标追求，也有负面禁止、底线要求。新时代教师职业行为准则是结合新时代下新形势、新问题制定的教师职业行为规范，包括坚定政治方向、自觉爱国守法、传播优秀文化、爱岗敬业、关爱学生、诚实守信、廉洁自律等方面内容。研学导师虽然是一种新型职业形态，但它依然有着一般教师职业所具有的职业准则要求，研学导师需要遵守研学导师行业的职业行为规范和职业操守，在研学实践中，以学生研学为本，注重学生的身心健康，做好本职工作。职业准则主要表现为：

（1）拥护党的领导，爱岗敬业，举止文明，作风正派。在研学过程中，不得有损害党中央权威、违背党的路线方针政策的言行。

（2）自觉爱国守法。胸怀祖国，热爱人民，遵守宪法和法律，依法履职；为人师表，教书育人。在研学过程中，不得有损害国家利益、社会公共利益，或违背社会公序良俗的言行。

（3）传播优秀文化。带头践行社会主义核心价值观，弘扬真善美，传递正能量；在研学过程中，不发表错误观点，或编造散布虚假信息、传播封建迷信等不良信息。

（4）身心健康。无传染性疾病，仪容仪表举止得体。有良好的角色认同意识与和谐的人际关系；在研学旅行活动和日常生活中能够真实地感受他人情绪并恰如其分地控制自我情绪；具有一定的创新精神。

（5）关心学生。真心爱护学生，严格要求学生，诲人不倦，做学生良师益友。在研学旅行过程中，尊重个体差异，主动了解和满足学生的不同需要；信任学生，积极创造条件，促进学生的自主发展；不歧视、侮辱、伤害学生，维护学生合法权益，尊重个体差异，平等对待每一位学生；加强安全教育，保护学生安全，防范事故风险。

---

① 周维国，段玉山，等. 研学旅行课程标准（四）——课程实施、课程评价［M］. 地理教学，2019(8)：4-7.

三、研学旅行指导教师专业素养

研学导师具有双重职能，既要进行研学辅导，又要组织旅行，因此，研学导师应当具有专业的旅游素养和教育素养，能够了解中小学生身心健康、身心成长特点和身体素质等必要的能力，能够通过自身旅游专业和教育专业知识对学生进行正确引导，促进学生健康成长。

研学导师本质上是教师，而教师的角色体系主要由三方面构成。一是观念系统。教师自身的思想观念是教师角色重塑的前提条件，会直接影响教师的教学思想水平。研学导师应该有现代教育观念、现代学校观念、现代学生观念、现代课程观念、现代教学观念和现代信息观念等。二是能力系统。研学导师是一种新型的专业人才。在有一定的科研能力、教学能力和信息处理能力基础上，他应该有了解研学政策与发展趋势、分析研学旅行市场环境、撰写研学旅行指导手册的能力；有研学营地产品设计、研学旅行课程设计能力和创新思维能力；有研学安全管理、研学风险管控、户外医学知识及应急处理等多方面能力。三是方法系统。研学导师不仅要遵循基本教学原则，还要根据研学旅行的特殊性，创新运用一些诸如实践法、小组讨论法、同伴评价法等新教学方法。进而，在研学旅行活动中能够扮演一名主题活动的引导者、研究探索的启发者、组织活动的服务者和人际关系的协调者。①

研学旅行指导教师专业素养标准主要体现在专业理念、专业知识、专业能力、反思提升持续发展意识四个维度上：专业态度体现在关于研学旅行的专业认识、专业准则两个方面；专业知识体现在关于研学旅行知识、教育教学知识、通识性知识三个方面；专业能力体现在研学旅行课程方案设计、研学旅行组织与实施、研学旅行激励与评价等方面；反思提升持续发展意识体现在总结反思、重组创新、学习提升等方面。

专业发展是个体的专业成长和内在专业发展结构的不断更新、演进和丰富的过程。专业知识、专业技能和专业情操构成个体专业素质结构的主要部分，只有三个要素都提升，才能称为专业的全面发展。专业化的研学导师不仅要关注研学导师的专业知识和专业技能的拓展，这是解决能不能"教"好的问题；更要关注教师专业理念、专业操守和自我反思意识等方面的提升，专业情操是根本上解决研学导师愿不愿意"教"好的问题。要培养知、情、意、行全面发展的学生，就必须首先促进研学导师知、情、意、行的全面发展。

（一）研学导师的专业理念

研学导师的专业理念影响着研学导师的教育行为。研学导师要树立育人为本、德育为先的理念，认识到开展研学旅行的意义，热爱研学导师事业，具有职业理想和敬业精神。认同研学旅行导师的专业性和独特性，注重研学旅行专业发展，具有终身学习的意识。尊重教育规律和学生身心发展规律，重视学生身心健康，对学生一视同仁，尊重每一位学生，将保护学生生命安全放在首位，促进学生的全面发展。注重激发学生的求知欲和好奇心，营造自由探索、勇于创新的氛围。为人师表，品行端正，注重通过人格魅力和学识魅力教育感染学生，做学生健康成长的指导者和引路人。同时，有团队合作意识，能够和不同的人开展积极的协作与交流。

① 刘喜，吴超．试探研学实践背景下研学导师的培养与认定[J]．现代教育管理，2019(3)下：218-219.

（二）研学导师的专业知识

由于学生在研学实践中都有着明确的研学目标和丰富多彩的活动任务，研学导师要想在研学旅行工作中顺利做好教育服务，就需要具有较高的教育和旅游等方面的综合素养。其专业知识体系包括以下几个方面。

1. 研学旅行知识

研学导师要掌握研学旅行政策法规知识，掌握相关研学旅行目的地及基地、营地的情况。熟悉研学旅行组织和服务知识、文明旅游知识和旅行常识。掌握研学旅行安全风险管理知识，熟悉基本的安全防护救护知识与灾害应急常识。掌握研学旅行课程方案设计要求、课程及体验活动实施方式等知识。

2. 教育教学知识

研学导师要了解中小学教育教学理论，熟悉学生的认知规律和教育心理学的基本原则和方法。了解新课程改革方向和相关理论，领会新课程所倡导的教学观和学生观。了解中小学各相关年级的学科内容；了解相关学科内容与研学旅行目的地的相关联系。了解中小学课程结构和课程类型、知识体系、基本思想与方法，熟悉中小学综合实践活动课程内容。熟悉课程资源开发、管理与利用的方法，掌握研学旅行课程教学知识。

3. 通识性知识

研学导师要了解保护青少年健康成长方面的有关法律法规知识，熟悉中小学教育的基本情况，了解中国教育基本情况。了解我国各类非物质遗产和各民族风俗，掌握相应的街乡情、区县情、省市情和国情。具有相应的自然科学和人文社会科学知识，了解相应的自然、人文、社会科学知识。了解与研学旅行课程直接相关年级的学科教材内容，具有适应研学旅行教育内容、教学手段和方法现代化的信息技术知识。

4. 法律法规知识

了解《中华人民共和国教育法》《中华人民共和国旅游法》《中华人民共和国教师法》《中华人民共和国未成年人保护法》《中华人民共和国预防未成年人犯罪法》等法律法规内容和有关研学旅行政策制度。

（三）研学导师的专业能力

在研学旅行实践工作中，研学导师拥有的专业能力在一定程度上将决定其指导学生开展研学旅行的学习效果。其专业能力体系包括以下几个方面。

1. 研学旅行课程方案设计能力

研学导师需要有设计研学目标、研学计划的能力，并且能遵循研学旅行的基本原则，有将研学旅行目标转化为知识、能力和情感（价值观）三维目标的能力。在研学旅行课程方案设计过程中，保证教育目标正确，教育主题鲜明；能从学情和乡土乡情、县情市情、省情国情出发，合理利用各种资源，设计出适合不同年龄段学生的研学旅行课程内容，并体现出研学旅行的自主性、探究性、体验性、互动性、趣味性等特点。能够设计出引导和帮助学生个性化地完成研学课程的多种方法。设计的研学旅行课程方案科学、安全，能够让学生拥有快乐、有意义的研学旅行体验，因此，研学导师也需要有较强的文字写作能力。

2. 研学旅行组织与实施能力

研学导师的组织与实施能力包括讲解、组织协调、应变急救和教学等多方面能力。

(1) 讲解技能。研学导师在研学旅行过程中,应围绕课程设计的目标和任务,根据学生身心特点和教学需要展开有效的讲解,从而提升研学实践中学生认知的有效性。因此,研学导师不仅需要有教师日常上课时的语言方法、讲授技巧,还要有导游具备的语言表达能力。

(2) 组织技能。研学导师的活动组织能力影响着研学活动的开展效果。研学导师要具备良好的组织管理能力,才能安排好学生的研学实践活动,让学生的研学活动更有体验性。研学导师还要能够做好研学旅行前的准备工作,开好行前预备会议,向各方宣传解读研学旅行课程方案;做好行中的组织监督管理,检查各项课程进展情况,注意不同学科间的合理联系,指导学生与不同组团间的配合与协同;并且做好行后总结工作。研学导师还要能够将预先设计的课程内容和活动环节具体落实,组织好过程教学,督促基地(营地)按方案执行,让所有学生完成预定的研学任务。

(3) 应变急救技能。研学旅行活动一般多为户外活动,有时会不可避免地出现学生卫生疾病、意外伤害、交通事故、人员走丢、财产丢失、纠纷摩擦等一系列突发安全事件。这就需要研学导师在面对这些突发状况时具有一定的应变能力和急救能力,并能够妥善解决问题,确保学生的人身安全。研学导师只有掌握应变急救技能,才能为学生的研学安全保驾护航。

(4) 教育教学技能。研学导师的教学技能水平会直接影响研学实践活动的质量。中小学研学旅行活动的目的在于研学,研学导师要能够运用多种适合的研学旅行的教学方式和有效的管理方式调控游学过程,有效实施教学,引导学生独立思考和主动探究,发展学生创新能力,营造良好的研学旅行环境与氛围,激发学生的学习兴趣。这意味着研学导师必须具备教学能力。①

3. 研学旅行激励与评价能力

针对多元的研学旅行评价主体、评价对象、评价内容,研学导师应该具有多元化评价能力,特别是对学生的研学态度、研学能力和方法、研学结果等方面进行综合性评价。比如,采用激励性语言评价学生的研学过程,采用描述性语言评价学生的研学成果;运用过程性评价方法,对每一个重要环节进行适时评价。发现和赏识每位学生的进步,给予学生恰当的评价和指导,激励学生进行积极的自我评价。尊重学生的个性特点,实施以鼓励为主的发展性评价。通过研学任务卡、研学任务书、研究报告、游记、研学作品等多种形式对学生进行激励性评价。

4. 沟通与合作能力

由于研学活动的开展涉及学校、研学基地、旅游企业等多方的参与,这要求研学导师具备较强的沟通协调能力,能够处理好与各方之间的关系。研学导师不仅能够快速熟悉、了解学生,平等地与学生进行沟通交流,还要能够与同事合作交流,分享经验和资源,共同完成学校任务;不仅能够与家长进行有效的沟通合作,共同促进学生发展;还要能够与研学旅行服务企业建立合作互助的良好关系。

(四) 研学导师的反思提升能力

研学导师应该具有善于学习、乐于学习的观念;具有终身学习的理念与热情,善于反思,在

---

① 刘喜,吴超. 试探研学实践背景下研学导师的培养与认定[J]. 现代教育管理,2019(3)下:218-219.

自我批判中进行自我激励、自我创新、自我反省、自觉学习；善于从其他人的教育教学实践中汲取营养，并为我所用。具体地说，具有主动收集、分析、反馈相关信息，总结反思改进研学工作的能力；具有进行知识的重组融合，针对研学旅行中存在的现实需要与问题，进行研学课程再开发的能力；具有学习现代新技术、运用新技能，探索提高研学效果新方法的能力；具有学习旅游和教育领域的最新知识，开创研学旅行工作新的模式与途径的能力。

四、研学导师队伍的建设

(一) 研学导师的配置

建立专兼职相结合、相对稳定的研学导师队伍，配备一定数量的经权威机构认证的专职研学旅行导师是研学旅行高质量开展的根本保证。按照规定，学校要确定相应的管理人员和教师作为研学旅行活动的负责人负责本校研学旅行；研学旅行基地（线路）要根据开展研学旅行的需要配置相应的专业人员；开展研学旅行活动的企业也要建设专（兼）职的研学旅行导游队伍。兼职研学旅行导师应具有与研学课程相匹配的专业优势。专职研学导师应具有行政主管部门或专业社会组织颁发的研学导师职业资格证书。

(二) 研学导师的培训

1. 建立研学导师培训制度

为提升研学导师的专业化水平，制订研学导师的专业培养办法，组织开展研学旅行导师的专业资格培训，将培训考核纳入研学旅行统一培训体系。组织专兼职研学导师跨学科、跨专业进修，提升观察、研究、指导学生的能力。同时，建立健全日常教研制度，及时分析、解决课程实施中遇到的问题，提高课程实施的有效性。研究其承担课程开发、组织协调与管理方面的责任及其落实细则，提升其专业化水平。协同相关高等教育院校和相关导游机构，研究加强对研学旅行的指导教师的专业培养办法并开展相应培训活动。

2. 研学导师的专业培训内容

从事研学旅行管理与服务的人员都应在上岗前接受开展研学旅行相应的课程开发、主题确定、组织管理、后勤保障、安全管理和突发事件应急处置等方面的专业培训。经过教育或旅游行政部门考核合格才可以成为研学导师。研学导师要系统化学习研学旅行专业理论、国家旅游和研学规范要求、研学旅行的服务规范标准、相关的教学基本理论知识、研学旅行组织和实践技能；要体验研学旅行的各类项目，能够策划有创意的研学旅行方案，妥善处理研学旅行的安全风险，有效配置研学旅行的活动资源策略等。

3. 研学导师专业培训的组织

(1) 研学旅行中介机构的专业培训。利用国家探索实施“1＋X”证书试点考核认定制度，遴选一批条件好的研学旅行中介机构提供研学导师的专业培训，加强对研学知识技能的培养，丰富中小学研学实践知识，让学习者掌握研学实践的专业标准和带团技能。。

(2) 旅行社实施的研学实践培养。旅行社应当设立研学实践机构，在保证员工导游具有优质服务水平的同时，要提高员工教育素养，培养员工成为专业的研学导师。旅行社培训在教学方面和教育素养提升方面还存在一些不足，因此，研学实践机构可以与高等院校相关专业展开专项合作,弥补员工知识不足,从而培养出一批合格的研学导师团队。

(3) 高校专业对接人才培养。高等院校可在旅游专业课的基础上增加研学实践相关课程和中小学教育教学相关知识,更好地适应研学旅行实践市场的要求,培养出符合社会需要的研学导师人才。高等院校可以加强与研学实践机构和研学基地的合作,通过校企合作的方式联合培养研学导师人才。高校不同层次的教师教育专业应当设计研学旅行指导人才的培养目标、规格和学位,培养研学旅行指导教师。

(4) 研学基地人才专训。研学基地是中小学生研学实践的主要目的地,为适应中小学研学旅行发展要求,研学基地可以与高校相关专业对接,进行校企合作,以培养熟练掌握研学基地知识并拥有开展研学活动能力的研学导师队伍。

(三) 研学导师资格的评定

从事研学旅行专业指导工作的人员只有在教育和旅游部门权威认证的研学导师考核机构考核合格,并取得研学导师资格证书后,方能从事研学导师工作。①

1. 评定部门

研学导师资格评定方法应由省级教育和旅游行政主管部门共同制定,组织实施可以委托相关专业标准化技术委员会或者专家组具体负责研学导师资格评定工作。

2. 评定方式

研学导师的考核采取笔试和面试结合的方式,成绩合格者由教育和旅游行政主管部门认定。根据国家“1+X”证书制度文件精神,也可以由教育行政部门备案批准的企业颁发证书。

① 刘喜,吴超.试探研学实践背景下研学导师的培养与认定[J].现代教育管理,2019(3)下:218-219.

第九章　中小学研学旅行的评价

中小学研学旅行的评价是一个系统工程，其评价主体多元，评价需求多样，影响因素复杂。当前，我国研学旅行的教育评价体系尚未健全，评价模式单一，评价标准欠缺。在开展研学旅行实践过程中，很多学校重活动轻评价，重形式轻内容；在开展完研学旅行后，草草了事，甚至不做评价，家长也少有问津，研学旅行的效果不佳。一些教师因为缺乏必要的评价工具和标准，往往对研学旅行过程中的教育任务和学生学习内容也不会做科学的评估和判断，从而使评价缺乏真实性和说服力。一些承办研学旅行的企业（旅行社、基地、机构）服务质量不高，学校因为缺乏相应的标准也难以对其进行科学评估。对于各学校和承办研学旅行服务企业开展的实际效果，教育行政部门尚未将其纳入评价范围。所以，《关于推进中小学生研学旅行的意见》提出，各地要建立健全中小学生参加的研学旅行的评价机制。

建立中小学研学旅行的综合考评体系，开展研学旅行教育效果测评，就是要建立包括学校对学生和教师评价，学生对学校、对旅行服务企业所提供研学产品服务评价和教育行政部门对学校、承办企业服务评价在内的研学旅行评价机制。就是要评价学生参与研学旅行的收获情况，评价研学旅行企业服务水平情况，评价学校组织管理效能情况，评价教师教育指导情况，特别重视对学生的研学态度、研学能力和方法、研学结果等方面进行综合性评价。

简单地说，要研究进行研学活动综合评价的理论基础；要研究学校在充分尊重个性差异、鼓励多元发展的前提下，如何对学生参与研学旅行的情况和成效进行评价，并将评价结果逐步纳入学生学分管理体系和学生综合素质评价体系；研究采用多种形式，收集学校、教师、学生、家长对活动开展的意见，开展满意度测评；研究把组织学生参加研学旅行的情况和成效纳入对学校、教师和相关企业的综合考评体系中去，并建立相应的评价标准。

一、研学旅行评价的理论基础

评价的理论基础不同，评价的内容、方法和标准也有不同的侧重点。西方国家关于评价的理论研究开展得比较早，有不同的理论流派对研究研学旅行评价有重要的启发意义。

1. 建构主义评价观

建构主义评价观是与建构主义知识观、学习观紧密结合的。建构主义评价观是以真实任务为标准的评价，努力使教育更加关注真实任务的解决；是以知识的建构为标准的评价，鼓励学习者积极参与知识的建构；也是以经验的建构为标准的评价，更重视对知识建构过程而不是结果的评价，同时注意有效评价跟教学的整合。由于建构主义强调在真实而富有意义的情境中进行学习与教学，所以，重视情境驱动评价，强调评价的标准应源于丰富的背景支持，设计者和评价者必须考虑学习发生的背景，强调评价标准的多元化。因此，它也是以社会建构与协商的意义为标准的评价。①

基于建构主义理论的研学旅行评价强调研学旅行的过程性与情境性，把对研学旅行的评

---

① 钟启泉，等. 为了中华民族的复兴为了每位学生的发展[M]. 上海：华东师范大学出版社，2001：23-27.

价渗透于整个课程实施的全过程之中；强调多元标准，充分考虑研学旅行实施的情境，将学生、教师的评价与研学旅行服务企业、家长的评价进行整合。

2. 质性评价观

质性评价源于解释主义哲学。解释主义哲学认为主体和客体是互为主体、相互渗透的。知识是主体不断通过建构和检验而形成，不存在带有普遍意义的、脱离具体情境的抽象的知识，因而必须依据它在具体情境中发挥的作用加以判断。在20世纪60年代之前，人们一度十分重视量化评价，认为只有量化分析才是科学。后来，随着社会批判思潮的兴起，人们认识到评价不是一个单纯技术问题，纯粹价值中立的描述是不存在的，因此，评价要对被评价对象的价值或特点做出判断，价值问题由此在评价领域凸现出来，人们评价的重点转向了价值观。20世纪70年代以后，"量化评价"逐步为"质性评价"所取代，质性课程评价也日益兴盛起来。

质性评价主张不对外部评价者与内部评价者进行严格区分。研学旅行评价是一个包括所有参与并了解研学旅行过程的个体（如学校领导、研学导师、学生、家长、企业人员、专家等）和组织在内的共同参与的、连续性的过程。评价者充当了促进者，鼓励参与者对有关研学旅行的内容提问、讨论，同时进行设计和资料收集、分析、解释，并澄清一些观念，如教育目标、知识的本质、教与学、特定情境和教育环境的含义等。评价者会考虑到参与者对当前研学旅行课程的看法、发展方向，并借鉴其他参与者的观点。评价者也可以是学者和企业人员，通过对话和活动指导所有参与者，提高参与者的评价思维过程和技能，并解决他们的困惑。评价者不一定中立，他也可以在合作性的对话中发表自己的见解。

3. 效能评价观

效能是指组织发挥积极作用的能力及其实际结果，既指可以满足所面对的公众的合理的要求，特别是符合国家目标与要求的质与量方面的成果，也包括高质量的组织内部状况和人员素质及其对环境变化的适应能力。

从20世纪60年代美、英开始，到80年代效能研究在西方国家受到越来越多的重视，学校效能评价模式也被不断地丰富。20世纪60年代至70年代，学校效能评价主要采用了"输入—输出"的模式。如詹姆斯·科尔曼(J. Coleman)的研究，就是研究学校对学生的影响，通过测量学生的学科考试成绩来衡量学校效能大小。[①] 这是一种静态评价，其指标比较单一。这一阶段主要关注学校人力资源与物质资源对学校产生的影响，有人把它叫作"生产函数"模式。在20世纪70年代，人们又提出了另外一种评价模式——"输入—过程—输出"，增加了过程变量。人们把教育资源到教育结果的转换过程也考虑了进来，加入了管理、课程、教学方法、教师行为等因素。[②] 20世纪80年代，有人又提出将社会有关教育的政策、教育行政管理制度、经济与物质条件都囊括进去的评价模式。[③] 1991年，联合国经济合作与发展组织（OECD）提出的评价模式，简称CIPP模式，该模式的主要特点是把背景、输入、过程和结果综合加以评判；涉及教育输入和教育输出与结果两部分，拓宽了评价的时空；评价范围涉及事前、事中、事后各个环节，涵盖了学校工作的整个过程；同时还涉及一些教育背景内容以及教育过程等指标。[④]

综观学校效能评价的发展变化，可以看出，"输入—过程—输出"是其基本脉络，并以此形

---

① Coleman, J. S, *Equality of Education Opportunity*[R]. U. S. Government Printing Office, 1966.

② Creemers, B. P. M.. *The goals of school effectiveness and school improvement*[J]. New York: Routledge, 1996.

③ J. Scheerens, R. Bosker, *The Foundations of Educational Effectiveness*[M]. New York: Pergamon, 1997.

④ OECD(1997). *Education at a Glance*, 1996.

成了几种不同的评价取向："政治经济学"取向，认为有效学校是指学校如何能增进国家的政治经济优势；"生产力"取向，看学校如何有效地转化投入为产出；"附加值"取向，看学校如何有效地促进个人发展；"制造者与消费者"取向，认为有效学校决定于制造者（老师）与消费者（学生）的质量；"内容"取向，认为有效学校是由课程的质量与范畴来判断；"折衷"取向，认为有效学校应由各个层面来评鉴，包括效率、效能、参与者的特质等。① 由此形成了多种学校效能评价模型。

研学旅行效能评价是对中小学开展研学旅行过程中教育目标任务完成情况、投入与产出质量情况和面对相关公众的满意度进行评价的综合结果。

二、研学旅行评价的价值与功能

评价本质上是一种价值判断，课程评价也不例外。哈丽特·塔尔马奇概括课程评价具有五个价值。②

一是内在价值。评价主要判断课程是否有良好的并且适合人们的哲学和心理学观念。

二是工具价值。评价主要判断课程的实施与目的之间建立的联系，能否合理地实现课程规划中的内容。

三是比较价值。评价主要关注不同方案可以满足社会期望的程度以及学生成绩的比较。

四是理想化价值。利用评价功能在课程的实施过程中，使设计方案能够不断完善以提高学生的参与度和成绩。

五是决策的价值。评价为课程实施提供效果依据，从而决定课程是否保留、修改和放弃等。

研学旅行作为一种必修课程，课程评价的这五个价值也同样得到体现。不仅如此，从功能上看，研学旅行评价还有以下四个方面的作用。

1. 诊断功能

评价一般是发生在活动实施的某个环节，是对评价对象与评价指标的适应程度进行区分并认定。研学旅行评价是检验研学旅行目标实现及其实施程度的一项工作，它能够反映研学旅行活动实施的内在价值，能发现老师"教"和学生"学"存在的问题，了解活动的进展和不足，检查学生学习的情况，分析研学旅行教学过程中有效和无效因素，确定改进的方法和措施。对研学旅行活动中存在的问题进行分析后提出改进建议。

2. 导向功能

评价对研学旅行活动开展具有引导作用。评价指标一般分为正向指标和负向指标。正向指标是评价者所肯定的内容，就可能成为引导被评价者所追求的、有价值的目标；负向指标是评价者所否定的内容，即告知被评价者需要禁止或改进或忽略的内容。评价在活动实施的每一个环节都具有导向作用，设置的评价指标能够为活动的实施和改进提供方向。而且评价还可以通过推动对评价目标、评价指标体系的理解和落实，使活动设计更加科学，教学行为更加符合要求。

---

① 台北市教育局. 精致教育——台北市优质学校经营手册[M]. 2005(未发表).

② 赫钦斯. 普通教育(现代西方资产阶级教育思想流派论著选)[M]. 北京：人民教育出版社，1950:199.

3. 调节激励功能

研学旅行评价能够反映课程实施的结果，能够让受评者(研学导师、学生、企业相关人员)明确自己的优势与不足，从而不断改进和提高。同时，评价结果为评价者提供自我展示的机会和平台，如果采取恰当的具有建设性的评比和反馈方式，能成为一种积极有效的激励手段，从而激发教师和学生的工作积极性与学习积极性。

4. 反思总结功能

自省就是建立在对自我评价的基础上。研学旅行评价能够使师生看到其他人对自己的评价，会引发教师和学生对自己的反思和总结，成为自觉的内在反思的开始，促使其认真总结自己的日常工作和学习，提高自我分析和自我调控能力。评价是促进师生成长的重要手段，师生可以在自我评价、他人评价中进行自我反思。[①]

三、评价原则

1. 全方位评价原则

研学旅行作为综合实践活动课程，对其评价应该全方位进行。不仅要静态评价课程标准、课程建设档案、课程教材、学生研学成果等书面形式的材料，还要实地动态评价研学旅行基地、营地、线路等项目。不仅对研学旅行相关方的人员进行评价，比如，学生、指导教师、学校管理人员、旅游企业(旅行社、基地、结构)相关人员，而且还包括对研学旅行安全运营予以支持保障的部门进行评价。对于学生的评价要从学生发现问题、探究问题和解决问题，自我规划、自我管理和自我发展，合作探究和交流，科学精神、态度和价值观，创新意识和能力，公民意识和社会责任感等方面全面进行评价。对于学生的评价还包括学生的个性化表现和学生团队的集体表现等。

2. 多主体评价原则

研学旅行是一个多方参与的建构过程。研学旅行涉及面广、相关方多，所以，研学旅行效果评价主体具有多元性。教育主管部门、学校、指导教师、学生、家长、承办研学旅行服务企业以及社会相关方都可以作为评价主体，都可以从各自的角度对研学旅行活动的开发建设、实施过程、实施效果及学生的研学业绩等进行评价。

3. 重实效评价原则

研学旅行作为教育改革探索，特别注重学生通过研学旅行取得综合素养的提升。所以评价不仅要关注研学课题的定量任务的完成情况，而且要采取观察、表现、访谈等方式来定性评价学生核心素养通过研学旅行所得到提升的情况。

4. 成本性评价原则

研学旅行内容具有广泛性，呈现的现实问题情景具有多样性。因此，研学旅行评价要关注成本和效果。既要看旅行线路的设计是否有利于研学目标的达成，还要看旅行的性价比，即是否以较低成本的旅行保证研学任务的完成。特别是，在条件许可的情况下，以什么样成本的旅行支持研学成果的创新和获得。另一方面，还要看研学活动是否充分利用了旅行所提供的研学机会，防止“只旅不研”“只行无学”现象。

---

① 鲍传友. 中小学教育管理[M]. 北京：高等教育出版社，2016：175-179.

5. 激励性评价原则

研学旅行评价除了甄别区分功能外，还要让师生通过评价认知自己的强项和潜能，激发学生学习的自信心和进取心，促进师生反思和持续发展。

四、研学旅行评价对象

（1）对学生的评价，侧重于学生的实际表现和发展状况。关注过程，兼顾结果。评价方式要多样化，注重自我评价与他人评价、个别评价与集体评价、形成性评价与总结性评价相结合。评价过程强调客观公正、实事求是。通过成果展示、研学答辩、访谈观察和成长记录等，对学生的综合实践能力、态度、情感和价值观进行整体评价。

（2）对研学导师的评价，侧重于对研学导师在研学旅行活动中的组织、规划、管理和指导等方面的能力和实效的评价。运用评价手段，鼓励全体教师承担指导任务，指导学生开展研学旅行活动。

（3）对学校的评价，侧重于对学校落实研学旅行活动课程状况的评价，包括研学旅行活动的课时、师资、课程资源的开发与利用、学校对研学旅行课程实施的管理等方面的评价。

（4）对承接研学旅行服务企业（旅行社、基地、机构）的评价，侧重于对学校落实研学旅行方案提供服务的评价，包括吃住行安排、目的地讲解、安全措施等方面服务效果的评价。①

五、研学旅行的评价标准内容

美国教育心理学家布卢姆按照掌握学习教学模式的一般惯例，将教学结构分为教学准备、教学过程和教学结果三部分。为使教学能达到预定目标，他认为必须对这三部分分别进行教学评价，由此将教学评价分为诊断性评价、形成性评价和终结性评价三种形式。

诊断性评价是对学生学习准备程度的测试和评定。一般包括学生为学习新的知识或者新的教学单元所必需的知识和必备的技能，学生对学科知识学习的兴趣和一般智能。诊断性评价的目的，不是要给学生分等级，也不是把学生分为好班学生和差班学生，只是了解学生的学习背景和学习需要，以使教师的教学更适应学生的需求。形成性评价主要是指教师对学生所学的一个学习单元或更大更小的学习单位内容所进行的测试和评定。形成性评价能帮助教师找出学生学习过程中所存在的问题或者困难，还可以为这些学生指出解决问题和困难的方法。形成性评价在教学过程中的目的是反馈和矫正。形成性评价不关注过程的本身，无法评价学习过程中的成果。终结性评价是在教学过程终了后，对教学结果做出的评定，是对学生的学习程度的确认。其主要作用是对教学效果做总结性的测评，重点在于了解最终效果。总结性评价使用范围比较广，但关键是信息要全面，要结合其他评价结果对整体情况做出客观的判断。

20 世纪 70 年代以后，“让被评价者最大程度地接受评价结果，就是评价的最大效益”的观点为大众所接受。关注评价过程，强调评价主体间的相互协商、沟通、理解；同时，也提出了评价标准多元化的问题，给予个体更多被认可的机会和可能。过程性评价被提出。要特别指出的是，有人将“形成性评价”称为“过程性评价”，事实上，过程性评价不是对微观意义上的学习过程的评价，也不是简单的形成性评价。过程性评价主张凡是具有教育价值的结果，都应当受

---

① 魏巴德，邓青．研学旅行实操手册[M]．北京：教育科学出版社，2020：84．

到评价的支持与肯定，主张对学习的动机态度、过程和效果进行三位一体的评价，强调对过程的关注，设计多种力图展示学习过程的评价工具，包括质性的、描述性的、展示性的评价手段。而形成性评价实际上只是评价了智能领域和动作技能领域的目标，主要是相关的知识和技能的掌握。①

如前所述，研学旅行是一种特殊的教学实践活动，对于它的评价，涉及的过程复杂，诉求多样，不同于一般的教学评价。虽然目标统一，但由于评价的侧重点不同，研学旅行的评价标准内容也有所不同。在具体的研学旅行评价实践中，主要关注目标性评价标准内容、过程性评价标准内容、成果性评价标准内容和社会满意度评价标准内容四个方面。

1. 目标性评价标准内容

目标评价标准在于根据研学旅行开展的需要来选择目标，进而设置出一些二级目标分类指标。每个主要指标又可根据其各自的对象定出具体的三级指标，构成目标评价的标准内容。研学旅行教育目的是使学生在与社会生活及大自然的接触中获得丰富的基础知识和实践经验，提升综合素质，发展价值体认、责任担当、问题解决、创意物化等方面的意识和能力。研学旅行课程是把教育目的变成课程目标。研学旅行对学生的目标性评价具体体现在三个维度上：一是知识目标评价，关注学生对传统知识的理解，提升学生对自然、社会和自我之内在联系的整体认识；二是能力目标评价，关注研学课题让学生收集和处理信息、提出问题、制定活动方案能力，学生组织活动能力，以及学生沟通与合作和积极服务社会的实践能力；三是情感目标评价，关注研学旅行使学生掌握社会活动规则，获得公共道德亲身体验，激发兴趣，增进感情，增强社会责任感和义务感的情况。

比如，对年级(班级)或者基地或者个人某次开展的研学旅行做评价，其评价的指标内容可以是研学旅行的原创性(研学成果的原创状况、原创的比例)、主题(主题明确程度、与研学课程实践关系)、内容(精彩和丰富多样状况)、形式(特色和图文并茂、为主题服务状况)、表达(语言表达清晰状况、体现自己对问题的独特理解或见解程度)等。②

除此之外，行政主管部门对组织研学旅行的学校或承接研学旅行服务企业的评价一般是从研学旅行开展的可行性、必要性、实效性等多个维度来关注其目标的实现。通过对学校或承接研学旅行服务企业实施研学旅行过程进行监督、记录，评价学校或承接研学旅行服务企业完成研学旅行教学计划、课时和学分安排情况；全体学生参与研学旅行情况；课程实施状况以及实施过程中的事件、问题、费用获得合理解决情况；教师指导适时、适度、适当情况，根据需要对课程实施过程进行调整和改进情况；其他地域、领域、学校、研学旅行目的地对该课程的态度、其他地区学生对该课程的态度，以及该课程对学生发展核心素养、各学科核心素养、各学段学业水平要求等的适宜程度等。评价承接研学旅行企业还关注其实现研学旅行目标所需资源条件、政策组织的可行性；企业的各种研学旅行方案的目标、内容、方法、评价设计本身的科学合理性和安全性；对研学旅行投入的人力、物力、财力足够程度；企业的研学旅行课程及其服务管理制度的可行性和效用性等。

2. 过程性评价标准内容

过程评价标准内容是在评价研学旅行实施过程中设置的标准，注重师生在研学旅行实施过程中获得的内容或完成的任务。由于研学旅行课程活动化是其基本开展范式，活动时空变

---

① 亓文涛，乔爱玲.形成性评价在基础教育教学中的应用研究[J].现代教育技术，2007(17)：89-92.

② 魏巴德，邓青.研学旅行实操手册[M].北京：教育科学出版社，2020：84.

化多，尤其是体验式学习比重多，所以，过程性评价是贯穿于研学旅行的行前、行中、行后三个阶段。以学校对教师（研学导师）的评价为例，其评价的标准内容包括以下几个方面。

一是行前阶段，主要评价教师组织学生对研学旅行目的地的资源和文化的了解情况，重点考察信息提供的多样性和趣味性的问题；了解学生对研学旅行课程的需求和对研学旅行课程内容知悉水平及其方式；帮助学生了解研学旅行课程中涉及的内容及其途径；对学生研学旅行过程中的学习进行恰当指导情况。

二是行中阶段，主要评价教师活动实施情况：包括完成研学旅行中的导师职责，维持纪律，组织活动，安全提醒等；观察学生状态，适时进行指导；在学生群中及时发布活动状态和传达通知，以及遇到紧急事情，能够协调沟通，处理得当；保持学生、家长、导游、校领导和自己的畅通沟通和信息交流。

三是行后阶段，主要评价教师用适当的方式激活学生的体验，组织不同经验的深度交流；诊断并指导学生完善自己的经验；构建学习过程与结果的评价标准；比较不同价值观，做出归纳和总结，适当指导学生的评价，适时指导学生的应用；能够总结研学旅行经验，迁移到学科教学。

再比如，教师（研学导师）对学生的评价，是通过对研学旅行实施过程进行监督、记录，评价学生在时间观念、学习专注程度、纪律意识、文明礼仪、学生形象等方面的内容。还有如学习动机、问题、意识、团队协作、任务完成度等。[①]

在研学旅行评价中，过程性评价针对的是研学团队内部、团队之间、个人、他人等不同主体在整个研学旅行过程中的表现和结果。对不同评价主体的评价可以采用不同的评价标准，而且研学旅行各个阶段评价也可以有不同的评价标准。

3. 成果性评价标准内容

在研学旅行过程中，研学旅行成果是学生走进大自然和社会生活中，通过多层次、多角度、多主题的研学旅行实践活动，将观察、考察、调查、参观、制作、实验等过程中的所感、所思、所想、所做、所悟进行梳理归纳、整合提炼、反思交流而集成的，也是对研学旅行实践活动边学边研、研学结合的表达和反馈。它真实地记录了学生在行走山川、欣赏自然风光和人文风情后的思想认识及情感变化，反映出学生面对生态环境问题和社会现实状况所表现出的反思状况和相应行动，展示学生讨论、思考、研究和验证、模拟、尝试、调整、修改等过程，体现了吃苦耐劳、坚持不懈的意志品质和勇于挑战、敢于担当的探索精神以及提高发现问题、分析问题、解决问题的能力。

成果性评价从成效和成果两个方面进行。研学旅行成果评价标准内容关注研学旅行对学生的影响以及学生对影响的感知、师生教学实践成果的质量，研学旅行对学校和教师的影响、研学旅行服务受益程度等。注重评价研学旅行实施中的学生、教师或学校在研学旅行中所发生的变化，主要测评学生的核心素养和学科素养相应的提升程度。

研学旅行成果评价标准内容还关注学生研学旅行成果。研学旅行成果形式多样、丰富多彩，可以是研究论文、调查报告、模型、展板、主题演讲、口头报告、研究笔记，也可以是一项活动的设计方案。不同学段、不同学校、不同学生可以根据实际情况采用最适合自己的方式提供研学成果。一般来说，学生研学旅行成果有表达形式和交流方式两种。成果表达形式有：图画、照片、模型、实物、录音、录像、光盘、网页、诗歌、节目、口头报告、书面报告、实践日志和论文等。

① 魏巴德，邓青. 研学旅行实操手册[M]. 北京：教育科学出版社，2020：84.

成果交流方式有：班报、刊物、展览会、演讲会、答辩会、研讨会、节目表演、展板、墙报等。

不同类型的研学旅行成果，对学生能力提升、核心素养养成的成效各有侧重。漫画、图画、照片等作品可培养学生欣赏自然与人文环境，提升学生发现美、欣赏美、体验美、表达美、创造美的能力，形成健康的审美观；制作或设计模型、仪器、图示、展板、墙报等原创作品，通过观察生活、理解生活、表现生活，帮助学生发现生活中的各种问题，强化想象力、观察力、创造力和综合思维能力，树立正确的科学观；演讲、辩论、诗歌朗诵、现场汇报等方式，抒发学生亲近自然、感受生活和融入社会的情感，锻炼学生的语言表达和现场展示的能力；研究论文、调查报告、实践日志等书面成果，是强化学生提出问题、拟定假设、收集资料、比较分析、验证假设、得出结论等研究能力的训练，增强学生研究意识和科学探究及成果呈现的能力。①

4. 社会满意度评价标准内容

研学旅行是一种特殊的教育社会服务。社会满意是教育服务质量的一个新定义。提高研学旅行的服务对象满意度已成为时下一种新的质量标准。社会满意度评价主要评价学生、教师和其他利益方（关键人群）对学校和承办研学旅行服务企业（旅行社、基地、机构）所实施的研学旅行实施效果的看法，了解制约研学旅行实施中问题和进一步实施研学旅行的期待等。将社会满意度作为评价学校和承办研学活动企业的重要组成部分，从社会认同的角度，对学校和企业的研学旅行工作实绩进行评价，使研学旅行服务管理更趋合理，客观地反映相关方面对学校和承办研学旅行服务企业的认可程度。

六、研学旅行的评价办法

由于研学旅行评价标准内容的特殊性，围绕着研学旅行的教育目标的实现，可以综合采取多样评价方法。

评价可以分为定性经验评价和定量分析评价。定性经验评价是根据评价者的认识和经验对被评价对象的成就或特征做出非数量的分析和评定，即评价者从经验归纳出发对被评价对象做定性的评估，诸如等级法、评语法、分析法等。定量分析评价是评价者把评价目标分解成体现目标实现的重要因素，把这些重要因素逐一转化成评价指标，并构成指标体系，根据指标和指标体系对被评价对象进行统计分析评价，诸如相关分析法、回归分析法、多元分析法、统计检验法、模型识别与综合评判法等。总的来说，定性经验评价和定量分析评价是相互联系的，定量分析评价以定性经验评价为基础，定量分析评价又是定性经验评价的深入、集中和全面的反映。

研学旅行评价层次可以按等第、分数、学分、评语等形式确定，也可根据实际情况选择其他适当的方式。研学旅行整体评价的构成比例可参照：目标评价 40％、过程评价 30％、成果评价 20％、满意度评价 10％。对学生参与研学旅行的情况和成效进行评价，并将这些评价结果纳入学生学分管理体系和学生综合素质评价体系中去。

尽管研学旅行评价的方式很多，但这些方法大体上分属为事实性评价和发展性评价两大类。事实性评价方法主要是为了说明研学旅行实施的结果，证明其实际成效。发展性评价方法是对改进了的质量而实施的评价。在实际操作过程中，评语综合评价法和研学旅行档案袋法的使用比较普遍，值得重视。

---

① 尹厚霖.《研学旅行课程标准》研读与思考[J].地理教学，2020(5)：61-63.

评语综合评价法。评语是研学导师评价学生的一种重要形式。评语反映的是学生在研学过程中客观、真实的表现，是针对学生的特长和独特的优点做个性化的描述。评语一般要充分肯定学生的优点，恰如其分地指出学生的不足，并提出中肯的建议。评语编写原则如下：以客观公正为标尺，勾画出学生真实的人格；以鼓励表扬为引线，点燃学生希望的火花；以细腻具体为刻刀，雕镂出学生生动的个性；以亲切生动为雨露，滋润学生干渴的心田；以含蓄委婉为清泉，冲淡学生心头的阴影；以精炼优美为画笔，描绘学生五彩的生活。

研学旅行档案袋法。研学旅行档案袋记载学生研学过程、学习成就、持续进步等全部表现，包括活动记录、研学成果、评价结果和其他相关资料。档案袋装有学生自主收集课题的研究方案，活动记录（如观察日志、调查表、访谈记录、实验记录、导学卡等），研究成果（如研究报告、小论文、作品等），学生的自我评价、反思和体会，教师、同学和家长的评价等信息资料，详细记录学生能力培养和素养形成的路径轨迹。档案袋是学生参与设计制定的记载和评价个人研学旅行活动的内容材料和评价量表，记录有学生在研学实践中所获得的体验，如学生的自我陈述以及小组讨论、活动开展的过程等；记录有学生学习和研究的方法和技能的掌握情况，如在研学旅行各个环节查阅和筛选资料，对资料归类和统计分析，使用新技术，对研究结果的表达与交流等。档案袋反映学生创新精神和实践能力的发展。记录有学生从发现和提出问题、分析问题到解决问题的全过程中所显示的探究精神和能力，通过活动前后的比较和几次活动的比较来反映发展过程；体现对学生研学实践的态度的评价，如是否认真参加每个活动，是否努力完成所承担的任务，是否做好资料积累和分析处理，是否主动提出研究和工作设想、建议，能否与他人合作、采纳他人意见等。[①] 另外研学旅行档案袋法还要求记录的资料要全面、完整和真实。这是评价的基础要求。

① 周维国，段玉山，等．研学旅行课程标准（四）——课程实施、课程评价[M]．地理教学，2019(8)：4-7.

第二部分
研学旅行的学校管理质量标准
（规范）

引　言

中小学研学旅行是在新一轮基础教育课程改革背景下，作为一种新的课程形式而发展起来的。2016 年 12 月教育部等 11 部门联合发布的《关于推进中小学生研学旅行的意见》、2017 年 1 月国家旅游局发布的《研学旅行服务规范》以及教育部发布的《中小学德育工作指南》和《中小学综合实践活动课程指导纲要》推动了研学旅行的快速发展。但由于研学旅行起步较晚，发展体系尚在探索之中，所以，缺乏科学系统的管理机制，没有统一规范的学校管理标准。旅游部门虽然出台了《研学旅行服务规范》，但还是以导游服务规范、旅行社国内旅游服务规范和旅行社服务通则为标准，与中小学生身心发展规律和研学旅行课程建设仍然存在一定差距，所以，针对性也不强。

为了规范研学旅行服务流程，提升服务质量，引导和推动研学旅行健康发展，根据中小学研学旅行的发展需要，制定本研学旅行学校管理质量标准。

本标准依据《中华人民共和国教育法》《中华人民共和国旅游法》《中华人民共和国教师法》、教育部等 11 部门《关于推进中小学生研学旅行的意见》(教基一〔2016〕8 号)和《研学旅行服务规范》(LB/T 054—2016)、《导游服务规范》(GB/T 15971)行业标准的相关要求。

本标准适用于中小学开展研学旅行活动的组织、管理和评价等全过程工作。分为六章，第一章是中小学研学旅行学校组织准备的管理规范，第二章和第三章针对承接中小学研学旅行的企业(基地、旅行社、机构)的学校选择的工作标准，第四章是中小学研学旅行安全保障的学校工作标准，第五章提出了中小学研学旅行指导教师的专业素养标准，第六章提出了学校系统化评价研学旅行的实施效果的标准。

本标准是以北京市教育科学“十三五”规划 2018 年重点课题《产教融合背景下的学生研学旅行学校质量标准研究》为基础，以北京财贸职业学院为牵头研制单位，整合了部分旅游企业，遴选了北京市部分中小学校共同研究，并吸取了部分从事研学旅行服务企业和部分中小学在研学旅行过程中所形成的成果后制订而成的。

第一章　中小学研学旅行的学校组织管理规范

1　范围

本规范规定了中小学校开展研学旅行的全过程的组织、准备与管理相关具体工作。

本规范适用于国家文件规定的可以开展研学旅行活动的相关年级的小学、初中、高中学校。

2　参考与引用文件

下列文件对于本文件的应用是必不可少的。凡是注日期的引用文件，仅所注日期的版本适用于本文件。

《中华人民共和国教育法》

《中华人民共和国旅游法》

《中华人民共和国合同法》

《学生伤害事故处理办法》

《中小学综合实践活动课程指导纲要》

《关于推进中小学生研学旅行的意见》(教基一〔2016〕8号)

LB/T 054—2016　研学旅行服务规范

GB/T 15971—1995　导游服务质量

GB/T 16766　旅行业基础术语

LB/T 008　旅行社服务通则

3　术语与定义

下列术语和定义适用于本规范。

3.1　中小学生研学旅行

中小学生研学旅行是由教育部门和学校有计划地组织安排，通过集体旅行、集中食宿方式开展的研究性学习和旅行体验相结合的校外教育活动，是学校教育和校外教育衔接的创新形式，是教育教学的重要内容，是综合实践育人的有效途径。

3.2　研学旅行的学校组织管理

研学旅行的学校组织管理是为了实施研学旅行计划而建立起来的一种系统结构，将研学旅行活动中的各个要素、各个环节，从时间上、空间上科学地组合起来，使每个成员都能接受领导、协调行动，从而完成研学旅行任务的行为或者过程。包括研学旅行的行前、行中、行后三个阶段全过程的组织工作。涵盖研学旅行方案制订与落实、安全管理、课程实施、组织服务、运营管理等方面。

4　研学旅行活动学校组织管理的总要求

4.1　研学旅行的学校组织管理工作的原则要求

4.1.1　研学旅行要做到“活动有方案，安全有专案，行前有备案，应急有预案”。

4.1.2　各关键环节要有工作方案、规章制度、操作步骤、实施细则。

4.2　研学旅行的不同阶段组织管理的具体要求

4.2.1　行前阶段是研学旅行活动实施之前的准备阶段，包括确定研学旅行主题、选择研学旅行地点、研究研学路线、实地考察、研究研学旅行计划、确定方案、报备方案、选择服务企业、开展学生教育等准备工作。

4.2.2　行中阶段是研学旅行的实施阶段，是研学旅行计划全面推进阶段，这个阶段要做好交通管理、食宿管理、活动与课程管理等具体工作。

4.2.3　行后阶段是研学旅行总结评价阶段，要客观公正全面做好归纳、总结以及测评和评定工作。

5　研学旅行的学校组织管理

5.1　学校领导机构的成立

5.1.1　成立学校研学旅行领导组织，包括学校带队领导、中层干部、年级主任、班主任、研学导师等参加的分工明确、责任清晰、协同配合的项目领导执行体系。

5.1.2　负责讨论研学旅行主题、选择研学旅行地点、研究研学旅行路线，形成研学旅行计划。

5.2　学校活动方案的制订

5.2.1　学校开展研学旅行活动应提前拟定活动方案。（参考本章附录 1）

5.2.2　学校方案要对学校的教育需求、学生身心发展需要以及研学旅行资源预先做细致的调研，确保活动具有教育性和针对性。

5.2.3　学校可以请一些有资质、信誉好的旅游企业（旅行社、基地、机构）参与学校前期的方案制订。

5.2.4　学校的活动方案应该科学、详细，要具体说明研学旅行目的及路线，详细分析参加活动的学生情况，确定活动内容与研学方式，明确活动的职责分工，细分研学旅行具体行程以及学生安全教育的准备和活动保障等方面内容。

5.3　学校方案的上级报备

5.3.1　学校形成完整的方案后，经过征求意见、集体讨论决策后，按管理权限上报上级教育行政部门审核、备案。

5.3.2　学校应在上级教育主管部门审阅方案，同意备案后，才可以执行该方案。（参考本章附录 2）

5.4　行前的学校动员

5.4.1　学校研学旅行方案应该通过家长委员会，根据方案内容起草致学生和家长的信，告知学生和家长研学旅行的安排，并书面确认家长的意向和学生的相关情况。

5.4.2　学校制订学生纪律告知书，随信同时交家长，让家长提前做好学生的纪律教育服务。（家长信、告知书、健康登记表等参考本章附录 3）

5.4.3　学校通过召开家长会等形式告知家长活动意义、时间安排、出行线路、费用收支、注意事项等信息。

5.5　行前的学校具体组织

5.5.1　学校可以通过招标、比选等形式，选择有资质、信誉好的旅游企业或机构，通过购买服务的形式委托企业负责部分研学旅行活动内容。（旅游企业或机构的学校选择标准见后第二章）

5.5.2　学校组织学科教师、管理人员等相关力量实地考察研学旅行线路和研学目的地，与这些企业(机构)共同细化原先制订的活动方案。

5.5.3　明确承办企业或基地、机构承担学生研学旅行的责任，并与之签订委托协议书。(参考本章附录4、附录5)

5.5.4　组织相关年级的学生报名，并根据研学主题进行分组。明确小组的负责人员、联系方式，建立活动组织体系。

5.5.5　组织学科教师与旅游企业专业人员，根据学段特点和地域特色，规划学生背景知识准备，设计研学旅行活动教学方案，细化线路中每日教学要点，研制研学旅行课程，形成师生使用的《研学旅行课程手册》。(参考本书第三部分)

5.5.6　根据需要配备一定比例的学校领导、教师和安全员，一般师生比为1∶20～1∶30；小学阶段确有需要也可吸收少数家长作为志愿者。

5.5.7　学校和研学旅行服务企业应该分别或共同制订安全应急预案。安全预案内容详实，有可操作性，一般包括安全预案制订的目的和依据、安全预案的适用范围、突发事件的分类分级、组织领导体系、应急处理机制、保障措施、预案管理等相关内容。(参考本章附录6)

5.5.8　做好师生行前安全专题教育。根据安全预案，进行预案的演练，检验预案，发现问题及时进行修正完善。

5.5.9　确认出行师生购买意外保险和校方责任险。

5.5.10　与家长签订安全责任书；与承办研学旅行的企业或机构签订安全责任书，明确各方安全责任。(参考本章附录7)

5.5.11　承办研学旅行企业签署活动委托协议，提醒学校活动应该注意的安全事项，签订企业对学校的安全责任告知书。(参考本章附录8)

5.6　行前的学生自我准备

5.6.1　在教师的指导下，学生了解研学旅行活动的背景、意义，研究研学旅行相关材料，收集相关资料，初步了解研学旅行基地、线路情况。

5.6.2　学生要根据研学旅行主题，准备各学科的相关教材知识、内容资料，以利于学生建立课内课外、校内校外的知识联系；提前搜集相关的目的地历史、地理、文化、地域特色等背景知识和政治经济情况，为研学旅行做好知识上的储备。

5.6.3　学生准备好研学旅行学习用品，包括手机、相机及充电器、文具用品，与研学旅行主题相关的手边读物、研学旅行手册、相关资料和工具书等。

5.6.4　学生准备好研学旅行装备、生活用品，包括证件、服装、个人卫生用品、生理用品等，日常药品、零用钱等。

5.6.5　学生做好活动信息准备，包括告知家长、亲友学校研学出发集合的时间与地点、返回时间与地点，自己所在的班级、小组的研学导师和同学的姓名和联系电话等。

5.6.6　学生做好吃苦克难、规避风险的身心准备。

5.7　行中的学校相关人员的工作职责

5.7.1　学校带队领导要对本线路活动的进程和学生的安全负责，对管理教师组织管理情况给予评价；对活动中的突发事件进行及时有效的处理，定时向学校汇报活动情况；协调和督促合作单位按照协议安排有效的完成活动。

5.7.2　学校老师和旅游企业导游等研学导师负责按照活动方案中规定的每日教学要点和行程安排，指导本组学生安全开展研学活动；负责本组活动的进程监控与组织，加强对学生进行全面的安全管理；负责指导学生组长，组织学生安全有序愉快地开展活动，督促学生按照要求完成活动计划；随时观察学生状况，与学生沟通交流，掌握学生情况，并及时向带队领导汇报；负责指导、督促本组的学生为活动结束后的汇报、总结和评价做好准备。

5.7.3 学生组长要协助教师组织本组的学生活动，随时向教师汇报本组学生人员情况；负责集合召集点名、组织站队、信息通知与报告等工作；负责房间休息的检查、退房、出入餐厅组织、下车的收容工作；负责协助老师做好后期的汇报组织和催交作业工作。

5.7.4 学生成员要按照研学旅行手册或学案要求，服从组织安排，遵循计划，规范参与研学旅行活动；积极参与实践操作，在实践活动中争取发现问题，认真倾听别人的意见，积极表达自己的意见，参与集体讨论和辩论；户外活动严格遵守活动安排，服从教师和组长的管理，不单独离队，有事及时汇报；注意保管随身财物及贵重物品，注意人身安全；住宿时不串房间，不离开房间随意外出；注意及时收集活动心得、照片等并及时整理，为做好总结、交流、评价做准备。

5.7.5 家长要负责督查孩子自己做好外出前的各项准备工作，进行遵守纪律和安全自护的家庭教育；了解学校外出和返回的地点，按照家长信上的时间接送孩子。①

5.7.6 承办研学旅行的服务企业要负责与当地旅游部门做好联络和对接的工作；负责提供符合标准的良好的交通保障，并做好行中的学生安全保障工作；负责配备研学导师(导游)，配合学校对学生进行适时的研学指导。

5.7.7 服务学校的研学旅行目的地(基地)负责提供符合标准的住宿保障、餐饮保障和人员保障；负责对所有研学产品进行行前线路安全评估考察，构建严密的安全管理制度。

5.8 行后的总结评价工作

5.8.1 行后阶段的主要工作是对研学旅行的总结和评价。

5.8.2 学生做好研学旅行的个人总结与集体总结，完成研学作业、撰写研学旅行报告，交流与展示研学成果。

5.8.3 研学导师对学生研学成绩进行认定；做好对不同对象的考核评价等工作。

5.8.4 评价方式一般有个人自评、同学互评、教师点评。

5.8.5 评价主体多样，包括学生、学校带队领导、研学导师、旅游企业、研学旅行目的地(基地)。

5.8.6 被评价的对象多样，除了学生，还包括学生活动小组、研学导师、学校、提供服务的旅游企业和研学旅行目的地(基地)等。

① 参见北京市陈经纶中学嘉铭分校的《研学旅行活动方案》。

附录 1

____学校研学旅行活动方案①

（学校参考文本）

一、研学旅行目的

描述研学旅行活动开展的意义、研学旅行的具体路线。

二、参加活动的对象

××年级（学生××人）。

三、活动具体安排

（1）研学旅行目的地。

（2）研学旅行时间：××年××月××日至××年××月××日。

（3）研学旅行参加人员与人数：学生××人，教师××人，承办企业××人。

（4）活动线路的主要安排：要具体说明时间、地点安排。

四、活动线路的主题内容与研学方式

（1）确定研学旅行活动线路及其主题（结合不同学段、不同年级学生学科教学要求和学生身心发展的特点需要），选择历史、地理、科技、人文和爱国主义教育等具体内容。

（2）确定学生研学活动方式，明确讲解说明、社会调查、参观访问、实践体验、资料搜集、集体探索、分组研究、论文总结等选择形式。

（3）评价方式选择：进行相关可能的评价方式的设计。

五、职责分工

1. 学校组织领导机构

总负责人：学校主要领导。

执行负责人：学校分管领导（总领队）。

实施负责人：年级负责人，班级责任人。

2. 具体职责

执行负责人：×××，负责活动方案确定以及整体活动全程指挥、协调、监控。

年级负责人：×××，负责年级统筹安排（教师职责分工、安全教育、行程建议、学生动员等）。

班级责任人：×××，负责班级管理、学生分工、安全教育、家长联系等。

研学导师和学校相关部门人员：研学旅行课程实施、对外联系、研学宣传、活动组织、医疗保障、备案申报等。

六、学生安全教育

（1）校内出发前安全教育：组织学生观看安全视频；阅读安全注意事项须知；开会强调安全注意事项重点。

（2）途中安全教育：安全提示、安全标语、安全小喇叭、安全视频等。

（3）研学活动地安全教育：配备教师安全员，任命学生小安全员，引导学生自我安全管理。

七、其他有关活动保障

（1）活动的基本生活保障。

（2）安全应急预案。

××学校

××年××月××日

---

① 参考北京市陈经纶中学嘉铭分校的《研学旅行活动方案》。

附录 2

____县(区)____学校开展研学旅行备案表

(县区教育主管部门用参考文本)

学校名称：______________________ 联系人：__________ 联系电话：__________

研学旅行活动主题与任务		
研学旅行活动时间	______年______月______日至______年______月______日，共______天	
研学旅行活动地点		
研学旅行活动内容	（后附具体活动方案）	
参加学生情况	**参加年级和班级数**	**参加的人数**
学校参与力量安排	带队校级领导姓名（职务、电话）	
	中层干部和教师人数	
家长委员会意见	（要附具体活动方案）	
承办研学旅行的企业	（要附企业资质证明材料）	
研学旅行活动具体安排	（要附具体活动流程表）	
交通方式与使用交通工具数量	（要附交通运输单位资质、安全责任书等相关材料）	
经费预算与来源		
主要安全措施	（要附上与家长、承办企业、车辆的协议书和安全责任书、安全应急预案等）	
保险情况	（附保单复印件）	
教育主管部门的 安全法治处室意见： 签字： 年　月　日	教育主管部门的 中小教业务处室意见： 签字： 年　月　日	教育主管部门的 分管领导意见： 签字： 年　月　日

附录3

____学校研学旅行致学生家长的一封信①

（学校参考文本）

尊敬的家长朋友：

本学期我校为贯彻《关于推进中小学生研学旅行的意见》文件精神，结合我校教育教学需要，现拟组织____年级学生赴________________________开展研学旅行活动。

研学旅行是由教育部门和学校有计划地组织安排，通过集体旅行、集中食宿方式开展的研究性学习和旅行体验相结合的校外教育活动，是学校教育和校外教育相衔接的创新形式，是教育教学的重要内容，是综合实践育人的有效途径。研学旅行通过现场教学的方式，充分发挥学生的学习积极性，激发学生的学习兴趣，使“要我学”变为“我要学”。我校把研学旅行纳入教学计划并将其作为综合实践课程，学生在研学旅行中的表现、学习成果等将成为综合实践课程学分的重要考量标准。

在本次研学旅行中，我校为主办方，____________________为承办方。该企业的服务产品，是我校通过“研学旅行服务接待采购项目”的（招标/比选）的形式采购的。该企业具有国家法律法规要求的从事服务于教学、旅游接待的资质，并且具有____年的研学旅行服务业绩和经验。该企业的基本信息如下。

承办研学旅行服务企业全称			
成立时间		组织机构代码	
联系人		联系人电话	
有无重大责任事故或投诉			
以往合作过的学校：			

本次研学旅行活动，学生自愿选择参加。

本次研学旅行活动具体内容如下：

1. **研学旅行主题：**________________________
2. **研学旅行目标：**____
3. **研学旅行时间：**____年___月___日—___月___日，全程___天，酒店/公寓住宿___天
4. **研学旅行地点：**________________________（活动及住宿城市名称）
5. **研学旅行内容**

日期	时间	研学地点	课程主题	适合学科	课程简介	课程目标
	上午					
	下午					
	晚上					

（详细行程安排另附，以出发前通知或研学课程手册上所列为准。）

① 参考北京大潮国际旅行社有限公司的《学校研学旅行致学生家长的一封信》。

6. **研学旅行评价**

本次研学旅行活动，结合我校的考核标准及学生在研学旅行中的表现、学习成果等，通过承办单位的课堂评价体系进行评价，核算____学分。研学旅行服务机构（旅行社）依据学生在研学旅行中展现出的学科兴趣、综合素质特长等，引导学生进行学科选课，帮助学生科学地认识自己、了解社会。

如学生因故不能参加此次活动，本校将另行安排校内课程内容，以完成综合实践课程评测。

7. **研学旅行费用**

（1）本次研学旅行活动的费用____元/人。其中包括：

学生费用分项报价（参考）						
	项目名称	报价（元/人）	项目名称	报价（元/人）	项目名称	报价（元/人）
旅行费用部分	火车票		住宿费		餐费	
	租车费		门票场地费		导服费	
	旅游意外险		税费		操作费	
研学课程费用部分	课程体验费（课时）		课程材料费		课程设计费	

（2）缴费原则：本次研学旅行的费用，出行前由________________研学旅行服务机构（旅行社）收取（或由学校通过代收代缴的方式收取），活动结束后按实际发生结算，多退少补。报名、缴费、签约方式及时间，另行通知。

8. **报名须知**

（1）此次活动我校委托研学旅行服务机构（旅行社）承办，学生及其家长（监护人，下同）要与研学旅行服务机构（旅行社）签署《研学旅行合同》，以建立双方合同关系。出行前请务必按要求完成签约工作，以保障双方合法权益。

（2）此次校外活动时间较长，对体力及身体有一定要求，请报名时如实填写个人信息及身体健康状况，如实告知与研学旅行活动相关的个人健康信息，包括但不限于心脏病、呼吸疾病、过敏、癫痫、传染病、骨伤痊愈未满一年、特异体质、精神疾病等不宜参加研学旅行的疾病或者异常状况，并对其真实性负责。因未如实填写，隐瞒信息造成学生及第三人人身损害或者财产损失，学生及家长应当承担相应责任。

9. **研学旅行纪律要求**

（1）请家长协助本校及研学旅行服务机构（旅行社）对孩子进行安全教育，重点关注人身及财产安全的自律保护。**仔细阅读《学生纪律告知书》，并根据内容配合学校进行研学旅行纪律教育（附信后）。**

（2）研学旅行中，学生应当遵守法律法规，遵守公序良俗、校规校纪、《北京市中小学生日常行为规范》等，尊重研学目的地的风俗习惯、文化传统。

（3）研学旅行中，学生应当听从研学旅行服务机构（旅行社）工作人员的安排和管理，不得私自离队离团。

(4) 在研学旅行中，学生需服从带队老师、研学导师的管理、指挥和劝告，遵守纪律和相关法律法规。如有违反有关规定影响研学旅行行程或损害他人利益的，带队老师有权终止违规、违纪、违法学生研学旅行，并责成家长将学生接走，由此产生的费用由学生及家长自行承担。

10. 活动生活安全条件

(1) 研学旅行活动地点可能涉及高山、湖泊、江河、海边、沙漠、城市街道、火车站、飞机场等公共场所，请家长务必教育提醒学生在上述地点活动时，遵守本校及研学旅行服务机构(旅行社)的安全管理要求。

(2) 研学旅行可能采用汽车、火车、飞机、景区内小交通、缆车等交通方式出行，请家长务必提醒教育学生乘坐上述交通工具时，遵守本校及研学旅行服务机构(旅行社)的交通安全管理要求。

(3) 研学旅行的活动主要以室外活动为主，其目的地气候可能炎热、闷热、寒冷、潮湿等，天气可能存在沙尘暴、暴雨、台风等恶劣状况，请家长务必密切注意目的地的天气预报、本校及研学旅行服务机构(旅行社)的提醒，为学生准备相应衣物并提醒学生根据天气情况进行更换。如果学生对温度敏感或存在过敏病史等，报名时应当主动告知本校及研学旅行服务机构(旅行社)，经同意后方可报名。

(4) 根据研学旅行的安排，活动住宿可能会安排在火车、飞机、酒店、学生公寓等，请家长务必提醒学生在住宿时关好门窗，遵守本校及研学旅行服务机构(旅行社)的住宿安全管理要求。

(5) 研学旅行活动的用餐地点会安排在餐厅、酒店、户外，请家长务必提醒教育学生用餐时不要暴饮暴食，不得私自在外用餐，注意饮食卫生，遵守本校及研学旅行服务机构(旅行社)的用餐安 全管理要求。学生如有饮食禁忌或饮食过敏等情况，报名前请如实告知研学旅行服务机构(旅行社)。

(6) 其他提示：________________________________

请您和学生在阅读全文后，根据自身意愿填写回执，并于____年____月____日____点前将回执交予班主任。

谢谢您的大力支持与配合！

×××学校

年　　月　　日

学生研学旅行纪律告知书

一、研学旅行的行为规范和纪律要求

1. 在研学旅行中，爱党爱国爱人民，了解党史国情，珍视国家荣誉，崇敬英雄模范；尊敬国旗、国徽，升降国旗脱帽、肃立，行注目礼，少先队员行队礼，会唱国歌，声音洪亮；传承中华优秀传统文化，理解民族传统节日的含义。

2. 在研学旅行中，端正学习态度，专心听讲，学会独立思考，乐于科学探索。

3. 按时作息，合理饮食，讲究卫生；未经带队干部教师（以下简称“带队老师”）许可，不得私自饮用外卖食品，不得私自品尝当地特色小吃或在外用餐，不得暴饮暴食；学会管理个人生活，掌握基本的劳动和生活技能；善于和他人沟通协作，遇到困难、挫折积极面对。

4. 掌握基本的自护自救方法，不从事冒险、危险行为；不接受陌生人赠予的物品，不随意与陌生人说话；拒绝烟酒，远离毒品。

5. 住宿酒店时，按照规定的作息时间休息，不得随意乱串，不得破坏酒店物品，不得私自离开酒店。

6. 遵守校规校纪、研学旅行纪律，了解社会生活必需的法律法规，依法规范自身行为，明辨是非，有正义感。

7. 接受带队老师、研学旅行工作人员的帮助和教导，正确对待、虚心接受批评和建议，知错就改。

8. 热爱集体，尊敬师长，关爱同学，礼貌待人。

9. 真诚待人，信守诺言。不说谎，借别人的东西按期归还，拾到他人财物及时交还。

10. 衣着得体，行为端庄。不穿不符合学生身份的服装，不带饰品，不化妆。自觉使用礼貌用语及体态语。尊重他人隐私，不妨碍他人的工作、学习和休息。尊重不同民族风俗习惯，尊重世界各地文化差异，在国际交往中真诚友好，大方自信。

11. 认识并遵守交通标志、标线和信号灯。乘坐公交车、地铁及购物时自觉排队，主动给老幼病残孕人士让座，公共场所靠右行走。观看演出或比赛时，遵守场馆要求，在博物馆参观时保持安静。

12. 热爱大自然，保护动植物。节约资源，水龙头随手关紧，不用灯时随手熄灭，用餐不剩饭和菜。爱护公共财物，汽车上，火车上，飞机上，活动中时刻注意维护环境卫生，自觉进行垃圾分类。

13. 乐于奉献，有社会责任感。关心和帮助有困难的人。积极参加研学旅行中的公益活动和志愿服务。

14. 合理使用网络，浏览健康内容。利用网络资源提高学习与生活质量。用规范、文明语言发表网络言论，传播正能量。

15. 爱护公共财物和相关设施设备，不得损坏，如有损坏主动联系带队老师或者研学旅行工作人员，照价赔偿。

16. 研学旅行是集体出行，听从带队老师和研学旅行工作人员的指挥，按时按要求进行集体活动，不得私自行动。如遇与他人纠纷，第一时间报告带队老师和研学旅行工作人员，协调解决，不得冲动，私自处理。

17. 根据要求携带好必备证件和物品，不得携带易燃易爆、管制刀具等违法或违反公序良俗的物品。

18. 未经带队老师的同意不得在无照商贩处购买商品，不得购买违反法律法规或安全规定的商品，不得私自购物。

二、违反研学旅行行为规范和纪律的处罚

1. 学校根据研学旅行中学生违反以上行为规范和纪律的情节，以及学校的校规校纪，可以给予警告、严重警告、记过、留校察看、开除学籍等处分。

2. 为保障大多数同学研学旅行活动的顺利进行，保障学生安全。对于在研学旅行活动中严重违反行为规范和纪律的学生，学校有权终止其研学旅行活动，并要求学生家长(监护人)第一时间赶赴研学旅行地点，接回学生。

学生签字：
家长(监护人)签字：
日期：　　年　　月　　日

学校研学旅行致学生及家长的一封信回执

年级：　　班级：　　姓名：

我们已阅读研学旅行家长信全文，知道并理解信内说明事宜！	
能(否)来参加此活动(请选择)：□参加　　□不参加	
学生有特殊情况或特殊身体状况(请注明)：	
学生签名： 年　　月　　日	家长签名： 年　　月　　日

附录 4

____学校研学旅行委托合同①

（学校用参考文本）

甲方（学校）：______________________________

乙方（承办研学旅行服的企业）：______________________________

根据《中华人民共和国未成年人保护法》《中华人民共和国旅游法》、教育部等 11 部门《关于推进中小学生研学旅行的意见》等有关法律法规的规定，甲方为了实现研学旅行目的，甲方为委托方，采用招标（比选）的采购形式，确定乙方为研学旅行项目的中标方，乙方为受托方。甲乙双方在平等自愿的基础上，就双方合作实施学生研学旅行计划、提供研学旅行服务等事宜达成如下协议。

第一条　本次研学旅行活动主要内容

1. 研学主题：______________________

2. 研学目标：____

3. 研学时间：____年____月____日—____月____日，全程____天，酒店/公寓住____天。

4. 研学地点：______________________（活动及住宿地点名称）

甲方与乙方就研学旅行的具体委托事项，均以双方最终签署的《研学旅行确认单》为准。该《研学旅行确认单》为本合同的组成部分。

第二条　双方业务的联系与确认

1. 甲方指定的负责人为：________；指定的电子邮箱地址为：____________________；其他约定方式：________________；经该负责人及联系方式确认的信息均代表甲方，该行为后果均由甲方负责。

2. 乙方指定的负责人：________；指定电子邮箱地址：____________________；其他约定方式：________________；经该负责人及其联系方式确认的信息均代表乙方，该行为后果由乙方负责。在本合同有效期内，一方需要变更负责人的，应当于变更当日书面通知另一方，否则由此产生的全部后果均由变更方承担。

3. 甲方与乙方就每个研学旅行团的服务费用及出行人数，以《研学旅行确认单》约定的最终金额和人数为准。

4. 服务费用包含以下内容：研学旅行教学方案设计与实施费用、具体接待费用（包括长途交通、食宿、短途车辆、导游/领队、参观游览体验门票费用、教具使用费等），上述费用以《研学旅行确认单》为准。

5. 付款时间及方式：甲方按照约定的时间向乙方支付/转付服务款项。乙方户名：________；账号：____________________；开户行：____________________；乙方收到全款后开具合格税务发票。甲方或学生及家长（监护人，下同）未如约及时向乙方支付服务费用的，乙方有权拒绝接待，由此造成损 失由甲方或学生及家长承担。乙方已接待的，甲方或学生及家长应当向乙方及时支付服务费用及违约金。

---

① 参考北京大潮国际旅行社有限公司的《研学旅行委托合同》。

第三条　甲方权利义务

1. 甲方作为研学旅行的主办方，依据教育部等 11 部门《关于推进中小学生研学旅行的意见》的规定及教育主管部门的相关规定，制订学校研学旅行规划，明确研学旅行主题、研学目的、内容要求及方案，并监督研学旅行课程与行程的具体落实。

2. 甲方将研学旅行的内容要求及方案提前____日告知乙方，双方共同研制研学旅行计划。

4. 甲方和乙方确认《研学旅行确认单》后，甲方负责向家长分发《研学旅行致家长的一封信》，告知学生及家长参加研学旅行的必要性、行程内容、乙方信息、需要签订的研学旅行合同及需要交纳的服务费用等。

5. 甲方协助乙方与参加研学旅行活动的学生及家长签订书面《研学旅行合同》等文件，协助乙方以召开行前说明会等形式告知学生及家长与研学旅行相关的信息、研学注意事项、安全须知等。

6. 甲方按照双方《研学旅行确认单》的约定及时足额支付/转付服务费用。

7. 甲方为每个研学旅行团委派研学旅行活动带队干部老师(以下简称"带队老师")，具体老师人数根据需要以双方确认的《研学旅行确认单》为准。带队老师费用由甲方另行支付，与学生研学旅行服务费用无关。

8. 甲方应确保出行学生及带队老师自身身体条件适合参加研学旅行活动的要求，将参团人员健康状况书面告知乙方。

9. 甲方要求参团学生及带队老师妥善保管自己的行李物品，随身携带现金、有价证券、贵重物品，不在行李中夹带。要求参团人员应尊重目的地的宗教信仰、民族习惯和风土人情。

10. 甲方(带队老师)随团出行监督并协助乙方履行《研学旅行合同》内容，维护学生的合法权益，有权对乙方及工作人员提供的研学服务是否合法，以及服务质量是否符合本合同的约定进行监督，有权及时纠正乙方的违法违约行为。

11. 甲方(带队老师)履行教育职责，与乙方共同对学生进行教学管理，要求其严格遵守研学纪律，按课程计划准时上下课，自觉遵守课堂秩序。

12. 甲方(带队老师)与乙方共同对出行学生进行生活管理，明确研学纪律，如发现学生违纪应当告知乙方或其工作人员并及时纠正。如学生严重违反《中小学生守则》《中学生日常行为规范》及研学纪律，甲方(带队老师)应当配合乙方要求学生终止继续参加研学活动，并协助乙方通知学生监护人将学生接回。

13. 研学行程中，如遇不可抗力或者承办研学服务企业或承办研学旅行企业服务辅助人员已尽合理义务仍不能避免的事件等情况，影响研学行程，带队老师作为甲方代表和学生及家长利益的维护者，应与乙方配合，及时做出解除、变更行程安排的决定。

14. 应对重大突发事件时，甲方(带队老师)配合乙方以及有关部门或者研学旅行服务机构，采取暂时限制研学旅行活动的措施，或其他安全防范和应急处置措施。

15. 甲方(带队老师)在研学旅行活动中，应与乙方共同采取措施防止研学旅行各方损失的扩大。

16. 甲方应当购买校方责任险，并为参加研学旅行的学生购买学平险。

第四条　乙方权利义务

1. 乙方作为研学旅行的具体承办方，应按照甲方的标准和要求，协助甲方研发设计研学课程，并提前勘察研学旅行行程，针对不同学段的特点，结合中小学生教育教学计划，确定研学旅行课程内容与教学方式，并予以具体落实和实施，为师生提供研学旅行接待服务。具体课程行程安排见《研学旅行确认单》。

2. 乙方应当按照双方确定的《研学旅行确认单》提供服务，包括但不限于__________________，具体内容以双方确认的《研学旅行确认单》为准。

3. 乙方按照甲方在《研学旅行确认单》中确认的各团队参加研学旅行活动的人数做好服务安排。如实际报名人数低于约定时间内的报名人数，乙方有权调整每个参团学生的费用或通知甲方取消该次研学旅行、有权解除与学生及家长签署的《研学旅行合同》，乙方退还全部旅游费用。

4. 乙方应配合甲方做好学生及家长的行前培训等工作，协助甲方以书面形式将研学旅行相关的信息、研学注意事项、安全须知等告知学生及家长。按照双方确定的研学旅行教学计划，与学生家长签订《研学旅行合同》，并按照约定收取费用。

5. 乙方应根据研学旅行课程内容，落实教育教学计划，妥善安排研学导师，提供有针对性、互动性、趣味性、启发性和引导性的讲解服务。

6. 乙方应根据研学旅行课程安排，协调配备相应的辅助设施，如电脑、多媒体、各类体验教育设施或教具等。

7. 乙方应配合学校组织学生到图书馆或者通过互联网先行查询与即将开展的研学旅行课程有关的资料，为研学履行做好准备。

8. 乙方执行研学旅行团队纪律，组织学生积极有序地学习游览，有权按照约定和授权对学生违反研学纪律的行为进行处置。如学生严重违反《中小学生守则》《中学生日常行为规范》及研学纪律，乙方有权要求学生终止继续参加研学活动，并通知学生监护人将学生接回，学生监护人承担由此产生的全部费用。如学生监护人接到乙方通知但拒绝或者未及时将学生接回，乙方可委派工作人员将学生送至合理安全地点，由此产生的全部费用由学生监护人承担。

9. 乙方应协助学校对学生的研学旅行课程成绩进行考察评定。

10. 本合同生效后，乙方应根据需要及时向甲方提供书面《研学旅行确认单》。《研学旅行确认单》应包含如下内容，乙方应就下列内容向学生及家长做出明确说明：

(1) 研学行程的出发地、途经地、主要目的地、结束地，线路行程时间和具体安排(按自然日计算，含乘飞机、车、船等在途时间，不足 24 小时以一日计)；

(2) 研学服务机构(旅行社)的地接社的名称、地址、联系人和联系电话；

(3) 交通服务安排及其标准(明确交通工具及档次等级、出发时间以及是否需中转等信息)；

(4) 住宿服务安排及其标准(明确住宿饭店的接待标准，应当注明是否有空调、热水、独立卫生间等相关服务设施)；

(5) 用餐(早餐和正餐)服务安排及其标准(明确用餐次数、标准)；

(6) 承办研学服务企业统一安排的教育教学活动及游览项目的具体内容及时间(明确研学旅行线路内容，包括教育教学活动、景区点及游览项目名称等，教育教学活动开展的最少保障时间)。

11. 按照本合同约定，乙方收到甲方关于《研学旅行确认单》改进或调整建议的书面通知之日起________日内，应与甲方就《研学旅行确认单》是否修改以及具体修改方案进行沟通。甲乙双方达成一致的，乙方应当向甲方提供书面最终《研学旅行确认单》。最终《研学旅行确认单》经甲乙双方授权甲方签字之日生效。生效的最终《研学旅行确认单》作为本合同附件，与本合同具有同等法律效力。

12. 乙方应当于出行前与实际参加研学旅行活动的学生及家长签订书面《研学旅行合同》等相关文件。

13. 乙方按照本合同和《研学旅行确认单》约定的内容和标准，为学生提供服务，不擅自变更或取消研学旅行行程安排。

14. 乙方可以向合格的研学旅行供应商订购产品和服务。

15. 乙方在出团前如实告知具体行程安排和有关具体事项，具体事项包括但不限于所到研学旅行目的地的重要规定、风俗习惯；研学旅行活动中的安全注意事项和安全避险措施，学生不适合参加研学旅行活动的情形；乙方依法可以减免责任的情形；应急联络方式以及法律、法规规定的其他应当告知的事项。

16. 乙方妥善保管学生交其代管的证件、行李等物品。为学生发放安全信息卡（包括学生的姓名、血型、应急联络方式等）。依法对学生个人信息保密。

17. 乙方在学生人身、财产权益受到损害时，应当采取合理必要的保护和救助措施。积极协调处理研学行程中的各种纠纷。

18. 乙方有责任提示学生及家长投保人身意外伤害保险。

19. 研学旅行行程中，家长要求解除合同的，经学校带队老师书面同意后，乙方应配合学生家长将学生接走，费用由学生家长承担。

20. 乙方应按照合同约定要求，全面完成研学旅行课程和研学旅行计划。

21. 非因乙方原因，导致学生及带队老师搭乘飞机、轮船、火车、长途汽车、地铁、索道、缆车等公共交通运输工具时受到人身伤害和财产损失的，乙方有义务协助甲方向提供上述服务的经营者索赔。

22. 乙方对研学学生及带队老师承担安全责任，因乙方原因造成研学学生及带队老师在住宿、交通、研学等服务过程中遭受的任何损失，乙方须积极处理并承担相应责任。研学学生及带队老师在乙方安排服务行程外遭受的人身损害及财产损失的，不属于乙方责任范围，但乙方有义务协助甲方解决。

23. 乙方为实现研学旅行专业服务的目的，可以请第三方提供研学旅行行程中的一项或多项服务，但应在合同签订前获得甲方同意并对该项转包服务的质量负责。

第五条　合同的变更

1. 甲方和乙方协商一致的，可以变更本合同内容。

2. 除不可抗力外，甲方单方变更合同的，应当依法承担违约责任，且因甲方变更合同带来的研学费用的损失不予退还，由此增加的费用由甲方承担。

3. 除不可抗力外，乙方单方变更合同的，应当依法承担违约责任，因乙方变更合同带来的损失及已收取且未发生的费用乙方应当全额返还。

4. 因甲方原因需要变更《研学旅行确认单》的，甲方应当取得乙方的同意。乙方同意 变更的，乙方按照与学生及家长签署的《研学旅行合同》的约定，增加费用的，由学生及家长承担，减少费用的，在扣除必要费用后，将未消费的余款退还给学校或者学生及家长。必要费用中研学旅行设计费、操作费数额，以此前甲方向乙方的报价为准。

第六条　合同的解除

1. 甲方和乙方协商一致的，可以解除本合同，本合同解除后不再对双方具有法律效力。

2. 本合同中的任何一方严重违反合同的约定，守约方有权在违约方违反合同约定之日起三十日内解除合同。守约方解除合同的通知送达违约方之日起发生法律效力，违约方拒绝接受解除通知的，不影响解除通知的效力。

3. 因甲方原因导致《研学旅行确认单》解除的，乙方按照其与学生及家长签署的《研学旅行合同》的约定，扣除必要费用后，将未消费的余款退还给学校或者学生及家长。必要费用中研学旅行设计费、操作费数额，以此前甲方向乙方报价为准。

第七条　不可抗力

甲、乙双方因自然灾害（如台风、洪水）、社会异常事件（如罢工、骚乱）、政府行为等不可抗力原因而不能履行合同的，由此而产生的责任部分全部免除，所有已经发生的费用不予退还。但法律另有规定的除外。

第八条　违约责任

1. 甲方违反约定逾期支付或不支付费用，每逾期一日应向乙方支付当次研学服务费用总额的____的违约金。

2. 本合同期限内，在单次的研学旅行行程中，乙方因服务质量问题受到学生及家长的有效投诉（所谓"有效投诉"是指经核实，有证据证明乙方确实存在服务质量问题，应当承担法律责任的投诉）达____次以上，甲方有权解除本合同。

3. 因甲方原因，产生的相关的研学旅行服务企业与学生及家长之间的纠纷，甲方应协调解决；因乙方原因，产生的相关的研学旅行服务企业与学生及家长之间的纠纷，由乙方负责解决，与甲方无关。

第九条　争议解决

本合同在履行中如发生争议，双方应协商解决，协商不成，甲方和乙方均可向甲方所在地有管辖权的人民法院起诉。

第十条　合同期限及效力

1. 本合同有效期为____年，自________年____月____日起至________年____月____日止。

2. 本合同经甲方和乙方双方负责人签字并加盖公章之日起生效。一式____份，附件为本合同的组成部分，双方各执____份，具有同等效力。

3. 本合同到期后，如双方有意继续合作，应当另行签署新的书面合同。

第十一条　其他

1. 本合同未尽事宜，依据《旅游法》《合同法》《侵权责任法》《学生伤害事故处理办法》等法律法规规定。

2. 禁止商业贿赂条款

（1）任何一方保证不得向协议签署方及与本合作有关的（包括非本协议签署方的）任何雇员或管理人员、工作人员，直接或间接在账外暗中支付任何佣金、报酬或给予回扣，或提供任何礼品、招待或利益输送，以谋取不正当的商业利益。按照商业惯例赠送小额广告礼品的除外（甲乙双方各设立举报电话××××、举报邮箱××××，双方会对所有信息提供者及所提供的全部资料严格保密）。

（2）违反前款规定的，视为严重违约，守约方有权以书面形式通知违约方单方终止本合同，同时保留依法采取进一步法律措施的权利，违约方应承担由此给守约方造成的一切损失，该损失包括但不限于调查取证的费用、终止合同造成的前期已经投入准备的费用。涉嫌违法的，由相关行政管理机关按照有关规定处罚；构成犯罪的，移交司法机关依法追究刑事责任。

3. 保密条款

(1) 双方对合同内容、确认单、人员信息、研学课程、执行方案、技术资料，以及一方标有保密字样的所涵盖的全部信息及表现形式，负有保密义务，保证不披露、不泄露、不被第三方（包括但不限于与双方构成商业竞争关系的企业、机构或者组织）使用。同时，双方应当告知并以适当的有效方式约束接触前述保密信息的职员、雇员等。

(2) 前款保密义务不因本协议的无效、解除、履行完毕而解除。任何一方违反前款保密义务的，应承担全部责任。（包括但不限于承担违约责任、支付违约金赔偿金及职员、雇员等第三方违反本保密义务产生的一切责任等。）

(3) 如无法确定因泄密造成的损失金额，泄密方应支付对方违约金____元。

(4) 保密信息自一方知道或应当知道后，保密期限为____年。

4. 知识产权使用条款

(1) 双方在履行本合同中，会涉及研学活动音视频资料和图片、研学课程设计、研学教材教辅材料、教学教法，学生研学评价机制等内容，此等内容为学校和承办研学旅行服务企业共同的研学服务产品，学校和承办研学旅行服务企业保证该等知识产权成果不含任何违法或侵权内容，权属关系明确，且为学校和承办研学旅行服务企业共同拥有。为了更好地推广研学旅行教育，学校和承办研学旅行服务企业可授权使用该知识产权成果（需另行签订知识产权许可使用协议，否则任何人未经许可不得使用、抄袭、剽窃该智力成果）。

(2) 双方均可使用协议履行过程中任一方摄制的学生课程、游览等活动照片。双方应保证在使用时不会发生侵犯第三方知识产权、肖像权等情况。否则，资料照片提供方应负责与第三方交涉，并承担由此产生的全部法律和经济责任，并对因为该侵权行为给守约方造成的损失承担赔偿责任。

5. 公益性条款：根据《关于推进中小学生研学旅行的实施意见》的规定，研学旅行坚持公益性质，学校不参与具体研学旅行经营行为，不收取承办研学旅行服务企业任何费用，带队干部老师费用由学校承担。承办研学旅行服务企业承诺对学校推荐的特困家庭的学生，根据参团人数、成本核算等因素实施相应的减免费用政策。

减免对象：

(1) “城市居民最低生活保障对象”的子女；

(2) 经劳动保障部门认定的就业特别困难且家庭生活特别困难人员的子女；

(3) 社会福利机构收养的孤儿；

(4) 其他因家庭突遭灾祸、发生重大变故等，造成生活特别困难的学生。

减免办法：

(1) 符合上述四类规定的对象，可免交____费用。

(2) 其他贫困家庭学生，可由乙方根据实际情况，减免____费用。

减免程序：

由贫困家庭的学生提出书面申请，并提交《城市居民最低生活保障金领取证》等有关证明，经学校调查核实，承办研学旅行服务企业同意。甲乙双方应建立健全检查监督制度，防止舞弊行为的发生。

第十二条　本合同术语及解释

1. 研学旅行，是以中小学生为主体对象，以集体旅行生活为载体，以提升学生素质为教学目的，依托旅行吸引物等社会资源，进行体验式教育和研究性学习的一种教育旅行活动。

2. 学校，作为本合同的甲方，是有明确研学旅行主题和教育目的的研学旅行活动的组织方。

3. 承办研学旅行服务企业，作为本合同的乙方，是与研学旅行活动主办方签订合同，提供教育、旅行服务的研学服务的单位，包括旅行社、基地、机构等的统称。

4. 学生及家长，学生指在上述学校中全日制在读的受教育者，在研学旅行中为接受研学教育、完成教学要求、服从研学旅行管理的一方；家长指学生法定监护人。在研学旅行合同中，学生及家长同为研学旅行服务接受者一方。在研学旅行期间，研学服务企业（旅行社、基地、机构）依法承担对学生的管理和服务职责。

5. 未成年人，是指未满十八周岁的公民。

6. 带队老师，指受学校派遣，跟随学生一起参加研学旅行，督导研学服务机构（旅行社）落实研学计划，与导游/领队一起对学生进行管理，维护学校和学生合法权益的老师。

7. 研学旅行导师（简称“研学导师”），是指在研学旅行过程中，能够具体策划、制订或实施研学旅行教育方案，组织和指导中小学生开展相关类型研究学习和旅行体验活动的专业人员。研学导师具有教师与导游的双重功能，既要善于研学的辅导，又要善于旅行的组织。

8. 研学旅行突发事件，在研学旅行开展过程中突然发生的造成或可能造成学生、老师、服务人员人身伤亡、财物损失，需要采取应急处置措施予以应对的自然灾害、事故灾难、公共卫生事件和社会安全事件。

9. 旅行社责任保险，是指以旅行社因其组织的旅游活动对旅游者和受其委派并为旅游者提供服务的导游或者领队人员，依法应当承担的赔偿责任为保险标的的保险。

10. 校方责任险，是由学校作为投保人，因校方过失导致学生伤亡的事故及财产损失，由保险公司赔偿，学校作为受益方的一种责任保险。

11. 学平险，指中小学生平安保险，是学生幼儿意外伤害保险、附加意外伤害医疗保险、附加住院医疗保险的简称。

12. 研学旅行确认单，是《研学旅行合同》的组成部分，研学旅行服务企业根据学校提出的要求和服务标准，对《研学旅行合同》进行具体细化，并由研学旅行服务企业负责实施的依据。研学旅行确认单是体现研学旅行中学校、研学旅行服务企业双方权利义务的具体载体。

甲方（盖章）：	乙方（盖章）：
负责人：	负责人：
电话（北京）：	电话：
通讯地址：	通讯地址：
年　　月　　日	年　　月　　日

附录 5

____学校研学旅行任务确认单[①]

(学校用参考文本)

甲方(学校):

乙方(公司):

为实现教育教学目的,甲方与乙方在平等、自愿基础上,双方依据生效的《研学旅行委托合同》,就具体研学旅行服务事项,一致确认如下内容。

一、研学旅行的主题、目的和课程要求

____

二、研学旅行的基本信息

(一) 出(回)团的时间与地点

1. 出团日期:________________________;

2. 出团集合地点:________________________;

3. 回团日期:________________________;

4. 回团解散地点:________________________;

(二) 学生及带队干部教师(以下简称"带队老师")参团人数

1. 本团最低保证参加研学旅行的学生人数为:____________________;

2. 参加研学旅行的学生的年级为__________;班级数为__________个班;学生人数为:__________;其中免费人数为:__________;

3. 带队老师人数为:__________;其中免费人数为:__________;

上述人数共计__________。

(三) 交通基本信息

1. 双方去程采用的交通方式为:□火车　□飞机　□汽车;

火车的票种为:________;席别为:________;乘坐人数为:________;出发时间为:__________;□是/□否中转,如果中转,中转的情况为:____________________。

飞机的航班号为:________;舱位级别:________;乘坐人数为:________;起飞时间为:________;□是/□否中转,如果中转,中转的情况为:________。

汽车的车型为:________;每辆定员为:________;车辆数量为:________;已含或不含出发地送站用车;出发时间为:________。

2. 双方返程采用的交通方式为:□火车　□飞机　□汽车;

火车的票种为:________;席别为:________;乘坐人数为:________;

出发时间为:________;□是/□否中转,如果中转,中转的情况为:________。

飞机的航班号为:________;舱位级别:________;乘坐人数为:________;起飞时间为:________;□是/□否中转,如果中转,中转的情况为:________。

汽车的车型为:________;每辆定员为:________;车辆数量为:________;已含或不含出发地接站用车;出发时间为:________。

---

① 参考北京大潮国际旅行社有限公司的《研学旅行任务确认单》。

（四）住宿基本信息

双方约定住宿酒店情况（遇有特殊情况，受托方有权在通知委托方后，在不降低住宿酒店标准的情况下进行更换）。

________年____月____日～________年____月____日，酒店标准星级；房型________；住宿房间________间；天/夜数________夜。

酒店基础设施的相关介绍：________。

（五）用餐基本信息

早餐的用餐次数________；餐费标准：________；餐桌数量：________。

中餐的用餐次数________；餐费标准：________；餐桌数量：________。

晚餐的用餐次数________；餐费标准：________；餐桌数量：________。

（六）保险基本信息

1. 甲方负责为学生购买校方责任险，学平险。

2. 乙方为学生购买的人身意外伤害保险的保险费用为________元/人；保险额度为：________元/人；有效期为：________________________。

（七）随团工作人员的安排

乙方安排随团工作人员____________位。负责督促各资源按行程开展接待。负责与带队老师一起，旅行中对学生进行管理。

（八）其他服务内容基本信息

双方约定，由乙方提供如下材料及相关服务。

项目名称	标　准	数　量

（九）另付费提示

乙方负责按研学旅行课程和行程安排落实景区、博物馆、研学基地等参观和课程接待。行程安排以外的门票、小交通体验费等需要另行支付的，需经带队老师同意后由学生自行支付。

三、研学旅行的课程、行程安排

1. 多日研学旅行安排表

活动日期	课程、活动安排	交通工具	用餐情况	住宿地点
D1　　月　日 星期				
D2　　月　日 星期				
D3　　月　日 星期				

2. 一日研学旅行安排表

时间	课程、活动安排	交通工具	用餐情况

注：活动安排中应注明课程、行程的出发地、途径地、目的地、线路行程和课程的时间以及研学活动的具体安排。

四、研学旅行的费用及付费方式

（一）研学旅行费用

（多日）本次研学旅行的学生费用为________元/人，其中包括大交通费________元/人；门票场地费________元/人；租车费________元/人；住宿费________元/人；餐费________元/人；工作人员________元/人（导游________元/人，研学辅导员________元/人）；旅游人身意外险________元/人；税费________元/人；操作费________元/人；课程体验费________元/人；课程材料费________元/人；课程设计费________元/人；课程讲解费________元/人，其中包括课前讲解费________元/人（课时），课中讲解费________元/人（课时），课后课前讲解费________元/人（________课时）；

（一日）本次研学旅行的学生活动费用为________元/人，其中包括（工作人员、保险、课程材料费、课程体验费、课程设计费等）如实际参加研学总人数，低于本团最低保证参加研学旅行的学生人数，受托方有权提高研学人均费用，如双方不能就费用问题达成新的协议，将按照《研学旅行委托合同》第三条第3款处理。

（二）付款方式（两种）

1. 研学旅行费用是由学生及家长直接向乙方支付的。学生及家长应当在与乙方签署《研学旅行合同》之日起____日内支付____%的研学旅行费用（预付款），剩余的研学旅行费用在行程结束后日内一次性支付给受托方。乙方收到学生及家长的预付款后，开始准备委托事宜。乙方在收到全部学生及家长支付的研学旅行费用后，向其出具合格发票。

2. 研学旅行费用由乙方代收代付的，本确认单经甲乙双方签字盖章或者指定电子邮箱或其他方式________确认之日起____日内即________年____月____日前，委托方向受托方支付____% 的研学旅行费用（预付款），剩余的研学旅行费用在行程结束后____日内即________年____月____日前按实际发生一次性支付受托方全部费用；逾期应按照每日未支付费用____%的标准支付违约金。乙方收到甲方的预付款后，开始准备委托事宜；乙方在收到甲方的全部费用后，向其出具合格发票。

本次研学旅行的付款方式为：第________种方式。

五、《研学旅行确认单》变更和取消

（一）研学旅行的变更

1. 本确认单经甲方和乙方确认后，甲方提出变更人数、调整研学行程安排的，甲方与乙方应当签署变更协议。如因此研学旅行各项费用变更的，以双方变更后的确认单为准。

2. 本确认单经甲方和乙方确认后，甲方又提出变更出团日期、变更活动地点或内容的，双方应当签署变更协议《研学旅行确认变更协议》，因甲方原因变更所增加的必要费用，按照《研学旅行合同》第十六条的约定，乙方扣除必要费用后将余款退还给学校或者学生及家长。此后，甲方与乙方根据变更后的研学行程安排，双方重新签署《研学旅行确认单》，研学旅行费用支付标准以新的《研学旅行确认单》为准。

3. 如因接待方原因（如政策性闭馆或装修等）需调整行程方案，乙方需提前与甲方协商，根据双方协商结果重新安排，费用另议。

（二）研学行程的取消

本确认单经甲方与乙方确认后，因甲方原因取消研学旅行活动的，双方应当签署取消行程协议《研学旅行确认取消协议》，乙方按照《研学旅行合同》第十六条第一款的约定扣除必要费用后将余款退还给学校或者学生及家长。

六、其他

1. 因为本次研学旅行活动特别需要，乙方经过与甲方充分协商，征得甲方同意，将________________活动委托给________履行，该地接企业的基本信息为：名称：__________；地址：__________________________；联系人：__________；联系电话：________________。乙方保证该地接企业完全按甲乙双方约定的服务内容和服务质量执行。

2. 双方关于本次研学旅行的特殊约定：____

3. 本确认单为《研学旅行委托合同》的组成部分，与其具有同等效力。

甲方确认上述内容。
甲方(学校)：
负责人签字：
经办人签字：
签约日期：

乙方确认上述内容。
乙方(研学旅行服务机构)：
负责人签字：
经办人签字：
签约日期：

附录 6

____学校研学旅行活动安全预案[①]

(学校用参考文本)

一、安全基本要求

1. 安全预防方针:安全是学生活动的基础! 安全第一,预防为主,消除任何安全隐患,做到防患于未然。

2. 安全预防原则:备份原则、复查原则、监护原则。

3. 安全预防理念:让安全成为一种生活方式。不抱侥幸,永远没有安全与不安全的过渡地带。

4. 安全管理三要素:消除物的不安全状态;杜绝人的不安全行为;控制环境的不安全因素。

二、安全负责人要求

每条线路的全体带队人员都是安全责任人,其中甲、乙双方负责人同时为安全责任的第一责任人。

1. 要树立高度的安全意识,安全责任人要对全体(班)学生的安全负全责。

2. 要严格执行安全预案中的要求。

3. 严密组织班级活动,对学生进行全过程跟踪式管理,杜绝各类人为事故的发生。

4. 发生或发现问题要及时上报带队领导并立刻解决。

三、外出安全要求

1. 带队领导和老师(以下简称“带队老师”)要树立安全第一的思想意识,要有高度责任心。全体工作人员明确职责,坚守岗位,避免疏漏。

2. 各班老师和随车老师是本班安全负责人,对本班安全负全部责任。

3. 组织学生活动时要以班为单位,老师全面负责学生的安全教育工作,各班要分组管理。

4. 教育学生严格遵守时间,按时集合、列队、不准擅自离队。学生小组要有组长,对学生进行安全教育,明确要求,小组必须统一行动。

5. 出发前及到达目的地时、返校上车前、返校后,老师必须及时清点本班人数,避免学生走失。

6. 乘车时按顺序乘车,在车内不准大声喧哗,不准将头和手伸出窗外,不准向车内外扔废弃物,不携带危险品及易燃易爆物品。

四、突发事件处理原则

1. 保持镇静、沉着应对。

2. 学生优先原则。

3. 就地抢救原则。

4. 报警求援原则。

5. 维持秩序、迅速疏散原则。

五、应急反应措施

1. 甲乙双方带队领导和相关人员要随车前往。

---

① 参考北京人生远足国际教育文化发展有限公司的《研学旅行活动安全预案》。

2. 所有教师、工作人员手机必须处于开机状态，前一天检查手机充值状况，确保资费充裕。

3. 进入活动区域后，由学校负责人担任总指挥，老师组织学生，以免学生走失。

六、因天气因素变更活动处理

1. 活动前一天了解天气情况，通知学生做好相应准备。

2. 发车时遇有天气变化，有可能对行车安全造成影响时，要果断采取措施，做出延时或变更处理，并针对学生可能出现的情绪波动，做好引导、说服教育工作，妥善处理善后事项。

七、车辆故障处理

1. 活动前要求承办方检查车辆车况，车况不良必须更换，否则不得发动车辆。

2. 中途车辆故障：①带队跟车老师及时把故障情况告知校领导和承办方。②因故障影响安全时，一定要做出停驶的决定，向承办方提出紧急调车改车的要求。③因故障影响行驶时，短时内无法修复的，处理同前。

3. 车辆换乘时，带队教师维持好学生秩序，严禁下车随意走动，尤其应防止交通事故发生。

4. 途中遇车辆失火应立即要求司机停车开门，同时指挥学生不要惊慌，如火势较小，前部学生从前门下，后部学生从后部应急门下；如火势较大，可视情况破窗逃生。下车后及时将学生疏散到安全地带，一名教师清点人数，一名教师负责及时向领导报告情况。如有学生受伤应立即组织抢救。

八、交通事故处理

1. 有重伤情况即刻拨打 122、120、999 并立即组织抢救。

2. 迅速报告领导，调动应急车到事发现场。

3. 保护好现场，指挥师生撤离至安全地点。

4. 向上级领导报告事故情况。

5. 安定学生情绪，询问、检查学生受伤情况，将受轻伤学生送往医院检查、诊治。

6. 立刻成立事故处理小组，分别负责家长、公安、医疗、保险等各方接洽，妥善处理善后事宜。先口头报告后出书面报告，总结经验教训。

九、活动过程安全预案

1. 活动开始前，一定要进行安全教育。注意力要集中，走陡峭处应当谨慎而行，避免脚步采空而出现危险。在山上照相时，不要边后退边拍，不要采食路边和山上的野果，教师在旁边保护学生安全。

2. 听从工作人员的安排与指挥，参加每一项活动，都要严格按规定采取保险措施，例如系好安全带、锁好防护栏等。不要开玩笑或冒险做出一些危险的动作。

3. 对于患病或身体不适的学生，不要勉强其参加活动。

4. 遇有学生发生摔伤、骨折、扭伤等伤害事故，立刻将其送往医疗机构救治，情况严重者由老师送医院治疗。

十、防火安全预案

此次活动要加强防火安全教育，提高全体师生的防火安全意识，并通过会议、提醒等多种方式来提高防火安全意识。做到人人知防火，人人重安全。

1. 活动前组织学生开展防火安全教育知识。

2. 教育学生严禁将火柴、打火机等火种带在身上。

3. 教师把学生放到第一位，一旦发生火情，立刻采取措施补救。

4. 重大火情发生时，迅速判断危险地和安全地，尽快把学生撤离出危险地带，同时向 119 报警。

十一、食品卫生安全预案

1. 学生要确保所带食品新鲜，未过期变质。

2. 学生饮食前要清洗双手和用餐工具。

3. 不要带一些不熟的或带有毒性的食物。

4. 一旦发生中毒，要在专业人士指导下，对食物中毒者进行急救处理，然后送往医院进一步治疗。

十二、其他要求

1. 要求各班分组，教师团队按线路建立联络和管理机制。保证通信联络畅通。

2. 配合承办单位，听从指挥，组织好学生，强调守时，加强安全纪律管理，按要求参加集体活动，不能擅自脱离集体行动。

3. 关心学生，做好教育引导，培养团队精神、团结友爱、互帮互助、勤俭朴实。

4. 晚上不得批准或组织学生进行计划外的外出活动。做好晚点名，每天晚上 22:00～22:30 入房间点名。

5. 班主任牵头，做好活动宣传，每个实践团队不少于两篇活动报道。

6. 与学生、合作团队及时沟通交流，做好工作记录。

7. 如遇突发事件，立即到位，以学生健康安全为第一位，立即汇报，积极协助处理。

8. 预备常用药品。

匪警：110　　**急救中心：**120 **或** 999　　**交通事故：**122

×××学校

年　　月　　日

附：学校老师、导游电话：

学校领导、承办研学旅行服务企业负责人电话：

随车司机师傅电话：

车队电话：

当地地接企业负责人电话：

附录 7

____学校研学旅行学生安全告知书[①]

(学校告知学生及家长用参考文本)

________(学生)及家长(监护人):

为保障研学旅行的安全,提高学生的安全风险意识,确保本次研学旅行安全和顺利,现将研学旅行中常见的各类安全风险向您告知。请务必陪同学生仔细阅读《安全告知书》,并进行安全教育与引导。

一、关于研学旅行目的地或者活动地的风险告知

1. 研学旅行目的地及活动地点可能涉及高山、湖泊、江河、海边、沙漠、草原、城市街道、火车站、飞机场、码头、汽车停靠车站等公共场所,学生有可能出现迷路走失、跌倒、落水、中暑、蚊虫叮咬、动物抓咬、踩踏等人身伤害事故,请家长务必教育并提醒学生在上述地点活动时,遵守法律法规、公共秩序、学校及我公司的安全管理要求。

2. 研学旅行目的地气候可能炎热、闷热、寒冷、潮湿等,可能存在高温、沙尘暴、暴雨、暴雪、台风等恶劣天气,也有可能出现中暑脱水、冻伤冻病、过敏湿疹等伤病,或因恶劣天气状况造成人身伤害和财产损失。请家长(监护人)务必密切注意目的地的天气预报、学校及我公司的提醒,为学生准备相应衣物和药品,并提醒学生根据天气情况进行更换。**如果学生对高温敏感或存在过敏病史等,报名时请主动告知学校,经同意后方可报名。**

3. 研学旅行目的地或者活动地点可能因人为或不可抗力因素产生突发性灾难,危及学生的人身安全和财产安全,请家长务必教育提醒学生远离危险场所,听从学校、我公司工作人员或现场工作人员的指挥,进行紧急避险。

二、研学旅行活动中的风险及安全提示

1. 为防止意外事件发生,报名时请将学生身体不良状况或者特殊注意事项向学校提出申报,包括但不限于心脏病、呼吸疾病、过敏、癫痫、骨伤痊愈未满一年等,否则,由此产生的责任自行承担。

2. 研学旅行活动过程中,听从带队老师、研学活动工作人员安排,不得私自行动,脱离研学旅行团队,以免走失。

3. 禁止携带易燃易爆、管制刀具、有毒有害等危险物品。严禁烟火,严防火灾。

4. 在研学旅行活动过程中,请将手表、项链、手机、徽章、钥匙等硬质物品装入背包,衣裤兜内不要存放硬质物品。

5. 在研学旅行活动过程中,不得攀爬高空器械、陡壁或尝试其他冒险活动;在树林、山坡等地形复杂的区域,严禁奔跑和追赶打闹。

6. 在研学旅行活动过程中,杜绝咀嚼口香糖,非用餐时间不得食用零食。

7. 出行前,学生及家长(监护人)应当与带队老师、研学导师或导游交换手机号,并保持联络通畅。

8. 尊重他人,礼貌待人;如与他人发生纠纷,应及时报告带队老师或研学旅行工作人员协调处理。

9. 严格遵守活动各环节时间安排,不得迟到早退,任何人不能擅自离队,在特殊情况下需

① 参考北京大潮国际旅行社有限公司的《安全告知书》。

离队的，应当得到带队老师或研学旅行工作人员的许可，并且应当至少三人结伴而行。

10、请根据学生的身体状况携带必备药品(如：感冒药、止泻药、晕车药等)和常用药品。**如学生患有需每日用药的病症，报名时应当主动告知学校，经同意后方可报名。**

11. 在研学旅行活动过程中，认清研学旅行团队的队伍、队旗、工作人员和地陪导游，服从安排，紧跟队伍，认真听从导游讲解，自由活动期间以小组为单位进行娱乐活动，注意集合时间和上车的地点，认清乘坐车辆的车型车号，以免跟错团队。

12. 拍照时注意周边环境，注意脚下安全，来往行人及车辆，避免摔伤。

13. 严禁追赶打闹，紧跟队伍，过马路时注意红绿灯。

三、研学旅行活动中乘坐汽车的风险和安全提示

1. 研学旅行活动可能途径高速、国道、省道、一般道路、防火通道、盘山路、景区内道路等，有可能出现道路施工、堵车、车辆事故、交通事故等造成行程延误或者人身伤害。请家长(监护人)务必教育学生乘车时听从研学旅行工作人员指挥，按秩序乘车，不做危险动作。

2. 乘车时听从带队老师及研学旅行工作人员指示，系好安全带、调整好座椅靠背和扶手，行车中请勿随意在车厢内站立或走动，禁止乘坐在第一排和最后一排中间位置；如有晕车等特殊情况，请提前告知带队老师或研学旅行工作人员，以便安排座位，另外请根据自身情况，在乘车前服用晕车药或做好相关准备。

3. 贵重物品及相关证件务必随身携带，下车活动时，禁止放在车厢内，以免丢失；随身行李放在脚下或行李架上固定好，以免掉落砸伤他人。

4. 上车后，不随意将身体伸出车厢外，不要随意开关天窗、使用安全锤，以免发生意外。

5. 行车时，不要在车厢内吃零食，不要向车外抛洒物品。

6. 上下车时，注意观察往来车辆和台阶，取行李时注意行李箱门，以免受伤。

四、研学旅行活动中乘坐火车时的风险和安全提示

1. 研学旅行活动中，可能乘坐高铁、动车、城际列车、普通列车等，席别可能包括软卧、硬卧、硬座、一等座、二等座等。在行车途中可能因道路施工、机车故障、事故等造成行程延误或人身伤害等事故。请家长(监护人)务必教育学生乘火车时听从带队老师或研学工作人员的指挥，按秩序乘车，不做危险动作。

2. 遵守火车站的规章制度，注意安全，按顺序上下车，保管好随身携带物品和票证或铺位卡，避免丢失财物。

3. 火车在行驶过程中，会出现车体晃动或者急刹车的情况，在车厢活动时请保持身体平衡；禁止在火车上随意行走、奔跑、打闹；不得随意触动车厢门、安全锤等，不得将身体伸出车厢外。

4. 在火车车厢之间的缝隙，车厢车门，卫生间门、开水锅炉等危险区域活动时请注意安全，不要长时间停留。

5. 在火车临时停靠站时，不得下车，注意火车广播及带队老师的通知，提前做好下车准备。

6. 爱护车厢内的卫生，禁止在车厢内吸烟，火车停止时，不要使用卫生间。

7. 车厢之间的交汇处设有开水锅炉，学生接打开水时注意安全，谨防烫伤；在火车上接打开水时只接打半杯，防止火车突然刹车，水溢出烫伤自己。

五、研学旅行活动中乘坐飞机的风险和安全提示

1. 在乘坐飞机时，有可能出现因天气原因、机器故障、事故等造成的行程延误和人身伤害事故。请家长(监护人)务必教育学生乘坐飞机时听从研学旅行工作人员指挥,按秩序乘坐,不做危险动作。

2. 遵守机场和航空公司的规章制度,注意安全,保管好随身携带物品、票证、登机牌、行李条和证件。上下飞机时务必检查确认,避免财物丢失。

3. 飞机飞行过程中,机舱会晃动,起飞降落时请听从飞机工作人员要求,坐在座位上系好安全带。在机舱活动时请保持身体平衡;禁止在飞机上随意行走、奔跑、打闹。

4. 请随身携带证件和贵重物品登机,将行李放在脚下或行李舱内。

5. 不要随意触碰舱门和应急舱门,以免发生安全事故。

6. 如身体不适宜乘坐飞机,报名时应主动告知学校,经同意后方可报名。

六、研学旅行活动中就餐的风险和安全提示

1. 研学旅行活动的用餐可能安排在餐厅、酒店、户外等,有可能发生食物中毒等人身伤害事故。请家长(监护人)务必教育学生用餐时听从带队老师或者研学工作人员指挥,按秩序用餐,不做危险动作。注意饮食卫生,就餐前应洗手;请勿在定点餐厅以外用餐。

2. 不要暴饮暴食,如对菜品或口味有特殊需求(如回民),对饮食有相关过敏反应,请在签约前告知学校,以便安排。

3. 餐厅内地面湿滑,请小心行走,以免摔倒。

七、研学旅行活动中住宿的风险和安全提示

1. 研学旅行的住宿可能会安排在火车、飞机、酒店、学生公寓等,有可能因为人为、设施、不可抗力等因素造成人身伤害或财产损失。请家长(监护人)务必教育学生遵守学校及我公司的住宿安全管理要求。

2. 入住酒店,应当携带本人身份证件;房间应当由带队老师或研学旅行工作人员统一安排,任何人不得私自调换房间。

3. 爱护住宿环境,保持墙壁整洁,严禁在墙壁上乱写乱画,爱护楼内及房间内的设施设备,如有损毁请自行照价赔偿。

4. 为防止火灾发生,学生在宾馆或酒店内严禁使用蜡烛及其他明火设备;严禁燃烧纸屑;严禁吸烟、喝酒等其他不良举止;禁止大声喧哗和打闹,以免影响他人休息。

5. 住宿期间,保管好自身携带的贵重物品,不得私自动用他人的物品,出入房间随手锁好门窗。

6. 注意用电安全,不得随意乱接电源,不得在潮湿环境用电,避免发生漏电短路等用电危险。使用开水壶时请注意安全,避免烫伤。

7. 离开房间前应当将电源关闭,水龙头关闭。洗澡时,浴室或浴缸内铺好防滑垫,以免滑倒。

8. 房间内有自费用品,使用前请确认,产生费用自行承担。

9. 入住房间后请检查房间相应设施设备是否完好,如有缺失或坏损请马上告知带队老师或者研学工作人员。

八、研学旅行活动中财物安全风险及提示

1. 研学旅行中,禁止携带大量现金和贵重物品,如确需,务必自行妥善保管,避免丢失。

2. 贵重物品禁止随意放在公共场所或无人看管的房间里、车厢内,以免丢失。

3. 研学旅行活动中不要轻易相信游商和陌生人,谨慎、理性消费。不随意出示证件及银行卡、现金、贵重物品等。

4. 银行卡、证件、现金等物品请分开携带，减少一次性丢失风险。

5. 尽量不在人流量密集的景区或公共场所出示大额现金或贵重物品，以免丢失。

6. 如证件、银行卡和其他贵重物品丢失，应第一时间联系带队老师或研学旅行工作人员，以择情选择最适宜的处理方案。

后附《班级学生健康信息登记表》。

学生签字：

学生家长(监护人)签字：

年　　月　　日

____班级学生健康信息登记表

尊敬的家长(监护人)：

您好!

为了加强对特异体质、重大疾病学生的关爱，确保学生研学旅行活动安全顺利地进行，请家长如实填写《学生健康信息登记表》。

<table>
<tr><td>学生姓名</td><td></td><td>性别</td><td></td><td>出生年月</td><td></td></tr>
<tr><td>联系手机</td><td></td><td>家长(监护人)姓名</td><td></td><td>家长(监护人)电话</td><td></td></tr>
<tr><td>药物过敏史</td><td>□有□无</td><td colspan="4">□青霉素　□磺胺　□链霉素　□其他</td></tr>
<tr><td rowspan="5">既往史</td><td>疾病</td><td>□有　□无</td><td colspan="3">□高血压　□糖尿病　□冠心病　□脑卒中
□慢性阻塞性肺疾病　□恶性肿瘤　□肝炎
□结核病　□严重性精神障碍　□其他</td></tr>
<tr><td>手术</td><td>□有　□无</td><td>时间</td><td colspan="2"></td></tr>
<tr><td>外伤</td><td>□有　□无</td><td>时间</td><td colspan="2"></td></tr>
<tr><td>住院</td><td>□有　□无</td><td>时间</td><td colspan="2"></td></tr>
<tr><td>输血</td><td>□有　□无</td><td>时间</td><td colspan="2"></td></tr>
<tr><td>遗传病史</td><td>□有□无</td><td>疾病名称</td><td colspan="3"></td></tr>
<tr><td>特定疾病</td><td>□有□无</td><td colspan="4">□自闭症　□抑郁症　□癔症　□夜游症　□脆骨症
□血友病　□心脏病　□心肌病　□支气管哮喘或扩张
□急慢性肾炎　□尿毒症　□脑血管畸形　□白血病
□红斑狼疮　□皮肌炎　□癫痫性精神障碍</td></tr>
<tr><td>残疾情况</td><td>□有□无</td><td colspan="4">□视力残疾　□听力残疾　□言语残疾　□肢体残疾
□智力残疾　□精神残疾　□其他残疾</td></tr>
<tr><td>其他疾病</td><td colspan="5"></td></tr>
</table>

学生签字：

家长(监护人)签字：

填表日期：

附录 8

研学旅行安全责任告知书[①]

(旅游企业告知学校用参考文本)

__________________学校：

为落实教育部等 11 部门发布《关于推进中小学生研学旅行的意见》文件精神，推动研学旅行健康快速发展，保障此次研学旅行的安全顺利、安全责任落实到位、文化氛围健康向上，特制定此责任书。现将活动期间安全事项告知学校如下：

一、安全防范责任

1. 活动前，对学生进行专门的安全教育培训，提高学生安全意识。

2. 活动前，对带队教师进行培训，明确带队教师的责任。

3. 活动过程中，学生结成小组，每班配备一名教师。

4. 给每一位学生都要上一份“意外伤害险”。

5. 严禁学生擅自行动，不准学生私自离开同行队伍。

6. 所有教师通信工具保持畅通，带队总负责人、总协调要随时保持和旅行社领队的联系，确保活动顺利进行。

二、交通责任

1. 学校要检查运营车辆正规运营资质，确保每个座位的安全带都能正常使用。

2. 每车有一人监控车速。一般由辅导员老师或研学导师负责。高速路上，车速不超过 90 公里/小时；市区、山区车速不超过 60 公里/小时。

3. 学校按车辆编号，分班级组织学生上车，教育学生上车后，系好安全带，每人一座，坐好后，不得私自调换座位。

4. 教育学生车辆行驶过程中，不得将头、手、脚等身体部位伸出窗外，不能在车内站立、行走、打闹、否则由此带来的意外伤害，责任自负。车厢内进餐和喝热饮料请注意安全，以免发生意外。

5. 教育学生如遇堵车、车辆检修等意外停车，学生不得私自下车。

6. 教育学生上、下火车时请有序依次进行检票、行李安检等程序，不要私自行动，脱离队伍。

7. 教育学生火车上要文明乘车，将垃圾放到该放的位置，对人有礼貌，不与人发生冲突。

8. 教育学生遇见小偷或其他突发问题时，告知老师，不要自己处理，老师要灵活对待，以保护好学生为第一要务。

9. 教育学生出站后，按车分组列队，清点人数，报告人数，听从工作人员组织，有序上车。

三、食宿责任

1. 学校要检查就餐餐厅正规工商、食品监督等资质(承办企业予以配合)。

2. 学校提前审核菜单，提前分组按桌签入座。

3. 学校要检查入住酒店是否为旅游局指定正规酒店(承办企业予以配合)。

4. 入住酒店时老师需对学生介绍安全通道及有关注意事项。

5. 教育学生入住酒店后不允许私自外出，不允许点外卖。随队教师及领队分组查房，如

---

① 参考北京人生远足国际教育文化发展有限公司的《研学旅行安全责任书》。

有紧急情况，需及时联系带队负责老师进行处理。

四、活动过程责任

1. 教育学生到达景区后，听从老师、辅导老师及当地工作人员指挥，不得私自离开队伍活动。

2. 教育学生在活动期间，不得离开主线路，不得去危险性场所，不得私自离开团队。

3. 教育学生在活动期间及车上不得以各种原因吵架、打架、斗殴，在景区内不得追逐打闹，避免伤害事故的发生。

4. 教育学生自备垃圾袋，将废弃物放入垃圾袋内，下车后扔入垃圾桶内，不要随地乱扔，景区内不得乱扔垃圾。

5. 教育学生以小组为单位行动，要守时，听指挥，认真完成研学任务，每个学生及时上车，小组成员一个不少。

6. 教育学生在景区、酒店、餐厅等地要维护个人形象、学校形象，爱护景区设施，不损坏任何东西，不使用电器，不动任何电源，有需求找老师。

7. 教育学生参观景区、检票等要有序排队；不拥挤、不打闹。

五、安全保障责任

1. 卫生及医疗保障。

(1) 提醒学生自备治腹泻药，治擦伤和扭伤药，防蚊虫药，防过敏药、创可贴等常用药品；

(2) 向学生公开带队老师手机号和房间号；

(3) 提前探清楚当地医院的位置和当地派出所位置。

2. 住宿及安全保障。

学校应组织老师晚上分组值班，巡视至23:30，每日一次反馈，提醒学生。

×××企业

年　　月　　日

参考文献

[1] 朱洪秋."三阶段四环节"研学旅行课程模型[J]. 中国德育，2017(12):16-20.

[2] 宋世云等. 系统构建中小学研学旅行课程内容[J]. 中小学信息技术教育，2019(9):84-87.

[3] 李祥，郭杨. 中小学研学旅行的风险及其规避[J]. 中小学管理，2017(8):28-30.

[4] 李斌. 现代治理视野中的消防安全责任体系重构[J]. 消防界(电子版)，2018,4(3):123-125.

[5] 程珊珊，唐月亮，等. 中学生研学旅游基地选择的影响因素研究——基于TPB模型的研究[J]. 河北旅游职业学院学报 2017(12).

本章规范部分是由北京财贸职业学院课题组李永生执笔起草的。

本章的附录1至附录8全部由北京财贸职业学院夏飞、王俏执笔和整理的。

参与本章研究的单位(个人)还有：北京大潮国际旅行社有限公司、北京世纪明德教育科技股份有限公司(赵兴花)、北京人生远足国际教育文化发展有限公司(黄传骅)、中央民族大学附属中学(王国德)、中国人民大学附属小学(金立文)、北京市第八中学(张春林)等。

第二章　中小学研学旅行基地的学校选择标准

1　范围

本标准规定了中小学校选择研学旅行基地的标准，包括研学基地的选择原则、基本条件、设施与服务标准、评价指标等。

本标准适用于中小学研学旅行基地的认定与选用。

2　参考与引用文件

下列文件对于本文件的应用是必不可少的。凡是注明日期的引用文件，仅所注日期的版本适用于本文件。凡是不注日期的引用文件，其最新版本（包括所有的修改单）适用于本文件。

《中华人民共和国教育法》

《中华人民共和国旅游法》

《关于推进中小学生研学旅行的意见》（教基一〔2016〕8号）

《中小学综合实践活动课程指导纲要》

《关于做好中小学研学旅行试验区工作的通知》

GB 3095—2012　环境空气质量标准

GB 3096—2008　声环境质量标准

GB 5749—2006　生活饮用水卫生标准

GB 16153—1996　饭馆（餐厅）卫生标准

GB 14934—2016　食品安全国家标准：消毒餐（饮）具

GB 9665—1996　公共浴室卫生标准

GB 17945—2010　消防应急照明和疏散指示系统

GB/T 18973—2016　旅游厕所质量等级的划分与评定

GB/T 15971—2010　导游服务规范

GB/T 31710.3—2015　休闲露营地建设与服务规范第3部分：帐篷露营地

LB/T 054—2016　研学旅行服务规范

LB/T 025—2013　风景旅游道路及其游憩服务设施要求

T/CATS 002—2019　研学旅行基地（营地）设施与服务规范（中国旅行社协会发布）

DB13/T 2630—2017　河北省研学旅行基地设施规范

DB34/T 2604—2016　安徽省研学旅行基地与服务规范

3　术语和定义

下列术语和定义适用于本标准。

3.1　中小学生研学旅行

中小学生研学旅行是由教育部门和学校有计划地组织安排，通过集体旅行、集中食宿方式开展的研究性学习和旅行体验相结合的校外教育活动，是学校教育和校外教育衔接的创新形式，是教育教学的重要内容，是综合实践育人的有效途径。[①]

3.2　研学旅行基地(营地)

自身或周边拥有良好的餐饮住宿条件、必备的配套设施，具有独特的研学旅行资源、专业的运营团队、科学的管理制度以及完善的安全保障措施，能够为研学旅行过程中的学生提供良好的学习、实践、生活等活动的场所。[②]

4　学校选择研学旅行基地的原则

本着“带着课本去旅行”的理念，探索学校对研学旅行基地的选择标准，应遵守“安全性原则、教育性原则、实践性原则、公益性原则”。[③]

4.1　安全性原则

安全性原则是基地选择的首要原则。所选择的基地必须配备安全保障设施，建立安全保障机制，明确安全保障责任，落实安全保障措施，确保学生的安全。基地选择必须远离地质灾害频发、危险事故频发区域。[④]

4.2　教育性原则

所选择的研学基地应注意中小学生身心特点，尊重不同学段学生的知识教育的规律，以及学生接受能力和成长需要。所选择的基地的研学资源还具有系统性、科学性和趣味性。同时，研学活动能够提高学生的参与程度。

4.3　实践性原则

实践性主要是突出“知行合一”特征，引导学生走出校园，通过亲身实践开展体验学习和参与学习，拓宽学生视野，将课堂内所学知识与生活实践有机结合，从而达到了解社会、亲近自然的目的。所选择的基地应因地制宜，能够反映当地特色风貌，体现服务学生的实践性特点。

4.4　公益性原则

所选择的基地应将社会效应放在首位，同时要考虑到所选择的基地经济性和公益性的平衡。中小学校在组织研学旅行时，本身也不应以营利为目的，应对家庭贫困学生进行适当补助或费用减免，确保教育公平。

5　研学旅行基地的学校选择的基本条件

5.1　基地的资质条件

5.1.1　基地必须取得工商、卫生、消防、公安、旅游、食品等管理部门颁发的许可经营证照。[⑤]

5.1.2　基地应具备法人资质，应具备与学校研学旅行需求相符的经营资质和服务中小学生团队的能力，并且有良好的信誉和较高的社会知名度。

5.1.3　基地应选择国家 AAA 级(含)以上的旅游景点、市县级(含)以上重点文物保护单位、区县级(含)以上非物质文化遗产等景点作为研学场地或场景。

5.1.4　基地所在地景点应该正式对社会公众开放满 3 年以上。

5.1.5　3 年内发生重大环境污染或负主要责任安全事故的景点不得作为基地。

---

① 教育部等 11 部门《关于推进中小学生研学旅行的意见》(教基一〔2016〕8 号)。

② 中国旅行社协会发布的 T/CATS 002—2019《研学旅行基地(营地)设施与服务规范》。

③ 教育部等 11 部门《关于推进中小学生研学旅行的意见》(教基一〔2016〕8 号)。

④ 中国旅行社协会发布的 T/CATS 002—2019《研学旅行基地(营地)设施与服务规范》。

⑤ 中国旅行社协会发布的 T/CATS 002—2019《研学旅行基地(营地)设施与服务规范》。

5.2 基地的场地条件

5.2.1 基地的主题、游览线路设计、活动项目设计应与本次研学主题相关。

5.2.2 基地的场地容量应能满足研学师生人数需求，优先选择同时具有室内和室外研学场地的景点。

5.2.3 基地内部或周边(20 公里内)应有能够保证学生就餐、住宿需求的餐厅和宾馆。

5.2.4 基地应整体运行良好，内部用水、电、通信、网络、广播、安保、消防、急救等配套设施应齐全完备。基地内必须有专人管理配套设施且管理制度完备。

5.2.5 基地的路线设计应合理，能够满足学生研学需求，易于学生集散，确保学生安全。如景区内需要乘坐电瓶车等交通工具，则基地内必须有专人负责运行及安全管理。

5.2.6 基地的整体环境应干净整洁，卫生条件符合有关标准。

5.2.7 基地内应配备有数量适宜的医务室及专职医护人员，具备基本医疗保障条件，且基地外部 20 公里以内，应有具备急救能力的二甲及以上等级医院。

5.2.8 基地应具备完整的突发事件处理预案，包括但不限于地震、火灾、恐怖袭击、游客受伤、游客突发疾病等。基地处理突发事件应及时、妥当，突发事件处理记录要准确、齐全。基地应选择景区救援能力与景区接待能力相匹配的景点。

5.3 基地内服务人员的配备条件

5.3.1 基地服务人员应举止文明，具备良好的业务水平。

5.3.2 基地服务人员的人员数量配置能够满足研学旅行的需求。

5.3.3 基地应配备宣传教育部门、导引部门及专职讲解人员，且工作人员人数与该基地日接待量相匹配。

5.3.4 基地讲解人员 100%具备大专学历，50%以上具备大学本科以上学历。讲解人员 70%以上具备两年以上讲解工作经历。

5.3.5 每个研学团组根据人数分成若干小组，配有研学导师；每个团队配置安全员。

5.3.6 基地工作人员应具备一定的医疗急救常识，熟悉基地内部的医疗服务点和基地周边的医疗服务机构。

5.3.7 基地工作人员应具备一定的灾害应急常识，熟悉基地内部的紧急避险区域、通道等。具备遇突发情况能够进行自救和帮助游客紧急避险和逃离灾害现场的能力，同时具备紧急情况上报单位主管及应急部门的能力。

5.3.8 基地工作人员应按规定进行体检，个人卫生符合行业有关规定。

5.4 基地所具备的教育价值体现

5.4.1 应选择具有较高观赏价值、历史价值、文化价值或科学价值，并具有较大宣传教育意义的景点作为基地。所选择的基地应以科技、文化、历史、革命教育、体育、生物、影视、动漫、探秘、拓展等为特色。①

5.4.2 所选择的基地应该以培养团队协作能力、动手实践能力、自理自立能力、纪律约束能力，传统文化教育、传统民俗展示、爱国主义教育、科技知识教育、生态文明教育、体能训练等为实践主题。②

5.5 基地的环境与卫生条件

5.5.1 在空气质量、噪音环境、污水排放、洗手间设立等方面，基地应符合 GB 3095—

① 中国旅行社协会发布的 T/CATS 002—2019《研学旅行基地(营地)设施与服务规范》。

② 中国旅行社协会发布的 T/CATS 002—2019《研学旅行基地(营地)设施与服务规范》。

2012、GB 3095—2008、GB 8978—1996、GB/T 18973—2016 等标准的要求。

5.5.2　在灾害防控，饮用水标准、餐厅卫生标准、洗浴卫生标准等方面，基地应符合 GB 5749—2006、GB 16153—1996、GB 14934—2016、GB 9665—1996 等标准的要求。

5.5.3　在垃圾分类工作方面，基地应符合当地的垃圾分类管理要求。

5.5.4　在传染病防控方面，基地应符合《中华人民共和国传染病防治法》的要求。基地应建立传染性疾病预防方案，配备卫生与医疗管理设施，配备专职医务人员，定期对基地内的医疗设备和常备药品进行检查。

6　学校选择研学旅行基地的设施与服务标准

6.1　配备与研学教育主题有关的场地、设施和设备

6.1.1　基地室外研学场地应平整、开阔，适宜学生在室外进行研学活动。应配有室外广播系统。

6.1.2　基地室内研学场地应具有良好的通风系统。应急疏散标识应规范清晰。

6.1.3　研学设施应安全、完整，可以正常运行使用。在使用过程中，应配备专门的工作人员全程进行运行管理。

6.1.4　研学设备在使用过程中，应有研学导师或专门的工作人员予以指导学生，确保学生安全。

6.2　设置符合国家有关规定的指示标牌

6.2.1　基地应提供全景、线路、景物、位置和参观等标识标牌。根据研学需求，设置景区全景地图、景区参观路线图，对服务中心、景区广播室、卫生间、餐厅、商店等场所设置明显标识。

6.2.2　基地应在外部交通、景区内道路、停车场等设置交通导览设施。

6.2.3　基地应在医疗救护、危险地段、安全疏散通道、质量投诉和参观线路设置导览设施。

6.3　具备安全救护设施、人员及机制

6.3.1　基地内必须配备应急安全设备，包括但不限于：实时的人员流量监控系统、闭路电视监控系统、应对游客突发疾病、应对突发事件处置设备、消防设备等。其中，闭路电视监控应在公共开放区域进行全天候无死角设置，且视频录像应保留 30 天以上。

6.3.2　基地内应按照有关规定设置指示牌及标志，包括但不限于：医疗救护、安全疏散通道、各类安全提示、危险地段、各类指引标识和指示设施等。

6.3.3　基地内不得存放任何易燃、易爆、具有腐蚀性或有碍安全的物品。

6.3.4　基地内救护设备应齐备完好，应与周边医院有联动救治机制。

6.3.5　基地内应设有治安机构或治安联防点，与周边公安、消防等机构有应急联动机制。

6.3.6　基地内游览娱乐设施应符合 GB 8408—2008 游乐设施安全规范的要求，所有设施均需配备专职人员进行运行、维护和管理，确保研学学生安全。

6.4　具有满足研学旅行需求的餐厅

6.4.1　基地内或周边(20 公里)应具有满足研学旅行需求的餐厅。

6.4.2　餐厅应满足接待人数要求。

6.4.3　餐厅提供的餐食应干净、卫生，符合相关规定，同时应做好食品留样工作。

6.4.4　餐厅服务人员定期体检，持健康证上岗。

6.5 具有满足研学旅行的交通条件

6.5.1 基地具有县级以上直达公路,站牌指示醒目。

6.5.2 基地内部交通应安全通畅,交通工具设施完好、整洁,使用绿色清洁能源。

6.5.3 基地停车场、游步道等旅游交通应符合 LB/T 025—2013 风景旅游道路及其游憩服务设施的要求。

6.6 具有满足研学旅行的住宿条件

6.6.1 基地的住宿条件、总体服务质量和安全管理应符合 GB/T 14308—2010 旅游饭店星级的划分与评定的要求。

6.6.2 研学旅行集体住宿应男女分区。

6.6.3 研学旅行集体住宿的宾馆保证设施安全、卫生洁净。

6.6.4 野外露营点,选址科学合理,符合 GB/T 31710.3—2015 休闲露营地建设与服务规范中的第三部分:帐篷露营地的要求。

7 学校评价研学旅行基地课程教学效果的指标

7.1 基地课程内容安排

7.1.1 基地根据中小学生学段建立分级、分类的研学旅行课程及线路体系,适应每个学段的研学活动课程不少于 4 类,每类不少于 3 门研学活动课程。

7.1.2 基地课程应具备教育性、实践性、开放性、集体性、综合性、主体性等特点。

7.1.3 基地课程应突出立德树人、实践育人,突出学生主体地位,注重学生亲身体验和探究。

7.1.4 基地课程内容选择应重视研学要求,重视与社会生活实际连接,重视与现代科学发展联系,重视与各学科知识的联系,重视与核心素养联系,重视当地特色资源挖掘。

7.1.5 基地课程方案符合小学、初中或高中学生的年龄特点,小学主要开展乡情、县(区)情、市情教育;初中主要开展市情、省情教育;高中主要开展省情、国情教育。

7.2 基地课程实施要求

7.2.1 课程设计要符合学生的年龄和认知特点。

7.2.2 课程实施中,教学语言形象生动、数据列举准确,讲解要有趣味性、知识性和哲理性。

7.2.3 课程实施要与学校教育教学的相关知识有机结合。

8 学校评价研学旅行基地服务效果的指标与办法

8.1 学校对研学旅行基地效果评价的指标

8.1.1 指标体系含一级指标 8 个,包括资质条件、接待能力、研学场地条件、人员配备、餐饮、住宿、安全保障、课程教学等。

8.1.2 二级指标 39 个,含单选和多选赋分。

8.2 学校对研学基地的效果评价主体

8.2.1 学校里参与研学旅行的教师和学生是评价主体。

8.2.2 学校里参与研学旅行的组织与领导的干部和员工是评价学生和承办企业研学旅行服务企业的主体之一。

8.2.3 参与研学旅行学生的家长也是评价者之一。

8.3 评价计量方法

8.3.1 评价表设计为 8 个方面,总分 150 分。

8.3.2　通过不同参与主体的评价进行打分和对基地提供的材料质量进行打分，加权平均后，获得分数结果。

8.3.3　获得总分数为 130 分及以上的，效果为“优秀”等级；总分为 129 分，效果为“良好”等级；总分为 100 分以下的，效果为“一般”等级。

研学旅行基地服务效果的学校评价表

	一级指标	序号	二级指标	满分	得数	评分说明
1	资格条件（10分）	1	国家级爱国主义教育基地	10		该一级指标包含了 5 个二级指标，单选
		2	省级爱国主义教育基地	10		
		3	4A 级景区及以上	10		
		4	举行过国际赛事	10		
		5	其他重要资格	5		
2	接待能力（10分）	1	300 人以上	10		该一级指标包含了 4 个二级指标，单选
		2	150 人以上	7		
		3	100 人以上	5		
		4	100 人以下	3		
3	工作人员配备（15分）	1	具有专门宣传教育部门、导引部门、专职讲解员，人员充足	3		该一级指标包含了 4 个二级指标，多选
		2	讲解人员 100%具备大专学历，50%以上具备大学本科以上学历。70%的讲解人员从事讲解工作两年以上	4		
		3	每个研学团组分成若干小组，每个小组 10～15 人为宜，配有研学导师 1 人；每个团队配备至少 1 名安全员，安全员与学生的比例不低于 1∶25	4		
		4	每个研学团组应至少配备 1 名随团医生，且随团医生与学生的比例不低于 1∶50	4		
4	研学场地设备条件（15分）	1	有多媒体设备（公共广播、大屏幕等），可播放宣传片等	4		该一级指标包含了 4 个二级指标，多选 本部分，多媒体影院或播放厅，如能容纳 50 人，得 1 分；低于 50 人，得 0 分 广场如能容纳 150 人，得 1 分；低于 150 人，得 0 分 耳麦如具有 150 个，得 1 分；低于 150 个，得 0 分
		2	有可容纳 100 人的多媒体影院或播放厅，可以播放宣传片等	4		
		3	有可容纳 200 人的广场，可以举行诗朗诵、团建活动等	4		
		4	有不少于 200 个耳麦，可以保证展厅内讲解质量	3		
5	餐饮标准（15分）	1	研学旅行基地内部或周边能够提供 200～300 人就餐	10		该一级指标包含了 2 个二级指标，单选 如餐厅接纳就餐人数不足 100 人，得 0 分
		2	研学旅行基地内部或周边能够提供 100～150 人就餐	5		

续表

	一级指标	序号	二级指标	满分	得数	评分说明
6	**住宿标准（15分）**	1	集体住宿、男女区分隔管理	4		各项符合标准得满分，不达标得0分
		2	设施安全	4		
		3	卫生洁净	4		
		4	野外露营点，选址科学合理	3		
7	**安全标准（20分）**	1	流量监控	2		各项符合标准得满分，不达标得0分
		2	应急设备	2		
		3	消防设备	2		
		4	安装闭路电视监控设备	2		
		5	疏散通道、安全提示和指引标识	2		
		6	禁止存放易燃、易爆、腐蚀性及有碍安全的物品	2		
		7	基础救护设备齐备完好	2		
		8	与周边医院有联动救治机制	2		
		9	设有治安机构或治安联防点	2		
		10	与周边公安、消防等机构有应急联动机制	2		
8	**课程教学（50分）**	1	基地根据中小学生学段建立分级、分类的研学旅行课程及线路体系，适应每个学段的研学活动课程不少于4类，每类不少于3门研学活动课程	8		达到要求的得满分。没有达到要求的酌情扣2～3分
		2	基地课程具备教育性、实践性、开放性、集体性、综合性、主体性等特点	5		
		3	基地课程应突出立德树人、实践育人，突出学生主体地位，注重学生亲身体验和探究	5		
		4	基地课程内容重视研学要求，重视与社会生活实际连接，重视与现代科学发展联系，重视与各学科知识的联系，重视与核心素养联系，重视当地特色资源挖掘	5		
		5	基地课程：小学主要开展乡情、县（区）情、市情教育；初中主要开展市情、省情教育；高中主要开展省情、国情教育	5		
		6	课程符合学生的年龄和认知特点	5		
		7	语言形象生动、数据列举准确、讲解要有事性、趣味性、知识性、哲理性	7		
		8	与教育教学的相关知识有机结合	6		
合计			满分数：150分		实得分数：	

参考文献

[1] 魏巴德，邓青. 研学旅行实操手册[M]. 北京：教育科学出版社，2020版.

[2] 刘惊铎，姚亚萍. 生态体验模式论[J]. 中小学德育，2013(9)：24.

[3] 钟志平,刘天晴.研学旅行示范基地政策评价与需求方强相关性因素研究[J].湖南社会科学出版社,2018(6):147-153.

[4] 程珊珊,刘婷,等.中学生研学旅游基地选择的影响因素研究——基于TPB模型的研究[J].河北旅游职业学院学报 2017(12).

本标准是由北京财贸职业学院课题组刘雁琪、侯雪艳、徐楠和王悦执笔起草的。

参与本章研究的单位(个人)还有:北京市延庆区第一中学(程来继、侯京京)、北京第八中学(王俊成)、中国国旅集团旅游劳务培训中心(王祎)、原中青旅控股股份有限公司(文锋)、亲子猫(北京)国际教育科技有限公司(魏巴德、邓青)等。

第三章 中小学研学旅行承办企业的学校选择标准

1 范围

本标准是为中小学校选择承办研学旅行企业提供的参考准则，包括选择企业的基本要求、研学人员配置情况、研学产品标准、研学服务标准、交通服务标准、住宿服务标准、餐饮服务标准、讲解服务标准、医疗救助服务标准、安全管理标准、服务改进投诉处理标准和承办方评价表。

本标准适用于中小学校对于承办研学旅行企业的认定与选用。

2 参考与引用文件

下列文件对于本文件的应用是必不可少的。凡注明日期的引用文件，仅所注日期的版本适用于本文件。凡不注日期的引用文件，其最新版本(包括所有的修改单)适用于本文件。

《中华人民共和国教育法》

《中华人民共和国旅游法》

《关于推进中小学生研学旅行的意见》(教基一〔2016〕8号)

《中小学综合实践活动课程指导纲要》

《关于做好中小学研学旅行试验区工作的通知》

GB/T 10001 标志用公共信息图形符号

GB/T 15971 导游服务规范

GB/T 16890 水路客运服务质量要求

GB/T 31380 旅行社等级的划分与评定

GB/T 31710 休闲露营地建设与服务规范

GB 16153—1996 饭馆(餐厅)卫生标准

GB/T 16766 旅游业基础术语

GB/T 26359 旅游客车设施与服务规范

LB/T 004 旅行社国内旅游服务规范

LB/T 008 旅行社服务通则

T/CATS 002—2019 研学旅行基地(营地)设施与服务规范(中国旅行社协会发布)

LB/T 054—2016 研学旅行服务规范

DB13/T 2630—2017 河北省研学旅行基地设施规范

DB34/T 2604—2016 安徽省研学旅行基地与服务规范

3 术语和定义

下列术语和定义适用于本标准。

3.1 中小学生研学旅行

中小学生研学旅行是由教育部门和学校有计划地组织安排，通过集体旅行、集中食宿方式开展的研究性学习和旅行体验相结合的校外教育活动，是学校教育和校外教育衔接的创新形式，是教育教学的重要内容，是综合实践育人的有效途径。[①]

3.2　承办研学旅行服务企业

承办研学旅行服务企业是指与研学旅行活动中小学校签订合同，提供研学旅行服务的旅行社、基地或教育机构，简称“承办企业”。

3.3　研学导师

研学旅行导师是指在研学旅行过程中，能够具体制定或实施研学旅行教育方案，指导学生开展各类研究学习和体验活动的专业人员。研学导师具有教师与导游的双重职能，既要善于研学辅导，又要善于旅行组织。研学旅行导师是学生在研学旅行过程中的组织者、实施者、引导者。

4　承办企业的基本资质要求

(1) 应是依法注册的旅游服务企业。

(2) 应是符合 LB/T 004 和 LB/T 008 要求具有 AAA 及以上等级的旅游服务企业。

(3) 应是符合 GB/T 31380 要求的旅行社。

(4) 应是无重大质量投诉及重大安全责任事故的旅游服务企业。

(5) 应是无不良诚信记录、无经济纠纷的旅游服务企业。

(6) 应是设立研学有旅行专门部门和专职人员的旅游服务企业。

(7) 应是在近 3 年内有 3 次承接 300 人以上学生旅游团队经验的旅游服务企业。

(8) 应是与供应方签订了正式旅游服务合同的旅游服务企业。

5　承办企业人员配置标准要求

5.1　应配置研学项目组长(经理)

应配置 1 名研学项目组长(经理)，研学项目组长(经理)全程跟随该次研学活动，负责统筹协调人员安排、活动进程等全部事宜。

5.2　应配置研学安全员

研学安全员人数与学生人数比例不低于 1∶20。研学安全员主要负责研学团队学生的安全教育工作及安全防控工作。

5.3　应配置研学导师

研学导师人数与学生人数比例不低于 1∶20。研学导师负责制订研学计划，在带队教师和其他工作人员配合下完成研学任务。

5.4　应配置研学医务人员

研学医务人员与学生人数比不低于 1∶150。

5.5　岗位人员互不兼任

研学项目组长(经理)、研学安全员、研学导师及研学医务人员不能兼任。

6　承办企业提供的《研学产品说明书》的标准要求

6.1　《研学旅行产品说明书》符合学校教育需要

承办企业应根据中小学研学旅行的需求，提供针对不同学段特点和教育目标的《研学旅行产品说明书》。

---

① 教育部等 11 部门《关于推进中小学生研学旅行的意见》(教基一〔2016〕8 号)。

6.2 《研学旅行产品说明书》应符合的相关法律政策规定

《研学旅行产品说明书》应符合《中华人民共和国旅游法》《旅行社服务通则》(LB/T008)、教育部等11部门《关于推进中小学生研学旅行的意见》中的有关规定。

6.3 《研学旅行产品说明书》包含的内容要求

《研学旅行产品说明书》应包括研学旅行教育服务项目、研学旅行教育服务评价方法、研学旅行安全防控措施、中小学生研学旅行过程中的监护办法等。

7 承办企业提供的研学《教育服务计划书》标准要求

7.1 承办企业应制订《教育服务计划书》

7.1.1 《教育服务计划书》应包括针对本次研学旅行学生的教育目标、内容、学时安排。

7.1.2 《教育服务计划书》中应写明在研学旅行中每天体验的课程项目和活动时间。小学阶段一般每天活动不少于90分钟,初中阶段一般每天活动不少于150分钟,高中阶段一般每天活动不少于180分钟。

7.2 承办企业应制订《教育服务流程》

7.2.1 《教育服务流程》应包括研学旅行出行前,为学生提供研学旅行主题,引导学生构思研学选题,鼓励学生提出感兴趣的问题,组织学生就问题展开讨论,确定研学课题目标。引导学生对活动方案进行组内及组间讨论,吸纳合理化建议,不断优化完善方案等。①

7.2.2 《教育服务流程》应包括促进学生积极参与活动过程,在研学旅行过程中要研究和解决问题,要体验和感受学习与生活之间的联系。还包括对学生活动方式与方法的指导,帮助学生找到适合自己的学习方式和实践方式;对学生做好活动过程的记录和活动资料的整理的要求。②

7.2.3 《教育服务流程》应包括研学旅行结束后,对学生选择合适的结果呈现方式指导,对学生活动过程和活动结果进行系统梳理和总结,促进学生自我反思与表达、同伴交流与对话指导。对学生学习通过撰写活动报告、反思日志、心得笔记等方式,反思成败得失,提升个体经验,并查漏补缺,明确进一步的探究方向,深化主题探究和体验的指导。③

7.3 承办企业应制订《教育服务手册》

承办企业应制订并提供的相关教育服务手册应有以下内容:

7.3.1 《学生研学旅行手册》《学生辅助知识读本》。

7.3.2 《教育设施安全使用手册》。

7.3.3 《研学导师、导游员安全操作规范》。

8 承办企业提供的交通服务的标准要求

8.1 承办企业应提供交通方式的标准要求

承办研学旅行服务企业应按照以下标准提供交通方式:

8.1.1 单次路程在300公里以上的,应选择提供铁路、航空等交通方式。

8.1.2 选择水运交通方式的,水运交通工具应符合GB/T 16890的要求,不得选择木船、划艇、快艇等交通方式。④

---

① 教育部印发的2017年4号《中小学综合实践活动课程指导纲要》。

② 教育部印发的2017年4号《中小学综合实践活动课程指导纲要》。

③ 教育部印发的2017年4号《中小学综合实践活动课程指导纲要》。

④ 原国家旅游局发布的LB/T 054—2016《研学旅行服务规范》。

8.1.3　选择汽车客运交通方式的，行驶道路不宜低于省级公路等级，驾驶人连续驾车不得超过2小时，停车休息时间不得少于40分钟。

8.2　承办企业应提供《交通信息行程表》的标准要求

承办研学旅行服务企业应制定并提供《交通信息行程表》。对该表的要求是：

8.2.1　《交通信息行程表》应于研学活动实施前至少15个工作日提交给学校。

8.2.2　行程表应详细写明本次研学活动全程的交通安排情况，包括：每段的交通方式、出发地点和结束地点、路程时间、应准备的证件和其他注意事项。

9　承办企业提供的住宿服务标准要求

9.1　承办企业应提供《住宿营地信息说明书》

承办企业应制订并提供的《住宿营地信息说明书》应包括以下要求：

9.1.1　《住宿营地信息说明书》应于研学活动实施前至少15个工作日提交给学校。

9.1.2　说明书内容应包括公共信息导向标识，其设置须符合GB/T 10001的要求。[①]

9.1.3　说明书应载明营地住宿基本情况，包括住宿酒店名称、星级、楼层总数、房间情况等信息。营地安全逃生通道设置情况。

9.1.4　说明书应详细说明学生住宿注意事项和住宿安全知识，包括用水用电安全、防火防盗安全等。

9.1.5　说明书应有住宿安全管理制度，包括研学旅行工作人员巡查、夜查工作安排等。

9.2　承办企业应提供《露营地住宿管理办法》

在露营地住宿时，承办企业应制定并提供《露营地住宿管理办法》。具体包括以下内容：

9.2.1　承办企业应选择符合GB/T 31710要求的露营地。

9.2.2　露营前，承办企业应对露营地的综合接待能力进行评估，包括接待人数、露营区域水、电、火、通信情况、露营地的卫生情况等。

9.2.3　露营前，承办企业应对露营地进行安全评估并提交评估报告，包括露营地所处地理位置和地理环境、露营地周边可能发生的地质灾害和其他灾害对学生产生的安全问题等。

9.2.4　露营时，应采取的安全防控专项措施，包括安排研学导师及其他工作人员做好值班、巡查和夜查工作等。

10　承办企业提供的餐饮服务的标准要求

(1) 承办企业应制订《就餐安排计划》。

(2) 承办企业应要求就餐单位提供全部的《营业执照》《食品流通许可证》《卫生许可证》等信息并接受学校检查。

(3) 承办企业应根据研学旅行学生的具体情况准备，清真餐或其他有需求的餐食。

(4) 承办企业应提供每餐的菜单，做好食品留样工作，确保食品安全。

(5) 承办企业应根据研学旅行的学生人数等情况制定就餐座次表，组织学生有序进餐的安排。

(6) 承办企业应与学校配合，对学生做好节约粮食、不浪费粮食的宣传教育工作。

---

① 原国家旅游局发布的LB/T 054—2016《研学旅行服务规范》。

11 承办企业提供的导学讲解服务的标准要求

11.1 承办企业提供的导学讲解服务应符合 GB/T 15971 的要求

11.2 导学讲解服务的内容要求

导学讲解人员应根据本次研学旅行的学生情况及路线情况，将相应的安全知识和文明礼仪作为导学讲解服务的首要内容。同时，应将垃圾分类知识纳入讲解范围，引导学生做好垃圾分类工作。

11.3 导学讲解服务的方式要求

导学讲解人员应根据本次研学旅行的学生情况及路线情况，结合教育服务要求，提供有针对性、互动性、趣味性、启发性和引导性的讲解服务，①并且对学生进行激励、启迪、点拨、引导。②

12 学校对承办企业提供的医疗救助服务的标准要求

12.1 承办企业应提供《研学旅行医疗救助预案》

承办企业应根据本次研学旅行学生情况和研学基地情况制定的《研学旅行医疗救助预案》。具体包括以下内容：

12.1.1 《研学旅行医疗救助预案》应明确本次研学旅行的学生人数、性别、基础疾病、家长联系方式等基本信息。

12.1.2 《研学旅行医疗救助预案》应明确本次研学旅行的路线、景点、住宿等位置及周边的医疗及应急救助资源信息。

12.1.3 承办企业应聘请具有职业资格的医护人员随团提供医疗服务。医护人员人数应与参与研学旅行的学生人数相符。《研学旅行医疗救助预案》中应写明医护人员姓名、联系方式等基本信息。

12.1.4 《研学旅行医疗救助预案》中应包括《研学旅行携带药品目录》。该目录中应明确药品名称、数量、生产日期及保质期等信息。承办企业应该携带该目录所载的常备药品。

12.2 承办企业应提供医疗救助服务的规范要求

12.2.1 在研学旅行过程中，如果有学生生病或者受伤，应及时送往医院或者急救中心治疗，妥善保管就诊医疗记录。

12.2.2 及时联系家长。

12.2.3 在返程后，应将全部就诊医疗记录复印并交家长及学校带队老师，同时做好资料留存工作。

13 承办企业提供的安全管理的标准要求

13.1 承办企业应提供安全管理制度及相关工作方案

承办企业应提供完整有效、根据本次研学旅行学生情况和研学基地制订的《安全管理工作方案》《研学旅行应急预案及操作手册》《研学旅行安全教育培训制度》，其中必须包括《安全防控教育知识读本》《安全教育议程安排》。③

---

① 原国家旅游局发布的 LB/T 054—2016《研学旅行服务规范》。

② 教育部印发的 2017 年 4 号《中小学综合活动实践课程指导纲要》。

③ 原国家旅游局发布的 LB/T 054—2016《研学旅行服务规范》。

13.2　承办企业应为参与研学旅行的学生购买合适、有效的保险产品

14　承办企业的服务改进、投诉处理的标准要求

14.1　承办企业应持续推进研学旅行服务质量

在每次研学旅行活动结束后，承办企业应收集汇总来自学生、家长、教师和学校反馈的《研学旅行意见单》，针对产品的不足，通过优化产品设计、完善服务和运行环节等方面，进行改进优化，从而达到持续提高研学旅行质量的目的。

14.2　承办企业应建立投诉处理制度

确定专职人员处理相关事宜；公布投诉电话、投诉处理程序和时限等信息；建立投诉信息档案和回访制度，在 15 个工作日内对投诉人进行回访，以持续提高研学旅行质量。①

15　承办企业服务效果评价的指标与方法

15.1　学校对承办企业效果评价的指标

15.1.1　指标体系含一级指标 10 个，包括企业的人员配备、产品开发、教育服务、交通、住宿、餐饮、游学讲解、医疗救助、安全管理、投诉处理等。

15.1.2　二级指标 36 个。

15.1.3　承办企业必须满足本标准中第 4 条所列要求，才能进行评估。

15.2　对承办企业效果评价的主体

15.2.1　学校参与研学旅行的教师和学生是评价主体。

15.2.2　学校参与研学旅行的组织与领导的干部和员工是重要的评价者。

15.2.3　参与研学旅行学生的家长也是评价者之一。

15.3　评价计量方法

15.3.1　评价表设计为 10 个方面，总分 100 分。

15.3.2　通过不同参与主体评价进行打分和对承办企业提供的材料质量进行打分，加权平均后，获得分数结果。

15.3.3　获得总分数为 90 分及以上的，效果为“优秀”等级；总分为 80 分及以上的，效果为“良好”等级；总分为 80 分以下的，效果为“一般”等级。

学校对承办中小学校研学旅行企业的评价表

	一级指标	二级指标	满分	得分	评分说明
1	人员配置标准（8分）	名研学旅行项目组长（经理）	2		各项符合标准得满分，不达标得 0 分
		每个团队至少 1 名安全员：研学安全员人数与学生人数比例不低于 1:20	2		
		每个团队至少 1 名研学导师：研学导师人数与学生人数比例不低于 1:20	2		
		每个团队至少 1 名医务人员：研学医务人员与学生人数比例不少于 1:150	2		

① 原国家旅游局发布的 LB/T 054—2016《研学旅行服务规范》。

续表

	一级指标	二级指标	满分	得分	评分说明
2	产品开发标准（10分）	《研学旅行产品说明书》包括研学安全防控措施、研学教育服务项目、研学教育服务评价方法等	10		根据说明书质量打分。承办企业不提供产品说明书，打0分
3	教育服务标准（14分）	《教育服务计划书》包括教育活动目标和内容（其中，体验教育课程和活动时间：小学阶段一般每次课不少于90分钟，初中阶段一般不少于150分钟，高中阶段一般不少于180分钟）	4		根据承办企业提供的材料质量进行打分，承办企业不提供相关资料，打0分
		《教育服务流程》	2		
		《研学旅行手册》	2		
		《辅助知识读本》	2		
		《教育设施安全使用手册》	2		
		《研学导师、导游员安全操作规范》	2		
4	交通服务标准（15分）	《交通信息行程表》明确交通工具类型、时间、地点以及需准备的有关证件	4		各项符合标准得满分，达不到标准要求的不得分
		单次路程在300公里以上的，应提供铁路、航空交通方式	5		
		汽车客运交通行驶道路不低于省级公路等级	5		
		《交通安全宣传单》	1		
5	住宿服务标准（5分）	《住宿营地信息说明书》	3		不安排露营的项目可不提供《露营住宿管理办法》，《住宿营地信息说明书》满分为5分
		《露营地住宿管理办法》	2		
6	餐饮服务标准（10分）	《就餐安排计划》包括餐厅信息、就餐座次表、一日三餐菜单、食品留样工作安排	10		根据提供材料质量打分，承办企业不提供资料，打0分
7	游学讲解标准（10分）	安全知识、文明礼仪作为导学讲解服务的重要内容，随时提醒引导学生安全旅游、文明旅游。同时，应将垃圾分类知识纳入讲解范围，引导学生做好垃圾分类工作	5		达到要求的得满分，没有达到要求的酌情扣2～3分
		结合教育服务要求，提供有针对性、互动性、趣味性、启发性和引导性的讲解	5		
8	医疗及救助服务标准（10分）	《研学途中医疗救助预案》	4		内容详实的得满分，预案不合理酌情扣分
		研学地点、住宿营地周边有医院信息	2		
		聘请具有职业资格的医护人员随团提供医疗服务	2		符合目录要求得满分，否则不得分
		研学旅行途中携带的药品目录	2		

续表

	一级指标	二级指标	满分	得分	评分说明
9	安全管理制度体系（12分）	《研学旅行安全管理工作方案》	2		内容详实的得满分，内容不合理的酌情扣分
		《研学旅行应急预案及操作手册》	2		
		《研学旅行产品安全评估制度》	2		
		《研学旅行安全教育培训制度》	2		
		《学生安全防控教育知识读本》	2		
		《出行前安全教育议程安排》	2		
10	投诉处理标准（6分）	专职人员处理投诉事宜	2		根据实际赋分
		公布投诉处理程序和时限等信息	2		
		具备投诉信息档案和回访制度	2		
满分分数：100分		实际得分：			

参考文献

[1] 汪季清，李庆庆. 黄山市修学旅游开发的原则和策略[J]. 淮海工学院学报：人文社会科学版，2012(6).
[2] 周艳春，汤敢峰. 企校银合作构建大学生修学旅游市场开发的全新模式[J]. 吉林省教育学院学报，2011，27(10).
[3] 李东和，朱玲玲，朱国兴. 研学旅行影响因素分析——以合肥市青少年为例[J]. 黄山学院学报，2016(12).
[4] 李先跃. 研旅行研究综述及探讨[J]. 高教学刊，2018(24).
[5] 肖亚波. 分析旅游者选择旅行社的因素及对策[J]. 旅艺管理研究，2016(08).

本标准是由北京财贸职业学院课题组刘雁琪、侯雪艳、徐楠和王悦执笔起草的。

参与本章标准研究的单位（个人）还有：北京市延庆区第一中学（程来继）、北京市第八中学（王俊成）、北京市东城区史家小学（郭志滨）、北京市第十二中学（赵付振）、中国国旅集团旅游劳务培训中心（王祎）、北京世纪明德教育科技股份有限公司（赵兴花）、北京大潮研学国际旅行社有限公司等。

第四章　中小学研学旅行安全保障的学校工作标准

1　范围

本标准规定了中小学研学旅行安全保障学校工作的基本要求、安全责任、安全管理、安全防范和安全处理。

本标准适用于中小学研学旅行安全保障中的学校工作。

2　规范性引用文件

下列文件对于本文件的应用是必不可少的。凡是注日期的引用文件，仅所注日期的版本适用于本文件。凡是不注日期的引用文件，其最新版本（包括所有的修改单）适用于本文件。

《中华人民共和国教育法》

《中华人民共和国旅游法》

《关于推进中小学生研学旅行的意见》（教基一〔2016〕8 号）

《旅游安全管理办法》（国家旅游局第 41 号令）

《学生伤害事故处理办法》（教育部令第 12 号）

GB/T 16766　旅行业基础术语

LB/T 054　研学旅行服务规范

LB/T 008　旅行社服务通则

LB/T 004　旅行社国内旅行服务规范

GB/T 15971　导游服务规范

GB 16153—1996　饭馆（餐厅）卫生标准

GB/T 26359　旅游客车设施与服务规范

T/CATS 002—2019　研学旅行基地（营地）设施与服务规范

3　术语和定义

下列术语和定义适用于本标准。

3.1　中小学生研学旅行

中小学生研学旅行是由教育部门和学校有计划地组织安排，通过集体旅行、集中食宿方式开展的研究性学习和旅行体验相结合的校外教育活动，是学校教育和校外教育衔接的创新形式，是教育教学的重要内容，是综合实践育人的有效途径。①

3.2　研学旅行导师

研学旅行导师是指在研学旅行过程中，能够具体制订或实施研学旅行教育方案，指导学生开展各类研究学习和体验活动的专业人员。研学导师具有教师与导游的双重职能，既要善于研学辅导，又要善于旅行组织。研学旅行导师是学生在研学旅行过程中的组织者、实施者、引

---

① 教育部等 11 部门《关于推进中小学生研学旅行的意见》（教基一〔2016〕8 号）。

导者。①

4　开展研学旅行安全保障的总要求

研学旅行安全保障总体要求是坚持“安全第一”原则，建立安全保障机制，明确安全责任，落实安全措施，加强安全管理、严密安全防范，做好安全处理，建立安全责任体系，确保学生安全。②

5　安全责任

5.1　学校的安全责任③

5.1.1　活动有方案，行前有备案，应急有预案。

5.1.2　明确研学旅行中学校、学生、家长权责，与家长签订安全责任书。

5.1.3　与承办企业签订委托合同，需约定安全责任或签订安全责任书，明确承办企业承担学生研学旅行安全责任。

5.1.4　投保校方责任险，并负责确认出行师生购买意外险。④

5.1.5　监督承办企业选择的旅行服务供应方资格、资质、服务、安全符合要求，提供的研学服务合法，以及服务质量符合合同约定，纠正承办企业的违法、违约行为。

5.1.6　建立研学管理机制。成立研学工作领导小组、研学安全工作领导小组。根据需要配备一定比例的学校领导、教师作为学校研学总领队、班级(年级)领队、随队老师。形成学生、小组、班级、年级或研学团队的管理模式，对学生进行教育、管理等，要求学生严格遵守研学纪律，负责学生活动管理、安全保障、行前安全教育工作。

5.1.7　确保出行学生及老师自身条件适合参加研学旅行活动的要求，将参团人员健康状况书面告知承办企业。

5.1.8　和承办企业一起，以召开行前说明会等形式，告知学生、家长研学旅行相关的信息、注意事项、安全须知等。

5.1.9　明确参团总领队、班级(年级)领队、随队老师等职责与纪律要求。

5.1.10　和承办企业一起做好研学旅行医疗及救助工作，督促承办企业聘请具有职业资格的医护人员随团提供医疗及救助服务，明确学生生病或受伤等应急处理流程，妥善保管就诊医疗记录。

5.1.11　维护师生的合法权益。

5.2　承办企业的安全责任

5.2.1　工作过程安全责任。⑤

5.2.1.1　承办企业应是依法注册的，符合 LB/T 004 和 LB/T 008 的要求，具有 AA 及以上等级，并符合 GB/T 31380 的要求；连续三年内无重大质量投诉、不良诚信记录、经济纠纷及重大安全责任事故；设有研学旅行的部门或专职人员；有承接中小学生旅游团队的经验，导游或领队应取得研学导师证；配备带队负责人和一定数量的研学导师、安全员；安全员在研学旅

① 教育部等 11 部门《关于推进中小学生研学旅行的意见》(教基一〔2016〕8 号)。

② 教育部等 11 部门《关于推进中小学生研学旅行的意见》(教基一〔2016〕8 号)。

③ 参考北京大潮国际旅行社有限公司的《研学旅行法律体系文件汇编》。

④ 参考教育部等 11 部门《关于推进中小学生研学旅行的意见》(教基一〔2016〕8 号)。

⑤ 参考北京大潮国际旅行社有限公司的《研学旅行法律体系文件汇编》。

行过程中随团开展安全教育和防控工作。[①]

5.2.1.2　研发研学服务产品，与学校签订委托合同，承办研学旅行活动，提供交通、住宿、餐饮、教育、教学等相应的服务，负责学生在研学旅行中的安全与管理等。

5.2.1.3　向服务供应商订购符合质量、安全要求的产品和服务，与服务供应方签订各类研学资源采购协议，明确服务标准，提供合格服务，确保研学安全与质量。

5.2.1.4　和学校一起，对学生及家长做好行前培训等工作，以书面形式将研学注意事项、安全须知、安全避险措施、研学目的地重要规定、风俗习惯等告知学生和家长。

5.2.1.5　提示学生及家长投保人身意外伤害险，与家长签订《研学旅行合同》。

5.2.1.6　发放安全信息卡（包括学生姓名、血型、应急联络方式等），依法对学生个人信息保密，妥善保管学生交其代管的证件、行李等物品，当学生人身、财产权益受到损害时，采取必要的保护和救助措施的责任。

5.2.1.7　执行研学旅行团队纪律，配合学校对学生违反研学纪律的行为进行处置。落实协调处理研学行程中各种纠纷责任。

5.2.1.8　非因承办方原因，导致参团学生、老师搭乘飞机、火车等公共交通运输工具时受到人身伤害和财产损失的，落实协助学校向提供上述服务的经营者索赔责任。

5.2.1.9　因承办企业原因造成师生在住宿、交通、研学等服务过程中遭受的损失，承办企业要积极处理并承担相应责任，不属于承办企业责任范围的，承办企业有义务协助学校予以解决。

5.2.2　交通服务安全责任。[②]

5.2.2.1　应按照以下要求选择交通方式：

（1）单次路程在400千米以上的，不宜选择汽车，应优先选择铁路、航空等交通方式。

（2）选择水运交通方式的，水运交通工具应符合GB/T 16890的要求，不宜选择木船、划艇、快艇。

（3）选择汽车客运方式的，行驶道路不低于省级公路等级；驾驶人连续驾车不得超过2小时，停车休息时间不得少于20分钟。

5.2.2.2　提前告知学生及家长相关交通信息，以便其掌握乘坐交通工具的类型、时间、地点以及需准备的有关证件。

5.2.2.3　提前与相应交通部门取得工作联系，组织绿色通道或开辟专门的候乘区域。

5.2.2.4　加强交通服务环节的安全防范，向学生宣讲交通安全知识和紧急疏散要求，组织学生安全有序乘坐交通工具。

5.2.2.5　在承运全程随机开展安全巡查工作，并在学生上、下交通工具时清点人数，防止出现滞留或走失。

5.2.2.6　遭遇恶劣天气，应研判安全风险，及时调整研学旅行行程和交通方式。

5.2.3　住宿服务安全责任。[③]

5.2.3.1　应以安全、卫生和舒适为基本要求，提前对住宿营地进行实地考察，主要要求如下：

---

① 参考国家旅游局发布《研学旅行服务规范》LB/T 054—2016。

② 参考原国家旅游局发布的《研学旅行服务规范》LB/T 054—2016。

③ 参考原国家旅游局发布的《研学旅行服务规范》LB/T 054—2016。

(1) 学生住宿应便于集中管理。

(2) 学生住宿地应方便承运汽车安全进出、停靠。

(3) 学生住宿地应有健全的公共信息导向标识，并符合 GB/T 10001 的要求。

(4) 学生宿舍应有安全逃生通道。

5.2.3.2　应提前将住宿营地相关信息告知学生和家长，以便学生做好相关准备工作。

5.2.3.3　应详细告知学生入住注意事项，宣讲住宿安全知识，带领学生熟悉逃生通道。

5.2.3.4　应在学生入住后及时进行首次查房，帮助学生熟悉房间设施，解决相关问题。

5.2.3.5　宜安排男、女学生分区(片)住宿，女生片区管理员应为女性。

5.2.3.6　应制订住宿安全管理制度，开展巡查、夜查工作。

5.2.3.7　选择在露营地住宿时还应达到以下要求：

(1) 露营地应符合 GB/T 31710 的要求。

(2) 应在实地考察的基础上，对露营地进行安全评估，并充分评价露营接待条件、周边环境和可能发生的自然灾害对学生造成的影响。

(3) 应制订露营安全防控专项措施，加强管理、巡查和夜查工作。

5.2.4　餐饮服务安全责任。①

5.2.4.1　应以卫生安全为前提，落实学生餐饮服务的提供方，并签订具体的协议。

5.2.4.2　应提前制订就餐座次表，组织学生有序进餐。

5.2.4.3　应督促餐饮服务提供方按照有关规定，做好食品留样工作。

5.2.4.4　应在学生用餐时做好巡查工作，确保餐饮服务秩序。

5.2.5　导学服务安全责任。②

5.2.5.1　具备研学导师资格，讲解服务应符合研学导师标准或 GB/T 15971 的要求。

5.2.5.2　应将安全知识、文明礼仪作为导游讲解服务的重要内容，随时提醒引导学生安全旅游、文明旅游。

5.2.5.3　应结合教育要求，提供有针对性、互动性、趣味性、启发性和引导性的讲解服务。

5.2.6　医疗及救助安全责任。③

5.2.6.1　提前掌握研学营地周边的医疗及救助资源状况。

5.2.6.2　学生生病或受伤，能及时送往医院或急救中心治疗，妥善保管就诊医疗记录。返程后，应将就诊医疗记录复印并转交家长或带队老师。

5.2.6.3　聘请具有职业资格的医护人员随团提供医疗及救助服务。

5.3　学生及家长的安全责任④

5.3.1　家长与学校签订安全责任书，与承办企业签订研学旅行合同，为孩子办理意外险；如实填写孩子安全信息卡、报名表等内容，如实报告孩子的健康信息，保证所提供的联系方式准确无误且联络畅通。

5.3.2　学生及家长参加学校行前说明会，熟悉研学旅行相关信息、注意事项、安全须知等。家长教育孩子服从带队老师、导游领队等工作人员的指挥与教育，顾全大局，维护研学团队整体利益，积极配合学校和承办企业开展工作。

---

① 参考原国家旅游局发布的《研学旅行服务规范》LB/T 054—2016。

② 参考原国家旅游局发布的《研学旅行服务规范》LB/T 054—2016。

③ 参考原国家旅游局发表的《研学旅行服务规范》LB/T 054—2016。

④ 参考北京大潮国际旅行社有限公司的《研学旅行法律体系文件汇编》。

5.3.3　在人身、财产安全遇有危险时，学生要主动请求救助和保护；受到损害的，要注意依法保全，争取获得赔偿。

5.3.4　家长教育孩子在研学旅行中遵守法律法规、校规校纪、研学纪律等规定，遵守公共秩序和社会公德，尊重研学旅行目的地的风俗习惯、文化传统和宗教信仰，妥善保管自己的行李物品，随身携带现金、贵重物品等。

5.3.5　家长教育孩子在对重大突发事件时，遵守有关部门或者承办企业采取的安全防范和应急处理措施并予以配合。

5.4　学校总领队安全责任①

5.4.1　研学线路安全工作总负责。

5.4.2　在授权范围内具有决策权。

5.4.3　统筹安排随队老师工作分工。

5.4.4　协同承办企业人员，每天召开工作碰头会，总结一天情况，听取随队老师、各班领队有关安全工作汇报，发现问题，及时处理，讨论第二天的工作要求，要有会议记录。

5.4.5　每天向学校研学工作领导小组报平安。

5.4.6　统筹协调与承办企业有关的研学旅行开展过程中出现的问题。

5.4.7　报告紧急事件，经授权对紧急事件进行应急处置。

5.4.8　统筹协调与研学当地的教育行政部门、旅游、安全等相关部门的有关工作。

5.4.9　做好工作日志。

5.4.10　完成学校研学工作领导小组其他工作安排部署。

5.5　班级(年级)领队安全工作职责②

5.5.1　服从总领队的工作安排，认真履行职责，按要求参加每天研学工作碰头会。

5.5.2　班级(年级)安全第一责任人，在工作中注意安全预判、分析与应对，以安全作为首要职责。

5.5.3　建立研学网格化安全管理体系。做好学生分组，每组学生控制在10名以内，明确学生组长或带队老师，建立小组群、班级群，师生24小时开机，保持手机畅通。

5.5.4　做好行前安全教育工作。在不同的时间、事件中做不同的安全提醒与教育。

5.5.5　负责日常家长沟通。外出前与学生家长建立微信群，每天至少发一张合影到群中给家长报平安。

5.5.6　负责学生安全教育提醒与关注。关注学生用餐、住宿、身体情况、情绪状态、人身安全和财物安全。

5.5.7　负责学生纪律教育与管理。约束学生的行为规范，特别关注学生玩手机等电子产品、迟到、离队、发生纠纷等的情况。

5.5.8　参加研学夜间值班、查宿工作。

5.5.9　遇到问题，主动请总领队、承办方人员协助解决。有必要时请示总领队，通知家长，并采取必要的措施。

5.5.10　不与承办方、供应方(接待方)发生争执，有问题找总领队，由总领队出面沟通。

5.5.11　自觉遵守师德师风要求，注意个人素质和教师形象，不饮酒、吸烟、打牌；有事离

---

① 参考国旅集团旅游劳务培训中心的《游学安全预案》。

② 参考国旅集团旅游劳务培训中心的《游学安全预案》。

队，要向总领队请假，经批准后，至少两人一起才可以行动。

5.5.12　做好工作日志。

5.5.13　完成总领队安排部署的其他工作。

5.6　研学导师(随队老师)安全工作职责①

5.6.1　服从班级领队的工作安排，认真履行职责，按要求参加每天研学工作碰头会。

5.6.2　班级、小组安全直接责任人，在工作中注意安全预判、分析与应对，以安全作为首要职责。

5.6.3　参加研学夜间值班、查宿工作。

5.6.4　做好与承办、服务企业人员沟通，特别问题找年级(班级)领队，由其出面沟通。

5.6.5　遇到问题保持冷静，首先要考虑学生安全。

5.6.6　自觉遵守师德师风要求，牢记育人职责，注意个人素质和教师形象，着装规范，不饮酒、吸烟、打牌；有事离队，要向年级(班级)领队请假，经总领队批准后，至少两人一起才可以行动。

5.6.7　做好工作日志。

5.6.8　完成班级领队其他工作安排部署。

6　安全管理

(1) 明确“安全第一”的指导思想。

(2) 成立研学工作领导小组和研学安全工作领导小组，选派学校总领队、班级(年级)领队、随队老师等。明确学校总领队、班级(年级)领队、研学导师、随队老师等工作职责与要求。

(3) 要制订研学工作方案、研学安全管理工作方案和研学突发事件应急预案。

(4) 学校与承办企业签订研学旅行委托协议、与家长签订安全责任书。

(5) 做好校方责任险、研学师生意外险。

(6) 做好学生的全程安全教育。

(7) 建立研学旅行安全管理体系，健全安全责任网络，层层落实责任。

(8) 建立夜间值班、查宿制度。

(9) 做好工作日志及应急处理记录，留存相关资料。

7　安全防范

7.1　行前安全准备

7.1.1　保险购买：学校购买校方责任险，为出行师生购买人身意外伤害险。

7.1.2　安全人员配备：成立研学安全工作领导小组，明确分级负责安全责任，设立班级、小组安全员，配备随队医护人员。

7.1.3　安全设备准备：急救药品、急救物品、常用药品、安全应急手电、哨子等。

7.1.4　应急信息准备：掌握应急处理流程，当地各类应急电话，研学营地或酒店附近、景点附近、行程中医疗及救助资源状况等。

7.1.5　当地安全准备：了解当地住宿房间安排是否相对集中，便于观察管理学生；了解天气情况是否对行程造成影响；了解景点、行程主要安全隐患情况。

7.2　行前安全教育

学校、研学承办企业组织出发前的出行说明会，对全体师生、家长进行安全教育。

---

① 参考国旅集团旅游劳务培训中心的《游学安全预案》。

7.2.1 通报研学安排情况。

7.2.2 明确安全要求。包括个人安全防护准备、出行安全、住宿安全、参观游览安全、消防安全、人身安全、医药安全、饮食安全等方面的要求。

7.2.3 讲解安全预案。周知安全应急处置要求与流程。

7.2.4 组织安全讲座。邀请专家进行安全讲座或组织安全预防与处置的演练。

7.3 《学生安全手册》的制订①

7.3.1 行李篇。

准备好必备行李。选用一个结实、方便携带的带轮行李箱和一个轻便双肩背包;行李包箱要牢固并贴着明显的标签。根据个人情况,用品应尽量齐全、精简,包具归类,整理打包成型,留足空间。不常用的、较大较重的物品先装,以利搬运。瓶装化妆品等怕挤易碎之物,用T恤或毛巾包裹。

准备好日常物品。文件类:身份证(或户口本或学生卡或学籍卡原件、复印件)、学生证、行前册等。学习用品:笔、本、彩笔、手机(下载好必备软件)、电子产品(如充电器、笔记本电脑等)、相机等。生活物品:水杯(可盛热水的)、纸巾、眼镜盒、备用塑料袋、雨衣或雨伞、防晒露、洗漱用品。穿戴类:校服、学校标志文化衫、方便穿脱的季节服装、足够替换的内衣和袜子及其他衣物、遮阳帽、运动鞋等。必要的药品:根据自己的需要,防蚊药、清凉油、乘晕宁、创可贴、眼药水、止泻药、防中暑药、感冒药、抗过敏药等。休闲用品:书籍(简装书随时阅读),小食品(方便携带,易保存,能充饥,少带)。贵重物品:少量零用现金(私密妥善保管)。

7.3.2 火车(飞机)篇。

注明集合时间和上车地点,认清乘坐的车号(航班号),以免跟错团队;做好学生统一标识,分组负责清点人数,报告班级(年级)领队。了解火车(飞机)安全通道及安全应急措施。排队有序上车进站(登机),看清脚下,妥善保存火车票(机票)。文明出行,不喧哗、不打闹、不随意走动;不与陌生人交谈,不接受陌生人的食品、礼物;妥善安置自己的行李物品,个人物品时刻出现在自己视线内,贵重物品随身携带;组内安排轮流执勤;饮食或饮水适当;出现紧急情况及时向班级(年级)领导、随队老师报告;到站前,反复检查行李是否带齐。

7.3.3 酒店篇。

注明酒店名称和位置。提醒进入酒店房间检查设备,有破损、污染物品提前上报班级(年级)领队或随队老师。熟悉酒店安全须知,了解安全通道、安全楼梯的位置及安全转移的路线。了解酒店设施的使用方法,使用酒店提供的热水壶、杯子等时,先用开水消毒;使用、饮用热水时要谨慎行事,谨防烫伤。酒店洗澡时要铺好防滑垫,防止滑倒;淋浴时尽量用自己的毛巾。保管好房卡,进出房间,关好房门,开门前先确认来人身份,不为陌生人开门;休息时使用防盗栓,不允许陌生人进入房间。检查窗户,常通风,休息时及时上锁;保管好贵重物品,物品不乱堆乱放;酒店房间内供应的食品尽量不要食用,谨防无意消费。按时休息,保存体力;离开时,仔细检查个人物品,以防遗失。

7.3.4 乘车篇。

分组负责清点人数,报告班级领队。上下车、活动地点等根据需要随时清点人数。学生统一标识。了解车内安全通道及安全应急措施。文明乘车,尊重导游;晕车的同学备好晕车药;上下车排队,不拥挤;保管好财物,检查座位顶上的物品是否放好,以免掉下砸伤人;开车后不

---

① 参考北京四中房山分校的《山西人文游学行前手册》。

得随意站起，不得将身体任何部位伸出窗外；不与驾驶员闲谈或妨碍驾驶员操作；不要随意开启车门、车厢和车内的应急设施、不可随意触摸车上控制器，如车门锁等；不要在车内随意走动、打闹；行车路上最好不要吃东西，保持车内清洁；下车前检查好物品，有序下车。

7.3.5 游学篇。

集体出行，所有学生要一切行动听指挥；轻装上阵，多余物品放在酒店里或车内；全程小组活动，不能擅自离队，特殊情况下离队，需向班级（年级）领队请假，经同意方可离队，至少三人结伴同行；文明游览，禁止打闹，认真安静听讲，不许一直玩手机；认清自己的队伍、队旗，服从老师、工作人员安排，紧跟队伍，禁止单行；留意安全出口，注意景区警示牌；参观、拍照时注意脚下安全，“走路不看景，看景不走路”。不随便与陌生人攀谈，不随便接受陌生人的礼物，不吃陌生人的食物，不加陌生人的微信、QQ 等联系方式。勤洗手，讲究卫生，不购买街边小吃，拆开袋的零食当天吃完，以免变质。保护文物；尊重当地民俗，圣地游览心怀敬畏，言行敬畏。自由活动时注意集合时间，不去危险区域；理性应对突发事件，不与人起争执，遇到事情及时求助老师及工作人员；保留班级（年级）领队、随队老师手机号，保持联络畅通，遇紧急情况，第一时间拨打紧急求援电话。

7.3.6 购物篇。

异地购买游学景区特色商品旨在纪念，不宜购买体积庞大、携带不便物品，少买少带易碎物品，仔细鉴别游商兜售或店家贱卖商品，谨慎消费，防止欺诈。切忌冲动从众，学会自我保护，做个成熟的消费者。

8 应急处理

8.1 处理原则[①]

8.1.1 全员责任。包括总领队、随队老师、班级（年级）领队以及研学各方工作人员。

8.1.2 树立“学生安全第一”的意识。时刻关注学生的安全，一旦发生安全隐患或事故，要确保每个学生的安全。

8.1.3 应急处理坚持生命至上原则。要保持镇静、沉着应对，就地抢救；保持秩序、迅速疏散。

8.1.4 及时拨打 110、120、119 求援。

8.2 处理程序[②]

8.2.1 第一知情人要及时处理并立即向总领队和承办企业带队负责人报告。

8.2.2 报告内容包括：事件发生的时间、地点、经过、伤亡人数、抢救处理情况和已采取的措施、报告人姓名等。

8.2.3 总领队、承办企业带队负责人应在最短时间内到达事故现场，本着“先控制，后处理，救人第一，减少损失”的原则，指导师生离开危险区域，保护师生安全，维持现场秩序，做好善后工作。

8.2.4 如遇重大突发事件并造成严重影响的，由总领队和承办企业带队负责人第一时间向有关部门报告。

8.2.5 应急处理现场，所有老师及工作人员要协助做好各方面的工作。

8.2.6 对缓报、瞒报、延误有效处理时间造成严重后果的相关责任人将严肃处理。

---

① 国旅集团旅游劳务培训中心的《游学安全预案》。

② 国旅集团旅游劳务培训中心的《游学安全预案》。

8.2.7 事故处理结束后形成事故报告。内容包括:事故的原因和经过;救助经过、应急处理情况;事故责任及对责任者的处理;师生的情绪等。

8.3 安全预案[①]

8.3.1 交通安全事故。

8.3.1.1 如发现车辆有事故隐患或发生车辆故障,应立即提出更换车辆等建议。

8.3.1.2 若出现交通事故,班级(年级)领队、研学导师、导游应立即报警立即组织抢救和立即报告。

8.3.1.3 努力保护好现场,指挥师生撤离至安全地点;组织救助,尤其是注意抢救重伤员,如现场人员不能抢救,在符合紧急救援原则的前提下,应立即将伤员送往离出事地点最近的医院或拨打急救电话 999 或 120。

8.3.1.4 安定师生情绪,询问、检查学生受伤情况,受轻伤学生送医院检查、治疗。立即向总领队、承办企业带队负责人报告,根据上级指示迅速明确分工,分别负责与师生家人、公安、医疗、保险公司等各方接洽,做好下一步活动安排。

8.3.1.5 总领队视情况第一时间向学校研学工作领导小组或主管领导报告,是否第一时间赶往事故现场,协调承办方决定事故处理有关事宜。领队要及时把事故处理进展情况向总领队报告。所有人员保证 24 小时联系畅通。在信息不明确、局势不明朗时,领队及所有人员不向除当地警局以外的机构或个人发表相关言论。

8.3.2 食品安全事故。

8.3.2.1 团队就餐时发现食物、饮料不卫生,或有腐烂、变质的情况,班级(年级)领队应立即要求更换,要求餐厅负责人出面道歉并追究其责任,及时向总领队、承办企业带队负责人汇报情况。

8.3.2.2 如发现师生出现类似食物中毒症状或食物中毒症状,第一知情人应立即上报班级(年级)领队、总领队和承办企业带队负责人。班级(年级)领队与承办企业工作人员第一时间设法进行催吐并让食物中毒者多喝水以加速排泄,缓解毒性。总领队和承办企业带队负责人要立即安排应急处理,安排班级(年级)领队及承办方工作人员立即将患者送医院抢救,请医生开具诊断证明;安排对所有学生进行调查,并对每项食物留样检查,以免造成多人中毒事故,组织人员查明原因,与有关人员进行沟通处理。总领队视情况第一时间向学校研学工作领导小组、学校领导汇报情况。承办企业视情况追究供餐单位的责任。

8.3.3 人身意外事故。

8.3.3.1 如发现学生走失,第一知情人应立即电话联系当事人或通过领队第一时间联系当事人,了解当事人位置信息和基本情况,与承办企业一起开展救助工作。无法联系上当事人时,应立即向总领队报告,总领队、承办企业带队负责人协调各方安排寻找,视情况安排与家长的沟通工作。

8.3.3.2 如师生自身出现摔伤、扭伤或疾病,当事人或第一知情人应立即报告班级(年级)领队,并与随队医务、工作人员取得联系。班级(年级)领队、随队医务、工作人员应及时进行救助,如伤情较重应马上送医院治疗,并及时上报病由、病情。如遇到歹徒行凶、诈骗、偷窃、抢劫等,导致师生身心及财物受到损害的事故,所有人员要坚持生命安全第一的原则,全力保护师生生命、人身及财产安全,将师生转移到安全地点。

---

① 参考北京市联合国教科文组织协会研学旅行办公室《游学安全预案》。

8.3.3.3　如有师生受伤，立即组织抢救。当事人或班级（年级）领队和承办方工作人员应视情况及时报警，并积极协助破案。报案时要实事求是报告事故发生的时间、地点、案情和经过。班级（年级）领队及时向总领队报告治安事故发生的情况并按总领队指令开展工作，情况严重时请总领队亲临指挥、处理。

8.3.3.4　学校和承办企业应采取必要的措施，稳定师生的情绪，力争使研学活动按行程计划进行。同时，做好必要的证明和资料的收集整理，共同做好善后工作。

8.3.4　如遇极端天气等自然灾害或情况预警影响研学安排，总领队协调承办企业带队负责人迅速决策，组织带领学生就地避险或乘车返回另行安排活动。

参考文献

[1] 北京大潮研学国际旅行社有限公司的《研学旅行法律体系建设文件汇编》。
[2] 申红燕. 研学旅行：学生核心素养培育的新路径[J]. 教师教育论坛，2017(10)：71-73.
[3] 陆庆祥等. 研学旅行的理论基础与实施策略研究[J]. 湖北理工学院学报，2017(3)：22-26.
[4] 李祥，郭杨. 中小学研学旅行的风险及其规避[J]. 中小学管理，2017(8)：28-30.
[5] 李斌. 现代治理视野中的消防安全责任体系重构[J]. 消防界(电子版)，2018，4(3)：123-125.

本章标准是由北京财贸职业学院课题组周晓凌、侯雪艳、付新建和孔玲执笔起草的。

参与本章研究的单位（个人）还有：中国国旅集团旅游劳务培训中心（王祎）、北京市联合国教科文组织协会研学旅行办公室（林琳、皋丽坤）、北京四中房山分校（钱欣）、北京市第二实验小学永定分校（王春丽）、北京市京源学校（岳玲）、中青旅控股股份有限公司（于恩）。

第五章　中小学研学旅行指导教师的专业素养标准

1　范围

本标准规定了研学导师的术语和定义、工作范畴、总体要求、基本素养、等级评定等。

本标准适用于国内从事中小学研学旅行管理和服务并承担指导教师职责的人员。

2　参考与引用文件

下列文件对于本文件的应用是必不可少的。凡是注日期的引用文件，仅所注日期的版本适用于本文件；凡是不注日期的引用文件，其最新版本（包括所有的修改版）适用于本文件。

《中华人民共和国教师法》

《中华人民共和国教育法》

《中华人民共和国旅游法》

《中华人民共和国未成年人保护法》

《中华人民共和国中小学教师专业标准》（试行）

《新时代中小学教师职业行为十项准则（2018 年修订）》

《中小学教师专业标准（试行）》

《关于推进中小学生研学旅行的意见》（教基一〔2016〕8 号）

《中小学综合实践活动课程指导纲要》

《研学旅行指导师（中小学）专业标准》（中国教育旅行社协会）

LB/T 054—2016　研学旅行服务规范

GB/T 15971—1995　导游服务质量

GB/T 16766　旅行业基础术语

LB/T 008　旅行社服务通则

3　术语和定义

下列术语和定义适用于本标准。

3.1　中小学生研学旅行

中小学生研学旅行是教育部门或学校有计划地组织安排，通过集体旅行、集中食宿方式开展的研究性学习和旅行体验相结合的校外教育活动，是学校教育和校外教育衔接的创新形式，是教育教学的重要内容，是综合实践育人的有效途径。

3.2　研学旅行导师

研学旅行导师是指在研学旅行过程中，能够具体制订或实施研学旅行教育方案，指导学生开展各类研究学习和体验活动的专业人员。研学导师具有教师与导游的双重职能，既要善于研学辅导，又要善于旅行组织。研学旅行导师是学生在研学旅行过程中的组织者、实施者、引导者。

3.3　新时代教师职业行为准则

新时代教师职业行为准则是指新时代下，面对新形势、新问题，教师从事教育职业所应遵循的行为规范和标准原则。可以分为“应该”型行为和“不能”型行为。

3.4 研学旅行指导教师专业素养标准

研学旅行指导教师专业素养标准主要体现在专业理念、专业知识、专业能力、反思提升持续发展意识四个维度上。研学导师具有双重职能，既要研学辅导，又要旅行组织，因此，研学导师应当具有专业的旅游素养和教育素养，能够了解中小学生身心发展特点和核心素养发展要求等，能够通过自身旅游专业和教育专业知识对学生进行正确引导，促进学生健康成长。

4 研学导师的职业资格条件

4.1 思想政治条件

4.1.1 拥护党的领导，具有良好的思想政治素质、职业道德与责任意识。

4.1.2 爱岗敬业，关爱学生。

4.1.3 举止文明，作风正派，语言规范健康。

4.2 学历、年龄和身体条件

4.2.1 具有大专及以上学历(含全日制在校大学生)。

4.2.2 年龄在70岁以下，精神和身体状态健康。

4.2.3 无犯罪记录，能够胜任研学旅行相关工作内容。

4.3 知识、能力资格条件

4.3.1 具有教师资格证或中高级职称证书，普通话标准，具备相应的旅游知识和教育教学能力，能够切实开展教育教学管理工作的教职员工。

4.3.2 或者具有初级及以上导游资格证书，与旅行社订立劳动合同或者在导游服务公司登记，普通话标准，具有导游需要的知识、语言表达能力和带团组织能力的旅游企业员工。

4.3.3 具有上述条件的其他相关部门有意愿从事研学旅行管理与服务的人员。

4.4 准入方式

4.4.1 研学导师必须持证上岗。

4.4.2 研学导师的资质由市级教育行政部门认定，所有人员须经过教育部门系统培训，考核合格取得资质后，方可成为研学导师。

5 研学导师的职业准则标准

5.1 坚定政治方向

5.1.1 拥护党的领导，爱岗敬业，关爱学生，举止文明，作风正派。

5.1.2 在开展研学旅行过程中，不得有损害党中央权威、违背党的路线方针政策的言行。

5.2 自觉爱国守法

5.2.1 胸怀祖国，热爱人民，遵守宪法和法律，依法履职。

5.2.2 为人师表，教书育人。

5.2.3 在研学旅行过程中，不得有损害国家利益、社会公共利益或违背社会公序良俗的言行。

5.3 传播优秀文化

5.3.1 带头践行社会主义核心价值观，弘扬真善美，传递正能量。

5.3.2 在研学旅行过程中，不发表错误观点，或编造散布虚假信息、传播封建迷信等不良信息。

5.4 身心健康

5.4.1 无传染性疾病，仪容仪表举止得体。

5.4.2 有良好的角色认同意识与和谐的人际关系。

5.4.3 在教育活动和日常生活中能够真实地感受他人情绪并恰如其分地控制自我情绪。

5.4.4 具有一定的教育独创精神。

5.5 关心学生

5.5.1 真心爱护学生，严格要求学生，诲人不倦，做学生的良师益友。

5.5.2 尊重个体差异，主动了解和满足学生的不同需要。

5.5.3 信任学生，积极创造条件，促进学生的自主发展。

5.5.4 不歧视、侮辱学生，不伤害学生；维护学生合法权益，尊重个体差异，平等对待每一位学生。

5.5.5 加强安全教育，保护学生安全，防范事故风险。

6 研学导师的专业理念标准

6.1 对专业的理解与认识

6.1.1 有坚定的育人为本、德育为先的理念。

6.1.2 理解研学旅行的意义，热爱研学旅行导师事业。

6.1.3 具有职业理想和敬业精神。

6.2 对学生的认识与态度

6.2.1 尊重教育规律和学生身心发展规律，促进学生的全面发展。

6.2.2 重视学生身心健康，将保护学生生命安全放在首位。

6.2.3 注重激发学生的求知欲和好奇心，营造自由探索、勇于创新的氛围。

6.3 对自身专业行动的认识与态度

6.3.1 认同研学旅行导师的专业性和独特性。

6.3.2 注重通过研学旅行中体现的人格魅力和学识魅力教育感染学生，做学生健康成长的指导者和引路人。

6.3.3 注重研学旅行专业的发展，具有终身学习的意识。

6.3.4 具有团队合作精神，在研学旅行中积极开展协作与交流。

7 研学导师的专业知识标准

7.1 研学旅行知识

7.1.1 掌握研学旅行政策法规知识，掌握相关研学旅行目的地及基地、营地的情况。

7.1.2 掌握研学旅行组织和服务知识、文明旅游知识和旅行常识。

7.1.3 掌握研学旅行安全风险管理知识，熟悉基本的安全防护救护知识与灾害应急常识。

7.1.4 掌握研学旅行课程方案设计、课程实施及活动体验方式等知识。

7.2 教育教学知识

7.2.1 了解中小学教育教学理论，熟悉学生的认知规律和教育心理学的基本原则和方法。

7.2.2 了解新课程改革方向和相关理论，掌握新课程中的教学观和学生观。

7.2.3 了解中小学若干学科学科内容的基本知识、知识体系、基本思想与方法；了解相关学科内容与研学旅行目的地的相关联系。

7.2.4 了解中小学课程结构和课程类型，熟悉中小学综合实践活动课程内容。

7.2.5　熟悉课程资源开发、管理与利用的方法，掌握研学旅行课程教学知识。

7.3　通识性知识

7.3.1　了解保护青少年健康成长方面的法律法规知识，熟悉中小学教育的基本情况。

7.3.2　了解中国教育基本情况，了解我国各类非物质遗产和各民族风俗，掌握相应的街乡情、区县情、省市情和国情。

7.3.3　具有相应的自然科学和人文社会科学知识，了解相应的自然、人文、社会科学知识，掌握与研学旅行课程方案直接相关年级的学科教材内容。

7.3.4　具有适应研学旅行教育内容、教学手段和方法现代化的信息技术知识。

7.4　法律法规知识

7.4.1　了解《中华人民共和国教育法》《中华人民共和国旅游法》《中华人民共和国教师法》《中华人民共和国未成年人保护法》《中华人民共和国预防未成年人犯罪法》等法律法规内容。

7.4.2　了解有关研学旅行政策制度，包括教育部等 11 部门《关于推进中小学生研学旅行的意见》《中小学综合实践活动课程指导纲要》、研学旅行服务规范（LB/T 054—2016）、导游服务质量（GB/T 15971—1995）、旅行业基础术语（GB/T 16766）、旅行社服务通则（LB/T 008）等。

8　研学导师的专业能力标准

8.1　研学旅行课程方案设计能力

8.1.1　具有较强的语言文字表达能力，能够科学设计研学目标、研学计划。

8.1.2　能遵循教育性、实践性、安全性、公益性四大原则设计研学旅行课程方案或修订完善研学旅行课程方案，保证方案的教育目标正确，教育主题鲜明，教学内容丰富。

8.1.3　能从学情和乡土乡情、县情市情、省情国情出发，从学校教育要求和基地（营地）拥有资源两方面考虑，合理设计出适合不同年龄段学生的研学旅行课程手册。

8.1.4　能将知识、能力和情感（价值观）三维目标转化到研学旅行课程方案中，并能融合在研学旅行的行前、行中和行后各个阶段。

8.1.5　能够引导和帮助学生设计并完成个性化课程研学计划。

8.1.6　能合理利用各种资源，开发自然类、历史类、地理类、科技类、人文类、体验类等多种类型的活动课程，使这种课程能体现出自主性、探究性、体验性、互动性、趣味性等特点。

8.1.7　实施研学旅行课程方案过程中，能确保安全，让学生快乐地开展有意义的研学旅行生活。

8.2　研学旅行组织与实施能力

8.2.1　具备良好的组织管理能力、沟通协调能力、教育教学能力和安全保障能力，能将研学旅行的教育目标落实到具体的课程计划中，确保研学旅行安全有序地实施。

8.2.2　能够做好行前准备工作。开好行前预备会议，向各方宣传解读研学旅行课程方案。检查各项课程准备工作，关键环节实地查看，确保万无一失。

8.2.3　能够做好行中组织监督管理工作。能够将预先设计课程内容和活动环节具体落实，在旅游车上组织好移动课堂，督促基地营地按方案执行，让所有学生完成预定的研学任务。

8.2.4　能够运用多种研学旅行的教学方式和有效的管理方式调控游学过程，实施教学，引导学生独立思考和主动探究，发展学生创新能力。营造良好的环境与氛围，激发学生的学习兴趣。

8.2.5 能够注重与其他学科进行合理联系，指导学生与不同组团间的配合与协同。

8.2.6 能够做好行后总结评价工作。灵活运用多种评价方法，客观公正反馈研学成绩，组织好研学旅行成果汇报，利用评价结果促进学生全面发展和健康成长，同时完善研学旅行课程方案以及研学旅行组织工作。

8.2.7 能够及时化解、处理突发事件，并积极组织，迅速采取相应行动组织实施紧急救援。包括能处理火灾、车祸、食物中毒、人员走失、溺水事故，合理应对公共安全、自然灾害等不可抗力事件，保证活动安全秩序，使活动正常开展。

8.3 研学旅行激励与评价能力

8.3.1 运用过程性评价能力。在研学方案中应在每一个重要环节中适时设计评价，发现和赏识每位学生的进步，给予学生恰当的评价和指导，通过过程性评价激励学生进行积极的自我评价。

8.3.2 采用多元化评价能力。评价主体、评价对象、评价内容应多元化，对学生的研学态度、研学能力和方法、研学结果等方面进行综合性评价。采用激励性语言评价学生的研学过程，用描述性语言评价学生的研学成果。

8.3.3 发挥评价的激励作用能力。能够从学生的原有基础出发，尊重学生的个性特点，运用以鼓励为主的发展性评价。能够采用研学任务卡、研学任务书、研究报告、游记、研学作品等多种形式对学生进行激励性评价。

8.3.4 组织教育分享能力，引导学生分享心得和感悟。辅导学生采用 PPT、视频、调查报告、漫画、图表、诗画等方式展示成果。

8.4 沟通与合作能力

8.4.1 能够快速熟悉、了解学生，平等地与学生进行沟通交流。建立与研学承办企业、学校、家长实时沟通的平台。

8.4.2 能够与同事合作交流，分享经验和资源，共同发展。

8.4.3 能够与家长进行有效沟通合作，共同促进学生发展。

8.4.4 能够与研学旅行服务企业部门建立合作互助的良好关系。

8.5 反思提升能力

8.5.1 具有主动收集、分析、反馈相关信息，总结反思改进研学工作的能力。

8.5.2 具有进行知识的重组融合，针对研学旅行中存在的现实需要与问题，进行研学课程再开发的能力。

8.5.3 具有学习现代新技术、运用新技能，探索提高研学效果新方法的能力。

8.5.4 具有学习旅游和教育领域的最新知识，开创研学旅行工作新的模式与途径能力。

9 研学导师的职责

9.1 负责制订研学旅行教育工作计划

9.1.1 对研学旅行资源进行选择。

9.1.2 设计、规划与学校教育内容相衔接的不同学段、不同主题的研学旅行线路。

9.1.3 参与研学旅行活动基地、营地的课程建设。

9.2 负责设计研学旅行课程实施方案

9.2.1 贯彻研学旅行活动课程标准，落实立德树人根本任务，促进学生践行社会主义核心价值观。

9.2.2 拟定研学旅行课程方案，关注发展学生核心素养。

9.2.3　根据课程标准，与出版企业或基地合作开发研学旅行活动课程手册或教材。

9.3　负责研学旅行课程方案实施

9.3.1　负责在其他工作人员的配合下，组织带领学生参加研学旅行活动，明确分工，细化方案和责任，做好准备工作。

9.3.2　在活动过程中，严格执行计划，现场指导学生开展研究性学习，进行必要的讲课、个别辅导。

9.3.3　负责研学后，指导学生总结工作，转化成果，内化所得。

9.3.4　负责负责管理学生的集体旅行、集体食宿、集体研学。

9.3.5　负责向家长和学生宣讲活动意义和活动安排与要求等，沟通协调学校、社会、家庭共同完成研学旅行教学任务。

9.3.6　负责研学旅行过程中安全问题的应急处理，按照安全预案，讲解安全注意事项，注重活动推进过程中的细节处理与管理要求，严格按照问责清单执行，及时化解和处理突发事件。

9.3.7　负责公正、客观、科学评阅学生研学旅行作业，撰写学业评语。

9.3.8　开展研学旅行教学研究，参与基于研学旅行的学校教育课程和升学考试的改革。

10　中小学研学导师资格证的分级与实施

10.1　中小学研学导师资格与分级

研学导师资格按照小学、初中、高中三个学段，分别设置为初级、中级和高级三个研学旅行导师资格。

10.2　研学导师的培训和考核

研学导师资格由市级教育行政部门认证的专业机构组织实施。研学导师要开展继续教育，应定期完成一定学时的培训。

11　中小学研学导师资格认定的考试

11.1　中小学旅行导师资格证认定的考试内容

11.1.1　教育学与心理学基本知识、教学管理能力。

11.1.2　普通话。

11.1.3　中小学相关学科内容、导游基础与导游规范服务。

11.1.4　导游应变能力及应急事件处理。

11.2　中小学研学导师资格证认定的考试方式

11.2.1　考试包括笔试和面试两部分。

11.2.2　笔试部分采取计算机化考试，笔试题题型分为选择题和非选择题。考试在计算机室进行，时间为120分钟。

11.2.3　面试部分采用结构化面试、情景模拟等方法，通过备课、试讲、答辩等方式进行。考试时间为30分钟。

11.3　中小学研学导师资格证认定考试的参考资料

考试复习的参考资料有：《综合素质》《教育基础知识》《学科知识与教学能力》《试讲》《普通话》，中小学相关学科教材；《全国导游基础》《旅游政策法规与职业道德》《地方导游基础知识》《地方的旅游景点导游词》《导游规范服务》《导游应变能力及应急事件处理》等。

参考文献

[1] 顾静.旅游政策法规与职业道德[M].西南财经大学出版社,2016 版.
[2] 周维国,段玉山,等.研学旅行课程标准(四)——课程实施、课程评价[M].地理教学,2019(8).
[3] 刘喜,吴超.试探研学实践背景下研学导师的培养与认定[J].现代教育管理,2019(3)下.
[4] 陆庆祥,程迟.研学旅行的理论基础与实施策略研究[J].湖北理工学院学报,2017(3).

本标准是由北京财贸职业学院课题组李永生执笔起草的。

参与本章研究的单位(个人)还有:北京市陈经纶中学(董颖)、北京市大峪中学(吕娜)、北京市延庆区第一中学(程继来 、侯京京)、中国国旅集团旅游劳务培训中心(王祎)、中青旅控股股份有限公司(文锋)、北京人生远足国际教育文化发展有限公司(黄传骅)、亲子猫(北京)国际教育科技有限公司(魏新德)等。

第六章　中小学研学旅行的效果评价标准

1　范围

本标准适用教育行政部门对所属各中小学校组织的研学旅行的状况进行评价、对中小学生在研学旅行中的学习效果进行的评价、学校对研学导师进行的评价、学校对企业承办研学旅行的状况和效果进行的评价等。

2　参考及引用文件

下列文件对于本文件的应用是必不可少的。凡是注日期的引用文件，仅所注日期的版本适用于本文件；凡是不注日期的引用文件，其最新版本(包括所有的修改单)适用于本文件。

《关于推进中小学生研学旅行的意见》(教基一〔2016〕8号)

《中小学综合实践活动课程指导纲要》

LB/T 054—2016　研学旅行服务规范

GB/T 15971—1995　导游服务质量

GB/T 16766　旅行业基础术语

LB/T 008　旅行社服务通则

3　术语和定义

下列术语和定义适用于本标准。

3.1　中小学生研学旅行

中小学生研学旅行是由教育部门和学校有计划地组织安排，通过集体旅行、集中食宿方式开展的研究性学习和旅行体验相结合的校外教育活动。

3.2　中小学研学旅行综合考评体系

中小学研学旅行综合考评体系是开展研学旅行教育效果测评，建立包括学校对学生和教师的评价、学生对学校、对承办企业所提供研学产品服务评价，教育行政部门对学校、承办企业服务评价在内的研学旅行评价机制；是评价学生参与研学旅行的收获情况、承办企业服务水平与满意度情况、学校组织管理效能情况、教师教育指导情况等，特别重视对学生的研学态度、研学能力和方法、研学结果等方面进行的评价。

3.3　中小学研学旅行评价

中小学研学旅行评价是对研学团队内部、团队之间、个人、他人等不同主体在整个研学旅行过程中的表现和结果的评估和判断。不同评价主体的评价可以采用不同的评价方式，如自我评价、小组评价、教师评价和社会评价等；也可以有不同的评价标准。

4　教育行政部门对学校工作的评价标准

教育行政部门(主要指各区县教委)对所属中小学开展的研学旅行情况及其效果进行的评价，主要包括对学校研学旅行开展的充分性、规范性和实效性进行的评价，可以通过学生和教师问卷，以此考查学校开展研学旅行的效果。

4.1　研学旅行开展的充分性

4.1.1　规范落实研学旅行方案，有效防止“游而不学”，为学生全面发展提供良好成长空间。

4.1.2　研学旅行主题鲜明，符合学生身心特点，体现学校办学定位和育人思想。

4.1.3　研学旅行内容丰富，呈现地域特色，体现学生的学习特点，联系校内课程紧密，教育性强。

4.1.4　研学旅行形式多样，富有特色，实践性强，注重系统性、知识性、科学性和趣味性。

4.2　研学旅行开展的规范性

4.2.1　研学旅行日期、距离、范围符合相关中小学研学旅行文件规定；节奏合适。

4.2.2　无乱收费现象，无占用学校学生经费现象；对贫困家庭学生要减免费用。

4.2.3　建立安全保障机制，管理严格，安全预案合理，师生平安，无安全事故。

4.2.4　承办企业合法合规完成协议规定的各项任务。

4.3　研学旅行开展的实效性

4.3.1　研学旅行课程结束后有研学旅行绩效报告。

4.3.2　研学旅行课程结束后有相关学生、家长的良好反馈，满意度高。

（评价表见本章附录 1）

5　学校对研学导师工作的评价标准

研学旅行过程有行前、行中、行后三个不同阶段。研学旅行过程中，岗位内容复杂，责任多样，研学导师履行岗位职责才能保证研学旅行顺利开展。学校可以通过学生和承办企业对研学导师履行岗位职责情况进行工作评价。

5.1　行前——能够促进学生丰富间接经验

行前阶段主要是组织学生对研学旅行目的地的资源和文化进行了解的阶段，研学导师需要重点考虑信息提供的多样性和趣味性，以使学生在有限的时间内能够丰富自己的知识、了解相关资源的文化内涵。

5.1.1　知识辅导。

5.1.1.1　能够通过调研或访谈了解学生对研学旅行课程的需求和对研学旅行课程知悉程度。

5.1.1.2　能够通过讲座、视频、网站等途径帮助学生了解研学旅行课程中涉及的内容。

5.1.2　组织管理。

5.1.2.1　能够遵循学校统一领导，对负责的事项做好统筹和管理，组织学生做好分工，责任到人。

5.1.2.2　能够对学生研学旅行过程中的学习进行恰切指导，比如选题、学习方式、学习资源的选择等。

5.2　行中——能够促进学生获取多种直接经验

行中阶段主要是研学导师促进学生开展多种多样的活动，让学生在活动中体验，在活动中建构；研学导师做到在活动中育人。

5.2.1　活动实施。

5.2.1.1　能够担当研学旅行中的导师职责，维持纪律，组织活动，提醒安全等。

5.2.1.2　能够观察学生状态，适时进行指导。

5.2.1.3　能够在学生群中及时发布活动状态和传达通知。

5.2.2　事情处理。

5.2.2.1　遇到紧急事情，能够协调沟通，处理得当。

5.2.2.2　能够保持与学生、家长、企业人员、校领导的通畅沟通和信息交流。

5.3　行后——能够促进学生整理经验、提升运用

行后阶段主要是研学导师指导学生对活动体验进行整理，形成经验，建构概念、观点的阶段，使研学旅行的价值深化提升，将课内外两个课堂获得贯通。

5.3.1　总结反思。

5.3.1.1　能够用适当的方式激活学生的体验，对研学旅行进行回顾、梳理。

5.3.1.2　能够组织不同经验的学生进行深度交流。

5.3.1.3　能够诊断并指导学生完善自己的经验。

5.3.2　评价提升。

5.3.2.1　能够指导学生对经验本身进行概括与提升。

5.3.2.2　能够指导学生构建学习过程与结果的评价标准。

5.3.2.3　能够恰当地指导学生进行不同价值观的比较，做出合理的归纳和总结。

5.3.3　应用指导。

5.3.3.1　能够结合实践，适时指导学生的应用。

5.3.3.2　能够总结研学旅行经验，迁移到学科教学。

5.3.3.3　能够指导学生进一步丰富和完善自身的经验和知识图式。

（评价表见本章附录2）

6　学校对承办研学旅行企业的监控评价标准

承办研学旅行企业除了承担传统旅行社的吃住行游等职责外，还需要承担课程规划、丰富旅途中的研学内涵，使学生旅行富有教育意义等任务。学校可以通过参与研学旅行的干部、职工和师生以及学生家长对承办企业履约效果情况进行评价。

（评价标准和评价表参见第二部分第三章《中小学研学旅行承办企业的学校选择标准》）

7　对中小学生参加研学旅行学习效果的评价标准

对学生评价意在获得学生参加研学旅行反馈信息，改进教学，促进学生发展，保证课程目标的实现。对学生的评价，在内容上，要针对学生的研学态度、品行修养、研学能力和方法、安全意识、研学效果等方面进行综合性评价。在方式上，有目标性评价，也有过程性评价和结果性评价。在方法上，有个人、他人（同学和老师）、研学团队等不同主体的自我评价、小组评价、教师评价和社会评价等。

7.1　参加研学旅行学生学习效果的自我评价内容

在研学旅行过程中，可以从学生自我管理、实践活动和协作精神几个方面进行自我评价，目的是增强学生自我学习意识、自我反思意识。

7.1.1　自我管理。

7.1.1.1　文明素养。公共场所使用文明用语，不大声，维护公共秩序。聆听讲解时，专心听，仔细观察，不妄加评论。人多时，按顺序边走边看，不推不挤，不妨碍他人。爱护公共财物，保护古迹，做文明参观使者。

7.1.1.2　遵守秩序。遵纪守法，安全意识强，遇事冷静，不侵害他人隐私。遵守行程要求，不随意离队，服从老师管理。时间管理意识强，遵守时间节点，不影响活动流程。

7.1.1.3　生活能力。注意饮食健康，不乱吃零食。生活有序，管理好自己物品，不丢三落四，合理消费。

7.1.2 实践活动。

7.1.2.1 实践能力。能依据活动主题，自主选择恰当的活动方式开展活动。学会用多种方法搜集、处理信息。能在自主探究的学习中，运用所学知识解决实际问题。

7.1.2.2 参与意识。踊跃参与活动，勇于尝试，乐于发表自己独到的见解。认真对待小组分工，善始善终。不怕困难，思维灵活，恰当选择解决问题的方法。及时完成活动，积极参与交流分享。

7.1.3 协作精神。

7.1.3.1 合作意识。小组成员团结协作，合理分工，乐于分享。认真倾听同学的观点和意见，对小组学习做出贡献。

7.1.3.2 合作态度。关心同学，互相尊重，发挥优势，互相取长补短。主动承担组内工作，不推卸，有责任心。

（评价表见本章附录 3）

7.2 参加研学旅行学生学习效果的小组评价内容

进行小组评价目的是增强研学旅行中集体意识以及同学间的合作意识。评价内容有品行修养、探究能力、团队精神、安全意识、学习效果等。

7.2.1 品德修养。

7.2.1.1 遵守社会公德，尊重民族习俗，自觉落实学生行为规范。

7.2.1.2 举止文明，待人礼貌，遵守不同场合的纪律要求及行为准则，尊重带队老师及所有为活动服务的人员。

7.2.1.3 自我管理能力强，合理安排活动期间的学习和生活，做到无人监管下的自觉。

7.2.1.4 提高社会公德意识，培养法制观念，在旅行中引领社会风尚，传播先进文化。

7.2.2 探究能力。

7.2.2.1 主动参与研学活动课程，在充分进行行前预学的基础上，依据兴趣提出问题，与同伴一起形成研究专题，设计项目研究方案。

7.2.2.2 以实践活动为切入点，主动建构知识体系，不断拓宽学习领域，积极开展延展性学习。

7.2.2.3 以活动为载体，以项目研究为动向，运用校内所学开展实践探索，形成研究报告，展示研究成果。

7.2.2.4 在研学活动过程中积极思考，主动探究，勇于实践，不断审视、反思探索行为，对自己的项目研究做出客观评价。

7.2.3 团队精神。

7.2.3.1 团队意识强，能与同行人员密切配合，积极沟通，合作共赢。

7.2.3.2 时刻维护团队形象，以团队利益为重，遵守团队纪律。

7.2.3.3 尊重组长安排，自觉完成团队分配的任务。

7.2.4 安全意识。

7.2.4.1 自觉履行行车安全、学习安全、生活安全相关要求，确保在活动期间无任何安全事故发生。

7.2.4.2 管理好自身财物，爱护公共设施，无丢失损坏财物现象。

7.2.4.3 合理膳食，健康饮食，没有出现因私自购买食品发生意外的事件。

7.2.5 学习效果。

7.2.5.1　完成学习任务，研学手册书写认真、完整。

7.2.5.2　完成研究项目，项目研究有效果，项目研究报告翔实。

7.2.5.3　研学活动效果呈现方式新颖多样，能运用知识解决实际问题，用科学方法良好效果法检验研究，解决问题的能力有所增强。

7.2.5.4　学习态度端正，积极参与各项学习活动，深入思考，主动实践，自觉服务，用自身行为的改进检验研学活动效果。

（评价表见本章附录 4）

7.3　教师对参加研学旅行学生的过程评价内容

教师对学生的过程评价，主要评价学生在研学旅行过程中的各种表现：

7.3.1　出发前。

7.3.1.1　身体状况及时上报。

7.3.1.2　携带物品符合乘车或乘机要求。

7.3.1.3　按时到指定地点集合。

7.3.1.4　随身携带研学手册。

7.3.1.5　按要求携带与研学有关的书和工具。

7.3.1.6　着装符合学校统一要求。

7.3.2　集合上车。

7.3.2.1　认真聆听研学要求。

7.3.2.2　遵守车辆行驶途中要求（站立、走动、开车窗）。

7.3.2.3　保持车厢内外的卫生。

7.3.2.4　保持车厢内安静。

7.3.3　在火车上。

7.3.3.1　按照教师安排就座。

7.3.3.2　在车厢内指定区域内活动。

7.3.3.3　遵守公众场合的礼仪规范。

7.3.4　在船上。

7.3.4.1　遵守乘船要求。

7.3.4.2　在指定区域内活动。

7.3.5　下车船集合。

7.3.5.1　保持车内外卫生。

7.3.5.2　在指定地点集合。

7.3.6　过马路。按交通规则和教师要求统一行动。

7.3.7　入住宾馆、住宿、离开宾馆。

7.3.7.1　遵守研学住宿要求，不私自离宾馆、擅自外出。

7.3.7.2　按时就餐，禁止在指定地点外购食品或用餐。

7.3.7.3　按就时间就寝，不打扰他人。

7.3.7.4　按时休息，保证充足睡眠。

7.3.7.5　在指定区域内活动。

7.3.7.6　爱护住宿地点的公共设施。

7.3.8　用餐。

7.3.8.1 按时就餐。

7.3.8.2 文明用餐。

7.3.8.3 爱惜粮食。

7.3.9 研学中。

7.3.9.1 按时集合，不大声，不追逐打闹。

7.3.9.2 按要求在指定区域内文明活动。

7.3.9.3 在研学过程中认真听、看、记。

7.3.9.4 按时保质完成研学手册。

7.3.9.5 服从老师统一安排，文明研学。

(评价表见本章附录5)

7.4 教师对参加研学旅行学生的学习效果综合评价内容

学习效果的综合评价可以从学习成果和学习成效两个方面进行评价。

7.4.1 学习成果评价。

7.4.1.1 学习达成。手册的完成情况(完成率)，手册的完成质量(认真书写、正确率)。

7.4.1.2 探究成果。

(1) 研究项目完成情况，学习资料的收集情况，手册中拓展延伸的完成情况，能否在研学活动中发现新问题。

(2) 其他表达成果，如，亲自制作的图画、照片、模型、实物、录音、录像、光盘、网页、诗歌、节目等。

(3) 其他交流成果，如，班报、刊物、展览会、演讲会、答辩会、研讨会、节目表演、展板、墙报等。

7.4.2 学习成效评价。

7.4.2.1 学习成效的表达。研学旅行中的分享及报告新颖有创意；小组讨论及分享语言表达清晰；有自己的见解。

7.4.2.2 学习成效影响的体现。研学旅行过程的个人意识、能力、情感、态度、方法的变化及其表现。

(1) 主体责任意识。

a) 态度端正，准备充分，以主人翁的心态参与活动策划、研讨和落实。

b) 纪律意识增强，能够做到守时，管理好自己，清晰自身职责和义务。

c) 责任意识明确，承担工作任务，知悉工作的职权范围，恰当运用权力进行管理和服务；参与小组项目研究、参与研究报告等相关工作。

d) 品德修养提高，严于律己，乐于助人，能够始终保持良好的学生形象。

(2) 心理认同意识。

a) 重视文明礼仪，公共场合能注重个人礼仪规范，用语文明。

b) 以积极、开放、成长的心态对待学习活动。

c) 团队意识增强，求同存异，听从指挥，顾全大局，积极拥护达成的小组或班级共识。

(3) 沟通影响能力。

a) 能够独立思考，形成自己的观点，并吸纳他人建议，做出合理的决策。

b) 通过演说、沟通、协商、合作等方式传达和分享自己的观点，对他人产生一定的影响。

(4) 愿景规划能力。

a）能够联系时代特征和人生发展，对国家、社会、历史有一定的思考并充满正面感情。

b）能够以适当的方式呈现或表达自己对社会、对人生的思考与规划。

（5）情绪控制能力。

a）应对突发事件和困难障碍时，保持良好、稳定的情绪和心态。

b）在竞争评选中保持开放、平和的情绪和心态。

c）能够及时调整自己的情绪心理，保持心情愉悦，心态健康。

（6）信息处理能力。

a）通过观察、记录、调研等方式科学收集整理相关资料和信息。

b）批判性地整合和评估信息和证据，并进行筛选。

（7）情境学习能力。

a）多感官观察和诊断现场资源、信息。

b）在不同的场景中判别重要的学习问题和关键因素。

c）能通过正式和非正式的方式探寻更多的人力资源、技术资源、学习方法和途径，寻求问题解决路径。

（8）思维方法。

a）能发挥想象，多向关联，触类旁通审视遇到的知识和问题。

b）能够从不同角度有创造力地解决问题和呈现作品。

（9）反思融合能力。

a）能够反思自己和他人的长处与不足，负责任地做出自评和他评。

b）能够与课内知识对接，全面梳理研学旅行收获，融合所学。

（评价表见本章附录6）

附录 1

教育行政部门对学校组织的中小学研学旅行效果评价标准①

<table>
<tr><th rowspan="2">一级指标</th><th rowspan="2">二级指标</th><th rowspan="2">评价内容</th><th colspan="3">赋分(分)</th></tr>
<tr><th>优
(5)</th><th>良
(3)</th><th>一般
(1)</th></tr>
<tr><td rowspan="4">充分性</td><td rowspan="4">价值意义体系</td><td>规范落实研学旅行课程方案,有效防止“游而不学”,为学生全面发展提供良好成长空间</td><td></td><td></td><td></td></tr>
<tr><td>研学旅行主题鲜明,符合学生身心特点,体现学校办学定位和育人思想</td><td></td><td></td><td></td></tr>
<tr><td>研学旅行内容丰富,呈现地域特色,体现学生的学习特点,联系校内课程紧密,教育性强</td><td></td><td></td><td></td></tr>
<tr><td>研学旅行形式多样,富有特色,实践性强,注重系统性、知识性、科学性和趣味性</td><td></td><td></td><td></td></tr>
<tr><td rowspan="4">规范性</td><td rowspan="2">政策文件落实</td><td>研学旅行日期、距离、范围符合相关中小学研学旅行文件规定;节奏合适</td><td></td><td></td><td></td></tr>
<tr><td>无乱收费现象,无占用学校学生经费现象;对贫困家庭学生要减免费用</td><td></td><td></td><td></td></tr>
<tr><td rowspan="2">保障措施</td><td>建立安全保障机制,管理严格和安全预案合理;师生平安,无安全事故</td><td></td><td></td><td></td></tr>
<tr><td>承办企业合法合规完成协议规定的各项任务</td><td></td><td></td><td></td></tr>
<tr><td rowspan="2">实效性</td><td rowspan="2">实效反映</td><td>有研学旅行绩效报告</td><td></td><td></td><td></td></tr>
<tr><td>有相关学生、家长的良好反馈;满意度高</td><td></td><td></td><td></td></tr>
<tr><td colspan="2">总计</td><td></td><td></td><td></td><td></td></tr>
</table>

① 参照北京市朝阳区对学校组织的中小学研学旅行内部行政管理文件改编。

附录 2

学校对研学旅行教师的评价指标①

<table>
<tr><th rowspan="2">评价阶段</th><th rowspan="2">一级指标</th><th rowspan="2">二级指标</th><th colspan="3">赋分</th></tr>
<tr><th>优
(5)</th><th>良
(3)</th><th>一般
(1)</th></tr>
<tr><td rowspan="4">行前：能够促进学生丰富间接经验</td><td rowspan="2">知识辅导</td><td>能通过调研或访谈了解学生对研学旅行课程的需求和对研学旅行课程内容的知悉水平</td><td></td><td></td><td></td></tr>
<tr><td>能通过讲座、视频、网站等途径帮助学生了解研学旅行课程中涉及的内容</td><td></td><td></td><td></td></tr>
<tr><td rowspan="2">组织管理</td><td>能遵循学校统一领导，对负责的事项做好统筹和管理，组织学生做好分工，责任到人</td><td></td><td></td><td></td></tr>
<tr><td>能对学生研学旅行过程中的学习进行恰切指导，比如选题、学习方式、学习资源的选择等</td><td></td><td></td><td></td></tr>
<tr><td rowspan="5">行中：能够促进学生获取多种直接体验</td><td rowspan="3">活动实施</td><td>能担当研学旅行中的导师职责，维持纪律，组织活动，安全提醒等</td><td></td><td></td><td></td></tr>
<tr><td>能观察学生状态，适时进行指导</td><td></td><td></td><td></td></tr>
<tr><td>能在学生群中及时发布活动状态和传达通知</td><td></td><td></td><td></td></tr>
<tr><td rowspan="2">事情处理</td><td>遇到紧急事情，能协调沟通，处理得当</td><td></td><td></td><td></td></tr>
<tr><td>能保持与学生、家长、企业人员、校领导的通畅沟通和信息交流</td><td></td><td></td><td></td></tr>
<tr><td rowspan="9">行后：能够促进学生整理经验、提升运用</td><td rowspan="3">总结反思</td><td>能用适当的方式激活学生的体验，对研学旅行进行回顾、梳理</td><td></td><td></td><td></td></tr>
<tr><td>能组织不同经验学生进行深度交流</td><td></td><td></td><td></td></tr>
<tr><td>能诊断并指导学生完善自己的经验</td><td></td><td></td><td></td></tr>
<tr><td rowspan="3">评价提升</td><td>能指导学生对经验本身进行概括与提升</td><td></td><td></td><td></td></tr>
<tr><td>能指导学生进行学习过程与结果的评价</td><td></td><td></td><td></td></tr>
<tr><td>能恰当地指导学生进行不同价值观比较，做出合理的归纳和总结</td><td></td><td></td><td></td></tr>
<tr><td rowspan="3">应用指导</td><td>能结合实践，适时指导学生的应用</td><td></td><td></td><td></td></tr>
<tr><td>能总结研学旅行经验，迁移到学科教学</td><td></td><td></td><td></td></tr>
<tr><td>能指导学生会进一步丰富和完善自身经验和知识图式</td><td></td><td></td><td></td></tr>
<tr><td colspan="2">总计</td><td></td><td></td><td></td><td></td></tr>
</table>

① 刘继玲.研学旅行中体验式学习评价标准开发与应用[J].中小学教师培训,2018(9):42-44.

附录 3

参加研学旅行学生学习效果的自我评价表①

一级指标	二级指标	评价内容	评价结果		
			优秀	良好	继续努力
自我管理	文明素养	公共场所使用文明用语，不大声喧哗，维护公共秩序			
		聆听讲解时，要专心听，仔细观察，不妄加评论			
		人多时，按顺序边走边看，不推不挤，不妨碍他人			
		爱护公共财物，保护古迹，做文明参观使者			
	遵守秩序	遵纪守法，安全意识强，遇事冷静，不侵害他人隐私			
		遵守行程要求，不随意离队，服从老师管理			
		时间管理意识强，遵守时间节点，不影响活动流程			
	生活能力	注意饮食健康，不乱吃零食			
		生活有序，管理好自己物品，不丢三落四，合理消费			
实践活动	实践能力	能依据活动主题，自主选择恰当的活动方式开展活动 学会用多种方法搜集、处理信息 能在自主探究的学习中，运用所学知识解决实际问题			
	参与意识	踊跃参与活动，勇于尝试，乐于发表自己独到的见解			
		认真对待小组分工，善始善终			
		不怕困难，思维灵活，恰当选择解决问题的方法			
		及时完成活动，积极参与交流分享			
协作精神	合作意识	小组成员团结协作，合理分工，乐于分享			
		认真倾听同学的观点和意见，对小组学习做出贡献			
	合作态度	关心同学，互相尊重，发挥优势，互相取长补短			
		主动承担组内工作，不推卸责任，有责任心			
总评					

① 魏巴德，邓青．研学旅行实操手册[M]．北京：教育科学出版社，2020：87.

附录 4

参加研学旅行学生学习效果的小组评价表[①]

评价主题	评价内容	评价结果		
		优秀	良好	继续努力
品行修养	遵守社会公德，尊重民族习俗，自觉落实学生行为规范			
	举止文明，待人礼貌，遵守不同场合的纪律要求及行为准则，尊重带队老师及所有为活动服务的人员			
	自我管理能力强，合理安排活动期间的学习和生活，做到无人监管下的自觉			
	提高社会公德意识，培养法制观念，在旅行中引领社会风尚，传播先进文化			
探究能力	主动参与研学活动课程，在充分进行行前预学的基础上，依据兴趣提出问题，与同伴一起形成研究专题，设计项目研究方案			
	以实践活动为切入点，主动建构知识体系，不断拓宽学习领域，积极开展延展性学习			
	以活动为载体，以项目研究为动向，运用校内所学开展实践探索，形成研究报告，展示研究成果			
	在研学活动过程中积极思考，主动探究，勇于实践，不断审视、反思探索行为，对自己的项目研究做出客观评价			
团队精神	团队意识强，能与同行人员密切配合，积极沟通，合作共赢 时刻维护团队形象，以团队利益为重，遵守团队纪律 尊重组长安排，自觉完成团队分配的任务			
安全意识	自觉履行行车安全、学习安全、生活安全的相关要求，确保在活动期间无任何安全事故发生 管理好自身财物，爱护公共设施，无丢失损坏财物现象 合理膳食，健康饮食，不私自购买物品以免发生意外事件			
学习效果	完成学习任务，研学手册书写认真、完整			
	完成研究项目，项目研究有效果，项目研究报告实用翔实			
	研学活动效果呈现方式新颖多样，能运用知识解决实际问题，用科学方法良好效果法检验研究，解决问题的能力有所增强			
	学习态度端正，积极参与各项学习活动，深入思考，主动实践，自觉服务，用自身行为的改进检验研学活动效果			
总评				

① 魏巴德，邓青．研学旅行实操手册[M]．北京：教育科学出版社，2020：88．

附录 5

教师对参加研学旅行学生行为的过程评价表①

时间节点	行为指标	赋分(分)		
		优 (5)	良 (3)	一般 (1)
出发前	身体状况及时上报			
	携带物品符合乘车或乘机要求			
	按时到指定地点集合			
	随身携带研学手册			
	按要求携带与研学有关的书和工具			
	着装符合学校统一要求			
集合上车	认真聆听研学要求			
	遵守车辆行驶途中要求(站立、走动、开车窗)			
	保持车厢内外的卫生			
	保持车厢内安静			
在火车上	按照教师安排就座			
	在车厢内指定区域内活动			
	遵守公众场合的礼仪规范			
在船上	遵守乘船要求			
	在指定区域内活动			
下车船集合	保持车内外卫生			
	按时到指定地点集合			
过马路	按交通规则和教师要求统一行动			
入住宾馆、住宿、离开宾馆	遵守研学住宿要求,不私自离开宾馆、擅自外出			
	按时就餐,禁止在指定地点外购买食品或用餐			
	按时就寝,不打扰他人			
	按时休息,保证充足睡眠			
	在指定区域内活动			
	爱护住宿地点的公共设施			
用餐	按时就餐			
	文明用餐			
	爱惜粮食、践行光盘行动			
研学中	按时集合,不大声喧哗,不追逐打闹			
	按要求在指定区域内文明活动			
	在研学过程中认真听、看、记			
	按时保质完成研学手册			
	服从教师统一安排,文明研学			
总　计				

① 魏巴德,邓青.研学旅行实操手册[M].北京:教育科学出版社,2020:84.

附录 6

教师对参加研学旅行学生学习效果的综合评价表①

评价项目	评价内容	评价要点	评价结果		
			优秀	良好	继续努力
学习成果评价	学习达成	手册的完成情况(完成率) 手册的完成质量(认真书写、正确率)			
	探究成果	研究项目完成情况,学习资料的收集情况,手册中拓展延伸的完成情况,能否在研学活动中发现新问题 其他表达成果,如,亲自制作的图画、照片、模型、实物、录音、录像、光盘、网页、诗歌、节目等) 其他交流成果,如,班报、刊物、展览会、演讲会、答辩会、研讨会、节目表演、展板、墙报等			
学习效果评价	成效表达	分享或报告新颖有创意 小组讨论及分享语言表达清晰 有自己的见解,认识有新高度			
	成效影响体现	(1) 主体责任意识 a) 态度端正,准备充分,以主人翁的心态参与活动策划、研讨和落实; b) 纪律意识增强,能够做到守时,管理好自己,清晰自身职责和义务; c) 有责任意识,承担工作任务,知悉工作的职权范围,恰当运用权力进行管理和服务;参与小组项目研究、参与研究报告相关工作; d) 品德修养提高,严于律己,乐于助人,能够始终保持良好的学生形象;			
		(2) 心理认同意识 a) 重视文明礼仪,公共场合能注重个人礼仪规范,用语文明; b) 以积极、开放、成长的心态对待学习活动; c) 团队意识增强,求同存异,听从指挥,顾全大局,积极拥护达成的小组或班级共识;			
		(3) 沟通影响能力 a) 能够独立思考,形成自己的观点,并吸纳他人建议,做出合理的决策; b) 通过演说、沟通、协商、合作等方式传达和分享自己的观点,对他人产生一定的影响;			
		(4) 愿景规划能力 a) 能够联系时代特征和人生发展,对国家、社会、历史有一定的思考并充满正面感情; b) 能够以适当方式呈现或表达自己对社会、对人生的思考与规划;			

① 黄传骅.立志黄山博学徽州——课程化研学旅行指导手册[M].沈阳:东北大学出版社,2021(5):102.

续表

评价项目	评价内容	评价要点	评价结果		
			优秀	良好	继续努力
		(5) 情绪控制能力 a) 应对突发事件和困难障碍中，保持良好、稳定情绪和心态； b) 在竞争评选中保持开放、平和的情绪和心态； c) 能够及时调整自己的情绪心理，保持心情愉悦，心态健康；			
		(6) 信息处理能力 a) 通过观察、记录、调研等方式收集整理相关资料和信息； b) 批判性地整合和评估信息和证据，并进行筛选；			
		(7) 情境学习能力 a) 多感官观察和诊断现场资源、信息； b) 在不同的场景中判别重要的学习问题和关键因素； c) 能通过正式和非正式的方式探寻更多的人力资源、技术资源、学习方法和途径，寻求问题解决路径；			
		(8) 思维方法 a) 能发挥想象，多向关联，触类旁通审视遇到的知识和问题； b) 能够从不同角度有创造力地解决问题和呈现作品；			
		(9) 反思融合能力 a) 能够反思自己和他人的长处与不足，做出恰当自评和他评； b) 能够与课内知识对接，全面梳理研学旅行收获，融合所学。			

参考文献

[1] 鲍成中.第三次工业革命冲击下的基础教育变革[J].教育研究与实验，2013(2)：14-15.

[2] 刘继玲.对研学旅行的理解及课程建设的几点思考.国家教师科研专项基金科研成果(十三).国家教师科研基金管理办公室，2017(9)：310-311.

[3] 刘继玲.研学旅行中体验式学习评价标准开发与应用[J].中小学教师培训，2018(9)42-44.

[4] 庞维国.论体验式学习[J].全球教育展望.2011(6).

[5] 魏巴德，邓青.研学旅行实操手册[M].北京：教育科学出版社，2020：84.

[6] 亓文涛，乔爱玲.形成性评价在基础教育教学中的应用研究[J].现代教育技术，2007(17)：89-92.

[7] 尹厚霖.《研学旅行课程标准》研读与思考[J].地理教学，2020(5)：61-63.

[8] 周维国，段玉山，等.研学旅行课程标准(四)——课程实施、课程评价[J].地理教学，2019(8)：4-7.

[9] 黄传骅.立志黄山博学徽州——课程化研学旅行指导手册[M].沈阳：东北大学出版社，2021(5)：102.

本章标准是由北京财贸职业学院课题组起草的，由刘继玲（北京市教育学院朝阳分院）执笔，李永生修改。

参与本章研究的单位（个人）还有：北京财贸职业学院（董雪梅、徐楠）、北京市陈经纶中学（刘忠毅）、陈经纶中学嘉铭分校（王熊飞）、北京市大峪中学（曹彦彦、吕娜）、北京市东城区史家小学（郭志斌）、北京市通州区潞河中学（祁京生）、北京市昌平区第二中学（赵金平）、北京人生远足国际教育文化发展有限公司（黄传骅）、北京市联合国教科文组织协会研学旅行办公室（林琳）。

第三部分

研学旅行的课程开发参考案例

引　言

研学旅行是通过集体旅行、集中食宿方式开展的研究性学习和旅行体验相结合的校外教育活动。开展研学旅行有利于促进学生培育和践行社会主义核心价值观,激发学生对党、对国家、对人民的热爱之情;有利于推动全面实施素质教育,创新人才培养模式,引导学生主动适应社会,促进书本知识和生活经验的深度融合;有利于加快提高人民生活质量,满足学生日益增长的旅游需求,从小培养文明旅游意识,养成文明旅游行为习惯;有利于推进基础教育改革,促进教育内涵发展。

按照文件规定,研学旅行一般在小学四到六年级、初中一到二年级、高中一到二年级开展。原则上,每个学生在小学、初中、高中就学期间,每学年至少各参加一次研学旅行;每次小学 1～2 天、初中 3～4 天、高中 5～6 天。本书以北京为例,精选了 11 条线路。小学阶段的研学旅行,在北京城市范围内进行,选取了爱国主义主题、首都文化主题和前沿科技主题等,设计了三条研学旅行线路。初中阶段的研学旅行,在京津冀地区范围内进行,选取了红色文化主题、绿色文化主题、寻根文化主题等,设计了四条研学旅行线路。高中阶段的研学旅行,在全国范围内进行,选取了江南文化主题、历史文化主题、红色文化主题、古丝路文化主题等,设计了四条研学旅行线路。以此作为研学旅行课程建设参考案例,汇集成为《中小学研学旅行课程手册》。

研学旅行也是学校多学科整合的一种教育活动。师生借助社会资源,带着任务去实践和探究,在实践中获得教室和课本以外的体验,使学生能克服实践活动中的困难,拓宽视野、锻炼意志、陶冶情操,密切与生活的联系,推进学生对自然、社会和自我内在联系的认识与体验,发展学生创新能力、实践能力以及良好的个性品质。在亲近自然、感受自然中,培养学生尊重生命、热爱自然、保护环境的意识,学会合作,学会分享,快乐成长。

本书的研学旅行课程是根据不同学科教学内容,选择与某年级一个时期内的学科知识相关联的旅游线路或景点产品而设计出的学生主题活动方案。这种课程设计也是为了充分利用教学计划安排的游学时间,促进研学旅行的活动和学校课程有机融合,确保学生“游有所学”。这种课程可以让学生在旅行中感受祖国大好河山,感受中华传统美德,感受革命光荣历史,感受改革开放伟大成就。

本书的研学旅行课程是根据学校教学计划安排,按照不同学期特点,设计各有侧重点的研学旅行活动。但是,这些研学旅行课程特别突出“体验性”特点,强调与学校书本、课堂学习的知识的联系,强调通过现场体验、观察接触和探索研究来丰富对课堂和书本知识的理解和认识,而不是把研学旅行搞成学校课堂的简单搬家。

小学篇——面向北京地区的研学旅行课程开发案例

一、爱国主义主题研学旅行线路：天安门—抗战纪念馆—卢沟桥

二、首都文化主题研学旅行线路：北京古观象台—郭守敬纪念馆

三、前沿科技主题研学旅行线路：航空航天博物馆

一、爱国主义主题研学旅行线路：天安门—抗战纪念馆—卢沟桥

（小学四至六年级用）

一、活动前研学课本知识准备要求

【语文】

1. 查阅开国大典相关历史资料，了解中国历史发展。
2. 阅读《开国大典》和《卢沟桥的狮子》，观看经典电影《七七事变》。

【数学】

1. 复习图形与几何领域中图形测量的面积单位、长度单位等相关知识。
2. 复习方向和方位相关知识。

【英语】

1. 复习五年级上册 Unit3 如何介绍节日的用语。
2. 登录中国人民抗日战争纪念馆网站（英文）收集抗日战争相关信息。

【道法】

阅读五年级下册第三单元“百年追梦 复兴中华”。

【美术】

1. 复习“文化大都市——北京”一课中有关天安门等北京建筑的艺术形式。
2. 搜集有关正阳门、人民英雄纪念碑、卢沟桥等建筑的历史建造背景以及艺术形式等信息。
2. 搜集上述建筑的图片信息。

二、研学旅行主题课程目标

【语文】

1. 通过观察建筑和景物练习观察力，通过讨论练习语言表达能力。
2. 学习课文《开国大典》和《卢沟桥的狮子》，勿忘国耻，感知革命历史，增强民族自信心和爱国热情。
3. 观察卢沟桥的狮子，完成学习主题任务。

【数学】

1. 通过观察和估测天安门广场的面积，复习巩固图形测量的相关知识。通过观察天安门广场以及主要建筑之间的位置关系，复习巩固方向和方位的相关知识，培养空间观念。

2. 通过训练学生在研学前收集整理资料、研学中发现提出问题，用所学知识解决生活中的数学问题，培养学生的数学素养。

3. 通过观察和估测卢沟桥桥体和桥拱，了解图形与几何领域的相关知识。

4. 通过对卢沟桥的研学，归纳有关数学知识，建立数学模型，体会生活与数学的联系。

5. 掌握图形与几何领域中的相关知识，运用有关的数学知识解决实际问题，感受古代建筑技术的高超水平及劳动人民的智慧。

【英语】

扩充词汇量，提高口语交际能力。

【道法】

1. 培养学生搜集资料、处理信息的能力。

2. 学习新中国革命历史，培养爱国情怀。

3. 了解中华民族文化。

4. 感受新中国建国历史，简单学习国情。

5. 通过了解七七事变学习抗战历史，培养爱国情怀，增强四个自信。

【美术】

1. 通过对天安门、正阳门等古建筑的写生练习、色彩搭配练习，了解中国特有的艺术建筑形式。

2. 通过对以上建筑形式的写生表现，培养学生开拓思维的能力以及超时空的绘画写生能力。

3. 通过学习、练习，培养学生的爱国主义情怀。

三、线路特色

1. 体会古都北京历史变迁，了解新中国发展历史征程。

2. 重温先烈浴血奋战精神，体会自强不息、捍卫祖国革命精神。

3. 感受中国劳动人民智慧，了解中国历史文化丰富多彩内涵。

四、研学旅行线路与研学课程实施内容

时　间	行程安排	课本内容	教学过程	学生研学课题	学生研学评价
7:00—8:00	学校集合，行前说明，领取物资。				
8:00—11:30	天安门广场	**【数学】** 1. 三年级图形与几何领域中图形测量的面积单位，长度单位。 2. 三至六年级平面图形相关知识。 3. 三年级下册和五年级上册方向和方位。 **【英语】** 五年级上册Unit3介绍节日用语。	**一、研学目标** 1. 了解天安门广场的作用、方位、主要建筑以及建筑特点等内容。 2. 加强学生思想道德建设和新时期爱国主义教育。充分利用革命历史文化遗产，帮助学生感受中国共产党艰苦卓绝、波澜壮阔的奋斗历程，理解在中国革命伟大征途中形成的革命精神，引导学生热爱党、热爱祖国、热爱社会主义，进一步坚定在党的领导下，实现中华民族伟大复兴的理想和信念。 **二、学生组织方式** 研学导师(或展览馆解说员)分组介绍。 **三、研学讲解** **景点一：天安门北京公路零公里点　【数学】** **【认识北京公路零公里点】** 同学们，这里是正阳门南门口，路面上镶嵌的是“中国公路零公里点”标志，呈天圆地方的形状，是用青铜合金铸造，看上去非常古朴庄重。标志中间是数字“0”和中英文的“中国公路零公里点”字样。中间是原点，四周雕刻的图案是“青龙”“白虎”“朱雀”和“玄武”，与篆书的“东、西、南、北”四字相结合，呈现的是中国公路四个方向的走势。四周呈放射状的点线图案，显现出中国公路四通八达的网络。 请同学们辨别一下天安门广场的几个主要建筑物的方位，即建筑物在广场的哪个方向，广场在这个建筑物的哪个方向。 请同学们回忆一下，我们三年级下册数学学过的“位置与方向”、五年级上册学过的“位置”，请综合运用所学知识进行判别。 同学们，在后面的参观过程中注意观察、感受天安门广场中建筑的轴对称性。估算一下天安门广场的面积。	“北京零界点”何时何因设立，处于天安门什么方位。	以小组为单位，完成学习目标。每组派一名代表进行学习成果演讲。评比各组学习成果。

续表

时　间	行程安排	课本内容	教学过程	学生研学课题	学生研学评价
			景点二：正阳门　【美术】 **【正阳门简介】** 请同学们观察正阳门这座建筑物的结构特点、色彩构成，数一数城楼的层数，看看正阳门城楼上精致的彩绘以及纹样，与美术课上所学知识相结合，同时还要阅读英文版说明牌，找一找已认知词汇，并学习一些新词汇。 正阳门，俗称前门、前门楼子、大前门，原名丽正门，是明清两朝北京内城的正南门。位于北京城南北中轴线上的天安门广场最南端，毛主席纪念堂南边。始建于明成祖永乐十七年(1419 年)，是老北京“京师九门”之一。它集正阳门城楼、箭楼与瓮城为一体，是一座完整的古代防御性建筑体系。当时的城楼、箭楼规模宏丽，形制高大；瓮城气势雄浑，为老北京城垣建筑的代表之作，现仅存城楼和箭楼，是北京城内唯一保存较完整的城门。①	正阳门的建筑特点，色彩搭配特色。用英文介绍正阳门。	
		【道法】 五年级下册第三单元“百年追梦 复兴中华”。	**景点三：毛主席纪念堂　【道法】** **【参观毛主席纪念堂】** 在这里请同学们注意观察纪念堂外墙体浮雕，我们要重点了解新中国的革命史。 众所周知，毛主席纪念堂是为纪念伟大领袖毛泽东而建造的，它位于天安门广场，人民英雄纪念碑南面，坐落在原中华门旧址。1976 年开始建造，1977 年 9 月 9 日毛泽东主席逝世一周年时正式对外开放。纪念堂南北两门中央上方的匾额“毛主席纪念堂”是华国锋题写的。 纪念堂的一楼分为 3 部分，北大厅是举行纪念活动的地方。北大厅中央是汉白玉制作的毛主席坐像，坐像后面是一幅巨型的《祖国大地》绒绣图；瞻仰厅中央是毛主席的水晶棺，水晶棺放在黑色的花岗岩棺床上，水晶棺内安放着毛主席的遗体，遗体上覆盖中国共产党党旗；南大厅镌刻着主席手书体的诗词《满江红·和郭沫若同志》。纪念堂北门和南门外各有两组人物群雕，4 组 8 米高的雕塑中共有 62 个人物，是由来自全国 18 个省的 100 多名雕塑家共同雕刻完成的。②	毛主席纪念堂的建筑特色，在新中国革命历史中的作用。	

① 选自《最新导游考试题库全集》，陕西旅游出版社，2014：256-261.

② 选自《最新导游考试题库全集》，陕西旅游出版社，2014：256-261.

续表

时　间	行程安排	课本内容	教学过程	学生研学课题	学生研学评价
		【美术】 1. “文化大都市——北京”一课中,有关天安门等北京建筑的艺术形式。 2. 四年级下册“北京的城楼”“造型各异的房屋建筑”内容。	**景点四:人民英雄纪念碑　【语文】** **【了解人民英雄纪念碑】** 人民英雄纪念碑位于天安门广场的中央。1949 年 9 月 30 日,中国人民政治协商会议第一届全体会议通过决议,在天安门广场竖立人民英雄纪念碑。下午 6 时毛泽东主席率领全体政协委员在天安门广场举行了纪念碑的奠基仪式,1952 年正式动工兴建,1958 年 5 月 1 日举行揭幕仪式。 人民英雄纪念碑建在两层月台之上,通高 37.94 米,碑顶采用盝顶规制,碑芯重达 60 吨,碑身由 413 块花岗岩包砌,整体建筑使用汉白玉和花岗岩 1.7 万多块。碑身正面是由毛泽东主席亲笔题写的“人民英雄永垂不朽”八个镏金大字,碑身背面则是由毛主席撰文,周恩来总理亲笔书写的碑文。碑文的内容如下:“三年以来,在人民解放战争和人民革命中牺牲的人民英雄们永垂不朽!三十年来,在人民解放战争和人民革命中牺牲的人民英雄们永垂不朽!由此上溯到一千八百四十年,从那时起,为了反对内外敌人争取民族独立和人民自由幸福在历次斗争中牺牲的人民英雄永垂不朽!” 碑身下面是小碑座,小碑座南北方向各雕刻 3 个花圈,东西各一个,四面共有 8 个花圈,花圈由牡丹、荷花、百合、菊花组成。小碑座下层的须弥座四周镶嵌着 10 幅汉白玉浮雕,内容按历史顺序依次为“虎门销烟”“金田起义”“武昌起义”“五四运动”“五卅运动”“南昌起义”“抗日战争”“胜利渡江”,在“胜利渡江”两旁另有两块装饰性浮雕,内容为“支援前线”和“欢迎人民解放军”。 全部浮雕共有 170 多个人物,概括了我国 100 多年的革命史。人民英雄纪念碑是新中国第一座大型纪念性建筑物。① 请同学们观察一下纪念碑实际高度和影子高度,有什么发现?	人民英雄纪念碑建立背景,主要构成及含义。	

① 选自《最新导游考试题库全集》,陕西旅游出版社,2014:256-261.

续表

时　间	行程安排	课本内容	教学过程	学生研学课题	学生研学评价
			景点五：国旗杆　【语文】 **【了解国旗杆】** 请同学们先观察旗杆的建筑特点，数一数隔离墩有多少个，为什么？我们的语文课学习过课文《升国旗》，还记得国旗有什么含义吗？ 广场北侧，首先我们看到的是国旗和旗杆。国旗的设计者是曾联松。旗杆原高 22.5 米，改造后的旗杆高 32.6 米，分四节组装，重达 7 吨，经过特殊的处理，可以 20 年不锈蚀。改造后的国旗杆基座 36 平方米，四周环绕汉白玉栏杆，周围有 2 米多宽的通道，基座外铺 2 米多宽的赭红色花岗岩，最外层为 5 米宽的绿化带，护栏由 56 个金色铜制隔离墩组成，象征 56 个民族团结在国旗下。1991 年我国政府颁布了《国旗法》，规定升旗仪式分为节日升旗和平日升旗两种。 每年元旦、春节和每月 1、11、21 日都要举行隆重的节日升旗仪式，届时由 36 名国旗护卫队官兵和 62 名军乐队员组成国旗仪仗队，从天安门中间门洞出来，在金水桥南侧正步走 138 步准确到达旗杆的位置，军乐队现场演奏国歌，开始升旗，整个过程为 2 分 07 秒。国旗升降时间依据每天日出和日落时间来确定。平日升旗仪式由 38 名国旗护卫队官兵执行升旗任务，播放国歌录音。现在群众观看升旗仪式已经成了广场上的一道特色景观，同时这里也是对全国人民进行爱国主义教育的基地。① 请同学们目测一下，升旗仪仗队从天安门到旗杆需要走多少步？大约每步的距离多少？计算出天安门到旗杆的距离。	中华人民共和国国旗的含义。	
		【语文】 （人教版）六年级语文《开国大典》。	**景点六：天安门城楼　【语文】** **【天安门城楼及其历史意义】** 这里是语文课文《开国大典》场景所在地，同学们还记得课文中是怎么描写当时的盛况吗？	通过对天安门、正阳门等古建筑的写生练习、色彩搭配练习，了解中国特有的艺术建筑形式。	

① 选自《最新导游考试题库全集》，陕西旅游出版社，2014：256-261.

续表

时　间	行程安排	课本内容	教学过程	学生研学课题	学生研学评价
			20 世纪 50 年代，天安门城楼进行了整修，拆除了 T 字形广场的围墙，拓展了长安街，建了人民英雄纪念碑、人民大会堂、中国国家博物馆。70 年代又建造了毛主席纪念堂。1999 年，广场上用 28 万块浅粉色花岗岩取代了过去的水泥砖，广场内东西两侧各开辟了一块 4800 平方米的绿地，总面积 9600 平方米，象征我国 960 万平方公里的领土，形成了今日天安门广场的建筑格局。今日的天安门广场南北长 880 米，东西宽 500 米，占地面积 44 万平方米，坐落于城市的中轴线上，可容纳 100 万人举行盛大集会，是世界上最大的城市中心广场。 由于天安门广场的特殊地位，很多历史事件都在这里发生。辛亥革命以后，天安门广场对外开放，这里成了群众集会、演说游行的地方。1919 年爆发的五四运动、1935 年的“一二·九”学生运动、1947 年的“反饥饿”“反内战”的示威游行都发生在天安门广场。1949 年 10 月 1 日，毛泽东主席在天安门城楼上宣告了中华人民共和国成立。首都 30 万人民群众参加了开国大典。①	1. 天安门的建造历史，天安门在开国大典中的意义。 2. 运用对比的方法研究城楼的建筑结构及艺术特色。制作一幅关于城楼的小画报。	
11:30—13:00	午餐时间。				
13:00—15:00	抗日战争纪念馆		**一、研学目标** 1. 通过基地资源与学科教学整合，激发学生的爱国情感，同时提高学生的语文综合素养，特别是听说读写能力。 2. 了解抗战历史，能利用相关资料编写并讲述发生在卢沟桥畔的抗日故事。 **二、学生组织方式** 研学导师（或展览馆解说员）分组介绍。		

① 选自《最新导游考试题库全集》，陕西旅游出版社，2014:256-261.

续表

时　间	行程安排	课本内容	教学过程	学生研学课题	学生研学评价
		【数学】 1. 估算面积。 2. 平面图形、图形组合。 **【语文】** (人教版)三年级下册《卢沟桥》。	**三、研学讲解** **景点一:抗日战争纪念馆广场　【数学】** **【了解抗战纪念馆的方位结构与历史影响】** 在这里请同学们注意观察醒狮,了解背景寓意,进行醒狮局部素描写生。 主馆建筑突出了中国民族的牌坊式特点。其左侧是南北两个四合院,右侧是资料中心和办公区,为仿明清建筑,与宛平古城风格一致,与纪念馆主馆左右映衬。牌坊式建筑主体的正中延伸出长 39 米、宽 42 米的花岗岩台阶。台阶上部有敦厚的白色花岗岩栏板,左右饰有 1.5 米宽的垂带。台阶平台上屹立着一座 4.5 米高的铜铸醒狮,象征着中华民族的雄浑气魄。整个纪念馆的外墙面,满饰白色磨光花岗石,上覆灰色琉璃瓦,在白石墙和瓦之间是一道茶色铝合金采光带。由邓小平题写的“中国人民抗日战争纪念馆”11 个两米余高的镏金大字,镶嵌于纪念馆正面宽大的花岗岩石门额上。① 请同学们注意观察“抗日战争纪念馆广场”估算广场的面积,并与天安门广场对比数量关系。 **景点二:抗日战争纪念馆　【道法】** **【抗日战争纪念馆的设计与历史意义】** 同学们,请大家在这里观察七七事变浮雕,在参观各个场馆过程中,要注意观察纪念馆中各个展厅地砖的铺设情况,思考和我们所学的哪些数学知识有关?思考都有哪些平面图形可以密铺?什么图形和什么图形可以组合密铺?如果你是设计师,你想用什么样的地砖铺地,大约用多少块地砖? 抗日战争纪念馆的全称是中国人民抗日战争纪念馆。位于北京西南宛平城内,馆址为原宛平县政府驻地。1987 年 7 月 7 日纪念馆对外开放,为 20 世纪 80 年代北京十大建筑之一。主体建筑分为主馆、资料中心、南北四合院 3 个部分。	“醒狮”典故及背景寓意。估算抗日战争纪念馆广场面积。 抗日战争纪念馆建造历史、建筑结构特点及寓意。	每组派一名学生代表陈述设计方案。每名学生对每个作品进行投票评比。

① 选自《最新导游考试题库全集》,陕西旅游出版社,2014:256-261.

续表

时　间	行程安排	课本内容	教学过程	学生研学课题	学生研学评价
			纪念馆内部设计：由序厅两侧的台阶，通过宽窄错落的环廊，沟通 6 个基本陈列展馆和半景画馆。序厅的墙面上满饰洁白的大理石，下部做出细蘑菇石的城堞，与序厅正中反映全民族抗战为主题的巨型浮雕相呼应，形成了寓意深远的主题："把我们的血肉筑成我们新的长城。"地面采用革命根据地河北省平山县的墨绿色磨光大理石，寓意着中华民族抵御外寇的精神万古长青。顶棚上 15 个宽大的方形藻井中，有规律地悬挂着 8 口仿古铜钟，象征着中华民族悠久的历史，蕴蓄着警钟长鸣的深意。东西两侧通往环廊和展馆的墙壁上，镶嵌着《义勇军进行曲》和《八路军进行曲》的词曲谱。①		
15:00—17:30	卢沟桥	**【数学】** 估算长度、宽度，计算长度。 **【道法】** 勿忘国耻、为中华之崛起而读书。	**景点三：卢沟桥头　【道法、数学】** **【卢沟桥的特征与历史影响】** *在这里我们要参观宛平城，请同学们注意观察卢沟桥的狮子和桥拱。* 卢沟桥亦称芦沟桥，位于北京市丰台区永定河，因横跨卢沟河（即永定河）而得名，是北京市现存古老的石造联拱桥。南宋淳熙十六年（1189 年）六月，卢沟桥始建；1961 年卢沟桥被公布为第一批国家重点文物保护单位；1985 年卢沟桥正式退役；1991 年卢沟桥实现封闭管理。卢沟桥全长 266.5 米，宽 7.5 米，桥两侧雁翅桥面呈喇叭口状。 同学们，观察到卢沟桥有多少个石拱，多少个石砌桥墩了吗？能否估算出每个石拱和石砌桥墩的长度，计算桥的长度？ 如果让你重新设计这样的联拱石桥，你会怎样设计？ 七七事变（1937 年 7 月 7 日—7 月 31 日），又称卢沟桥事变，发生于 1937 年 7 月 7 日，为中国抗日战争全面爆发的起点。日军在北平西南卢沟桥附近演习时，夜间日本军队以有己方士兵失踪为借口，要求进入宛平县城调查。遭到中国驻军拒绝后，日本	卢沟桥建造历史、桥体构造组成及尺寸。 七七事变及历史作用。	每个学生表达卢沟桥的特色之处，通过绘画或文字表达的方式，设计出自己理想中的石桥。投票评比。

① 选自《最新导游考试题库全集》，陕西旅游出版社，2014:256-261.

续表

时　间	行程安排	课本内容	教学过程	学生研学课题	学生研学评价
			军队于 7 月 8 日凌晨向宛平县城和卢沟桥发动进攻，中国驻军进行了顽强抵抗。驻守在卢沟桥北面的一个连仅余 4 人生还，余者全部壮烈牺牲。七七事变是日本全面侵华开始的标志，是中华民族进行全面抗战的起点，也象征第二次世界大战亚洲区域战事的起始。 同学们，请记住，中国人民经过流血牺牲、艰苦抗战，终于以日本宣布无条件投降赢得了民族解放战争的伟大胜利。我们的中国战场是世界反法西斯战争中的一个重要战场，为世界反法西斯战争的胜利做出了卓越的贡献。我们要勿忘国耻，为中华崛起而读书，更要为中华民族的伟大复兴而努力奋斗！		
17:30—18:30	返回学校。完成研学手册；写一篇 200 字的研究性学习心得：感悟、收获、反思自身不足点；制作一部 H5 电子影集；完成绘画；整理学习记录的英文词汇。				

五、学科拓展应用

【语文】

围绕卢沟桥的狮子开展主题实践，与其他学科融合，对我国这一建筑能有更深认识，感悟古代劳动人民的血汗与智慧。

【数学】

1. 通过观察天安门广场上建筑的实际高度和影长，初步感受两种变化的量，初步体会正比例关系。
2. 通过辨别天安门广场上各个建筑的方位，初步感受用方向和距离确定位置，渗透坐标思想和函数思想。
3. 通过自己设计联拱石桥，发散思维，体会数学与生活的联系，提高数学的应用意识和实践能力。

【英语】

1. How many stone lions are there in Lugou Bridge? There are ________ stone lions in Lugou Bridge.
2. There are ________, ________, ________ in Tian'anmen Square.
3. I like... very much.

续表

4. We go to... by bus(train, car, bike). 5. We have a good time there. 6. We take a lot of pictures there. 7. 通过中国人民抗日战争纪念馆网站(英文),摘抄简单的场馆介绍。
【道法】 观看电影《开国大典》《七七事变》。
【美术】 1. 六年级上册"中国画——建筑的画法"铺垫学习。 2. 六年级下册"北京的建筑"课前深入铺垫。

本课程方案设计由北京财贸职业学院的孔玲负责,参与本课程设计研究的单位(个人)还有:北京第二实验小学永定分校的王春丽、徐海英、张付祥、王凌、李丽、贺明新、史红媛、边海伟、安海霞和中国国旅集团旅游劳务培训中心的王祎、李金武。

二、首都文化主题研学旅行线路：北京古观象台—郭守敬纪念馆

（小学四、五年级用）

一、活动前研学课本知识准备要求

【语文】

复习《花钟》《自然之道》《大自然的启示》等课文内容。

【数学】

复习圆周率、时间单位换算等有关知识点。

【科学】

1. 复习“天气现象”“观测天气”“阳光下的影子”“光的来源和传播”等课文内容，回顾天气现象的观测和记录方法，光的直线传播现象（影子与时间的关系）以及用影子计时的原因等相关知识点。

2. 复习“地球上为什么会有四季”“太阳系”“仰望星空”等课文内容，回顾地球与太阳的运动，以及人类探索宇宙的历史与成就等相关知识点。

【道法】

复习“吃穿住话古今”，熟记二十四节气歌，以及京杭大运河的历史与重要作用等相关知识点。

【英语】

复习“What time is it?”“Weather Report”等课文内容，掌握时间与天气的常用单词与基本表达方法。

二、研学旅行主题课程目标

【语文】

1. 了解大自然中各种自然现象与时间的关系，要懂得珍惜时间，一寸光阴一寸金。

2. 了解中国古代的各种计时工具，体会古代劳动人民的智慧，体会古人顺应自然之道，运用自然之法的精神。

【数学】

学习圆周率、时间单位换算、古代计时单位等内容，讨论数学与生活的联系。

【科学】

1. 了解古代科技史，了解古代劳动人民的智慧与勤劳的品质。
2. 了解多样的天气现象观测和记录方法，了解中国古代的星空图与授时历，培养对科学的兴趣。
3. 学习利用影子来计算时间，了解光的直线传播现象以及影子与时间的关系。

【道法】

1. 背诵二十四节气歌，掌握时间与天气的关系。
2. 了解世界文化遗产——京杭大运河，认识京杭大运河的重要价值。

【英语】

1. 掌握与时间相关的英语表达方式和谚语。
2. 掌握与天气有关的英语表达方式和谚语。

三、线路特色

1. 参观北京古观象台，感受中华文化和东西方科技交融成果。
2. 参观郭守敬纪念馆，感受古代人民的劳动智慧与创造力。

四、研学旅行线路与研学课程实施内容

时　间	行程安排	课本内容	教学过程	学生研学课题	学生研学评价
			一、研学目标 1. 认识中国古代计时仪器（圭表、日晷、漏壶等），了解中国古代计时仪器的种类，以及部分计时仪器的构造、原理和使用方法等。 2. 感受中国古代劳动人民坚毅的探索精神和非凡的聪明与智慧，体验古代计时仪器的精巧构思及方便实用，增强民族自豪感和对中国传统文化的认同。 **二、学生组织方式** 1. 研学导师（或展览馆解说员）分组介绍。 2. 小组观察，分组制作模型体验式教学。		

续表

时间	行程安排	课本内容	教学过程	学生研学课题	学生研学评价
9:00—11:00	古观象台 1. 参观古观象台室内展览。	【语文】 《古诗三首》《中华传统节日》:了解春节、清明节、重阳节等传统节日与天象的联系。 【数学】 圆的规律。	三、研学讲解 **景点一:北京古观象台入口 【科学、语文、数学、道法】** **【古观象台总体介绍】** 北京古观象台始建于明正统七年(1442 年),是世界上现存最古老的天文台之一,同时也是我国明清两代的皇家天文台。北京古观象台历史悠久,建筑、院落完整,仪器配套齐全,是明末清初中西文化交流的重要场所,在国内外享有巨大声誉。 除古台台顶的8架清制天文仪器原件外,古观象台还有紫微殿和东、西厢房3个展厅,陈列着“观象授时”“时间历法”“天象记事”和“灵台仪象”等主题展览。另外,古台的院内陈放着明代铜制浑仪和简仪的1∶3复制品,以及郭守敬正方案1∶3复制品。后院陈放有日晷和圭表等古代计时仪器,还有原比例复制的明制浑仪和简仪等天文测量仪器。① 请同学们回忆,我们学过的语文、科学等课文中,有哪些与时间和天象有关的内容? 现在,请同学们随我一起参观古观象台室内展览。 **馆内景点一:圭表 【科学、语文】** 圭表是我国最古老的一种计时器,古代典籍《周礼》中就有关于使用土圭的记载,可见圭表的历史相当久远。圭表是利用太阳射影的长短来判断时间的。它由两部分组成,一部分是直立于平地上的测日影的标杆或石柱,叫作表(一般高八尺);另一部分是正南正北方向平放的测定表影长度的刻板,叫作圭。它利用了立竿见影的道理来测量日影长度。主要功能是测定冬至日所在,并进而确定回归年长度。此外,通过观测表影的变化可确定方向和节气。既然日影可以用长度单位计量,那么光阴之“阴”,及时间的长短,用“分”“寸”表达就顺理成章了。②	【语文】 以小组为单位,每组写出5句与珍惜时间、尊重自然规律有关的诗词或谚语,并且与同学分享。	1. 观察学生在提问互动中的表现及动手制作计时工具的实际成果。 2. 展示学生任务完成情况,根据具体的评价量表通过教师评价、小组相互评价的方式来对每个小组的整体成果进行打分、评比、奖励。

① 古观象台官网,http://www.bjp.org.cn/ggxt/list.shtml。
② 古观象台官网,http://www.bjp.org.cn/ggxt/list.shtml。

续表

时　间	行程安排	课本内容	教学过程	学生研学课题	学生研学评价
		【科学】 1.“天气现象”“观测天气”：了解天气现象观测和记录方法。 2.“阳光下的影子”：用影子计时的原因。 3.“光的来源和传播”：光的直线传播现象（影子与时间）。 4.“仰望星空”：了解探索宇宙历史与成就。	请同学们找一找，展厅内除了圭表还有哪些神奇的计时工具呢？这些工具是通过什么科学规律计算时间的？它们和圭表又有什么异同呢？ 请同学们回忆，我们学过的课文《花钟》中描写时间的内容：把不同时间开放的花种在一起，把花圃修建得像钟面一样，组成花的“时钟”。这些花在 24 小时内陆续开放。你只要看看什么花正在开放，就可以知道大致是几点钟。 请同学们回忆，我们学过的课文《大自然的启示》中描写时间的内容：研究大自然的特点和规律，可以从中受到启发，从而更好地指导人类的发明创造活动，更好地指导我们利用大自然的规律，科学合理地开发、利用大自然，为人类服务。 请同学们思考，除了以上呈现时间的方式以外，你还有哪些奇妙的想法可以帮助我们了解并计算时间呢？ **馆内景点二：祖冲之　【数学、道法】** 祖冲之（公元 429—500 年），河北省涞源县人。他从小就阅读了许多天文、数学方面的书籍，他勤奋好学，刻苦实践，终于成为我国古代杰出的数学家、天文学家。祖冲之博览当时的名家经典，坚持实事求是，他从亲自测量计算的大量资料中对比分析，发现过去历法的严重误差，并勇于改进，在他 33 岁时编制成功了《大明历》，开辟了历法史的新纪元。除此之外，他还重造了指南车，发明了“千里船”和“水碓磨”，促进了生产力的发展。但他最突出的贡献是，在世界上第一次把圆周率的数值，精确地推算到小数点以后的第七位数字，即 3.1415926 和 3.1415927 之间。直到 15 世纪阿拉伯数学家阿尔·卡西才超过他的成果。但是，阿尔·卡西比祖冲之晚了近一千年。欧洲直到 16 世纪才由德国人奥托和荷兰人安托尼兹重新算出这一数值，他们比祖冲之晚了一千一百多年。① 请同学们思考，祖冲之的故事带给你哪些启发呢？	**【科学】** 请同学们总结常见的古代计时工具背后的科学原理。	小组合作，动手体验，制作圭表/沙漏/日晷等简易计时工具，在实践中感悟计时工具的原理与古代人民的智慧。（提供工具包）

① 人民教育出版社官网，https://www.pep.com.cn/ddyfzxx/rjbddyfzxx/rjxxdfwd/201008/t20100824_1380066.html。

续表

时　间	行程安排	课本内容	教学过程	学生研学课题	学生研学评价
	2. 参观古台台顶八大天文仪器。		请同学们回忆,我们学过的数学《圆周率的计算》中描写时间的内容:祖冲之还与他的儿子祖暅[gèng](也是我国的数学家)一起,用巧妙的方法解决了球体体积的计算。他们当时采用的一条原理是:“幂势既同,则积不容异。”意即,位于两平行平面之间的两个立体,被任一平行于这两平面的平面所截,如果两个截面的面积恒相等,则这两个立体的体积相等。这一原理,在西方被称为卡瓦列利原理,但这是在祖氏以后一千多年才由卡氏发现的。为了纪念祖氏父子发现这一原理的重大贡献,大家也称这原理为“祖暅原理”。 请同学们思考,我们在课本上还学过哪些著名的天文学家呢?在他们的身上又发生了哪些有趣的故事? **景点二:参观古台台顶　【科学、道法】** **【古台台顶总体介绍】** 1644 年清政权建立之后,改观星台为观象台,并接受汤若望的建议,改用欧洲天文学的方法计算历书。1669—1674 年,由康熙皇帝授命,南怀仁设计和监造了 6 架新的天文仪器:赤道经纬仪、黄道经纬仪、地平经仪、象限仪、纪限仪和天体仪。康熙五十四年(1715 年)纪理安设计制造了地平经纬仪。乾隆九年(1744 年),乾隆皇帝又下令按照中国传统的浑仪再造一架新的仪器,命名为玑衡抚辰仪。至此,我们今天所看到的 8 架古仪都已装备完毕。 它们分别是: 赤道经纬仪——比利时耶稣会士南怀仁于 1673 年设计制造,重 2720 千克,高 3.380 米。最主要的功能是测量太阳时以及天体的赤道坐标(赤经和赤纬)。 黄道经纬仪——比利时耶稣会士南怀仁于 1673 年设计制造,重 2752 千克,高 3.492 米。最主要的功能是测量恒星的黄道坐标(黄经、黄纬)。 天体仪——比利时耶稣会士南怀仁于 1673 年设计制造,重 3850 千克,高 2.735 米。它的主要功能包括演示天体的运动,以及进行黄道坐标、赤道坐标和地平坐标的换算。	**【科学】** 以小组为单位简要介绍中国古代科学家,包括:姓名、出生日期、所在朝代、主要贡献等。	观察学生在提问互动中的表现及动手制作计时工具的实际成果。

续表

时间	行程安排	课本内容	教学过程	学生研学课题	学生研学评价
			纪限仪——比利时耶稣会士南怀仁于 1673 年设计制造，重 802 千克，高 3.274 米。用来测量两个恒星的角距离。 地平经仪——比利时耶稣会士南怀仁于 1673 年设计制造，重 1811 千克，高 3.201 米。用来测量天体的方位角。 象限仪——比利时耶稣会士南怀仁于 1673 年设计制造，也叫四分仪，重 2483 千克，高 3.611 米。用来测量天体的高度角。 地平经纬仪——德国耶稣会士纪理安在 1715 年设计制造，重 7368 千克，高 4.125 米。它合并了地平经仪和象限仪的功能。它也是唯一一架采用文艺复兴时期装饰风格的仪器，而不是中国传统的祥云和龙装饰样式。 玑衡抚辰仪——德国耶稣会士戴进贤等人于 1744 年制造，重 5145 千克，高 3.379 米。它的功能与赤道经纬仪类似。玑衡抚辰仪的制造与乾隆皇帝对古观象台的一次视察有关，它是中国最后一架大型青铜仪器。① 请同学们以小组为单位，根据以上介绍的内容和提供的参考资料(关于赤道、黄道、方位角与高度角的示意说明)，在古台台顶找到对应的天文仪器，并说明你们的判断理由。 1900 年八国联军侵入北京，德、法两国侵略者曾把这 8 件仪器连同台下的浑仪、简仪平分，各劫走 5 件。法国将仪器运至法国驻华大使馆，后在 1902 年归还。德国则将仪器运至波茨坦离宫展出，在第一次世界大战后，根据《凡尔赛和约》规定，于 1921 年装运回国，重新安置在观象台上。② 请同学们思考，这些珍贵的文物对于我们的民族有何特殊意义？你还知道哪些失而复得的国家宝藏呢？	**【科学】** 以小组为单位，简要介绍古观象台的 8 架古代天文仪器，包括：设计者，制造日期，长宽高、重量，主要作用。 每个小组讲解 1～2 个仪器。	

① 古观象台官网，http://www.bjp.org.cn/ggxt/list.shtml。

② 古观象台官网，http://www.bjp.org.cn/ggxt/list.shtml。

续表

时　间	行程安排	课本内容	教学过程	学生研学课题	学生研学评价
	3. 参观古台院内并进行动手实践活动。		**景点三：参观古台院内　【数学、科学】** **【体验活动说明】** 同学们，通过一上午的参观学习，我们已经了解了很多关于古代计时和观象的知识。现在，你们想不想亲自动手体验一下呢？请同学们以小组为单位，在研学导师的指导下，有序领取教具，分工合作，选择一项体验活动并开始检验你们的学习成果吧！ 体验活动 1：制作圭表/沙漏/日晷等简易计时工具。 体验活动 2：手绘中国古星图填图。 回忆与联想： 1. 请同学们回忆，我们学过的“光的来源和传播”“影子与时间”：影子的长短、方向与光源的位置、方向有关。影子的长短随着光源照射的角度改变而改变：光源直射时，影子（最短），随着斜射的程度越来越大，影子（越来越长）。一天中，阳光下物体的影子（正午）最短，（清晨和傍晚）最长。 2. 请同学们回忆，我们学过的“时间单位的换算”中描写时间的内容：1 年有多少月？1 月有多少天？1 天有多少小时？1 小时有多少分钟？1 分钟有多少秒？ 3. 请同学们回忆，我们学过的“仰望星空”“四季星空”“月相”中描写时间的内容。牛郎织女传说、嫦娥奔月传说、后羿射日传说。 4. 请同学们回忆，我们学过的古诗词中关于月亮的描述、关于时间的描述、关于节气的描述。背诵古诗词《古朗月行》《清明》《乐游园》。	**【科学】** 思考古人如何根据这些工具定位日月星辰，并试着分析太阳的运行轨迹。	
11:00—12:00	返回学校，用餐。				
14:00	出发前往郭守敬纪念馆。				

续表

时　间	行程安排	课本内容	教学过程	学生研学课题	学生研学评价
14:30—15:30	郭守敬纪念馆 1. 参观第一展厅：世界名人郭守敬。	**【科学】** 1. “授时历”一年365日的推算。 2. “地球上为什么会有四季”：了解地球与太阳的运动；《太阳系》。	**一、研学目标** 1. 学习郭守敬从小爱学习、爱科学的好品质，了解郭守敬在天文、水利方面的伟大成就。 2. 了解“京杭大运河”文化，了解一年四季、二十四节气，大运河两岸的自然风光，体会人与自然的和谐，懂得要保护自然，顺应自然，懂得“绿水青山就是金山银山”的道理。 **二、学生组织方式** 集体参观，集体讲解。 **三、研学讲解** **景点一：郭守敬纪念馆入口** **【北京郭守敬纪念馆总体介绍】** 北京郭守敬纪念馆于1988年建成并对社会开放，为北京市首批免费开放博物馆。纪念馆自对公众开放以来先后被授予西城区爱国主义教育基地、北京市科普教育基地、北京市校外教育协会成员单位及北京市“社会大课堂”资源单位等多项称号。纪念馆基本陈列以《世界名人郭守敬·世界遗产大运河》为主题，通过四个主题展厅系统介绍郭守敬一生的功绩及其对北京城市历史发展的贡献：第一展厅“世界名人郭守敬”；第二展厅“大都水利开新篇”；第三展厅“通大运河树丰碑”；第四展厅“前贤遗珍惠后人”。 请同学们回忆，我们学习过的课文中有哪些关于郭守敬的内容呢？ **景点二：第一展厅　【科学】** **【世界名人郭守敬简介】** 第一展厅“世界名人郭守敬”，以大事记的形式介绍郭守敬的一生，以及他在天文、水利、历法等领域做出的卓越贡献。世人对他有如此评价： 忽必烈：任事者如此，人不为素餐矣！ 许衡：天佑我元，似此人，世岂易得？呜呼！其可谓度越千古矣。	**【科学】** 郭守敬从小善于思考，请同学讲述“郭守敬研制莲花漏”的故事。	展示学生任务完成情况，根据具体的评价量表通过教师评价、小组相互评价的方式来对每个小组的整体成果进行打分、评比、奖励。

续表

时间	行程安排	课本内容	教学过程	学生研学课题	学生研学评价
	2. 参观第二展厅：大都水利开新篇与第三展厅：通大运河树丰碑。	**【道法】** 1. 中国有世界上里程最长、工程最大的古代运河。 2. 热爱家乡，"大运河文化带"的概念。	利玛窦：其规模和设计的精美，远远超过曾在欧洲所曾看到和知道的任何这类东西。这些仪器虽经受了二百五十年的雨雪和天气变化的考验，却丝毫无损于它原有的光荣。 李约瑟：他是中国科技史上最杰出的人物。 这位名人就是郭守敬。 请同学们结合郭守敬的天文学成就，回忆我们学过的《太阳系》课文内容：电影《流浪地球》中太阳系行星有水星、金星、地球、火星、木星、土星、天王星、海王星；中国的探月工程（又称嫦娥工程）；贵州境内，超级天眼 FAST 500 米口径球面射电望远镜，已经投入运作。 通过回顾我们国家在天文学上的历史成就，同学们有何感想？ **景点三：第二、三展厅** **【大都水利和通大运河介绍】** 第二展厅"大都水利开新篇"，讲述了郭守敬对元大都水利系统的规划、建设、作用及其历史贡献；第三展厅"通大运河树丰碑"，介绍郭守敬在贯通京杭大运河中的主要做法及意义。 中统元年（1260 年），忽必烈在开平即汗位。至元四年（1267 年）决定在金中都旧城东北郊营建中都新城，八年（1271 年）改国号"大元"，九年（1272 年）二月改中都为大都。位于中都旧城东北郊的积水潭，是元大都选址的决定性条件。郭守敬修治积水潭保障了大都供水和漕运，对历史上的北京水系具有深远影响。 大都西郊的玉泉水，原是清河的上源，从城区北郊流过，到达通州。元代文献载："泉极甘甜，供奉御用。""玉泉垂虹"是燕京八景之一，金代已开发利用。中统三年（1262 年），郭守敬在开平向忽必烈面陈水利六事，提出"开玉泉水以通漕运"的设想。预估在水路畅通之后，每年可以节省下陆路运输的高额费用。引玉泉水通漕运工程的实施，是郭守敬为兴修北京水利所建的第一功，也是历史上北京大规模开发玉泉水利的最早记录。至元二年（1265 年），郭守敬建议重开金代失败的金口河，以便引卢沟河	**【道法】** 1. 思考郭守敬为什么会得到后人如此高的评价？ 2. 请同学们思考，大都建成后，皇城用水和漕运用水如何供应？ 3. 郭守敬在修建运河的过程中有两大难题：第一，北京地区一直缺水，运河水源哪里来？第二，大都与通州白河（北运河）之间存在 30 余米的高差，逆水行舟如何上大都？	

续表

时　间	行程安排	课本内容	教学过程	学生研学课题	学生研学评价
	3. 参观第四展厅：前贤遗珍惠后人。		(今永定河)运输西山木石。至元三年(1266 年)开河成功后，连续使用近 30 年，大量木材、石料等建筑材料，通过水路源源不断地供应大都营建，为大都城的建设做出了历史性的贡献。 **景点四：第四展厅　【道法】** **【大都治水的历史遗产介绍】** 第四展厅“前贤遗珍惠后人”，介绍郭守敬大都治水的历史遗产对今天的作用与影响。展览生动地表现了元大都水利建设，以及京杭大运河贯通的画卷，通过多种创新的展陈形式，展示了郭守敬在中国古代天文、水利等方面所取得的成绩，更用心诠释了大运河在凝聚民族文化，承载中华传统方面的巨大成就。① 请同学们回忆，我们学过的“地球上为什么会有四季”“二十四节气歌”：运河两岸四季分明的景色，让我们深刻感受到自然之美，体悟到生态文明的重要性。	4. 习总书记提出“绿水青山就是金山银山”，同学们，结合今天的课程，请你说一说，你对这句话又有了哪些新的理解呢？你将在今后的生活中如何践行这句话呢？	请同学们以小组为单位，每组找出不少于 5 句与环境有关的成语、谚语、诗词等，全班进行交流。
15:30—16:00	返回学校。				

五、学科拓展应用

【英语】

在本次研学旅行中，同学们参观了古观象台和郭守敬纪念馆。在这里，我们掌握了时间、二十四节气、京杭大运河等的相关知识。这些也有利于英语的学习。请同学们查询网络，完成以下题目。

① 北京郭守敬纪念馆官方微信公众号介绍，https://mp.weixin.qq.com/s/tYr2eb0yFTecDRbt6y2tPQ。

续表

一、Fill in the blanks

1. 春分	2. 清明	3. 夏至	4. 芒种
5. 立秋	6. 冬至	7. 圆周率	8. 火星
9. 土星	10. 海王星	11. 金星	12. 天王星

二、Complete the sentences 完成句子

1. ________(古观象台)is located in ________(北京东部). It was built in ________ dynasty in 1442.
2. Guo Shoujing was born in ________. He made great contribution to ________(天文、水利、历法)。
3. We should ________(保护环境).
4. ________(绿水青山就是金山银山).

本课程方案的设计由北京财贸职业学院徐楠负责，参与本课程设计研究的单位(个人)还有：北京市东城区史家小学的郭志滨、龚丽和北京世纪明德教育科技股份有限公司的赵兴花、胡倩倩。

三、前沿科技主题研学旅行线路：航空航天博物馆

（小学四年级用）

一、活动前研学课本知识准备要求

【语文】

1. 阅读《飞向蓝天的恐龙》。
2. 阅读《纳米技术就在我们身边》。

【数学】

1. 复习三角形和四边形有关的知识点。
2. 复习小数的意义和加减法有关的知识点。
3. 复习小数乘法有关的知识点。

【科学】

阅读四年级上册第一单元“天气”。

【道法】

1. 阅读“从中国制造到中国创造”。
2. 阅读“生活离不开他们”。
3. 阅读“他们带来的舒适与方便”。

二、研学旅行主题课程目标

1. 参观北京航空航天博物馆，了解航空航天相关设施设备，激发学生对航空航天领域的兴趣。

2. 理解与航空航天相关的各个学科方面的知识，激发学生对航空知识的探索兴趣。使学生更快更好地接受航空科技相关的知识与技能，提高青少年科学素养。

3. 鼓励感兴趣的学生亲自体验航空与无人机飞行平台的相关操作。

三、线路特色

1. 参观航空航天博物馆，了解、分享航空航天知识。

2. 参与航空航天实践活动，探究、体验航空航天创新研究。

四、研学旅行线路与研学课程实施内容

时　间	行程安排	课本内容	教学过程	学生研学课题	学生研学评价
9:00—11:30	参观北京航空航天博物馆。 游长空逐梦展区。	**【数学】** 1. 认识三角形和四边形有关的知识。 2. 小数的意义和与加减法有关的知识点。	**一、研学目标** 1. 了解我国首个航空航天科学技术的综合科技馆——北京航空航天博物馆的建成历史，知道馆内所展出的具体内容，使同学们对北京航空航天博物馆有深入具体的了解。 2. 了解我国航空航天事业的历史发展和代表性成果，学习关于航空航天方面的各种知识，激发对航空与航天领域的热爱。 **二、学生组织方式** 研学导师（或展览馆解说员）分组介绍。 **三、研学讲解** 北京航空航天博物馆的前身是北京航空馆，是我国首个有关航空航天科学技术的综合科技馆，位于北京航空航天大学学院路校区内。博物馆现集教学、科普、文化传承为一体，展区面积8300平方米，分为长空逐梦、银鹰巡空、神舟问天、空天走廊4个展区，是航空航天国家级实验教学示范中心的重要组成部分，是航空航天科普与文化、北航精神以及青少年爱国主义、国防教育的重要基地。 **景点一：长空逐梦展区　【数学】** **【了解飞机的结构】** 同学们，首先我们来到的是第一展区——“长空逐梦展区”。 本展区分为飞机结构、航空发动机、机载设备、航空航天四个部分，以一个完整的飞机造型贯穿前后。飞机造型分机头、机舱和机身三段，配合地面机身投射的具有速度感的条纹状装饰，使参观者具有飞机在云层中穿梭飞行的艺术感受和视觉冲击。 长空逐梦展厅包括了大量解剖的飞机机身、机翼、起落架、发动机及机载设备等珍贵展品，实物展示结合了动态演示、多媒体互动、图文板等方式，是飞机设计核心专业课程的重要教学实践基地。	**【数学】** 在亲自经历量、摆、拼等直观操作活动后，能够说出三角形、平行四边形和梯形的特征，以及它们之间的联系是什么？	以小组为单位，展示他们的任务完成情况，根据具体的评价量表通过教师评价、小组相互评价的方式来对每个小组的整体成果进行打分、评比、奖励。

续表

时　间	行程安排	课本内容	教学过程	学生研学课题	学生研学评价
	游银鹰巡空展区。 游空天走廊展区。	**【语文】** 1. 四年级上册第 6 课《飞向蓝天的恐龙》：恐龙到鸟类的变化过程和鸟类的飞行特点，以及飞行相关条件。 2. 四年级下册第 7 课《纳米技术就在我们身边》：生活中的纳米技术带给人民生活的变化。 **【数学】** 3. 小数乘法有关的知识点。	在参观过程中，同学们要结合我们数学课上学到的形状的有关知识，注意发现飞机结构中的各种形状，诸如三角形、四边形、圆形等，同时找到不同种图形的分类。例如：三角形中，我们有等边三角形、直角三角形、锐角三角形，以及钝角三角形等。然后我们思考一下，你看到的四边形里面，又会有哪些不同类型的四边形呢？那我们看到的圆形里面，又会有哪些不同类型的圆呢？ **景点二：银鹰巡空展区　【语文】** **【航空新材料介绍】** 同学们，我们现在来到的是第二展厅——"银鹰巡空展区"。 银鹰巡空展区，是北京航空航天大学的实体飞机藏品展示大厅，展品包括 30 余架国内外珍贵的实体飞机。展区展示方式为地面展示飞机与空中悬吊飞机两种，融入实物、展板、灯箱、触摸屏等一体式的创新展示技术，观众参观时不但可以近距离地参观实物展品，而且还可以通过触摸屏查阅相关的信息，形成立体式的知识体系，进一步深入了解核心展品背后的科技、故事及其时代背景。 我们在看过了大量实体飞机藏品之后，想一想飞机的飞行原理和我们学过的鸟类飞翔是一个道理吗？ 我们语文课《飞向蓝天的恐龙》中学过，鸟类飞行的特点是：身体呈流线型；体表被羽，前肢特化为翼；骨坚而轻，多气质骨，胸部有高耸的龙骨突；胸肌发达；食量大消化快。那么对比我们所看到的那些飞机模型，有哪些特点是与鸟类相一致的呢？又有哪些特点不同于鸟类呢？ 近年来纳米技术在我国航空航天领域的应用也很普遍。例如重量小于 10 千克的纳米卫星，纳米技术制成的太空缆绳，还有我们宇航员身穿的宇航服中也有纳米技术的应用，等等。 请同学们回忆一下我们所学习的《纳米技术就在我们身边》这篇课文。 纳米技术是继互联网、基因之后人们所关注的又一大领域。那么纳米技术是从什	**【语文】** 从航空航天角度讲述一下鸟类的飞行特点、相关的条件是什么？与飞机飞行相同的原理有哪些？区别的地方又有哪些？	

续表

时　间	行程安排	课本内容	教学过程	学生研学课题	学生研学评价
	游神舟问天展区。	**【科学】** 1. 四年级上册第一单元“天气”。天气每天都在发生变化。 2. 天气特征主要包括云量、降水量、风和气温。 3. 温度计、雨量器、风向标和风速仪式测量天气的工具。	么时期开始兴起的呢？我们都知道，纳米是一个非常小的长度计量单位。生活中 1 米的概念大家都知道是多长，那么 1 纳米是多少米呢？1 纳米实际上是十亿分之一米！那同学们想一下，我们数学课学到的小数部分知识，大家能算一下 1 纳米是用小数来表示的多少米呢？我们想象一下 1 纳米是多么的微小呀！ 通过刚才我们的参观，同学们还能说出在航空航天领或里还有哪些方面运用到了纳米技术呢？未来还可以在哪些方面运用到我们的纳米技术呢？[①] 同学们，在接下来的参观中，重点看一下在这个展区里的战斗机。 这里有世界上仅存的两架 P-61 夜间战斗机（外号“黑寡妇”）中的一架、我国第一架轻型旅客机“北京一号”、世界上第一种垂直短距离起落飞机——“鹞”式垂直起降战斗机、二战名机波-2 轰炸机等 300 多件国内外公认的航空航天文物精品，以及结构机件、发动机、机载设备等珍贵实物。 **景点三：空天走廊　【科学】** **【航空科技史与航天科技史介绍】** 同学们，我们来到第三展区——“空天走廊”。 空天走廊展区包括航空科技史与航天科技史两部分，既是一层航空展厅的总结，又是二层航天展厅的开启，以空中悬吊的航空航天不同发展阶段的模型群组与地面上的展台柜中的重点展品相互呼应，使观众深入了解航空航天发展的科技历程，向观众完整地展开了一幅航空航天发展的历史画卷。 我们在看过了前两个展区后，对飞机的外观、构造、形状、飞行原理等有了了解，那么在这个展区，我们就来讨论一下飞行的条件。我们来讨论一下影响航空飞行的条件，即天气以及我们宇航的条件。我们学过的天气有哪些？晴朗、多云、下雨、刮风、下雪等，那么什么样的天气才最适合飞行呢？什么样的天气不适合飞行？回去后，我们可以进一步研究一下，卫星的发射条件又是什么样的呢？	结合《纳米技术就在我们的身边》，概括纳米技术给人们生活带来了那些变化？纳米技术都应用在了航空航天的哪些领域？ “从中国制造到中国创造”涉及神舟十一号飞船。学生深入研究中国的航空航天事业发展的历程是怎样的，研究航空航天带给人类哪些益处？发展航空航天的意义是什么？	

① 北京航空航天博物馆研学导师解说词，由北京大潮研学国际旅行社有限公司特许提供。

续表

时　间	行程安排	课本内容	教学过程	学生研学课题	学生研学评价
		【道法】 1. “从中国制造到中国创造”：神舟十一号飞船的历史。 2. “生活离不开他们”：了解航空航天英雄和他们感人的事迹。 3. “他们带来的舒适与方便”：科技带给人类生活的好处，航天航空事业发展给人们带来的好处。	**景点四：神州问天　【道法】** **【我国航天发展历史介绍】** 同学们，你们已经来到了场馆的最后一个展区——“神州问天”。 神舟问天展区是一个交织着现实与梦想的展示空间，以现实辉映梦想，展示了短短半个多世纪的时间跨度中探索宇宙空间取得的技术成果。展区分五个部分：火箭与导弹、卫星与探测器、载人航天、航空航天互动区、学生作品区。展品包括火箭、导弹、卫星、飞船、航天飞机、航天服等多种实物和模型。回顾我们所学习的《从中国制造到中国创造》的课文，我们国家在航天领域已经实现了中国创造！ 回顾我们国家的航天发展有四个里程碑： 1. 第一个想到利用火箭飞天的人——明朝的万户。14 世纪末期，明朝的士大夫万户把 47 个自制的火箭绑在椅子上，自己坐在椅子上，双手举着大风筝。他最先开始设想利用火箭的推力，飞上天空，然后利用风筝平稳着陆。不幸火箭爆炸，万户也为此献出了宝贵的生命。但他的行为却鼓舞和震撼了人们的内心，促使人们更努力地去钻研。 2. 东方红一号——中国第一颗人造卫星。1970 年中国第一颗人造卫星“东方红 1 号”成功升空，成了中国航天发展史上第二个里程碑。 3. 载人航天。2003 年 10 月 15 日，中国神舟五号载人飞船升空，表明中国掌握载人航天技术，成为中国航天事业发展史上的第三个里程碑。 4. 深空探测——嫦娥奔月。2007 年 10 月 24 日 18 时 05 分，随着嫦娥一号成功奔月，嫦娥工程顺利完成了一期工程。此后，神舟九号与天宫一号相继发射，并成功对接。2016 年 9 月 15 日 22 时 04 分 09 秒，天宫二号空间实验室在酒泉卫星发射中心发射成功。这些历史性的突破，都是我们一代一代航天人孜孜不倦、艰辛付出所换来的。①	我们国家有哪些著名的航空航天英雄人物？他们都在哪些方面取得了巨大成就？介绍一下这些航空航天英雄们的事迹。	

① 北京航空航天博物馆研学导师解说词，由北京大潮研学国际旅行社有限公司特许提供。

续表

时间	行程安排	课本内容	教学过程	学生研学课题	学生研学评价
12:30—14:30	无人机科普体验区。	**【科学】** 关联四年级科学课上册第一单元“天气”。通过实践体验课程、增加测量小实验课程，科普气象对无人机飞行的影响。	**一、研学目标** 1. 了解与航空航天相关的各个学科知识，包括天气、仿生学、数学、力学、伯努利原理、反扭矩效应、牛顿的第三定律、空气动力学等。 2. 通过动手实践，能够使青少年更快更好地接受航空科技相关的知识与技能、提高青少年科学素养，让更多对航空知识与无人机飞行平台感兴趣的学生参与其中。 **二、学生组织方式** 研学导师（或展览馆解说员）分组介绍。 **三、研学讲解** **景点：无人机科普体验区　【科学】** **【无人机科普介绍】** 同学们，你们都听说过无人机吗？“无人机”是无人驾驶飞机的简称，英文缩写“UAV”，是利用无线电遥控设备和自备的程序控制装置操纵的无载人的飞机，或者由车载计算机完全地或间歇地自主操作。 无人机自诞生以来，主要应用于军事方面，作为智能化和信息化的武器平台，无人机在侦察、监视、通信、远距离攻击等方面发挥了重要的作用。近年来，无人机在民用方面的应用也越来越多，各国在无人机的民用方面都发展迅猛，已经广泛应用于公共安全、农业、电力、通信、气象、海洋、勘探、影视、执法、救援、快递等多个领域。在过去几年，英国和美国向数千家企业颁发了相关运营许可。 随着技术的更新和发展，民用无人机正迎来井喷式的发展，应用前景十分广阔。 常见无人机分类：按照不同平台构型可分为固定翼、直升机、多旋翼、无人飞艇、伞翼无人机、扑翼无人机。 **【研学课题活动】** 1. 请同学们结合参观内容，完成下列填空题： （1）按照不同的平台构型可将无人机分为________、________、多旋翼无人机、无人飞艇、扑翼无人机等。	说一说什么是无人机。无人机的分类有哪些？无人机飞行操控原理是什么？ 运用学到的知识，实际制作一个简易的无人机，并到户外进行实际试飞。 研究一下目前无人机已经应用在了哪些领域？未来无人机还可以应用在哪些领域？	以小组为单位，展示他们的任务完成情况，根据具体的评价量表通过教师评价、小组相互评价的方式来对每个小组的整体成果进行打分、评比、奖励。

续表

时　间	行程安排	课本内容	教学过程	学生研学课题	学生研学评价
			（2）________无人机具有续航时间长、飞行效率高、载荷量大的优点。 （3）多旋翼无人机一般设计偶数桨，这种设计是为了抵消________，进而保证无人机能够平稳飞行。[1] 2. 在了解了无人机的基本概念和分类知识以后，请同学们分小组试着自己组装一架简易的无人机。 （1）特别提示：在制作过程中跟老师一起边制作边认识无人机的各个部件。在制作过程中，也请同学们结合我们第一单元科学课“天气”的内容，想一下天气对无人机会产生的影响。无人机适合在什么天气条件下进行飞行。 （2）组装完成后，我们将带着自己制作的无人机来到室外进行实际飞行试验。相信同学的无人机一定有成功升天飞行的。 （3）当我们拥有了一架可以随意操控飞行的无人机之后，我们就不得不思考一些问题：随着无人机技术的日渐成熟，以及在民用领域的逐渐扩大，无人机是否会对我们的日常生活产生影响呢？包括无人机爱好者，在使用无人机的时候，是否需要有限制条件呢？会不会涉及我们个人隐私等方方面面呢？这就要留给我们的同学回去后仔细研究了。	1. 旋翼无人机在正常飞行时旋翼旋转方向是一样的还是不一样的？ 2. 如果旋翼无人机所有电机和螺旋桨都使用逆时针旋转，会出现什么样的状况？ 3. 说一说如何利用温度计、雨量器、风向标和风速仪测量天气？	

五、学科拓展应用

【语文】

1. 可以从航空航天层面讲述鸟类飞行特点及相关条件。
2. 讲述生活中的纳米技术在航空航天层面的应用。

① 无人机科普部分内容，由北京大潮研学国际旅行社有限公司特许提供。

续表

【数学】 1. 善于找到生活中的各种形状:三角形、平行四边形和梯形等,运用所学知识解释生活现象,感受数学与生活的密切联系。 2. 进一步认识小数的意义,能运用加减运算的知识解决生活中的实际问题,初步养成严谨认真的计算习惯。
【科学】 1. 知道天气每天都在发生变化,养成收听天气预报和每日观察天气的生活习惯。 2. 会使用温度计、湿度计等工具测量天气,并可以用数据进行分析。
【道法】 1. 了解新中国成立以来中国航天事业的发展和成就,以及我国 2020 年最新航天领域的研究成果。 2. 了解中国航天航空界著名的科学家及他们的先进事迹和伟大成果。

本课程方案的设计由北京财贸职业学院的王俏负责,参与本课程设计研究的单位(个人)还有:中国人民大学附属小学的金立文、赵俊强、张宏光、李会然、刘大鹏、李峥、孙伟、沙海、李旭威、谷玉兰和北京大潮研学国际旅行社有限公司。

初中篇——面向京津冀地区的研学旅行课程开发案例

一、红色主题研学旅行线路：狼牙山—白洋淀—赵州桥

二、红色主题研学旅行线路：天津

三、绿色文化主题研学旅行线路：承德—塞罕坝

四、寻根文化主题研学旅行线路：运城关帝庙—晋国博物馆—大槐树—山西博物馆

一、红色主题研学旅行线路：狼牙山—白洋淀—赵州桥

（初中七、八年级用）

一、活动前研学课本知识准备要求

【语文】

1. 查阅相关史料，了解白洋淀的旧貌新颜。

2. 阅读孙犁的《白洋淀纪事》中的《荷花淀》《芦花荡》，观看电影《小兵张嘎》。

3. 熟读八年级上册第18课《中国石拱桥》。

【数学】

复习与圆有关的知识点。

【英语】

（人教版）英语必修三 Unit 5 A Trip on the True North.

【历史】

1. 复习（北京版）七年级上册第四单元“繁荣与开放的社会”，第21课“隋唐时期的科学技术文化——设计精巧的赵州桥”，知道赵州桥的建造朝代、设计者，建筑特点、历史地位等有关历史知识。

2. 复习八年级上册“中华民族的抗日战争”，梳理抗战知识脉络及各阶段的特点，了解中国人民抗日战争的历程。

【地理】

复习天气与气候、地图的阅读、山体部位等七年级上册内容。

【生物】

复习（人教版）生物教材内容：第六单元第二章“认识生物的多样性”；第六单元第三章“保护生物的多样性”；第一单元第二章第二节“生物的环境与生态系统”；第三单元第三章“绿色植物与生物的水循环”；第三单元第六章“爱护植被 绿化祖国”。

【政治】

学习初中政治七、八年级教材关于正确处理个人利益和集体利益的关系、服务型政府的构建等相关内容。

【物理】

复习密度与浮力的相关知识。

【音乐】

1. 学唱歌曲《蒹葭》(二声部)、《采莲》(拓展歌曲)和《小放牛》(对唱)。

2. 查阅上述三首歌曲相关背景资料,了解歌曲内涵。

二、研学旅行主题课程目标

【语文】

1. 了解抗日战争时期狼牙山五勇士的英雄壮举,感受、学习他们英勇抗日的爱国热忱和革命乐观主义精神。

2. 了解赵州桥的位置、建造时间及新中国成立后的修整情况,感受赵州桥历史悠久、坚固优美的特点,了解我国石拱桥取得辉煌的建筑成就的原因,感受前人的非凡智慧与杰出创造力,引导学生去发现大自然的奥秘,激发探索感知的兴趣。

【数学】

1. 学生通过赵州桥遗址的研学,归纳有关数学知识,建立数学模型,体会生活与数学的联系。

2. 运用有关的数学知识解决实际问题,感受古代桥梁修建的高超水平及劳动人民的智慧和勤劳。

【英语】

根据从游记例文中所概括提炼的四大方面以及小组绘出的游览路线图,借助例文中所提取的语言点,以时间顺序和过去时时态,学习写出一篇不少于 80 字的狼牙山研学游记。

【历史】

1. 归纳赵州桥的建筑特点,感受我国古代桥梁修建的高超水平和在世界桥梁史上占有的重要地位,以及以李春为代表的中国古代工匠的勤劳和智慧。

2. 感受抗日战争中以狼牙山五勇士、白洋淀雁翎队为代表的中国人民面对侵略者毫不畏惧、不屈不挠的民族抗争精神和为国为民勇于献身的牺牲精神。

【地理】

1. 实地了解狼牙山山体部位。

2. 研究气候对当地的社会经济环境等的影响。

【生物】

1. 通过狼牙山的研学活动，亲身感受生物多样性的作用及保护生物多样性的历史意义与生物学价值。

2. 通过白洋淀的研学活动，亲身感受生物与环境的高度适应性，及人类赖以生存的水是如何循环的，以及爱护环境、绿化环境的意义。

【政治】

1. 了解生命的价值、劳动的意义，知道公民维护国家利益的基本义务，了解服务型政府的构建。

2. 学会处理个人利益和集体利益的关系，能够坚持国家利益至上，成为自立自强的人。

【物理】

体验多种方法测密度，研究纸桥承重的问题。

【音乐】

1. 感受歌曲中歌词与音乐的完美结合。

2. 通过学习歌曲《蒹葭》《小放牛》，了解歌曲所处的独特地区情况、历史文化背景和自身拥有的艺术文化特性，把握歌曲演唱情感和演唱技巧。

【体育】

通过爬狼牙山，掌握登山技巧，体会团结合作的重要性。

三、线路特色

1. 狼牙山红色教育，看先烈英雄壮举育精神。

2. 白洋淀革命教育，看民族抗战精神育自信。

3. 赵州桥教育基地，看古代人民聪明学才智。

四、研学旅行线路与研学课程实施内容

天次	时间	行程安排	课本内容	教学过程	学生研学课题	学生研学评价
第一天	7:30—11:00	北京—保定，乘车赴狼牙山。 1. 参观狼牙山五勇士广场。	**【地理】** 七年级上册“地理方位的认识”。 **【历史】** 狼牙山——(人教版)八年级上册第21课“敌后战场的抗战”。	**一、研学目标** 1. 了解狼牙山五勇士危难关头斗争到底，壮烈跳崖、以死报国的英勇事迹。 2. 感受学习抗日战争中以狼牙山五勇士为代表的中国人民面对侵略者毫不畏惧、不屈不挠的民族抗争精神，以及为国为民勇于献身的牺牲精神。 **二、学生组织方式** 研学导师(或展览馆解说员)分组介绍。 **三、研学讲解** **景点一：狼牙山五勇士广场　【地理】** **【狼牙山方位简介】** 在河北省易县县城西南，由五坨三十六峰组成了狼牙山，它的主峰莲花瓣海拔1105米，险峻的山势挺拔而陡峭，因峰形犹如长短参差的狼牙巨齿而得名“狼牙山”。主峰莲花瓣的西北两面峭壁千仞，东南两面略为低缓，各有一条羊肠小道通往主峰，“阎王鼻子”“小鬼脸”等处仍需贴壁而过。登顶远眺，山峰如丛，峻岭峥嵘，狼牙指天，涧峡中岚飘霭霁奇幻多变。 狼牙山山峰连绵孤拔、山壁如同刀削斧凿。在军事上，它曾占重要地位。抗战时期，它不仅是晋察冀边区东大门，也是抗日根据地的武器装备库。60多年前，抗日战争时期，狼牙山五勇士的感人事迹就发生在这里，也正是由于这段历史真正使狼牙山闻名于世。狼牙山为国家级爱国主义教育基地、国家级森林公园、全国百家经典红色旅游景点之一。① 请同学们回忆，我们学过的语文、历史教材中，有哪些描写过这样环境的诗文和故事。	**【地理】** 简述狼牙山自然景色、地势地貌、历史风貌、风土民情等特点。 **【英语】** 学生以小组为单位，在狼牙山景区以时间轴形式画出简易路线图，将how to get to each place、what do you know about the place、what do you say and how do you feel四方面内容呈现在路线图上。	1. 以组为单位，从文章结构、内容、语言等对组员进行互评，并选出小组之星，小组之星互评选出活动之星。 2. 以小组为单位，给五勇士写一份150字左右的颁奖词。

① 参考狼牙山景区介绍，狼牙山景区官网，http://www.lysjq.com/cn/jdjs.html。

续表

天次	时　间	行程安排	课本内容	教学过程	学生研学课题	学生研学评价
		2. 游览狼牙山五勇士陈列馆。	**【政治】** 政治七、八年级教材维护国家利益、树立国家安全观、履行遵守宪法和法律的义务、维护国家利益的义务等内容。 **【英语】** 狼牙山景区——（人教版）英语必修三 Unit 5 A Trip on the True North。	**景点二：狼牙山五勇士广场雕塑　【历史】** **【狼牙山五勇士历史介绍】** 同学们，现在我们所在位置就是狼牙山脚下的五勇士广场。 1941 年秋天，一场针对晋察冀边区的大扫荡由日本侵略军发起。八路军一分区一团二营七连六班班长马宝玉、战士葛振林、宋学义、胡福才、胡德林 5 人，担任阻击日军的任务，他们登上狼牙山棋盘陀主峰，引得日军以三千兵力狠扑狼牙山。5 位战士，凭借高峻险峭的地形，跟敌人的飞机、大炮、众多兵力展开殊死搏斗。他们击退了敌人接连发动的 3 次冲锋，成功地牵制住了敌人。可战到最后，在弹尽粮绝的情况下，抱定誓死不当俘虏的坚定决心，砸坏手中的武器，纵身跳下悬崖。 硝烟过后，葛振林、宋学义跳崖后万幸被半山腰的树枝挂住，活下来带伤归队，而班长马宝玉、胡德林和胡福才则坠落崖底，壮烈牺牲。 晋察冀军区政治部代主任朱良才向聂荣臻和罗元发汇报，并在后来的烈士纪念塔上题诗："北岳狼牙耸，边疆血火红。捐躯全大节，断后竞奇功。畴昔农家子，今朝八路雄。五人三烈士，战史壮高风。"这五勇士的事迹是弘扬我党我军为人民服务宗旨，宣传革命英雄主义，推动军民关系建设的典型事例。 五位勇士是人民子弟兵，为人民而诞生、为人民而献身是他们最生动、最真实的写照，充分体现了人民子弟兵热爱祖国、不怕牺牲、勇于奉献的大无畏革命英雄主义精神。 请同学们回忆，我们在初中历史教材中曾经学过：从 1931 年九・一八事变到 1945 年日本投降，这是一场长达 14 年的中华民族的抗战历程。在中国共产党的倡导推动下，建立抗日民族统一战线，抵抗日本帝国主义的侵略。 请大家随我手指的方向看，在前面那座陡峻的山峰上高高耸立着一座纪念塔，那就是八路军五勇士浴血抗击日寇舍身跳崖的地方。为了使大家更直观地了解和回忆那段抗击日寇的战争历史和五勇士惊心动魄的壮烈举动，让我们先到狼牙山五勇士陈列馆进行参观。	**【英语】** 学生根据从游记例文中所概括提炼的四大方面以及小组绘画的四位一体的游览路线图，写出一篇不少于 80 字的狼牙山研学游记。 **【历史】** 狼牙山五勇士的精神是什么？	

续表

天次	时间	行程安排	课本内容	教学过程	学生研学课题	学生研学评价
			【历史】 初中历史教材“中华民族的抗日战争”单元。	请同学们随我参观狼牙山五勇士陈列馆(选择馆内3个点讲解)。 **馆内景点一介绍 【政治】** 陈列馆以图片、历史资料、抗战文物、战斗场景雕塑等生动地再现了我抗日军民在党的领导下,抗击日寇、保家卫国的英雄业绩和悲壮历史。陈列馆内还有详细的五勇士个人生平资料介绍。 我们在初中政治教材中曾经学过:个人利益与集体利益本质上是一致的,当个人利益与集体利益发生冲突时,应把集体利益放在个人利益之上,坚持集体主义。在生死面前,狼牙山五勇士为维护国家利益,牺牲个人利益,担当起国家救亡图存的重任,为民族大义,国家民族勇于献身。 **馆内景点二介绍 【政治】** 开展大生产运动:我根据地的不断壮大和发展,引起了日寇的极大恐慌和仇视,为消灭我根据地,日本帝国主义采取了严密的经济封锁政策,妄图用这种办法困死、饿死我抗日根据地军民,但我军积极响应毛主席提出的“自力更生,丰衣足食”的伟大号召,开展了轰轰烈烈的大生产运动(展出的这些都是大生产中所使用过的工具)。 在毛主席提出的人民战争方针的指导下,根据地积极发展人民武装,成立了青年抗日先锋队、妇女自卫队等民兵组织(展出的这些图片就是当时他们在训练时的一些场景)。 **馆内景点三介绍 【历史】** 请同学们回忆,我们在初中历史教材中学习“中华民族的抗日战争”这一单元时,曾经学习过:敌后战场的开辟和全民族坚持抗战。 1941年,侵华日军对晋察冀根据地河北易县的狼牙山地区抗日根据地进行了连续的“扫荡”。 1941年9月25日,日军纠集三四千人的兵力,进犯晋察冀根据地的狼牙山地区。当时在这一地区隐蔽着我们的许多干部和三四万群众。由于主力部队转移到	**【政治】** 从个人利益和国家利益关系的角度评价他们的抉择,结合他们的事迹,你认为怎样的一生是有价值的?	

续表

天次	时间	行程安排	课本内容	教学过程	学生研学课题	学生研学评价
				敌后去了，所以防守狼牙山的八路军只有一个连的兵力，这个连就是晋察冀军区一分区一团七连。七连经过一个多月的英勇奋战，给了敌人以沉重的打击，激战中，七连战士大部分牺牲，连长刘福山身负重伤，生命垂危。但由于敌我力量悬殊，决定将连队主力和干部群众转移到龙王庙，由这个连的六班担任掩护。 六班的 5 名战士，即班长马宝玉，副班长葛振林，战士胡德林、胡福才和宋学义，为掩护连队和群众转移，他们一边打，一边撤，把敌人引上狼牙山棋盘坨的悬崖绝壁。 为了不被日伪军活捉，不让武器落到日伪军手中，砸碎枪后，五勇士高呼“打倒日本帝国主义！”“中国共产党万岁！”等口号后纵身跳下悬崖。[①]（馆内参观结束后，同学们攀登顶峰，将会看到当年勇士们跳崖的地方。）		
	11:00—12:00	午餐。				
	12:00—17:00	狼牙山	【地理】 七年级上册关于山体部位的内容。	**景点三：狼牙山山脚下　【地理】** **【狼牙山地理风貌讲解】** 狼牙山坐落在河北省保定市易县西部的太行山东麓，属太行山脉，距县城 45 公里，因其奇峰林立，峥嵘险峻，状若狼牙而得名。这座雄险奇伟、景色秀丽的名山，素有“北方小黄山”之称。早在 2000 年前的战国时期，“狼山竞秀”就是当时燕国十景之一。主要景观有红玛瑙溶洞、棋盘陀等。 狼牙山地处太行山北端东麓，雄伟壮丽，气势磅礴。东连平原，西倚太行，南连丘陵，北接南湖为太行山与华北平原过渡带。北宋沈括在《梦溪笔谈》中记载，在太行山中发现许多海螺、河蚌壳等生物化石。[②]	【地理】 狼牙山山体部位的实地学习。概括狼牙山的地势、植被、气候、土壤颜色。	

① 沈重，《狼牙山五壮士》，语文（六年级）北师大版。

② 参考狼牙山景区介绍，狼牙山景区官网，http://www.lysjq.com/cn/jdjs.html。

续表

天次	时　间	行程安排	课本内容	教学过程	学生研学课题	学生研学评价
				同学们，今天我们根据地理教材内容，在狼牙山实地学习山体的部位。 山体是由不同部位组成的，我们学过的山体部位有山峰、鞍部、山脊、山谷、陡崖 5 种(图 1)。山峰：一般指尖状山顶并有一定高度。鞍部：地形当中两山之间比较平缓的部位。山脊：指山高处像兽脊凸起的部分。山谷：指两山间低凹而狭窄处。陡崖：陡峭的山崖，陡崖的地形特征近似于垂直的山坡。 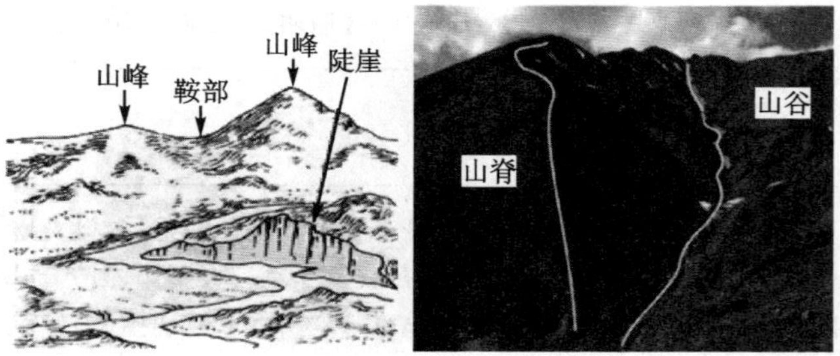 **图 1** 请同学们完成以下任务： (1) 根据沿途游览红玛瑙深洞、石虎石狮、天将、西天门、小鬼脸、阎王鼻、棋盘坨、顶峰登五勇士纪念塔等景点，至少判断 3 个景点所在地形部位。 (2) 给出狼牙山山顶山脚的海拔，判断狼牙山相对高度。根据所爬的山体，绘制五勇士纪念塔所在山体的等高线地形图，并标注山体部位名称。 **景点四：狼牙山半山腰** **【狼牙山植物的多样性】【历史】** 请同学们根据我们学习的生物教材内容，步行攀登狼牙山，观察狼牙山植物的多样性。	**【地理】** 结合地理教材，在实地狼牙山指出山体的部位。	

续表

天次	时间	行程安排	课本内容	教学过程	学生研学课题	学生研学评价
		五勇士纪念塔	**【生物】** 第六单元第二章“认识生物的多样性”;第六单元第三章“保护生物的多样性”。	狼牙山山势险要,生物资源丰富。狼牙山五勇士与数千日军周旋了一整天,将敌人引向绝路,哪些生物因素能够促成5人牵制数千人并且胜利完成阻击掩护任务?这与狼牙山的生物多样性具有怎样的关系? 具体要点分解如下: (1)狼牙山的主要生物资源有哪些?属于什么生态系统? (2)这些丰富的生物资源,对于五壮士完成狙击任务起到了哪些作用? (3)你认为应该如何保护狼牙山的生物多样性? **景点五:狼牙山五勇士纪念塔　【历史、体育】** **【狼牙山登五勇士纪念塔意义】** 学生分组登顶体验山高坡险,掌握登山技巧。 五勇士跳崖后,马宝玉、胡福才和胡德林壮烈牺牲,葛振林、宋学义被山腰的一棵横生的树挂住,身负重伤,没有牺牲。他俩苏醒后,不顾剧痛坚持爬上山头,经群众帮助,又回到了连队。班长马宝玉等五名战士的英雄壮举迅速传遍全军全国,被誉为“狼牙山五勇士”。 1942年5月,为纪念五勇士壮举,晋察冀军区举行了“狼牙山五壮士”命名暨反扫荡胜利祝捷大会,晋察冀军区领导机关授予3名烈士“模范荣誉战士”称号。在狼牙山主峰棋盘陀建有五壮士纪念塔。1958年重建,聂荣臻元帅亲笔书写“狼牙山五勇士纪念塔”。 聂荣臻元帅题词:“视死如归本革命军人应有精神,宁死不屈乃燕赵英雄光荣传统。”	**【研学课题】** 有利于狼牙山五壮士完成阻击任务的生物多样性或生物因素有哪些?或提出1～2个保护生物多样性因素的方案。	
	17:00—19:00	乘车前往保定,晚餐后,入住酒店。				

续表

<table>
<tr><th>天次</th><th>时间</th><th>行程安排</th><th>课本内容</th><th>教学过程</th><th>学生研学课题</th><th>学生研学评价</th></tr>
<tr><td rowspan="2">第二天</td><td>7:00—8:30</td><td colspan="5">保定—白洋淀。</td></tr>
<tr><td>9:00—14:00</td><td>乘坐环保船。
1.【入淀】白洋淀、芦苇荡、荷花大观园。

2. 孙犁纪念馆。</td><td></td><td>一、研学目标
1. 感受学习抗日战争中以白洋淀雁翎队为代表的中国人民面对侵略者毫不畏惧、不屈不挠的民族抗争精神,以及为国为民勇于献身的牺牲精神。
2. 感受以白洋淀地区为代表的文学、音乐的魅力。
3. 通过在白洋淀的研学活动,感受生物与环境的高度适应性,以及爱护环境、绿化环境的意义。
4. 物理与地理知识的应用。
二、学生组织方式
集体参观,集体讲解。小组观察,交流讨论。
三、研学讲解与活动
景点一:白洋淀岸边 【历史】
【白洋淀简介】
白洋淀位于雄安新区,向来有“华北明珠”“北国江南”的美称,距北京和天津均在150公里以内,它的总面积是366平方公里,分布在安新、任丘、雄县、高阳、容城5县市之内。白洋淀由大小淀泊143个组成,在众多淀泊中百亩以上大淀99个,如白洋淀、烧车淀、池鱼淀、后塘淀、羊角淀、马棚淀等,星罗棋布的淀泊中以白洋淀最为驰名,故此得名。白洋淀水产资源充裕,向来有“鱼米之乡”的美誉。白洋淀苇淀连通、沟壕交错,地形地貌奇特,风光自然秀美。①
坐在船上、行在淀间,看游船“劈波斩浪”,看芦苇葱葱,看荷叶田田,看……</td><td>描绘荷花淀今日胜景。文学作品中的白洋淀让我们身临其境,今天踏上白洋淀,请你把眼前的白洋淀分享给同学。</td><td></td></tr>
</table>

① 参考白洋淀景区介绍,白洋淀风景区官网,http://www.baiyangdian.biz/col.jsp? id=104。

续表

天次	时间	行程安排	课本内容	教学过程	学生研学课题	学生研学评价
		3. 抗日战争纪念馆。 4. 情趣桥。 5. 七十二连桥：赏湿地风光，体验北方水乡风情。 6. 精品荷园：印度五色睡莲竞相绽放。	**【地理】** 七年级上册地图阅读。 **【历史】** 八年级上册“中华民族的抗日战争”。 **【音乐】** 八年级上册音乐教材视唱。	白洋淀，它名列中国十大红色旅游景区，因为白洋淀在中国革命史上占有不可取代的地位。抗日战争时期，雁翎队——这支活跃在白洋淀的水上游击队，利用地形的优势，芦苇荡中驾小舟声东击西，神出鬼没，在连天的河淀苇荡中辗转周旋。雁翎队令敌人望风披靡、让百姓鼓舞振奋。在共产党的领导下，雁翎队与日寇在水上展开了游击战，一个个英雄故事就此传颂激荡在抗日军民的心中，至今仍然广为流传。在抗战过后“敢于斗争、机智灵活”的雁翎精神，教育着一代又一代人，伴随历史绽放光华。① **景点二：白洋淀的游船上　【音乐】** **【组织学生在船上比赛演唱】** 1. 演唱歌曲《蒹葭》。 其歌词选自《诗经·蒹葭》，出自《诗经·秦风》，是一首怀人古体诗。诗中的“伊人”是诗人爱慕、怀念和追求的对象。本诗最有价值意义、最令人共鸣的地方是他所创造的“在水一方”——可望难即这一具有普遍意义的艺术意境。全诗发挥了重章叠句、反复吟咏、一唱三叹的艺术效果，产生了诗意不断推进的效果。 2. 拓展：姚贝娜《采莲》。 **景点三：孙犁纪念馆　【语文、历史】** **【了解白洋淀的抗日精神和荷花淀派文学特征】** 白洋淀是中国十大红色旅游景区之一，在中国革命史上占有重要地位。一方水土养育一方人。白洋淀以她独特的自然美和特殊的人情美多次走进文学作品和影视作品，成为富有文学魅力的“华北明珠”。 请同学们结合文艺作品，感受白洋淀人的家国情怀。 孙犁，原名孙树勋，“孙犁”是他参加抗日战争后于 1938 年开始使用的笔名。河北省衡水市安平人。中国现代小说家、散文家，“荷花淀”派的创始人、代表作家。	**【物理】** 看日出观察太阳的颜色变化（体会不同颜色的光的折射特点）。 **【地理】** 1. 研究芦苇减少对自然环境造成的影响。 2. 研究白洋淀的荷花节对白洋淀的社会经济和环境带来的影响。 3. 研究土壤盐碱化问题。	展示任务完成情况，根据评价量化表、教师评价表、小组评价表、对每组的成果进行打分评比与奖励。

① 参考烽火雁翎队，白洋淀风景区官网，http://www.baiyangdian.biz/col.jsp? id=104。

续表

天次	时　间	行程安排	课本内容	教学过程	学生研学课题	学生研学评价
		7. 观鱼湖。 8. 禽鸟苑。 9. 观景山。	**【语文】** 八年级上册《芦花荡》和小说《荷花淀》。	1944 年赴延安，在鲁迅艺术文学院学习和工作，发表了著名的《荷花淀》《芦花荡》等短篇小说，开启了中国“诗化小说”的先河。 《荷花淀》《芦花荡》分别是孙犁的“白洋淀纪事之一、之二”，被称为姊妹篇。其人物的语言简洁传神，富有特色，已经成为广泛流传的名篇，文艺界还以其为现代文学的一种风格流派为标志，视为“荷花淀派”的主要代表作。反映了抗日战争时期白洋淀地区人们的日常生活和斗争经历。 课文《荷花淀》中体现的自然美、人物美和精神美。 在抗日战争大背景下，小说聚焦白洋淀人的生活和斗争，表现农村妇女的性格和精神，在战火硝烟中，夫妻之情、家国之爱，纯美的人性、乐观的态度、崇高的品格，像白洋淀盛开的荷花灿烂流芳。场景与细节具象了自然美、人物美和精神美。画面感极强的荷花荷叶体现白洋淀人民特有的民族气节，蓬蓬勃勃、充满生机、充满斗志，保家卫国，义不容辞。 **景点四：白洋淀抗战纪念馆　【历史】** **【白洋淀抗日战争介绍】** 白洋淀抗日战争纪念馆中“小兵张嘎”原型是雁翎队队长赵波及雁翎队的故事。 有关雁翎队的定义与描述可以参考前序相关描写，也可以进一步做成探究笔记，将方式、方法、内容、结果等记录下来。 白洋淀人民用智慧、不屈的斗争精神，在华北抗战历史上也书写了浓重的一笔，请同学们结合政治教材的内容，想一想他们的故事给我们什么启示？ 在战争年代无数普通的中国人都深谙国家兴亡、匹夫有责，义无反顾地加入抗战救国的革命事业中去，维护国家的安全、荣誉和利益，成为有责任敢担当的大写中国人。 在和平年代的我们要积极履行公民维护国家安全、荣誉、利益的基本义务，坚	1. 结合课文《荷花淀》，以实景寻觅作者孙犁的情感原点，感悟三美的原形、关联元素及事物。 2. 参观孙犁纪念馆，探究其革命文人的高风亮节和辉煌的文学成就有哪些？	

续表

天次	时　间	行程安排	课本内容	教学过程	学生研学课题	学生研学评价
			【地理】 七年级上册“天气与气候”“地图阅读”。	持国家利益至上。思想上牢固树立国家利益至上观念；树立和增强危机意识和防范意识；增强维护国家利益的责任感和使命感。行动上坚持国家利益为重，以国家利益为首要，在需要放弃个人利益，甚至献出自己的生命时，坚决同损害国家利益的一切行为做斗争。 **景点五：情趣桥、精品荷园　【地理】** **【白洋淀地理知识实践】** 请同学们根据手中的地图，完成以下内容。 1. 分清天气与气候。 天气：一个地区短时间里的大气状况（根据当天研学天气来确认白洋淀天气情况，比如阴晴、气温，并画出相应的天气符号）。 气候：一个地区多年的天气平均状况（确认白洋淀所在的气候类型，分析白洋淀的气候特点）。 2. 白洋淀导游地图的阅读。 地图的基本要素包含方向、比例尺、图例。今天我们主要针对方向来学习，有三种确认方向的地图类型：一般地图（根据上北下南、左西右东来辨认方向）、指向标地图（箭头指向北方，面北背南，左西右东）、经纬网地图（经线定南北，纬线定东西）。确认手中地图类型，找到情趣桥的位置，完成以下习题。 （1）情趣桥在抗战馆的____方向；精品荷园在情趣桥的____方向。 （2）找到一条从情趣桥出发，到精品荷园最短的路线，用笔描在地图上。 3. 白洋淀的荷花节对白洋淀的社会经济和环境带来的影响。 为发展旅游事业，安新县从 1991 年开始举办中国白洋淀荷花节，每年一次。7 月有观赏荷花、开展红色之旅活动；8 月有垂钓比赛、百里荷香笔会、“荷花情”书画摄影作品展、十八湾水路生态游；9 月有码头赏月、文艺演出、水乡民俗风情游等。	**【语文】** 书中白洋淀：结合电影《小兵张嘎》和孙犁的《白洋淀纪事》，交流电影和书中记录的白洋淀发生的相关故事，了解白洋淀的风土人情与红色精神。 **【政治】** 1. 分析荷花节对当地经济的影响（至少写两点）。 2. 荷花节对旅游的作用（阻碍\促进）。 3. 荷花节对环境的影响（至少写两点）。	

续表

天次	时间	行程安排	课本内容	教学过程	学生研学课题	学生研学评价
			【物理】 八年级上册密度与浮力的相关知识。 **【生物】** 第一单元第二章第二节“生物的环境与生态系统”;第三单元第三章“绿色植物与生物的水循环”第三单元第六章“爱护植被绿化祖国”。	**景点六:白洋淀湖边　【物理】** **【学生分组收集、测量鹅卵石】** 分组收集鹅卵石带回学校进行分小组实验测量鹅卵石密度,实验测量工具:弹簧秤、台秤、刻度尺。实验辅助工具:普通杯子、细线、水、矿泉水瓶。实验要求测量过程中只能选用一种测量工具,但是规定时间内可以选择多种测量方法,方法越多得分越高,如果方法数量相同,则与天平量筒法测量数值进行对比,误差越小得分越高。 **景点七:七十二连桥、禽鸟苑　【生物】** **【生物实践讲解】** 生物生存在一定的环境中,并与其生存环境形成一定的依存关系。在白洋淀这样一个特定的水生生态系统中,其生存的生物的形态、结构、生理特征,与陆地生态系统中见到的生物明显不同:(1) 莲与柳,从叶形、叶序到果实和种子都不同,明显具有适应水生环境的特点;(2) 鸭与鸡,从体型、体色到脚趾你也可以找到大量适应水生环境的形态、结构和生理特征。	**【生物】** 1. 水生植物(动物)或湿地植物(动物)或某种植物(动物)是如何适应其水生(湿地)生存环境的? 2. 水是如何在植物与其他生物包括自然环境间完成水循环的?可以从生物的含水量及体表保水结构等角度进行分析。 3. 从白洋淀植被角度分析,绿化与保护植被的意义。	
	14:00—14:30	午餐(在白洋淀岛)。				
	14:30—17:30	乘车前往石家庄,晚餐后,入住酒店。				

续表

天次	时间	行程安排	课本内容	教学过程	学生研学课题	学生研学评价
第三天	7:30—8:30	早餐。				
	8:30—12:00	**赵州桥** 1. 赵州桥遗址公园门前。 2. 八仙大道影壁浮雕。	**【语文】** 八年级上册第17课《中国石拱桥》中对赵州桥的介绍。	**一、研学目标** 1. 了解赵州桥的位置、建造时间及新中国成立后的修整情况,了解我国石拱桥取得辉煌的建筑成就的原因,引导学生去发现大自然的奥秘,激发探索感知的兴趣。 2. 通过赵州桥遗址的研学,归纳有关数学知识,建立数学模型,体会生活与数学的联系。运用有关的数学知识解决实际问题;感受古代桥梁修建的高超水平及劳动人民的智慧和勤劳。 **二、学生组织方式** 研学导师(或展览馆解说员)分组介绍。 **三、研学讲解** **景点一:赵州桥遗址公园门前 【历史】** **【赵州桥遗址公园介绍】** 同学们,我们面前的就是赵州桥遗址公园。1961年国务院公布赵州桥为第一批全国重点文物保护单位。1984年河北省人民政府决定,以赵州桥为中心建成赵州桥公园。1999年,赵州桥公园扩建面积达130余亩,并陆续建设了唐代风格的门阁,竖立了铜质李春纪念像,新建了亭、榭、八仙大道影壁浮雕、碑廊等配置景点,修建了图片展览室和文物陈列室,绿化、美化面积62000平方米。2010年,赵州桥景区被评为国家AAAA级旅游景区。 **景点二:赵州桥遗址公园大门与八仙大道影壁浮雕 【语文】** **【赵州桥的传说故事——鲁班兄妹修桥故事】** 请学生提前查阅关于赵州桥传说故事的资料,推选2~3名同学讲述。特别提示的是,刚才同学们说的是美丽的民间故事传说。赵州桥巧夺天工,因此千百年	**【历史】** 请根据课文,简单介绍赵州桥的建成年代、地理位置。 **【语文】** 1. 根据课文,结合实地观察,用简洁的语言概括赵州桥的特点。	1. 以组为单位进行互评,包括使用工具、分工协作、观察过程和结果展示。 2. 以小组为单位,展示任务完成情况,根据评价量表通过教师评价、小组评价对每组的成果进行打分评比和奖励。

续表

天次	时　间	行程安排	课本内容	教学过程	学生研学课题	学生研学评价
		3. 赵州桥上。	**【历史】** (北京版)七年级上册第 21 课“隋唐时期的科学技术”。 **【数学】** 数学七、八年级教材中“圆,勾股定理”。	来,民间均传说此桥是鲁班祖师所修。实际上,赵州桥是我国历史上隋代匠师李春和众多的杰出石匠集体建造,有史册为证。保持了 1400 年屹立不倒。赵州桥是世界桥梁建筑史上难得一见的秀美风景,它是古代劳动人民智慧的结晶,是中国桥梁建造的经典篇章。赵州桥技术上非凡的水平和艺术上不朽的价值充分显示出了中国劳动人民的智慧和力量。 **景点三:赵州桥上　【语文、数学】** 在河北省赵县城南 2.5 公里外洨河之上有座赵州桥。赵州桥是世界桥梁史上首座敞肩拱石桥,建于隋代开皇年间(公元 581—601 年),距石家庄市约 46 公里。 赵州桥,又名安济桥,是世界上保存最好、现存最早的石拱桥,天下闻名,是有名的“华北四宝之一”,距今 1400 年,是天下第一桥,实为中国桥梁鼻祖。赵州桥桥长 64.40 米,拱顶宽 9 米,两端宽 9.6 米,跨径 37.38 米,拱矢高 7.23 米,通体由花岗岩组成,28 道独立石拱纵向并列砌筑组成单孔弧形大桥横跨在洨水两岸。桥整体造型优美,精巧新奇,桥大拱两端之肩上又各自辅以两个小拱,这些小拱敞开,一来减轻桥身重量,二来减少流水冲力、迅速泄洪,设计科学合理。这种敞肩拱也是世界桥梁建筑史上的第一次,是开创之举,立意最先。 赵州桥桥拱形成的圆弧,远望像一道彩虹架在河上,近看却是用一块块直棱石料巧妙构造而成,这其中闪耀着高等数学思想的光芒——曲中有直! 生活中就有很多曲中有直的物体。用方砖砌圆柱形烟囱,你能思考出曲中有直的辩证关系吗?剪刀在纸上剪圆形时,你能洞察到是用无数条直线剪出了圆上的曲线吗?在生活中,这样的例子告诉我们:把短的直线连接起来,可以逐渐接近曲线;当这些直线变得极短时,就可以变成曲线。这便奠定了数学思想上高等数学里微积分的思想基础。 我国古代数学家刘徽和祖冲之就是运用曲中有直的思想,求出 $\pi=3.14$,以及求出 π 的正确数值在 3.1415926 与 3.1415927 之间。	2. 伫立赵州桥畔,联系《中国石拱桥》所写内容与自己眼前景象,分析作者用哪些说明方法来展现赵州桥的特点。 **【数学】** 赵州桥的圆弧形桥拱,跨度为 37.4 米,拱高为 7.2 米,求出主拱桥的半径。	3. 小组选出小组之星,小组之星评选出活动之星。

续表

<table>
<tr><th>天次</th><th>时　间</th><th>行程安排</th><th>课本内容</th><th>教学过程</th><th>学生研学课题</th><th>学生研学评价</th></tr>
<tr><td></td><td></td><td>4. 回到赵州桥遗址公园大门。

5. 参观古桥展览馆A区。</td><td>【音乐】
音乐八年级上册“视唱与鉴赏”。

【生物】
生物教材第六单元第二章、第三章;第一单元第二章。
【物理】
七年级教材“压力与压强”。</td><td>景点四:赵州桥公园　【音乐、地理】
【音乐欣赏与练习】
(1) 河北民歌《小放牛》同赵州桥是相关联的,歌词中蕴含的民俗文化包含着人们对神仙、龙文化的崇拜信仰、祭拜和祈福,它的产生涉及了极其丰富的民俗文化特色。
(2) 衬词:在河北民歌《小放牛》歌词中衬词是使用河北方言中经常运用的“呦、咳、喂、么、嘛”等衬词,它的运用使民歌更加具有民间语言特色。
(3) 结构:《小放牛》是一段民间歌舞小戏,剧中顽皮的牧童和小姑娘一问一答的形式,共同完成了此种音乐内容的表达。小调当中最常见的两种曲式结构是“对应式”和“起承转合式”。《小放牛》的曲式结构是“对应式”,《茉莉花》则属于“起承转合式”。
组织学生分组对唱。
【地理】
赵州桥坐落于河北省赵县县城南部的洨河之上,采用了圆弧拱形式,大拱加小拱的敞肩拱可以增加泄洪能力,减轻洪水季节由于水量增加而产生的洪水对桥的冲击力。
【生物】
观察赵州桥公园,它是自然与人工生态系统的结合。采用调查法,记录生物的多样性,来评估两种生态系统在生物多样性上的差异;通过观察、触摸、画图等方式来学习和比较水陆生态系统的动植物之间的形态、结构等的不同之处。
所需材料:每人A4纸一张、铅笔一支和橡皮一块或水笔一支、软尺一个。
景点五:参观赵州桥科技馆A
【拱式桥架结构研究】
在古代桥梁中,以拱形石拱桥为主要桥型。由于拱形结构能将桥面的竖向荷载转化为部分水平推力,使拱的弯矩大大减小,拱主要承受压力,具有较大的跨越</td><td>【地理】
1. 赵州桥的拱形的设计目标是让桥面过渡平稳,车辆行人过桥方便,请从地理的角度分析这样设计的道理。
2. 赵州桥的拱肩设计增加了泄洪能力,从地理角度分析是否有此必要。
【生物】
对赵州桥的水域及周边陆地分别进行生物多样性调查。根据实际测量1平方米范围内的生物数量和种类,对两组数据进行整理和分析、比较,并写出200字左右小结。</td><td>以小组为单位展开调查活动。注意分工合作,观察动植物自然形态,可用照片记录,以作绘图参考(不可捕捉或者摘取生物样本)。然后小组展示。</td></tr>
</table>

续表

天次	时　间	行程安排	课本内容	教学过程	学生研学课题	学生研学评价
		6. 参观古桥展览馆B区。		能力，充分发挥圬工及其他抗压材料的性能。因此，拱桥在桥梁中有着举足轻重的地位。 　　但是，现代桥梁的主要用途是通行汽车和火车，行走在拱形的桥面上并不是十分方便，而且现代桥梁的跨度一般都比较大。这些问题如何克服呢？如图 2 所示。 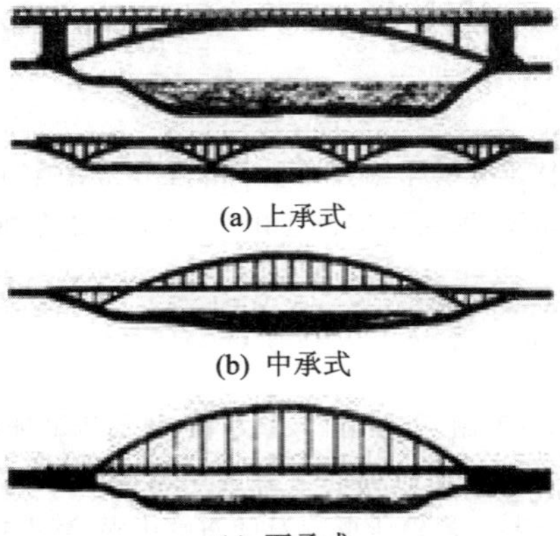 (a) 上承式 (b) 中承式 (c) 下承式 **图 2** 　　现代拱桥按桥面在桥跨结构的不同位置分为上承式桥、下承式桥和中承式桥，实际上就是将平直的桥面利用纵向的竖梁或钢索进行连接，把桥面的压力分散到拱的各个位置，再利用拱桥的力学特点建造。 　　上承式桥的桥面布置在桥跨结构的顶面，其桥垮结构的宽度较小，构造简单，桥上视线不受阻挡。下承式桥的桥面布置在桥跨结构的下部，其建筑高度（自轨底至梁底的尺寸）较小，增加桥下净空，但桥跨结构较宽，构造比较复杂。中承式桥的桥面置于桥跨结构的中部，主要用于拱式桥跨结构。总的来说，现代拱桥就是把拱桥的优点和实际需求进行巧妙的结合，为生产生活带来更多便利。① 　　**景点六：参观赵州桥科技馆 B　【语文、英语】** 　　**【考古发掘复原坑介绍】** 　　请同学们参观馆内陈列内容。	**【物理】** 纸桥承重实验。学生 4 人一组，只用报纸和胶棒，根据赵州桥资料（长 50.82 米，跨径 37.02 米，券高 7.23 米，宽 9 米）按 1∶150 制作纸桥模型，时间 60 分钟。制作后进行纸桥承重比赛，承重与自重比最大的队伍获胜。	

① 参考赵州桥科技馆介绍，http://www.cnzhaozhouqiao.com。

续表

天次	时间	行程安排	课本内容	教学过程	学生研学课题	学生研学评价
				赵州桥科技馆位于石家庄市赵县，毗邻赵州桥景区，现有展览面积1200平方米，用全息影像展示、科技互动、考古发掘还原坑等方式全面展示赵州桥的历史和科技价值，是全国唯一一个全面展示赵州桥及古桥建筑科技的专馆。除了赵州桥以外，管内还陈列了其他古桥建筑的照片、中英文介绍，请同学们注意学习： Q1：What did you see in this museum? Q2：Which bridge of the museum introduction do you like best? Why? Q3：If you are going to introduce a bridge，what aspects will you include? Q4：How do you feel after visiting the museum?	**【英语】** 小组间用英语表述所见、所感，学习英文的桥梁介绍内容。 **【语文】** 参观完B馆后，进行说明文写作，介绍B馆的内容。	
	12:00—13:00	用中餐。				
	13:00—17:00	乘车返回北京。				

五、学科拓展应用

【英语】 学生借助所学词语和句式传递自己的所见所闻、情感和思想，根据经历写出简单的研学游记，是语言综合运用的一种体现。
【生物】 第六单元第二章“调查生物多样性”，第八单元第二章“用药与急救”，第四单元第四章“人体内物质的运输（心脏\血管）”。

续表

【地理】 1. 读河北省行政区划图，说出简称和行政中心。河北省名字的由来？因位于黄河以北。 2. 描述河北的位置特征(查阅谷歌地图找出经纬度范围、海陆位置、相邻位置)。 3. 运用河北地形图概括出河北地势特征，包含了哪些地形类型？为什么河北唐山会发生大地震？ 4. 读中国气候类型分布图找出河北省的气候类型，说出石家庄气候特征。 5. 自然环境对农业生产影响比较大，河北的经济发展主要依靠农业，这里的自然环境条件对农业生产有什么影响。
【美术】 1. “北京传统工艺美术”——拓展:其他地区的传统美术，河北省博物馆（长信宫灯）。 2. “吴昌硕的书画和篆刻”——拓展:其他地区的名家书画，河北省博物馆（郑燮《竹石图轴》）。 3. “生动的人物动态”——北朝壁画像，河北省博物馆。 4. “旅游纪念品设计”——设计保定、石家庄、邯郸的旅游纪念品。
【历史】 八年级上册第21课“敌后战场的抗战”101页，抗日根据地的建立与发展。
【语文】 保定易县易水河:燕赵多慷慨悲歌之士，易水河畔话荆轲。“风萧萧兮易水寒，壮士一去兮不复还”，这里是当年燕太子丹送别荆轲行刺秦王的出发地——保定的易水河。结合《战国策·燕策三》中的《荆轲刺秦王》，回顾战国时期荆轲刺秦王这一悲壮的历史故事，了解当时的社会政治情况，感受荆轲重义轻生、为燕国勇于牺牲的精神。

本课程方案的设计由北京财贸职业学院的李永生负责，参与本课程研究的单位(个人)还有北京市第十二中学的赵付振、杨晋爱、范燕萍、邢扬帆、牛仲林、边婧、赵冬梅、张玫、赵佳鑫、郭云云、杨冬梅、王鹏和中青旅控股股份有限公司于恩、文峰。

二、红色主题研学旅行线路:天津

（初中七年级用）

一、活动前研学课本知识准备要求

【语文】

掌握(人教版)八年级上册《一着惊天海》、(人教版)七年级下册《周总理,你在哪里》、(人教版)五年级上册《十里长街送总理》、(人教版)四年级上册《为中华之崛起而读书》等课文内容和相关知识。

【地理】

掌握(人教版)七年级上册“陆地和海洋”、(人教版)八年级上册“从世界看中国”等课文内容和相关知识。

【生物】

掌握(人教版)七年级下册“人类活动对生物圈的影响”、(人教版)八年级上册“生物的多样性及其保护”等课文内容和相关知识。

【历史】

掌握(人教版)八年级上册“土地改革和三大战役”等课文内容和相关知识。

【英语】

掌握(人教版)高中英语选修 7“Life in the ocean”等课文内容和相关知识。

二、研学旅行主题课程目标

【语文】

掌握新闻写作方法和现代诗歌写作方法,能够通过写作赞扬生活中美好的人和事。

【地理】

掌握我国领海知识,具备识别我国地图的能力,具有捍卫祖国主权和领土完整的意识。

【生物】

掌握海洋发展历史和海洋保护方面的知识,能够在日常生活中做好海洋保护和环境保护工作。

【历史】

了解周恩来总理生平、平津战役有关知识,能够践行伟人精神和革命精神。

【英语】

能够掌握重点词汇，描述过去发生的事情。

三、线路特色

1. 参观滨海航母舰船，增强科技兴国、保家卫国思想。
2. 游览国家海洋博物馆，培养环境保护、海洋保护意识。
3. 参观周恩来邓颖超纪念馆，学习伟人为国奉献精神。
4. 参观平津战役纪念馆，学习革命先烈伟大斗争精神。

四、研学旅行线路与研学课程实施内容

天次	时间	行程安排	课本内容	教学过程	学生研学课题	学生研学评价
第一天	7:00—10:00	集合，乘车前往天津。教师说明本次研学旅行的要求及注意事项。				
	10:00—13:30	参观泰达滨海航母主题公园。	**【语文】** （人教版）八年级上册《一着惊天海》。 **【地理】** （人教版）八年级上册“从世界看中国”。	**一、研学目标** 1. 掌握我国领海方面的知识，具备辨识我国地图的能力，培养学生的爱国主义精神。 2. 了解我国领海知识，捍卫祖国主权和领土完整。 3. 了解航母知识，实现科技兴国。 4. 学习新闻写作，歌颂生活中的感人事迹。 **二、学生组织方式** 研学导师进行讲解，学生分组参观。 **三、研学讲解** **景点：泰达滨海公园，基辅舰一层　【语文、地理】** **【泰达滨海航母主题公园简介、中国海军介绍及航母平面图介绍】** 泰达滨海航母主题公园位于天津市滨海新区汉沽八卦滩。公园为国家AAAA级旅游景区，同时也是国家国防教育示范基地。公园配备“基辅”号航母、113重庆舰、353潜艇等。	1. 中国何时开始自行研发航母？为什么？ 2. 中国海军力量的发展对于我们国家和人民有什么重要意义？ 3. 简要论述中国海军的发展历史。 **【地理、历史】** 1. 中国自行研发制造的第一艘航母叫作什么名字？	分组参观、分组记录形成体会，分组讨论发言陈述。

续表

天次	时间	行程安排	课本内容	教学过程	学生研学课题	学生研学评价
				我国是海洋大国，广袤的海疆里有着丰富的水产资源和各种能源，这需要我们的人民海军来保卫！那么现在，我们来参观基辅号航母，了解航母对于海军的重要性。 人民军队自从1927年南昌起义以来，一直只有陆军，1949年1月8日，中共中央政治局作出《目前形势和党在一九四九年的任务》的决议，第一次提出了“争取组成一支能够使用的空军和一支保卫沿海沿江的海军”1949年3月24日，毛主席和朱德总司令指出：中国人民必须建设自己强大的国防，除了陆军，还必须建立自己的空军和海军。 1949年4月4日，中国人民解放军第三野战军副司令员粟裕、参谋长张震到达江苏省泰州白马庙乡，建立渡江战役指挥部。 1949年4月23日，中国人民解放军华东军区海军在江苏泰州白马庙成立，这标志着，人民海军作为一个军种，正式出现在中国人民解放军的序列里面。 1989年2月17日，中共中央军委批准以1949年4月23日成立华东军区海军的日期为中国人民解放军海军的成立日。 中国人民解放军海军在战火中发展壮大，从保卫沿海沿江到驶向深蓝远海，今天的人民海军的成就和发展令世人瞩目。 基辅是苏联航空母舰中的一个级别，其他三个级别分别是1123型莫斯科级、1143.5型库兹涅佐夫级和1143.7型乌里扬诺夫斯克级。现在在滨海公园的这艘，是基辅号航空母舰的第一艘舰船。 基辅号航母是1970年7月开始建造，1972年12月下水，1977年2月正式服役。1993年6月退役，之后出售给中国。 基辅号航母是钢结构纵向箱型梁船体结构。航母舰岛共有9层甲板。舰体是由18道横向水密舱壁和2道纵向水密舱壁构成。基辅舰有两层保护，底部有双层船底，两侧也有隔舱。两侧的隔舱和双层船底相连可以保护整个舰船上所有重要的部门，例如锅炉、轮机和弹药库等。同时，基辅号航母也是全世界第一艘实现垂直、短距起降战斗机的航母。	2. 建造一艘航母有哪些必备技术？ 3. 中国航母的命名规律是什么？ 4. 航母有哪些分类方法？ 5. 航母的护航舰队可以包括哪些船只？ 6. 建成一个航母战斗群需要哪些船只？具体配置有哪些要求？ 7. 作为一名航母士兵，需要具备哪些条件？ 8. 作为一名舰载机飞行员，需要具备哪些条件？ 9. 请简要介绍中国海军的发展历史。 10. 我国是海洋大国，请说出我国的海域面积、海岸线长度和岛屿数量。	

续表

天次	时间	行程安排	课本内容	教学过程	学生研学课题	学生研学评价
	13:30—14:00	乘车赴国家海洋博物馆。				
	14:00—16:30	参观国家海洋博物馆。	**【地理】** (人教版)七年级上册"陆地和海洋"、(人教版)八年级上册"从世界看中国"。 **【生物】** (人教版)七年级下册"人类活动对生物圈的影响"、(人教版)八年级上册"生物的多样性及其保护"。	**一、研学目标** 1. 了解我国领海知识、海洋发展历史及海洋保护方面知识,增强捍卫祖国主权和领土完整意识。 2. 了解航母知识,实现科技兴国,培养学生的爱国主义精神。 3. 了解生物进化过程,具备初步识别污染物的能力,了解环保的重要意义。 **二、学生组织方式** 研学导师进行讲解,学生分组参观。 **三、研学讲解** **景点一:国家海洋博物馆 【地理、生物】** **【国家海洋博物馆介绍】** 国家海洋博物馆坐落于天津滨海新区中新生态城,占地面积 15 公顷,建筑面积 8 万平方米,展览展示面积 2.3 万平方米,是综合性国家海洋博物馆。国家海洋博物馆是由自然资源部与天津市人民政府共建共管,集收藏、展示、研究、教育于一体的我国唯一的国家级综合性海洋博物馆,于 2019 年 8 月正式开放。 国家海洋博物馆建筑主体 3 层,局部 4 层,同时设有博物馆商店、餐厅、咖啡厅、影院等公共服务设施。国家海洋博物馆以地球、海洋、生命、人类以及相互依存共生的系统展示,揭示人海和谐的真谛,引导社会公众更加了解海洋、热爱海洋和保护海洋。 国家海洋博物馆建筑陈列展览内容围绕"海洋与人类"主题展开,分为"海洋人文""海洋自然""海洋生态"三大板块,包括:海洋自然展区、中华海洋文明展区、海洋互动展区、宣教中心区、海洋生态展区、高端合作及临时展览区,共设六大展区 15 个展厅。常设展览有:远古海洋展厅、龙的时代展厅、今日海洋展厅、发现之旅展厅、海洋与天文展厅、余庆舰、筑梦极地等。	1. 举例说明海洋生物进化过程。 2. 如何保护海洋? 3. 如何合理开发利用海洋资源? **【生物】** 1. 国家海洋博物馆的镇馆之宝是哪件展品?请做简要介绍。 2. 如何能够合理开发、利用海洋资源? 3. 在环保方面,我们可以做些什么? 4. 海洋里如何体现了生物多样性?	

续表

天次	时间	行程安排	课本内容	教学过程	学生研学课题	学生研学评价
				国家海洋博物馆是国家公共文化体系的重要组成部分，将成为权威的海洋文物收藏保护中心、海洋文明研究中心、海洋文化交流传播中心、海洋体验中心，成为国家级爱国主义教育基地、海洋意识教育基地和科普教育基地。①		
	16:30—19:00	乘车前往天津市区并吃晚餐。				
	19:30—21:00	天津小剧场。	**【语文】** (人教版)八年级上册综合性学习·口语交际。	**景点二:天津小剧场　【历史】【语文】** **【相声艺术介绍】** 相声是我国最受群众喜欢的曲艺形式之一，起源于约150年前，在清朝咸丰、同治年间形成，以北京和天津最为有名。2008年，相声被列入我国国家级非物质文化遗产代表性项目名录。 相声的表演形式多样。按照表演的基本技巧可以分为:说、学、逗、唱。按照表演人数分类，可以分为一个人表演的单口相声、两个人表演的对口相声和多人表演的群口相声。其中，最为常见的是对口相声。对口相声的两个演员称为“捧哏”和“逗哏”。 著名的相声节目有《逗你玩》《关公战秦琼》《珍珠翡翠白玉汤》《五官争功》《虎口遐想》等。 著名的相声表演艺术家有马三立、侯宝林、刘宝瑞、马季、姜昆等。	1. 请详细说明相声的4种形式:说、学、逗、唱都有哪些要求?举例说明。 2. 请列出不少于5位德艺双馨的相声演员，并列出他们的代表作和表演特点。	分组参观、分组记录形成体会，分组讨论发言陈述。
	21:00—21:40	乘车回酒店休息。				

① 国家海洋博物馆官网，https://www.hymuseum.org.cn/intro? state=intro。

续表

天次	时间	行程安排	课本内容	教学过程	学生研学课题	学生研学评价
第二天	7:30—9:00	早餐后乘车前往。				
	9:00—11:30	参观周恩来邓颖超纪念馆。	**【语文】** (人教版)七年级下册《周总理,你在哪里》、(人教版)五年级上册《十里长街送总理》、(人教版)四年级上册《为中华之崛起而读书》。	**一、研学目标** 1. 了解周恩来总理的生平,学习伟人精神,培养学生的爱国主义精神。 2. 学习新闻写作、诗歌写作,歌颂生活中的感人事迹,培养学生的写作能力。 **二、学生组织方式** 研学导师进行讲解,学生分组参观。 **三、研学讲解** **景点:周恩来邓颖超纪念馆主展厅　【语文】** **【周恩来邓颖超纪念馆及二人生平介绍】** 周恩来邓颖超纪念馆坐落在风光旖旎、景色怡人的水上公园风景区,占地70000平方米,建筑面积13000平方米,建于1998年2月28日周恩来诞辰百年纪念日前夕。 馆内藏品丰富,文物价值弥足珍贵。纪念馆基本陈列分为三大展区,即主展厅、按1:1比例仿建的北京中南海西花厅专题陈列厅和专机陈列厅。主展厅内有:周恩来生平展"人民总理周恩来"、邓颖超专题展"邓颖超——20世纪中国妇女运动的先驱";西花厅专题陈列厅设有复原陈列和主题文物展"伟大的情怀";专机陈列厅陈列着苏联政府赠送给周恩来总理的伊尔-14型678号专机,现为国家二级文物。 纪念馆的展览主题突出,天津地域特色鲜明,生动再现了周恩来、邓颖超两位伟人光辉灿烂的一生以及为祖国、为人民鞠躬尽瘁的优秀品质和崇高精神。 周恩来邓颖超纪念馆现为全国爱国主义教育示范基地、全国廉政教育基地和国家一级博物馆。①	1. 周恩来总理在新中国成立前后都为我国做出了哪些巨大的贡献。 2. 如何理解周恩来总理的崇高精神? 3. 如何将周恩来总理崇高的精神应用到我们现在的学习和生活之中?	分组参观、分组记录形成体会,分组讨论发言陈述。

① 周恩来邓颖超纪念馆官网,http://www.mzhoudeng.com/about.aspx? cateid=75。

续表

天次	时间	行程安排	课本内容	教学过程	学生研学课题	学生研学评价
				【学习周恩来语录】 1. 为中华之崛起而读书。 2. 我们爱我们的民族，这是我们自信心的源泉。 3. 我们要实现农业现代化、工业现代化、国防现代化和科学技术现代化，把我们祖国建设成为一个社会主义强国，关键在于实现科学技术的现代化。 4. 敢于学习一切国家的长处，就是最有自信心和自尊心的表现，这样的民族也一定是能够自强的民族。 5. 只有忠实于事实，才能忠实于真理。 6. 与有肝胆人共事，从无字句处读书。 7. 我们国家干部都是人民的公仆，应该和群众同甘苦，共命运。如果图享受，怕艰苦，甚至走后门，特殊化，那是会引起群众公愤的。 8. 青年人没有不栽几个跟头的，没有不碰几个钉子的。碰了钉子以后，不要气馁。 9. 理想是需要的，是我们前进的方向。现实有了理想的指导才有前途，反过来也必须从现实的努力中才能实现理想。 10. 我们的下一代，总是要把自己摆在和劳苦大众一起，要能够吃得起苦。因为我们的革命精神就是从吃苦中得来的。	**【历史、语文】** 1. 请详细讲述周恩来的生平。 2. 请详细讲述邓颖超的生平。 3. 请详细论述周恩来在中华人民共和国成立前，对于革命事业所做的贡献。 4. 请详细论述周恩来在中华人民共和国成立后，对中华人民共和国建设所做的贡献。	
	11:30—13:30	午餐后乘车前往。				
	13:30—15:00	参观平津战役纪念馆。		**一、研学目标** 1. 了解平津战役相关知识；具备讲解战争背景、发展情况和后续影响的能力。 2. 了解三大战役在我国历史上的重要性，学习革命先烈为国奉献的革命精神。 **二、学生组织方式** 研学导师进行讲解，学生分组参观。		

续表

天次	时　间	行程安排	课本内容	教学过程	学生研学课题	学生研学评价
			【历史】 八年级上册（人教版）“土地改革和三大战役”。	**三、研学讲解** **景点：平津战役纪念馆　【历史】** **【平津战役的介绍】** 平津战役纪念馆是全面展现平津战役伟大胜利的专题纪念馆。1997 年 7 月 23 日建成开馆。聂荣臻元帅为纪念馆题写馆名，展馆分序厅，战役决策厅，战役实施厅，人民支前厅事，英烈厅及广场武器陈列区。1948 年 9 月到 1949 年 1 月，人民解放军发动了举世闻名的辽沈战役、淮海战役和平津战役。 东北人民解放军与聂荣臻所率部队共同发起平津战役，将国民党军队分割包围在北平、天津和张家口等孤城，并且武力攻占了张家口，威逼北平。请将以上 3 个地点填入图 1。 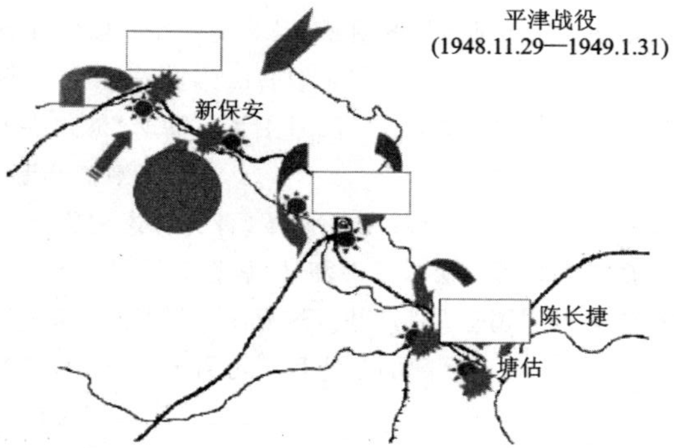 **图 1** 三大战役后，人民解放军乘胜追击，发起渡江战役，最终在 1949 年 4 月 23 日解放南京，国民党政权垮台。	**【历史】** 1. 请详细论述平津战役的过程及其重要历史地位。 2. 平津战役纪念馆的展厅里有毛泽东主席在西柏坡办公室的复原景观。在这里，毛主席指挥了震撼世界的解放战争三大战役。请简要介绍解放战争三大战役。	分组参观、分组记录形成体会，分组讨论发言陈述。
	15:00—18:00	乘车返京。抵达学校，结束愉快的研学旅行。				

五、学科拓展应用

【英语】

在天津研学旅行中，学生参观了航母主题公园、国家海洋博物馆和周邓纪念馆等博物馆。请同学们根据自己所掌握的英语知识，在以下主题任选两个，写英语短文。你可以从介绍这个博物馆的基本情况入手，也可以从介绍这个博物馆中你喜欢的一个历史人物入手。文章不少于 80 词。

一、主题

1. 周邓纪念馆。
2. 国家海洋博物馆。
3. 航母主题公园。
4. 平津战役纪念馆。
5. 相声小剧场。

二、主要句型

1. 介绍展馆的基本情况。

…is located in…位于……

It was founded in 1996. 这座展馆于 1996 年建成。

There are…这里有……

2. 介绍历史人物。

…was born in 1900. 某人出生于 1900 年。

In 1920, he joined the army. 在 1920 年，他参军了。

He fought against the enemy bravely. 他英勇地与敌人战斗。

本课程方案的设计由北京财贸职业学院王悦负责，参与本课程设计研究的单位(个人)还有：北京市第八中学的汪勇、南洋、孟方芳、李明、李敏、王潞玲、王芳、申博、高峰、张平、刘燕、刘慧敏和北京大潮研学国际旅行社有限公司。

三、绿色文化主题研学旅行线路：承德—塞罕坝

（初中七、八年级用）

一、活动前研学课本知识准备要求

【语文】

1. 查阅承德、塞罕坝的相关历史资料，了解承德避暑山庄的建造历史和塞罕坝国家森林公园的发展历程。
2. 阅读《愚公移山》课文，了解愚公精神。
3. 阅读八年级课文《苏州园林》，了解我国南方园林的主要特色和代表园林。

【数学】

预习或复习关于轴对称的知识点。

【地理】

1. 复习八年级上册中国国家行政区域版图和划分，了解承德、塞罕坝的地理区位。
2. 复习八年级上册我国季风的相关知识，华北平原主要地貌特征。

【历史】

1. 复习清政府统治时期的政治、文化、疆域管理、民族融合政策，了解晚清时期我国半殖民地时期的屈辱历史，查阅资料了解咸丰皇帝出逃热河、避难行宫事件。
2. 复习中国解放战争的历史，观看革命电影《董存瑞》。

【生物】

熟悉生态系统的构成和分类，了解草原生态圈、森林生态圈的常见生物。

【物理】

1. 复习杠杆的作用原理、几种常见测量长度方法的应用。
2. 回顾实验：水的三种形态，形态转变的温度要求。

【道法】

1. 观看纪录片《绿色丰碑——塞罕坝》，了解塞罕坝国家森林公园的建设和发展历史。
2. 简要学习习近平总书记关于“绿水青山就是金山银山”的精神论述。

【美术】

了解藏族建筑文化和特色，尤其是寺庙建筑形式、色彩的特点。

二、研学旅行主题课程目标

【语文】

通过对承德避暑山庄的实地参观游览，学生切身感受我国北方皇家园林的宏伟、精妙、浓厚的文化特点和建筑艺术。

【历史】

1. 通过承德避暑山庄的历史事件，培养学生爱国精神，“落后就要挨打”，树立为中华民族的伟大复兴努力学习的目标。

2. 通过敬献花圈等主题活动，感受先烈们为新中国诞生和建设做出的伟大牺牲，培养学生不怕艰难困苦，为国为民勇于献身的牺牲精神。

3. 通过感受具有和谐生态的塞罕坝国家森林公园和林场的建设成果，感受在党的领导下国家的伟大建设成就。

【生物】

通过研学活动，学生置身和谐的自然环境，树立环境保护、建设良好环境的绿色生态意识和环境保护意识，培养自觉爱护环境的良好习惯。

【道法】

1. 感受浓厚的藏族、满族文化、建筑、风俗，感受我们国家是一个多民族融合发展的国家。

2. 通过植树造林活动，培养学生热爱劳动、劳动创造美好生活的理念。

【数学】【物理】【地理】

通过研学任务的设计活动，培养学生应用学科知识解决实际问题、理论联系实际的能力。

【美术】

通过研学活动，欣赏我国丰富多彩的艺术形式，尤其是寺庙建筑，培养学生宽广的艺术观。

三、线路特色

1. 避暑山庄世界文化遗产教育，观赏皇家园林，体会多民族融合。

2. 董存瑞烈士陵园红色教育，缅怀革命英烈，珍惜幸福生活。

3. 塞罕坝国家森林生态教育，传承艰苦奋斗品质，增强和谐生态意识。

四、研学旅行线路与研学课程实施内容

天次	时间	行程安排	课本内容	教学过程	学生研学课题	学生研学评价
第一天	7:00—11:00	学校集合，乘车出发前往承德。				
	11:10—12:00	午餐。				
	12:00—17:30	游览承德避暑山庄。	**【地理】** 八年级上册中国行政区的划分和地理方位；季风的形成因素。 **【语文】** 八年级语文课文《苏州园林》，复习我国南方园林的特色。	**一、研学目标** 1. 了解晚清承德发生的历史事件，让青少年记住屈辱的历史，增强民族使命感，激发热爱祖国灿烂文化的感情。 2. 了解古代帝王选择在此处修建宫苑的原因。 3. 感受中国古代皇家园林伟大艺术成就。 **二、学生组织方式** 研学导师分组介绍。 **三、研学讲解** **景点一：避暑山庄大门　【地理、语文、历史】** **【山庄的整体简介】** 承德避暑山庄是中国古代帝王宫苑，是清代皇帝避暑和处理政务的场所，位于河北省承德市市区北部。它始建于1703年，历经清康熙、雍正、乾隆三朝，耗时89年建成，与全国重点文物保护单位颐和园、拙政园、留园并称为中国四大名园。1994年12月，避暑山庄及周围寺庙(热河行宫)被列入世界文化遗产名录。2007年5月8日，承德避暑山庄及周围寺庙景区经国家旅游局正式批准为国家AAAAA级旅游景区。[①]	**【历史、道法】** 1. 研究承德成为避暑山庄的地理成因。 2. 梳理关于晚清时期发生在承德的历史事件，牢记屈辱的历史，增强历史使命感，激发爱国主义、民族复兴的使命感。	小组选出代表，采用演讲的形式进行。事件描述的完整性，结合自己的心得体会进行评分。

① 避暑山庄旅游集团公司官网，http://www.bsshzh.com/Fuwu/Jingquditu/。

续表

天次	时　间	行程安排	课本内容	教学过程	学生研学课题	学生研学评价
			【历史】 七年级历史，清朝的统治时间和历代皇帝更迭、治理多民族国家的政策；晚清时期我国屈辱的历史，签订的不平等条约。	避暑山主分宫殿区、湖泊区、平原区、山峦区四大部分。宫殿区地形平坦，是皇帝处理朝政、举行庆典和生活起居的地方，占地 10 万平方米，由正宫、松鹤斋、万壑松风和东宫 4 组建筑组成。湖泊区面积（包括州岛）约占 43 公顷，有 8 个小岛屿，将湖面分割成大小不同的区域，层次分明，洲岛错落，富有江南鱼米之乡的特色。平原区地势开阔，有万树园和试马埭，是一片碧草茵茵，林木茂盛，茫茫草原风光。山峦区在山庄的西北部，面积约占全园的 4/5，山峦起伏，沟壑纵横，众多楼堂殿阁、寺庙点缀其间。整个山庄东南多水，西北多山，是中国自然地貌的缩影。① 丽正门是乾隆朝定的避暑山庄 36 景之一，中间门洞上方有一块石匾，上面是乾隆皇帝用满、藏、汉、维、蒙 5 种文题写的“丽正门”，它象征着我们祖国是个统一的多民族国家。 **【研学课题活动】** 清朝统治者为什么会在这个地方建造行宫？请大家根据地理、历史教材中的相关知识，从地理因素和民族文化的角度分析一下。 **景点二：澹泊敬诚殿　【历史、道法】** **【澹泊敬诚殿的功能与陈设介绍】** 同学们，现在我们迎面看见一座古朴淡雅的大殿，这就是正宫区的主殿——澹泊敬诚殿。这是清代帝王在山庄内举行大型庆典、百官朝觐、接见少数民族首领和外国使节的地方。乾隆皇帝曾在这里接见土尔扈特部首领渥巴锡、杜尔伯特部台吉“三策凌”、时任西藏政教领袖六世班禅、英国特使马戈尔尼及其他外国使节。 这座大殿建于康熙五十年（1711 年），于乾隆十九年耗费白银七万二千两楠木改建，因此，俗称楠木殿。殿面阔七间，进深五间。殿内悬挂康熙皇帝御笔所题“澹泊敬诚”匾额，“澹泊”源于《易经・系词》，“不烦不扰，澹泊不失”，是“静以修身俭以	**【历史、道法】** 1. 研究清朝统治者在民族融合、国家统一方面有过哪些活动和事件。在民族复兴的伟大征程中，作为新时代的中学生，应该怎样维护国家民族的团结？	学生讲述如何维护民族团结。采用贴小红花的方式评选出活动之星。

① 避暑山庄旅游集团公司官网，http://www.bsshzh.com/Fuwu/Jingquditu/.

续表

天次	时　间	行程安排	课本内容	教学过程	学生研学课题	学生研学评价
				养德”的修身之道。康熙皇帝以此告诫自己做皇帝也应刚正廉洁，不徇私情，应时刻牢记“简朴以兴邦，奢侈以亡国”的道理。 **景点三：山庄博物馆展览　【历史】** **【木兰秋狝图介绍】** 山庄博物馆的展览展出了大量图片，《木兰秋狝图》是最引人注目的。它是清代兴隆阿所画，描绘的是 200 多年前天子打猎的场面。木兰，是满语哨鹿的意思。哨鹿的要领是黎明前，士兵们潜入山林，身披鹿皮，头戴鹿角，口吹木哨，模仿公鹿的叫声。秋天正是鹿求配偶分群的季节，用这种要领将母鹿引出来以便射杀。 **景点四：烟波致爽殿　【历史】** **【烟波致爽殿建筑特点与历史联系】** 现在同学们来到的是烟波致爽殿，这里是皇帝的寝宫。康熙皇帝曾赞美此地“四周秀岭，十里澄湖，致有爽气”，因此得名烟波致爽，是康熙朝 36 景第一景。这座殿堂面阔七间，前后设有围廊。庭院中绿草如茵，山石别致，清新、幽静，园林气息浓厚。 清代康熙、乾隆、嘉庆、道光四位皇帝都曾在这里居住。1820 年 9 月 2 日和 1861 年 8 月 22 日，嘉庆、咸丰两位皇帝分别在这里病逝。而且，就在这里，慈禧策划了“辛酉政变”，之后开始垂帘听政，统治了中国 48 年之久，把中国推向了苦难的深渊。 同学们，我们都知道公元 1856 年，第二次鸦片战争爆发了。1860 年 9 月，英法联军逼近北京，咸丰皇帝急忙带着他的皇后钮祜禄氏（后来的慈安太后）和懿贵妃叶赫那拉氏（后来的慈禧太后）以及一班亲信，逃亡到热河，由恭亲王奕䜣留下来向侵略者求和。奕䜣费尽周折，最后签订了丧权辱国的《北京条约》。 **景点五：如意洲岛观赏　【语文、地理】** **【岛景特色介绍】** 现在同学们远眺，是不是看到一座小岛。这个岛叫作如意洲岛。岛上建筑很	2. 为什么清朝天子要率领大队人马千里迢迢来这里打猎？ （因为清帝入关以后，英勇善战的八旗军队作战力开始下降，康熙认识到，提高士兵素质，巩固北部边疆已成为当务之急。） 3. 回想一下《北京条约》的内容有哪些？它给我国近代的政治、经济带来哪些影响？	

续表

天次	时间	行程安排	课本内容	教学过程	学生研学课题	学生研学评价
				多，康乾七十二景中有十景在这里。这里的主体建筑是一座宫殿，门殿的名字是“无暑清凉”，正殿为“延熏山馆”，面宽七楹，建筑宏伟，殿后有“水芳岩秀”殿。正宫落成前，这里是康熙皇帝处理朝政和居住的地方。岛的西北端是著名的园中之园——沧浪屿，是仿苏州“沧浪亭”而建的。虽面积不大，但殿堂、水阁、清泉、小亭、回廊巧妙地组织在一起，令人流连忘返。 **【研学课题活动】** 同学们，避暑山庄的游览就到此结束了。我们休息半小时，也给同学们留下一个研学思考：语文八年级上册有《苏州园林》一文，经过上午的参观游览，大家觉得北方的园林和书中描述的南方园林的区别是什么？能不能用几个词语概括呢？	**【地理】** 以小组为单位，结合承德地区的地形地貌，找出选择承德建造避暑山庄的原因。画出季风气候的示意图。	学生用示意图进行展示，由研学指导教师进行点评，选出最佳小组。
第二天	7:00—8:00	酒店内用早餐。				
	8:00—10:00	参观普宁寺。	**【数学】** （人教版）八年级数学 13 章“关于轴对称的知识点”。	**一、研学目标** 1. 观察汉藏融合的佛教建筑的布局，了解藏传佛教与汉族佛教的建筑的特点，品味中华民族之间的和谐相处。 2. 通过布局图片掌握轴对称的特点。 **二、学生组织方式** 研学导师分组介绍。 **三、研学讲解** **景点一：普宁寺广场** **【普宁寺整体介绍】** 普宁寺是一座始建于清朝乾隆时期的汉藏结合寺庙。寺庙前半部具有汉族传统佛教寺庙的特征，后半部仿西藏桑鸢寺而建，两种不同风格的建筑融为一体。整座寺院雄伟壮观，占地面积约 2.3 万平方米。	**【数学】** 1. 在你的游览经历中，哪些建筑图形是轴对称形式的？用简单的线条表示出来并着上颜色。 2. 拿出提前准备好的普宁寺整体布局图片，画出轴对称线。说说与轴对称有关的知识。	

续表

天次	时间	行程安排	课本内容	教学过程	学生研学课题	学生研学评价
			【历史】 七年级上册第6课“回顾中国佛教的传入与传播”；七年级下册第19课“广阔疆域上的统一管理”。 **【美术】** 中国古代寺庙建筑之中蕴含的线条、布局、色彩之美。	**景点二：普宁寺大门外** **【普宁寺轴对称的整体布局介绍】** 寺院按建筑风格分前后两部分，主要建筑都在中轴线上，附属建筑对称地分列两边。主体建筑大雄宝殿为双层歇山式，称为“九脊十龙”殿，殿内供奉着三世与十八罗汉像，周围壁画环绕。前后两座主体建筑建在1.4米高的石砌须弥台基之上，雕刻精美的石栏杆环绕着月台，台阶中央铺有“云龙石陛”石雕，四角有叫“螭”的龙头。寺庙中的“金龙和玺”“六字真言和玺”彩画在古建彩绘中更是别具一格。 **景点三：普宁寺院内碑亭　【历史】** **【文物遗存介绍】** 普宁寺院正中坐落碑亭，亭内置御制石碑三通(分别为：《普宁寺碑文》《平定准葛尔勒铭伊犁之碑》《平定准葛尔后勒铭伊犁之碑》)。这三通碑文分别记述了兴建普宁寺的渊源，清政府平定达瓦齐、阿睦尔撒纳叛乱的始末，均用满、蒙、汉、藏4种文字镌刻，充分展示了中国是一个多民族统一、有丰富的民族文化的国家。	**【历史】** 结合历史七年级下册中关于广阔疆域上的统一管理的内容，通过碑文讲解，理解清朝政府采取了哪些措施管理西藏。	采用互评的方式，选出数量最多的同学、表现效果最好的同学。
	10:00—12:00	参观普陀宗乘之庙。		**一、研学目标** 1. 了解和感受少数民族文化，我国是一个多民族文化融合发展的国家。 2. 感受藏族特色建筑之美。 **二、学生组织方式** 研学导师分组介绍。 **三、研学讲解** **景点一：普陀宗乘之庙广场　【历史】** 普陀宗乘是藏语“布达拉”的音译。此庙是仿照西藏布达拉宫为达赖活佛前来觐见而建成的，故又有“小布达拉宫”之称。普陀宗乘之庙为承德外八庙中规模最宏大的寺庙，建于乾隆三十六年(1771年)，是乾隆为庆祝他本人60寿辰和他母亲皇太后80寿辰而建的。	**【语文】** 1. 发放满文字帖，学生可以临摹字帖，找出对应的汉字。 2. 有兴趣学习满文的同学们可以上前来看看，满文很有特点，有人戏称为“中间一根棍，两边	选出写得最好的一篇临摹字帖。

续表

天次	时间	行程安排	课本内容	教学过程	学生研学课题	学生研学评价
				景点二：普陀宗乘之碑文　【历史】 在普陀宗乘之庙碑记的两侧分别为《土尔扈特全部归顺记》和《优恤土尔扈特部众记》，这两块石碑记述了约 280 年前一支远离祖国怀抱，流落于沙俄伏尔加河下游的土尔扈特族的凄惨遭遇，同时也是一部描绘土尔扈特部历尽千辛万苦，付出巨大牺牲，终于回到祖国怀抱的悲壮史诗。碑文用满、汉、蒙、藏 4 种文字镌刻。	全是刺，加上一个点，就是满族字”。同学们可以模仿碑文写一下满族文字。	
	12:00—13:30	承德用午餐，然后乘车前往隆华董存瑞烈士陵园。				
	13:30—14:30	参观董存瑞烈士陵园及纪念馆。	**【历史】** 八年级上册第五单元：学生复习人民解放战争的胜利内容，了解重要事件脉络。 **【政治】** 八年级政治第 10 课“我们维护正义，做个有正义感的人”。	**一、研学目标** 1. 在董存瑞烈士陵园中学习了解董存瑞的英雄事迹，感悟中国共产党人的优秀品质和精神。 2. 缅怀英雄：在陵园内为英雄献上一束鲜花，感谢其为新中国做出的贡献，并讲述他用自己宝贵生命所换来的现代美好生活。 **二、学生组织方式** 研学导师讲解、少年先锋队和共青团员分别组织缅怀活动。 **三、研学讲解** **景点一：董存瑞烈士陵园　【历史】** **【陵园整体介绍】** 董存瑞烈士陵园是为纪念全国著名战斗英雄董存瑞烈士，于 1954 年在清康熙皇帝波洛河屯行宫旧址上修建的。陵园占地 9.16 万平方米，是全国以烈士名字命名的陵园中占地面积最大的陵园。为国家 AAAA 级旅游景区、红色旅游经典景区、爱国主义教育基地、国防教育基地。 陵园的建筑坐北朝南依次为：大门、牌楼、董存瑞塑像、董存瑞纪念碑和董存瑞墓。大门中间横额上是萧克将军为陵园题写的园名“董存瑞烈士陵园”。牌楼两侧是董存瑞烈士碑亭和革命烈士碑亭，以及董存瑞烈士和革命烈士两座纪念馆。在亭、馆间两条对角线交点上，是翠柏簇拥的董存瑞烈士塑像。	**【道法】** 革命战争年代，英雄人物的品质是什么？ 写一个新时代的英雄人物事迹。	以小组为单位，以朗诵的形式表演颂歌，投票选出优秀。

续表

天次	时　间	行程安排	课本内容	教学过程	学生研学课题	学生研学评价
				景点二:董存瑞烈士纪念碑　【政治】 **【纪念碑介绍】** 董存瑞烈士纪念碑坐落在椭圆形的纪念广场上,碑体正面镶嵌在汉白玉碑心石上,镌刻着原中国人民解放军总司令朱德元帅的亲笔题词——“舍身为国、永垂不朽”8 个金色大字。碑座四周环绕着双层汉白玉栏杆,洁白的栏杆雕刻着造型美观、朴素的浮雕、花瓶和装饰花纹,纪念碑后两侧是董存瑞题词碑廊,东西各一座,每座总高 4 米,长 24 米,基座宽 3.2 米。两座刻有党和国家领导人聂荣臻、杨尚昆、程子华、迟浩田、朱学范等及知名人士为董存瑞撰写的题词。 **【开展缅怀先烈、敬献花圈活动】** 少年先锋队和共青团向英雄纪念碑献花,默哀。 **景点三:董存瑞烈士纪念馆　【政治】** **【董存瑞纪念馆介绍】** 董存瑞烈士纪念馆于 1998 年 5 月 25 日开馆,馆内现陈列着董存瑞烈士事迹图片、油画、烈士遗物、重要的文献资料,以及有关董存瑞烈士事迹的文艺作品 200 余册、件;由著名播音员方明解说的半景画,反映 1948 年隆化攻坚战的电动沙盘,采用了声光电等现代科技手段,生动地展现了隆化攻坚战的浴血奋战场面和董存瑞的英雄壮举。 **【董存瑞牺牲的故事】** 1948 年 5 月 25 日,进攻隆化县城的战斗打响。董存瑞所在的 6 连负责拔除敌人核心阵地——隆化中学…… **【研学课题活动】** 同学们拿出手机,查询并阅读关于董存瑞烈士牺牲的事迹。	**【政治】** 1. 结合八年级政治第 10 课谈谈我们如何维护正义,做个有正义感的人。 2. 结合八年级历史上册第五单元,学习人民解放战争的胜利内容,了解重要事件脉络。	
	14:30—17:00	乘车前往塞罕坝国家森林公园。				

续表

天次	时间	行程安排	课本内容	教学过程	学生研学课题	学生研学评价
第三天	7:00—8:00	酒店内用早餐。				
	8:00—12:00	游览塞罕坝展览馆。	**【语文】** 九年级下册语文课文《愚公移山》。 **【生物】** 第一单元:生态系统的构成和分类,森林生物圈和草原生物圈。 **【道法】** 九年级上册第三单元第五课“守望文明家园,传承和弘扬伟大民族精神”。	**一、研学目标** 1. 了解塞罕坝典型人物故事,感知艰苦奋斗的主题精神。 2. 认识“两山精神”,树立生态理念。 3. 了解塞罕坝地区气候特点、植被特点与地形地貌特征。 **二、学生组织方式** 预先分组布置任务卡、分组参观介绍、讨论、完成任务卡。 **三、研学讲解** **景点一:塞罕坝国家森林公园大门　【地理、道法、语文】** **【塞罕坝国家森林公园整体介绍】** 塞罕坝国家森林公园是中国北方最大的森林公园,位于河北省承德市坝上地区,在清朝属著名的皇家猎苑之一“木兰围场”的一部分。森林公园总面积41万亩,其中森林景观106万亩,草原景观20万亩,森林覆盖率75.2%。被誉为“水的源头,云的故乡,花的世界,林的海洋,休闲度假的天堂”,具有草原、森林景观。属国家一级旅游资源,国家AAAAA级旅游景区。塞罕坝满、蒙等族人民聚居在一起,民族文化相互交融。 **景点二:塞罕坝展览馆前** 塞罕坝展览馆位于塞罕坝机械林场总场,占地面积5900平方米,建筑面积1987平方米。展览馆为1992年为纪念塞罕坝机械林场建场30周年而建。 **景点三:展览馆第一厅** 第一展厅以时间为线索,展示塞罕坝机械林场从一棵树到一片林的艰苦创业历程,穿插了典型人物故事:“一棵松”的故事、“六女上坝”的故事、夫妻望火楼的故事……	**【道法】** 1. 分小组讨论对“两山”精神的理解和体会。在我们的学习和生活中,如何身体力行的践行“两山”精神。 2. 请同学们进馆后全面了解塞罕坝机械林场总场原来的历史状况。	小组选出代表进行代表发言,同学们投票选出优秀。

续表

天次	时　间	行程安排	课本内容	教学过程	学生研学课题	学生研学评价
				景点四:展览馆第二厅 第二展厅主要表现塞罕坝人取得的生态文明建设成就。刘文仕、王福明、张启恩……讲解员讲述一个个建设者鲜活的故事。荒原披绿、二次创业、崭新征程,一幅幅图片、一张张图表、一件件作品记录了塞罕坝人的历史征程,也体现着塞罕坝人倔强的性格。 **【研学课题活动】** 小组根据提前发放的任务卡,描绘时间轴,标注塞罕坝典型人物故事,感知先辈们艰苦奋斗的精神。 **景点五:展览馆第三厅** 第三展厅从资源培育、资源保护、基础设施建设、组织建设等方面展示林场的现代建设情况。既要科技兴林、管护资源,又要发展绿色产业、改善民生。展厅展示了林业上的良种引育、科技创新、幼林管护、森林防火、依法治林等内容,还展示了塞罕坝人在发展森林旅游、苗木产业,进行基础设施建设,开展安居工程,建设特色森林小镇等方面的做法。 **【研学课题活动】** 1. 观看弧幕电影循环播放的塞罕坝机械林场的历史变迁资料和影像。 2. 观看习近平总书记对塞罕坝精神的论述。	**【语文】** 结合九年级下册语文课文《愚公移山》,学习先辈们不怕困难,不达目标誓不罢休、艰苦奋斗精神代代相传的精神。	
	12:00—13:00	酒店内午餐。				

续表

天次	时间	行程安排	课本内容	教学过程	学生研学课题	学生研学评价
	13:00—17:00	植树造林，亲身体验塞罕坝精神。乘坐越野车，追随先辈的丰功伟绩。	**【物理】** 第十一章：简单机械知识，杠杆的使用。 **【生物】** 生态系统的构成和分类，森林生物圈和草原生物圈。 我国植被的主要类型，植被面临的主要问题，森林覆盖率。热爱植物，绿化祖国。	**一、研学目标** 1. 植树造林，亲身体验塞罕坝精神。 2. 乘坐越野车走先辈治沙足迹，缅怀先辈的丰功伟绩。 3. 体验造林工具的使用，体会劳动的意义。 4. 走进大自然，加深对构建良好生态系统知识的切身感受。 **二、学生组织形式** 1. 在当地专业技术人员的指导和示范下，学生以小组为单位种下树苗。 2. 以小组为单位，乘坐越野车游览。 **三、研学讲解** **景点一：木兰秋狝景区　【生物、物理】** **【植树造林】** 木兰秋狝景区：造林基地，专业技术员现场施工讲解（整地，运苗，挖坑，填埋，做水平沟，浇水，二次填土，踏实），以及后期管护管理。 **【研学体验活动】** 1. 体验造林。由专业技术人员现场示范如何栽种树苗，学生以小组为单位领取树苗，在研学导师和基地工作人员的协助下，完成树苗的栽种。使用工具的同时，小组同学拄照记录有哪些简单的机械（杠杆、滑轮、斜面等）。 2. 通过亲手栽种小树苗，学生们体会劳动和收获的快乐。在美丽的塞罕坝留下自己的“长青之树”。	**【生物】** 塞罕坝林场的生物系统由哪些动植物构成？通过查询资料和现场观察，构建塞罕坝生态系统圈。 **【物理】** 结合初中物理“杠杆的基本原理”，通过观察生活和生产劳动中的各种杠杆提取共同的特征，并能在杠杆上确认支点、动力、动力臂、阻力、阻力臂的位置，能准确地画出杠杆的动力臂和阻力臂。	由基地专业技术人员评定出劳动小组的效率最高、栽种的树苗最达标准。

续表

天次	时　间	行程安排	课本内容	教学过程	学生研学课题	学生研学评价
				景点二:王尚海纪念林 塞罕坝机械林场总场下属的千层板林场马蹄坑营林区,有一片松林被命名为"王尚海纪念林"。这里长眠着一位老人,他就是塞罕坝林场第一任党委书记王尚海。王尚海在塞罕坝干了 13 年,在任期间林场完成造林 54 万亩。1989 年,68 岁的王尚海病逝。遵从遗愿,他的骨灰被撒在了马蹄坑。伴他长眠的那片落叶松林,如今称作"王尚海纪念林"。 **【研学体验活动】** 乘坐越野车参观王尚海纪念林,参观第一片机械化造林基地。感受先辈们艰苦奋斗,舍身忘我的牺牲精神。 **景点三:泰丰湖地区(可选)** 泰丰湖在塞罕坝机械林场总部西北方向约 15 公里处,是一座六十年代修建的人工湖、水库。水面足有 100 多亩,呈"S"形,水质清澈,波光粼粼,景色十分优美。 同学们观赏坝上的湖光山色,遥望五彩斑斓的大峡谷、五彩山。 **景点四:望火楼** 望火楼是森林防火瞭望站点,是伴着塞罕坝机械林场建场而设立的。在塞罕坝百万余亩林海中,挺立着 9 座望火楼,18 名瞭望员肩负着百万余亩林场的火情监测任务。夏季防雷火,秋冬春防人为火,发现火情要准确分辨方位,第一时间报告。我们现在看到的望火楼已经是第四代了,第一代望火楼只是简易的窝棚,第二代是平房,第三代是三层小楼,第四代已经是五层楼了。随着林场森林面积不断扩大,树木逐年长高,望火楼的瞭望条件也逐步得到改善。很多望火楼的工作人员都是夫妇俩,一待就是几十年。	**【政治】** 请同学们从个人利益和国家利益的角度评价他们的选择。结合望火楼瞭望员的事迹阐述人的一生应该怎样度过更有意义和价值?	以小组为单位进行讨论和思考,选出代表同学进行发言。

续表

天次	时间	行程安排	课本内容	教学过程	学生研学课题	学生研学评价
第四天	9:00—12:00	七彩森林。	**【物理】** 第二章“物态的变化”，固体、液体、气体是物质存在的三种形式。第五章“长度的测量的几种方法及误差的存在”。 **【生物】** 生态系统的构成和分类，森林生态系统和湿地生态系统。	**一、研学目标** 走进大自然，将自己置身在大自然中，拥抱大自然，感谢大自然给予我们的一切，反思人类对大自然的破坏，思考我们应该采取怎样的方法才能让人类与大自然和谐相处，思考我们应该如何去保护给予我们一切的大自然。 **二、组织形式** 提前布置研学任务，学生分小组，在研学导师的指导下，游览并完成研学任务。 **三、研学活动开展** **景点：七彩森林景区 【生物、物理】** 七彩森林景区位于河北省承德市丰宁县大滩镇，是坝上草原按照国家AAAAA级标准打造的风景区，占地2万亩。主要包含的特色景观内容有：听雨轩、百花坡、铁索桥、幽静长廊、白桦林、天镜湖、相思泉、五彩池、森林部落、树梢上的脚步、大雁谷、动物乐园等。 森林的覆盖面积高达80%，森林中的树木花草会随着季节的交替呈现出不同的形态及颜色，异彩纷呈，这也是七彩森林名字的由来。深谷内由于有丰富的湿地资源，空气湿度高，在一定的天气条件下会有云雾缭绕在半空中，恍若人间仙境。其独有的美丽自然现象赋予景区“神仙谷·七彩森林”的美称。	**【生物】** 了解生物的多样性，认识湿地生态系统，并尝试比较草原生态系统和湿地生态系统异同。 **【物理】** 回忆物理《关于水的几个状态的变化》，观察并说明坝上草原云雾量丰富变化。	每个小组可以领取一个任务，完成并展示交流。
	12:00—13:00	餐厅用午餐，稍事休息。				
	13:00—17:00	返回北京，结束愉快的研学旅行。				

五、学科拓展应用

【英语】 学生应用常见游览句式写一篇通俗易懂的导游词(避暑山庄),并试着讲解给身边的家人和朋友。常见句式: 开场:Hi everyone, may I have your attention please, allow me to give you a general introduction of myself first. My name is... It is my pleasure to be your tour guide today. Distinguish guests. Today we are going to see XXX. 中间介绍:Chengde Mountain Resort(承德避暑山庄) is the largest existing royal garden in the world.(最大规模的皇家园林)There are two parts of the resort——the palaces and a scenic area. 结束语:Owing to lack of time, today's visit is over now. Welcome to Chengde Mountain Resort next time .
【生物】 未来北京要建设成为和谐之都、宜居之都,通过研学,你认为北京在绿色环保、打造和谐的生态环境方面有哪些可行的举措,以小组为单位提交一份调研报告。
【美术】 以承德避暑山庄建筑为主要元素,设计一张明信片或者完成旅游纪念品设计稿。

本课程方案的设计由北京财贸职业学院的侯雪艳负责,参与本课程设计研究的单位(个人)还有:北京市京源学校的白宏宽、岳玲、冯文、刘利、潘玲、杨秀群、金红铃、邱康、刘盈盈、王燕君和中青旅控股股份有限公司的于恩、文峰。

四、寻根文化主题研学旅行线路：运城关帝庙—晋国博物馆—大槐树—山西博物馆*

（初中七年级用）

一、活动前研学课本知识准备要求

【语文】

1. 复习（江苏版）七年级上册第三单元诵读欣赏：对联六副。
2. 复习（江苏版）七年级上册第四单元写作：观察和描写景物的特点。
3. 复习（江苏版）七年级上册第五单元写作：简单地说明小制作。

【数学】

1. 学习（人教版）七年级下册第七章“平面直角坐标系”。
2. 学习（人教版）七年级下册第十章“数据的收集整理与描述”。

【英语】

1. 学习（人教版）七年级下册 Unit 9 What does he look like。
2. 学习（外研社版）七年级下册 Module 9 Life History。
3. 学习（外研社版）七年级下册 Module 8 Story time。

【历史】

1. 复习（北师大版）七年级上册第 6 课“夏商西周的社会与国家”。
2. 复习（北师大版）七年级上册第 7 课“春秋五霸与战国七雄”。
3. 复习（北师大版）七年级上册第 10 课“思想活跃与百家争鸣”。
4. 复习（北师大版）七年级上册第 11 课“先民的智慧与创造”。
5. 复习（北师大版）七年级上册第 12 课“了解身边的历史”。
6. 复习（北师大版）七年级上册第 14 课每课一得：货币使用情况。

* 本条初中线路，从地理范围上看，不属于京津冀范围，但考虑到其内容的适洽性，还是作为初中研学旅行课程的一个开发案例。

7. 复习(北师大版)七年级上册第 17 课“先进的科学技术”。

8. 复习(北师大版)七年级上册第 20 课“三国鼎立局面的形成”。

9. 学习(北师大版)七年级下册第 9 课“贵姓何来——中华诸姓的来历”。

【政治】

查阅资料:节约资源保护环境的基本国策及创新驱动发展战略。

【地理】

1. 复习(中图版)七年级上册第二章“中国的疆域和人口”。
2. 复习(中图版)七年级上册第三章“中国的自然环境”。
3. 学习(中图版)七年级下册第四章“中国的自然资源”。
4. 学习(中图版)七年级下册第五章“中国的地方文化特色和旅游资源”。
5. 学习(中图版)七年级下册第八章“认识中国的地理区域”。

【科学】

学习(人教版)八年级上册“测量物质的密度”,了解常用物品的密度及测量方法。

【生物】

1. 复习(人教版)七年级上册第一单元“生物和生物圈:生物与环境组成的生态系统”。
2. 学习(人教版)七年级下册第七章“人类活动对生物圈的影响”。

【美术】

1. 复习七年级上册“源于自然的美丽纹样”“动物的立体造型”。
2. 学习七年级下册“卢浮宫博物馆”。

【音乐】

1. 拓展(人音版)七年级上册第二单元“彩色的中国”,了解地方特色文化。
2. 查阅资料,认识山西蒲剧艺术。

二、研学旅行主题课程目标

【语文】

1. 用普通话正确、流利、有感情地朗读诗文,感受中华优秀诗文的魅力,并对景点及相关的历史人物有初步的认知。
2. 在游览名胜古迹的过程中,引导学生关注自然、文化、建筑的奥秘,激发学生探索发现的兴趣。

3. 鼓励学生用文字记录游学生活,感悟、感受中华文化的丰厚博大。

【数学】

1. 学会用经纬度表示地理位置。

2. 通过实际参与收集、整理、描述和分析数据的活动,了解统计的一般过程,感受统计在生活和生产中的作用,增强学习统计的兴趣,初步建立统计的观念,培养重视调查研究的良好习惯和科学态度。

【英语】

1. 通过(人教版)七年级下册 Unit 9 What does he look like 的学习,掌握用英语对人物进行简单描述。

2. 通过(外研社版)七年级下册 Module 9 Life History 的学习,掌握用英语简单介绍历史或文物。

3. 通过(外研社版)七年级下册 Module 8 Story time 的学习,掌握用英语简单介绍故事。

【历史】

1. 学生通过在晋国博物馆的研学,归纳先秦时期墓葬的特点,了解中华民族的起源,理解多元一体的中华文化的起源。

2. 学生通过参观王家大院和平遥古城,了解晋商文化起源和特点,感受晋商文化中的重信义的精神内涵。

3. 学生通过参观大槐树文化园、关帝庙,了解中国根祖文化的起源,增强家族认同和民族认同感。

【政治】

1. 了解社会发展变化,了解中华传统文化及文化的多样性,增强文化认同感、民族自豪感,传承与弘扬中华优秀传统文化。

2. 积极参与公共生活,尊重不同的文化和习俗,培育为他人、为社会服务的精神,培养亲社会行为,树立良好的学习习惯和学习态度,培养团队意识和集体荣誉感。

3. 了解我国资源、环境等状况,了解保护环境、合理利用资源的政策,增强可持续发展意识,树立正确的生态文明观。

【地理】

1. 通过行走感知当地气候、水文等自然地理要素,理解自然要素之间的相互联系。

2. 理解自然地理要素对人类活动的影响,理解不同自然条件下人类活动的差异,学习生活中的地理。

3. 引领学生关心我国的基本国情,增强学生热爱祖国的情感;进一步形成尊重自然、与自然和谐相处的观念。

【科学】

1. 通过参观醋园的活动,体验传统生物学技术在人类生产生活上的应用,感受微生物对人类生活的影响。

2. 通过参观盐湖的活动,了解盐湖生态,深刻理解生态环境作用。

3. 通过参观煤炭博物馆,了解煤炭的形成过程,感受人类对地球资源的开发和利用,树立环境保护意识。

【美术】

1. 通过观察、感受大自然中的美丽色彩，培养学生对生活的观察和感悟能力，帮助学生逐渐树立善于发现和欣赏美好事物的审美习惯。观察动物的造型特点，运用多种材料进行塑造。

2. 通过对卢浮宫三宝的欣赏，引导学生欣赏与关注山西博物馆的展品，培养学生对中国传统文化的热爱和多元的文化素养。

【音乐】

通过对汉族传统民间戏曲剧种“蒲剧”的了解观看，感受“蒲剧”运腔等音乐特点，感受山西地域文化与音乐间呈现的相互作用的关系。

三、线路特色

1. 通过古晋国文化，了解中华民族的历史发展。
2. 通过晋商文化，了解儒家文化、货币经济的内涵。
3. 通过根祖文化，增强对家族、民族认同感。

四、研学旅行线路与研学课程实施内容

天次	时间	行程安排	课本内容	教学过程	学生研学课题	学生研学评价
第一天	8:05—13:32	乘高铁前往山西运城。	北京西站—山西运城北站，观察了解高铁经过的省市及这些地方的景物特点。		结合手机导航地图，研究高铁经过的地形变化。	
	15:00—16:00	参观关帝庙。		**一、研学目标** 1. 了解关公忠孝节义，神勇武威，为国捐躯，生为人杰、死亦鬼雄的历史。 2. 深刻领悟儒家思想中忠义、诚信精神，以“忠、义、仁、勇”为核心的关公文化。 **二、学生组织方式** 研学导师(或展览馆解说员)分组介绍，分组组织诵读经典《关帝赞》等描写关羽的诗文，不同角度拍摄塑像或建筑、雕刻。	**【历史】** 将你知道关公的故事分享一则给你身边的同学。	在小组内分享，并评价打分。

续表

天次	时间	行程安排	课本内容	教学过程	学生研学课题	学生研学评价
			【历史】 （北师大版）七年级上册第 10 课“思想活跃与百家争鸣——传统儒家思想”；第 20 课“三国鼎立局面的形成”。 **【英语】** （人教版）七年级下册 Unit 9 What does he look like。 **【美术】** 七年级美术上册“源于自然的美丽纹样”“动物的立体造型”。	**三、研学讲解** **景点一：端门　【历史】** **【关帝庙及关帝简介】** 大家对关羽这个历史人物并不陌生。关羽姓关，名羽，字长生，后改云长，河东解良人也。[1] 解州关帝庙景区位于山西省运城市解州镇，是国家重点文物保护单位，是我国现存始建最早、规模最大、档次最高、保存最全的关帝庙宇，被誉为“关庙之祖”“武庙之冠”。四龙壁位于关帝祖庙端门正南，是明代宣德年间（1426—1435 年）烧制的琉璃影壁。端门位于关帝庙最南端，为主庙正南门。始建年代不详，重建于明嘉靖年间，是一座古朴恢宏的砖结构宫门。外观砖雕为仿木建筑，门楣正中镌刻“关帝庙”三个大字，门洞背面上方有“扶汉人物”匾额，两次间门洞上层东面横额为“精忠贯日”，西为“大义参天”。端门比例协调，造型典雅，雕饰苍劲，堪称明代砖构门庑中的佳作。[2] **景点二：午门　【语文、英语、美术】** **【关羽人物描写】** 午门位于关帝祖庙中轴线雉门以北，是第三道门。清光绪三十三年（1908 年）被毁，民国九年（1920 年）重建，是庙内最晚建筑。午门正面东西两侧分别绘有周仓、廖化的站像，他们是关羽的忠实部下，在这里用作关帝庙的门神。北面绘有关公过五关、斩六将的图画。[3] 大家回想英语课本中 What does he look like? 有关句型，思考如何用英文短文描写关羽。请大家在欣赏精美传神的古代人物雕塑的同时，思考美术中如何通过色彩、立体造型塑造人物。	**【美术】** 画一个京剧中的关公脸谱。 **【英语】** 英文小短文介绍关公，100 个单词以内。 **【语文】** 关帝庙的建筑、塑像等是怎样体现关羽的忠义精神的。	

① 罗贯中，《三国演义》，人民文学出版社，2018。
② 解州关帝庙官网，http://www.guandimiao.com.cn/content/about.html。
③ 解州关帝庙官网，http://www.guandimiao.com.cn/content/about.html。

续表

天次	时间	行程安排	课本内容	教学过程	学生研学课题	学生研学评价
				景点三:崇宁殿 **【关公文化】【历史】** 崇宁殿位于关帝祖庙后部,是全庙主殿。始建于陈隋年间,宋崇宁三年(1104年),因徽宗封关羽为“崇宁真君”而得名。大殿檐下悬清乾隆帝钦定的“神勇”巨匾,门楣上悬咸丰帝御书“万世人极”匾,殿内关帝神龛上悬康熙帝御笔的“义炳乾坤”帖金匾。元末文学家罗贯中在《三国演义》中精心刻画了关羽的英雄盖世形象,在战火兵燹、勇将如云的三国时代,对关羽的描写最具象征意义:“温酒斩华雄”“诛颜良”“杀文丑”“斩秦琪”等意在表现他万人无敌的勇武;“临江会”“挑锦袍”等情节突出他大无畏的“神威”;“刮骨疗毒”刻画了他大丈夫气概。关羽与刘备、张飞“桃园结义”,“同心协力”,“上报国家,下安黎庶”,发誓决不“背义忘恩”。结义后,以誓扶汉室为目标。在魏、蜀、吴三国的军事斗争中,关羽以“拼将一死酬知己,致令千秋仰义名”的英雄实践,舍身而取义。自北宋起,诗词、杂剧、小说、戏曲等,奉关羽为忠义榜样、道德楷模进行讴歌渲染。封建帝王对关羽步步追封,愈封愈隆:由候而王、王而帝、帝而圣、圣而神,关公作为历史人物终于走上了神坛。① 请同学们查找一下《三国演义》中有关关羽的故事,以及历史教材中有关儒家文化的知识。		
	16:30—17:30	参观盐湖。	**【语文】**(江苏版)七年级上册第四单元写作:观察和描写景物的特点。	**一、研学目标** 1. 了解盐湖的自然特征、生态系统等。 2. 调研盐湖对运城产业结构的影响。 **二、学生组织方式** 研学导师(或展览馆解说员)分组介绍,分组组织调研。		

① 解州关帝庙官网,http://www.guandimiao.com.cn/content/about.html。

续表

天次	时　间	行程安排	课本内容	教学过程	学生研学课题	学生研学评价
			【科学】 (人教版)八年级上册"测量物质的密度"。 **【生物】** (人教版)七年级上册第一单元"生物和生物圈——生物与环境组成的生态系统"。 **【地理】** (中图版)七年级上册第三章"中国的自然环境";(中图版)七年级下册第四章"中国的自然资源"。	**三、研学讲解** **景点:盐湖小广场** **【盐湖地理及特点介绍】【地理、数学】** 运城盐湖位于山西省西南部运城市区以南,中条山北麓,是山西省最大的湖泊。同时也是个古老而又典型的内陆咸水湖,地质研究表明,运城盐湖诞生于新生代第三纪喜马拉雅构造运动时期,距今约5000万年,由于山出海走,大量含盐类的矿物质汇集在这里,经过长期的沉淀蒸发,形成了天然的盐湖。盐湖自东北向西南延伸,长约30千米,宽3千米～5千米,湖面海拔324.5米,最深处约6米,总面积132平方千米。此地古代为解县和解州之地,故又名解池,也称"河东盐池"。由于盐湖自古以产盐闻名,所产之盐称"解盐""潞盐"或"河东盐"。运城盐湖是世界三大硫酸钠型内陆盐湖之一。由于其盐含量类似中东的"死海",人在水中可以漂浮不沉,故被誉为"中国死海"。① 大家回忆一下地理课中曾经讲过我国水资源的情况,结合知识思考当地气候对盐湖形成的影响;理解咸水湖和淡水湖的形成区别。大家也可以结合数学中平面直角坐标系学习用经纬度表示地理位置。 **【盐湖生态介绍】【生物】** 请大家查找一下盐湖的生态情况,这里重点介绍运城盐湖的黑泥。黑泥中富含的矿物质和营养物质能够促进皮肤新陈代谢,减轻黄褐斑、痤疮等皮肤疾病的症状,使皮肤保持弹性、光泽和红润;另外黑泥中富含的胶体、有机质等使其具有良好的黏滞性和可塑性,在温热状态下能调节神经系统,具有较好的消炎、消肿、镇静、止痛和提高免疫力功能。②	**【地理、语文】** 盐湖的自然特征。 **【生物】** 盐湖中矿物质对人体的影响(湖泥对皮肤的影响)。	分组调研,小组调研报告,评价打分。

① 运城市盐湖区人民政府官网,http://www.yanhu.gov.cn/index。

② 运城市盐湖区人民政府官网,http://www.yanhu.gov.cn/index。

续表

天次	时　间	行程安排	课本内容	教学过程	学生研学课题	学生研学评价
			【数学】 (人教版)七年级下册第七章“平面直角坐标系”。	大家可以结合生物课程中生态系统知识,了解盐湖的生态特点,思考盐湖的开发和利用。 **【运城盐湖特点】【科学】** 大家回忆一下在科学知识学习中,曾经讲过“同一物体在不同密度液体中的浸没体积”,从密度、浮力的角度解释一下盐湖漂浮的现象。 大家结合这些知识,分组开展调研,了解运城盐湖形成条件及开发利用。	**【地理】** 以“奇强洗衣粉”为例调查盐湖的开发调查数据,看一看盐湖对运城产业结构的影响。	
	18:00	晚餐,住宿:运城。				
第二天	8:00—9:00	早餐后,乘车赴临汾市曲村镇。				
	9:00—11:00	参观晋国博物馆。	**【历史】** (北师大版)七年级上册第7课“春秋五霸与战国七雄”。	**一、研学目标** 通过在晋国博物馆的研学,归纳先秦时期墓葬的特点,了解中华民族的起源,理解多元一体的中华文化的起源。 **二、学生组织方式** 研学导师(或展览馆解说员)分组介绍,观看宣传片。每人完成任务,小组分享。 **三、研学讲解** **景点一:晋国博物馆广场** **【晋国简介】【历史】** 咱们曾经在历史课中学习过分封制、春秋战国诸侯争霸的知识。春秋时期有众多的诸侯国,其中比较强大的有十几个。由于政治、经济发展不平衡,各诸侯国为了自身利益,相互之间展开激烈的争斗。当时,各民族间的矛盾也有所增大。一		

续表

天次	时　间	行程安排	课本内容	教学过程	学生研学课题	学生研学评价
			【美术】 七年级下册“卢浮宫博物馆”。 **【英语】** (外研社版)七年级下册 Module 9 Life History。	些强大的诸侯国为取得优势,以“尊王攘夷”的名义进行征战,争夺霸主的地位。齐桓公、晋文公、楚庄王、秦穆公等先后称霸中原,号令诸侯。到春秋末期,长江下游的吴国和越国也先后北上争霸。① 关于三家分晋的故事在参观中有专门的介绍,留待大家自主学习。 **景点二:馆内展览区** **【博物馆简介】【历史、美术、英语】** 大家在美术课中曾经学习过《卢浮宫博物馆》,知道在博物馆要通过欣赏主要藏品,来感受历史与艺术。晋国博物馆位于曲沃县曲村镇,是依托全国重点文物保护单位“曲村—天马遗址”而兴建的全省第一座专题性遗址类博物馆。“曲村—天马遗址”规模宏大,东起翼城县天马村,西至曲沃县曲村镇,南起滏河岸,北达桥山坡。遗址东西长 3800 米,南北宽 2800 米,面积近 11 平方公里。经过北京大学和山西考古研究所近 20 年连续 12 次大规模的勘探发掘,共发掘面积 12000 平方米,墓葬 1000 余座,其中周代墓葬 800 座。在该遗址的核心区域,发现了 9 组 19 座晋国早期国君及夫人墓葬,10 座车马坑,发掘各类珍贵文物 12000 余件,该发现被列为 1992、1993 年全国十大考古新发现之一,其发掘成果为我国“夏商周断代工程”西周列三编年课题的解决提供了支撑。② 大家回忆一下,曾经学习过 Life History,用一般过去时描述自己和他人过去的经历。 请大家结合这些知识,找出你最感兴趣的展品,按要求做有关记录。	**【历史、英语、美术】** 1. 寻找你最心动的展品。 2. 记录所在位置(所在展厅、序号等)。 3. 请抄写 3 个文物的中文和英文名称,并用简短的几句话描述为什么它给你留下了深刻的印象。 4. 观察此展品,在下方写一写它的用途,猜想一下当时制作者的想法。	在小组内分享,评价打分。
	11:00—13:00	午餐,乘车去洪洞。				

① 诸侯纷争与变法运动,(人教版)高一历史必修中外历史纲要(上)。

② 晋国博物馆官网,http://www.晋国博物馆.com。

续表

天次	时　间	行程安排	课本内容	教学过程	学生研学课题	学生研学评价
	13:00—14:00	参观洪洞大槐树。	**【历史】** (北师大版)七年级下册第9课"贵姓何来——中华诸姓的来历"。	**一、研学目标** 了解中国根祖文化的起源,增强家族认同和民族认同感。 **二、学生组织方式** 研学导师(或展览馆解说员)分组介绍祭祖仪式,每人完成任务,小组分享。 **【活动】** 大槐树下祭祖:由两名同学带领,齐诵祭文;诵读完毕后,行三拜之礼,敬送鲜花,以示恭敬,完成祭典。 **三、研学讲解** **景点一:移民古迹区** **【大槐树简介】【历史】** 早期祭祀以祭拜天地和自然神灵为主。周朝发展成维护政治统治、严格的宗庙祭祀制度。祭祀祖先则成为维护宗法等级秩序、强化血亲意识和增强宗族凝聚力的重要手段。① 洪洞大槐树寻根祭祖园位于山西省洪洞县,是全国以"寻根"和"祭祖"为主题的唯一民祭圣地,2008年大槐树祭祖习俗被列为国家级非物质文化遗产名录。景区分为"移民古迹区""祭祖活动区""民俗游览区"和"汾河生态区"四大主题区域,有碑亭、二三代大槐树、千年槐根、祭祖堂、广济寺、石经幢、移民浮雕图、中华姓氏苑等60余处风景文化景点。从明洪武三年至永乐十五年,近50年的时间里大槐树下就发生大规模官方移民18次,主要迁往京、冀、豫、鲁、皖、苏等18个省,500多个县市。经过600年的辗转迁徙,繁衍生息,而今全球凡有华人的地方就有大槐树移民的后裔。洪洞大槐树寻根祭祖园早已在炎黄子孙心中扎下了认祖归宗之根,被当作"家"、称作"祖"、看作"根"。②	**【历史】** 1. 了解自己姓氏的起源,家族迁徙过程或生活变迁。 2. 制作自己家族的家谱。 3. 分享自己家族传承的家风等。	在小组内分享,评价打分。

① 夏商西周的社会与国家,(北师大版)七年级历史上册。

② 洪洞大槐树官网,洪洞大槐树寻根祭祖园,http://www.sxhtdhs.com。

续表

天次	时间	行程安排	课本内容	教学过程	学生研学课题	学生研学评价
				景点二：中华姓氏苑 **【姓氏来历】【历史】** 在历史课上，咱们学习过“贵姓何来——中华诸姓的来历”，都知道中华姓氏文化源远流长。据统计，见于文献资料的姓氏至少有六千多个，其中常见姓氏两三百个，每个姓氏都有自身的渊源流变和独特的文化特征，内涵极为丰富。① 请大家沿着大槐树迁徙的路线轨迹，追溯一下自己姓氏的前世。		
	14:40—15:30	乘车前往灵石。				
	15:45—17:15	参观王家大院（备选：常家庄园、曹家大院、渠家大院）。	**【语文】** （江苏版）七年级上册第三单元：诵读欣赏——对联六副。	**一、研学目标** 了解大院文化。 **二、学生组织方式** 研学导师（或展览馆解说员）分组介绍，每人完成任务，小组分享。 **三、研学讲解** **景点一：高家崖 【地理】** **【大院简介】** 咱们在地理课中学习过，中国的地方文化特色和旅游资源的有关内容，介绍过民居、服饰和饮食的地方文化特色。今天大家参观的王家大院是山西大院文化的代表作。 王家大院位于灵石县城东 12 公里的静升镇，是灵石望族静升王氏于清代康熙至嘉庆年间修建的住宅建筑群。最早的拥翠巷形成于康熙三年（1664 年），最晚的视履堡竣工于嘉庆十六年（1811 年）。王家大院的各个建筑群，包括堡、巷、院、祠堂等，散布于静升村各处，各自形成独立的布局体系。这里的主要建筑群是视履堡	**【地理】** 1. 总结传统地方民居的特点，对照之前学习过的南北方不同自然环境、传统民居、传统文化的不同。	

① 贵姓何来——中华诸姓的来历，（北师大版）七年级历史下册。

续表

天次	时　间	行程安排	课本内容	教学过程	学生研学课题	学生研学评价
			【地理】 (中图社)七年级下册第五章"中国的地方文化特色和旅游资源"。	和恒贞堡,建于村北黄土坡上,分踞东、西,隔沟相望,以龙凤桥彼此相通,并与地势更高的崇宁堡成呼应之势。视履堡和恒贞堡都是堡墙环绕的封闭型城堡式建筑群,以南北轴线为准,以四合院为基本单元,由南向北形成几进院的纵深,并从中轴线向东、西两个方向横向展开。其中视履堡以东、西主院即敦厚宅、凝瑞居为中心展开,其后院及花院、书房院环布北、东、西各处;恒贞堡则以东、西对称形式,从南向北各排四层院落,再配以若干偏院。其主院结构,或为前厅后室,或为前园后室,再配以厢房。总体布局在规范之中有所变化,井然有序而又错落有致,给人以宏伟、壮观、稳定、深邃之感。① **景点二:红门堡　【语文】** **【大院文化】** 明初,静升王氏始祖王实,初居静升村时,为人佣耕,租人屋舍;后渐成自耕农,稍有积蓄,遂在静升张家巷(俗称张家槐树底)建造住宅,为王氏宅院之始。明代中叶,王家致富后,宅院进一步扩展。从清康熙年间起,王家成为显赫官商,开始大规模建造房屋。清咸丰年间王家走向衰落,到光绪年间败落。除少数支派尚能继承先祖遗产,家道殷实外,多数难以保住祖产,更不再建造房屋。王家大院经历数百年地震、火灾、战争破坏和自然蚀毁,已是千疮百孔,但整个住宅群的框架尚好,大部分院落的主要建筑没有遭到太大破坏。②	2. 对比在我国南北方不同的自然环境中,南方、北方传统民居的不同特点,体会自然环境对地方文化的影响。 **【语文】** 找到一副喜爱的楹联,抄下来,并想一想这副楹联是如何体现家族精神的。	小组内分享,评价打分。
	17:30—20:00	晚餐赴平遥,住宿:平遥。				

① 晋中市人民政府官网,https://www.sxjz.gov.cn/zjxs/jzgk/tsxs/content_49#p=1。
② 晋中市人民政府官网,https://www.sxjz.gov.cn/zjxs/jzgk/tsxs/content_49#p=1。

续表

天次	时间	行程安排	课本内容	教学过程	学生研学课题	学生研学评价
第三天	8:00	早餐后乘车去平遥古城。				
	8:30—11:30	平遥古城	**【历史】** (北师大版)七年级上册第14课每课一得:货币使用情况。 **【英语】** (外研社版)七年级下册 Module 8 Story time。	**一、研学目标** 了解晋商文化起源和特点,理解晋商票号的经营模式。 **二、学生组织方式** 研学导师(或展览馆解说员)分组简要介绍,定向越野,小组完成任务。 **三、研学讲解** **景点一:平遥古城墙或县衙 【历史、英语】** **【平遥古城简介】** 大家在历史课中学习过"了解身边的历史",学习了我们身边历史文化古迹向我们展示的历史;在英语课中,大家也学习过 Story time,能用规则动词的过去式来叙述过去的事情,能够听懂简单的故事情节,了解主要人物和故事梗概。现在我们所处的平遥古城正在用一砖一瓦、楼台亭榭的古朴沧桑,向大家讲述一个绵延 2000 多年的历史故事。 平遥古城拥有 2800 多年的历史,被称为"保存最为完好的四大古城"之一,也是中国仅有的以整座古城申报世界文化遗产获得成功的两座古城市之一。① 通过参观,大家思考一下中国明清时期北方城市的一般格局,试着用中英文讲讲这个古城的故事。 **景点二:日升昌票号 【历史】** **【票号简介】** 大家在历史课上曾经对货币的使用情况有过了解。通过参观,带领大家了解货币的发展及晋商票号的经营模式。日升昌记票号创立于道光三年(1823 年)前后,前身是西裕成颜料庄,东家为平遥西达蒲村李氏。坐落于"大清金融第一街"平遥古城西大街的繁华地段。从清道光初年成立票号到歇业,历经 100 多年,曾经	**【历史、英语】** 用笔在小地图上记录大家去过的景点,选择一个景点,把它的故事分享给大家(中英文都可以)。	讲述中英文故事,评价打分。

① 联合国教科文组织官网,平遥古城官方微博,2019-11-21,http://whc.unesco.org/en/list/812/。

续表

天次	时间	行程安排	课本内容	教学过程	学生研学课题	学生研学评价
				“执中国金融之牛耳”，分号遍布全国35个大中城市，业务远至欧美、东南亚等国，以“汇通天下”而闻名。整座旧址占地2324平方米，用地紧凑，功能分明。但就是这样一座小小院落，开中国民族银行业之先河，并一度操纵19世纪整个清王朝的经济命脉。①		
	12:00—14:15	午餐，乘车去晋祠。				
	14:30—15:45	参观晋祠。	【历史】 （北师大版）七年级上册第6课“夏商西周的社会与国家”；第11课“先民的智慧与创造”；第12课“了解身边的历史”。	**一、研学目标** 了解晋祠建筑、文化特点，了解皇家园林、宗祠等古建文化，了解中国古建的部分工艺以及晋祠与分封制的关系。 **二、学生组织方式** 研学导师（或展览馆解说员）分组简要介绍，个人完成任务。 **三、研学讲解** **景点一：晋祠门前广场　【历史】** **【晋祠简介】** 西周初年，周王为巩固对周边的统治，大规模分封诸侯，在重要地区建立统治据点，形成对全国的控制网。分封制的主要内容是周王把某地的土地和臣民授予某个诸侯，称为授民授疆土，由诸侯管理当地的事务（图1）。西周初共分封71国。② 夏商西周时期，无论贵族还是平民，都生活在氏族或者宗族血缘纽带编织的社会网络中。统治阶级通过祭祀祖先的礼仪活动，教育感化民众，起到维护等级制度和稳定社会秩序的作用。③	【历史】 1. 我看晋祠的历史。 2. 我看晋祠的建筑。 3. 我看晋祠的艺术。 4. 我看晋祠的文化。	小组内分享评价打分。

① 平遥古城官网微博，2015-1-15，2015-3-12，2015-4-22。
② 夏商西周的社会与国家，（北师大版）七年级历史上册。
③ 夏商西周的社会与国家，（北师大版）七年级历史上册。

续表

天次	时　间	行程安排	课本内容	教学过程	学生研学课题	学生研学评价
				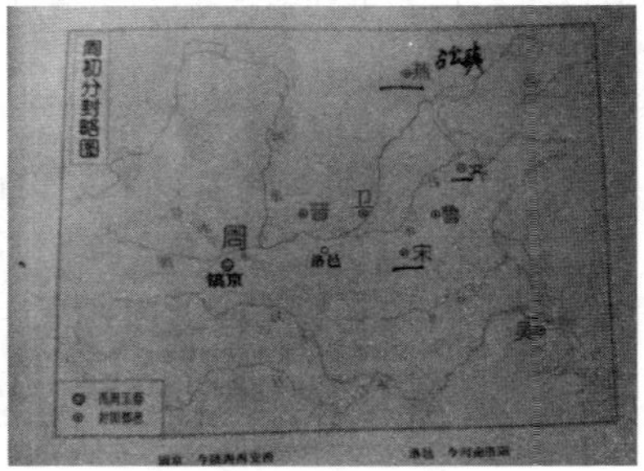 图 1① 晋祠是祭祀西周初晋国第一任诸侯姬虞的祠堂，位于山西省太原市西南 25 公里的悬瓮山麓、晋水发源处，是集中国古代祠祀建筑、园林、雕塑、壁画、碑刻艺术为一体的珍贵的历史文化遗产，也是世界建筑、园林、雕刻艺术中 7 世纪至 12 世纪间极为辉煌壮美、璀璨绚烂的篇章。晋祠文化遗存极为丰厚，有宋、元、明、清时期的殿、堂、楼、阁、亭、台、桥、榭等各式建筑 100 余座，宋元以来雕塑 100 余尊，铸造艺术品 30 余尊，历代碑刻 400 余通，诗文匾联 200 余幅，古树名木 96 株，其中，上千年古树 30 株。在一处文化遗产中保存有如此众多的文物精品，实属罕见。1961 年被国务院公布为第一批全国重点文物保护单位；2001 年被国家旅游局评定为第一批国家 AAAA 级旅游景区。晋祠的历史、艺术、科学和鉴赏价值，使其成为古代宗祠与造园艺术相结合的且跨越历史最长又最具代表性的实例，是中国古代文化和人类建筑艺术宝库中一份弥足珍贵的遗产。② **景点二：圣母殿　【历史】** **【晋祠三绝简介】** 周柏唐槐，二者都是晋祠千年古木的代表。周柏为 3000 年古树，至今仍郁郁		

① 夏商西周的社会与国家，(北师大版)七年级历史上册。

② 晋祠博物馆官网，https://www.chinajinci.com/p/jincizongshu.html。

续表

天次	时间	行程安排	课本内容	教学过程	学生研学课题	学生研学评价
				葱葱，系晋祠的历史见证。树身向南倾斜，龙蟠虬屈，形似卧龙，俗称“卧龙柏”。宋欧阳修有诗赞曰：“地灵草木得余润，郁郁古柏含苍烟。”唐槐，唐代所植，距今1300余年。① 难老泉，水出自悬瓮山断岩层，不知始于何时，《山海经》就有“悬瓮之山，晋水出焉”的记载。② 圣母殿为晋祠古建三绝之一，是全祠的主殿，殿内供奉的是西周时周武王的妻子，周成王和唐叔虞的母亲，姜子牙的女儿邑姜。大殿创建于北宋太平兴国九年。殿周围廊，是我国现存古建筑中“副阶周匝”的最早实例。前廊中的八根木雕盘龙也是我国现存最早的。大殿采用了宋《营造法式》的“柱升起”“柱侧角”，增强了大殿的曲线美和稳固性。因此，圣母殿是我国宋代建筑的代表作，是研究我国古代建筑艺术和建筑发展的重要的实物资料③。从这些艺术精品中可以看到我们祖先的智慧与创造力。	**【历史】** 通过观察身边的建筑与艺术，了解历史发展的情况。根据自己的游览，绘制晋祠的俯视图，选择一个古建筑画速写。	
	15:50—16:50	乘车去煤炭博物馆。				
	17:00—18:30	参观煤炭博物馆。		**一、研学目标** 了解煤炭资源属于非可再生资源；了解我国煤炭的主要分布现状。观看短片，了解煤炭的形成过程并能够概述。 了解煤炭资源的开发及人对煤炭的开发和利用对自然环境和人类的生活有哪些影响。 **二、学生组织方式** 研学导师(或展览馆解说员)分组简要介绍，个人完成任务。		

① 晋祠博物馆官网，https://www.chinajinci.com/a/1469.html；https://www.chinajinci.com/p/jincizongshu.html。
② 中国晋祠官方微博，2014-7-18。
③ 晋祠博物馆官网，https://www.chinajinci.com/a/5010.html。

续表

天次	时　间	行程安排	课本内容	教学过程	学生研学课题	学生研学评价
			【生物】 (人教版)七年级下册第七章"人类活动对生物圈的影响"。 **【数学】** (人教版)七年级下册第十章"数据的收集整理与描述"。 **【地理】** (中图版)七年级下册第四章"中国的自然资源"。	**三、研学讲解** **景点一:博物馆展览区　【地理、数学、生物】** **【煤炭展览简介】** 大家在地理课程中学习过自然资源的有关知识,了解过我国的自然资源分布情况与特点。在生物课上也学习了人类活动对生物圈的影响。山西的煤炭资源非常丰富。今天参观的煤炭博物馆里详细介绍了咱们国家的煤炭资源情况。 在10000余平方米的空间里,以现代化的表现手法,浓缩介绍了我国悠久的煤炭历史。模拟矿井和四维动感影厅堪称其中的两大亮点。四维动感影厅利用立体画面和特殊动感效果,将观众带入亿万年前的神秘的远古森林,霹雳雷电,霜雾雨雪,在令人震撼的新奇刺激中了解煤炭的形成过程。① 大厅中央有十四根立柱,每根立柱上都陈列了一块煤炭,依据变质程度及工业用途的不同,我们将煤炭分为三大类十四种。三大类是:褐煤、烟煤和无烟煤。褐煤的含碳量最低,只有70%～80%;烟煤的含碳量有80%～90%;无烟煤的含碳量达到90%～98%。②通过观看展览,我们可以了解不同的地理位置、地域环境形成的独具特色的自然资源。科学研究中收集的数据知识,可以了解自然环境变化、人类活动对自然资源开发利用的影响,也能了解自然资源的开发利用对人类活动的影响,深刻认识到保护环境节约资源的重要性。请大家结合课本知识予以梳理整理。 **景点二:地下模拟矿井** **【模拟矿井体验】【地理、生物】** 地下矿井是世界最大的地下模拟矿井。大家头戴矿工帽,像真正的矿工一样,亲身乘坐小矿车,亲自走过层层铁轨、穿过支架,亲手操作电钻,目睹煤炭的开采过程。③ 通过这个体验,帮助大家深刻认识煤炭资源开采技术的发展历史,深刻认识生产安全的重要性。	**【地理、生物】** 用思维导图说明煤炭的开采过程和利用方式。	
	18:30	晚餐,住宿:太原。				

① 中国煤炭博物馆官方微博,2020-4-24。
② 中国煤炭博物馆官方微博,2020-4-27。
③ 中国煤炭博物馆官方微博,2020-4-24。

续表

天次	时间	行程安排	课本内容	教学过程	学生研学课题	学生研学评价
第四天	8:00	早餐后前往东湖醋园。				
	8:30—9:30	参观东湖醋园。	**【语文】** (江苏版)七年级上册第五单元写作:简单地说明小制作。 **【历史】** (北师大版)七年级上册第17课"先进的科学技术"。	**一、研学目标** 了解醋文化历史底蕴,了解酿醋、醋疗知识,了解醋的酿造过程及关于醋的生活常识。 **二、学生组织方式** 研学导师(或展览馆解说员)分组简要介绍,个人完成任务。 **三、研学讲解** **景点:陈列堂 【语文、历史】** **【醋园简介】** 大家在语文课中学习过如何简单说明小制作,要重点关注过程步骤的讲解。山西的饮食文化中,老陈醋享有盛名。大家一会儿分组自行参观,结合语文课本里关于如何简单说明小制作的内容,重点观察醋的酿制工艺流程,写一篇小说明文;重点对比从古到今的制醋工艺的发展,来体会科学技术的发展过程。	**【语文】** 醋是怎么制成的。 **【历史】** 醋文化的发展。	
	10:15—12:00	参观面食博物馆。	**【地理】** (中图版)七年级下册第五章"中国的地方文化特色和旅游资源"。	**一、研学目标** 了解地方特色面食文化。 **二、学生组织方式** 研学导师(或展览馆解说员)分组简要介绍,个人操作或记录。 **三、研学讲解** **景点:展示区 【地理】** **【面食简介】** 我们曾经学习过,不同地方的文化特色,特别是饮食文化特色,了解了南北方饮食习惯与文化的不同。山西的面食文化是当地特色的饮食文化。大家在参观中注意观察不同面食的做法。选择感兴趣的面食拍照、记录。	"我感兴趣的面食",拍照、操作与记录。	

续表

天次	时　间	行程安排	课本内容	教学过程	学生研学课题	学生研学评价
第四天	12:30—13:30	午餐。				
	14:00—16:00	参观山西博物馆。	**【英语】** (外研社版)七年级下册 Module 9 Life History。 **【历史】** (人教版)七年级上下册。 **【地理】** (中图版)七年级上册第二章"中国的疆域和人口";(中图版)七年级下册第八章"认识中国的地理区域"。 **【音乐】** (人音版)七年级上册第二单元"彩色的中国"。	**一、研学目标** 了解中华文明发展、山西历史发展。 **二、学生组织方式** 研学导师(或展览馆解说员)分组简要介绍,分组撰写论文。 **三、研学讲解** **景点:博物馆内大厅** **【山西简介】【地理、历史】** 大家要先对山西历史上行政区划、地理位置有基本的了解。 山西,位于太行山以西,黄河以东,自古被称为"表里山河"。总面积 15.66 万平方公里,人口 2875.9 万。现辖太原、大同、朔州、阳泉、长治、晋城六个地级市和忻州、吕梁、晋中、临汾、运城五个地区。共计 86 个县、14 个县级市和 18 个市辖区。省会太原,省政府驻太原市府东街。在 2000 多年前的春秋时代,这里是晋国的领地,所以简称为晋。战国初期,晋国被韩、赵、魏瓜分,史称"三晋",历久便成了山西的又一代称。① *在山西博物馆里我们能看到史前时代文明、夏商遗址、春秋战国晋国发展史、魏晋南北朝宗教和艺术。* 山西,是中华民族的发祥地之一。在这片土地上,10 万年前就有人类繁衍生息,传说中的"尧都平阳""舜都蒲板""禹都安邑"都在山西的南部,即今天的临汾、永济和夏县。周代,山西是唐国的领地。后来唐叔虞的儿子燮父因唐国临晋水,改国号为晋。春秋时,山西是五霸之一的晋国。战国时,瓜分了晋国的韩、赵、魏三	**【历史、地理】** 1. 选择一件你观察喜爱的文物,描述文物的特点,介绍相关历史和文物的价值。 2. 选择晋侯玉组佩、侯马盟书、侯马金代董氏墓戏俑中的一件国宝,谈谈认识。	小论文。 小组汇报交流、评价打分。

① 中国日报:山西简介,http://www.chinadaily.com.cn/dfpd/sxmtx/2010-08/09/content_11121891.htm。

续表

天次	时间	行程安排	课本内容	教学过程	学生研学课题	学生研学评价
第四天	12:30—13:30	午餐。				
				国，与秦、楚、齐、燕并称为战国七雄。秦始皇统一中国后，在山西设有太原、上党、河东、雁门、代郡等五郡。到隋时，太原是黄河流域仅次于长安和洛阳的第三大城市。隋末，李渊父子起兵于太原，建都长安后，把太原尊为“北京”，意即“别都”。五代时期，后唐、后晋、后汉和北汉都是以山西为根据地起家。在中国封建社会时期，山西的地位举足轻重，而且由于其特殊的地理位置，越是乱世越是显得重要，谁拥有了山西，谁就可以称雄天下。所以，清人顾祖禹在《读史方舆纪要》中指出：天下形势，必有取于山西。金元时期，山西的经济、文化在中国北部居领先地位。明代时，设山西行中书省于太原，后改为承宣布政使司，统管山西五府三州。清代，开始称为山西。① 大家是否看过《如果国宝会说话》第十五集《玉组佩：把世界戴在身上》，该集展示的国宝是山西省博物院收藏的曲沃晋侯玉组佩。《国家宝藏》第二季第九期节目，山西博物院的三件国宝——侯马盟书、侯马金代董氏墓戏俑、木板漆画惊艳亮相。让我们走近国宝、走近历史、走近文物，找到博物馆里让你印象深刻的文物，撰写《守护国宝传承文化》的小论文，中英文均可以。也可以在“戏曲故乡”的专题学习中欣赏“蒲剧”人民艺术家王秀兰老师的经典唱段。		
	16:00—21:54	前往太原南站，乘坐太原南—北京西 G626。				

① 中国日报：山西简介，http://www.chinadaily.com.cn/dfpd/sxmtx/2010-08/09/content_11121891.htm。

五、学科拓展应用

【语文】 1. 深刻领悟儒家思想中忠义、诚信精神，拓展对儒家文化的学习。 2. 深入了解根祖文化，拓展对中华传统文化的学习。 3. 深入了解楹联文化，拓展语文知识学习。
【数学】 数学学科作为基础学科，研学中可以为哪些活动提供方法和依据？
【历史】 1. 深入了解史前时代文明、夏商遗址、春秋战国晋国发展史、魏晋南北朝宗教和艺术，拓展了解山西历史发展和中华文明发展。 2. 深入了解盐业发展史、晋商发展史，深入分析其在历史上对经济、社会的贡献。
【地理】 山西省地处中纬度地带的内陆，是我国北方地区黄土高原，历史悠久的农耕区和煤炭资源大省。运城盐湖地处盐湖带。搜集相关资料，从地理位置、地形、气候、农业技术、劳动发展等方面，分析山西的自然资源优势、民居特点、饮食文化等。
【物理】【生物】【科学】【美术】 我们见到了神奇的盐湖，彩塑的晋祠、古建等，可以深入了解盐湖自然特征、生态系统，拓展了解中国、世界盐湖分布与特点，拓展了解古建艺术、色彩艺术等。
【英语】 学生借助所学词语和句式传递自己的所见所闻、情感和思想，根据研学经历学讲人物、学讲故事，这是语言综合运用的一种体现。

本课程方案的设计由北京财贸职业学院的周晓凌负责，参与本课程设计研究的单位（个人）还有：北京四中房山分校的钱欣、李超、裴志新、安月辉、田飞、刘静、吴耀宗、冯连军、杨琳、李涵、邵静和北京市联合国教科文组织协会研学旅行办公室的解海涛、吴彩华、林琳、程玉、安杰、皋丽坤、范鑫、孙伊笛、鲁依婷、尹雅楠、董雪慧、郁文。

高中篇——面向全国的研学旅行课程开发案例

一、江南文化主题研学旅行线路：南京—无锡—绍兴—杭州

二、历史文化主题研学旅行线路：西安—延安

三、红色文化主题研学旅行线路：湖南—江西

四、古丝路文化主题研学旅行线路：敦煌

一、江南文化主题研学旅行线路：南京—无锡—绍兴—杭州

（高中一年级用）

一、活动前研学课本知识准备要求

【语文】

1. 查阅作家鲁迅的相关知识和作品《祝福》《阿 Q 正传》《药》等。
2. 课外延伸阅读：与西湖相关的诗词、典故和雷峰塔的故事。

【数学】

1. 复习必修 1“函数的对称性”。
2. 复习必修 5“解三角形”。

【英语】

1. 用英文介绍研学中所游览的景点。
2. 了解行程中所涉及的中国传统文化内容以及其对应的英文表达方式。

【政治】

1. 学习必修 4 第七课“中华民族精神”，理例结合，论述如何弘扬民族精神。
2. 学习必修 4“文化的作用”“文化在交流中的传播”。
3. 复习必修 1“坚持创新驱动发展战略，坚持新发展理念 ”。
4. 学习必修 4“传统文化的继承”。
5. 复习必修 1“企业的生产经营”，探究企业经营成功的必备要素。

【历史】

1. 复习必修 1“抗日战争”“太平天国运动”“辛亥革命”“解放战争”“孙中山”。
2. 复习必修 3“三民主义”“新文化运动”。

【地理】

1. 复习必修 1 第二章“大气环流对气候的影响”“气候对景观的影响”。
2. 复习必修 1“宇宙中的地球”。
3. 复习必修 2“地域文化在城乡景观上的体现”。
4. 复习必修 2“影响工业区位的因素”“工业区位因素的变化发展”。

【物理】

复习必修 2“万有引力定律”“生活中的圆周运动”“功率”。

【化学】

1. 复习必修 1“无机非金属材料的主角——硅”“硅酸盐的成分和性质”。
2. 回顾必修 1“化学实验基本方法”。
3. 熟悉必修 5“进入合成高分子化学物的基本方法”。

【生物】

1. 复习必修 3“生物的多样性”，如何提高物种的丰富度。
2. 回顾必修 3“生物系统及其稳定性”。

二、研学旅行主题课程目标

【语文】

1. 了解革命先辈英勇奋斗的光辉事迹，感受、学习他们的爱国情怀和革命乐观主义精神。
2. 深入了解学习优秀的传统文化知识，了解那些优秀文学作品背后所反映的历史现象，继承并弘扬优秀的传统文化。

【数学】

通过在雨花台的研学，归纳有关的数学知识，建立数学模型，培养数学思维，引导学生运用数学相关知识解决实际问题，感受生活与数学的联系和快乐。

【英语】

培养对英语的兴趣和思维模式，在和国际留学生的交流中感受语言的魅力，做文化交流的传播者。

【政治】

1. 了解中华民族精神的内涵与核心，做传统文化的继承者和传播者。

2. 体会坚持创新驱动发展战略，坚持新发展理念的重要性，培养创新思维和能力。

【历史】

掌握辛亥革命、新文化运动、抗日战争、解放战争等中国近现代史。

【地理】

1. 掌握大气环流、气候、景观之间的相互联系，并学会如何根据一个地方的景观特征确定当地的气候特点。

2. 分析环境气候等特点对当地民居建筑的影响。

【物理】

1. 掌握功率、速度和牵引力的关系，解释影响汽车额定功率的因素有哪些。

2. 掌握拱形桥梁承重的计算方法。

【化学】

1. 汽车油漆的基本成分及其不同的作用。

2. 掌握化学实验的基本方法，如何从身边的物质中提取色素。

3. 硅酸盐的成分和性质。

【生物】

思考如何因地制宜地提高生物的多样性和生态系统的稳定性。

三、线路特色

研学南京，感受革命精神，总统府里读历史。

旅行锡绍，领略江南文化，百草园里读课文。

研学杭州，体验西湖美景，知名院校看科研。

四、研学旅行线路与研学课程实施内容

天次	时间	行程安排	课本内容	教学过程	学生研学课题	学生研学评价
第一天	18:00	乘火车前往南京。		安排收拾行囊。学校门口集合乘大巴赴北京火车站,赴“江南佳丽地,金陵帝王州”——六朝古都南京。		
	晚餐自理,住宿:火车。					
第二天	9:00—10:30	雨花台	**【政治】** (人教版)必修4第七课“中华民族精神”。 **【数学】** (人教版)必修1“函数的对称性”;必修5“解三角形”。	**一、研学目标** 1. 了解革命先辈英勇奋斗的光辉事迹,感受、学习他们的爱国情怀和革命乐观主义精神。 2. 通过在雨花台的研学,归纳有关的数学知识,建立数学模型;观察雨花台中植被特点与雨花石成分。 3. 通过考察总统府历史沿革,了解中国近现代历史的发展。 **二、学生组织方式** 研学导师(或展览馆解说员),分组观察研究。 **三、研学讲解** **景点一:雨花台烈士雕像前 【政治】** **【回顾历史,缅怀革命先烈】** 雨花台烈士陵园位于雨花台区雨花路215号,占地面积1.13平方千米,是中华人民共和国规模最大的纪念性陵园,全国爱国主义教育示范基地。雨花台烈士陵园包括雨花台主峰等5个山岗,以主峰为中心形成南北向中轴线,自南向北有广场、纪念馆、革命烈士纪念碑、北殉难处烈士大型雕像、北大门以及西殉难处烈士墓群、东殉难处烈士纪念亭等。① 自1927年蒋介石发动“四一二”反革命政变到1949年新中国成立前夕,雨花台成了国民党屠杀共产党人和爱国人士的刑场。这22年中,成千上万的共产党员,工人、农民、知识分子等革命志士,爱国人士在此被杀害。1950年,为了缅怀革命先烈,南京市第二届各界人民代表会议决定在雨花	**【政治】** 如何弘扬民族精神?	学生实验报告;研究的小论文,包括视频或图片材料。

① 雨花台烈士陵园,中国南京红色在线,https://rednanjing.cn/redsource/Redsource/article/id/93.html。

续表

天次	时　间	行程安排	课本内容	教学过程	学生研学课题	学生研学评价
			【英语】revolutionary martyr revolutionary spirit be grateful to set a great goal. 【地理】 (中图版)必修1第二章"大气环流对气候的影响"。	台建造烈士陵园。① 恽代英、丁香、晋夫、邓中夏、许包野、何宝珍、吕慧生、任天石等为民族兴起而牺牲的革命志士皆长眠于此。 中华民族精神的内涵:伟大的奋斗精神、伟大的创造精神、伟大的团结精神、伟大的梦想精神;中华民族精神的核心——爱国主义。 我们要在缅怀先烈的同时,学习革命先烈为实现中华民族的伟大梦想而流血牺牲的爱国主义精神。化精神力量为实际行动,实现自己的人生价值。学习烈士们顽强拼搏、坚贞不屈的革命精神。接受磨炼教育,学会感恩,知道今天的幸福生活来之不易;树立奋发图强的信念,缅怀革命烈士,继承民族优良传统,弘扬英雄奉献精神,让英雄见证我们的成长! **景点二:雨花台(一)　【数学】** **【观察雨花台的建筑,体会建筑的对称美】** 同学们,请观察雨花台烈士纪念馆(图1)的建筑特色,指出它的几何特性。  **图1**	【数学】 如何找到建筑的对称轴,如何利用工具测量建筑的高度。 【英语】 What can be learnedfrom the heroes? 【地理】 如何判断所处自然带的植被类型。	学生实验报告;研究的小论文,包括视频或图片材料。

① 雨花台烈士陵园,中国南京红色在线,https://rednanjing.cn/redsource/Redsource/article/id/93.html。

续表

天次	时　间	行程安排	课本内容	教学过程	学生研学课题	学生研学评价
			【化学】 (人教版)必修1“无机非金属材料的主角——硅酸盐的成分和性质”。	**【英语】** Terrace of the Raining Flowers. Guide students to search the Internet for what they did and discuss what can be learned from them. Surf the Internet and discuss. **景点三:雨花台(二)　【地理】** **【观察雨花台中植被特点与雨花石成分】** 同学们,我们来到了这里,能明显地感到气候与北京的不同。大家知道不同的气候条件下,植物分布也不同,让我们一起观察一下周围的植被特点吧。 哪位同学为大家讲解一下雨花台的地理环境情况? 雨花台地处南京主城西南,长江之滨。它的名字很美,而且还有一个美丽的传说,请同学们边参观边把这个故事找到,并感受一下它是否“名副其实”。 **【探究活动】** 雨花石很美,让我们遐想连篇,那么石头的颜色是怎么形成的?这些给石头染上颜色的物质所含的化学成分是什么?怎么检验出来? 南京雨花石盛产于雨花台、菊花台等地。雨花台所产雨花石,是经过流水搬迁作用而磨圆的各种砾石,主要成分是石英砂岩、石英岩、硅质岩、火成岩等坚硬的岩石和石英、玉髓、蛋白石一类的矿物。前者无鲜艳的颜色与光泽;后者即石英、玉髓等,化学成分是二氧化硅。常见颜色有白、乳白、微黄色,也有红、紫、绿、蔷薇、黑色。还有一种由不同颜色条纹组成同心状、环状、斑点状的玛瑙。一些珍奇雨花石瑰丽无比,朦胧的透明中似有山川云霞、花鸟鱼虫、鬼怪神仙,还有内中图案形同猪八戒、孙悟空的,更为世人赞誉。①	**【化学】** 如何检验雨花石等带色物质中所含的化学成分。	学生实验报告;研究的小论文,包括视频或图片材料。

① 旅游纪念品:雨花石,南京文旅信息服务平台,http://www.njlyw.cn/website/web/detail? m=202&i=16057。

续表

天次	时间	行程安排	课本内容	教学过程	学生研学课题	学生研学评价
	11:00—12:30		**【历史】** (人教版)必修 1“抗日战争”。	**景点四:总统府 【历史】** **【总统府的历史介绍】** 同学们,我们脚下的这个地方有 160 多年的历史,是近代中国历史的重要见证,大家认真参观,听讲解,看看最让你记忆深刻的历史事件是什么。 南京中国近代史遗址博物馆(总统府)位于南京市玄武区长江路 292 号,迄今已有 160 多年的历史。明朝初年,这里曾是归德侯府和汉王府;清朝为江南总督署、两江总督署,也是江宁织造府的一部分。康熙、乾隆皇帝下江南时,均以此处为“行宫”。太平天国时期,天王洪秀全在此兴建规模宏大的天朝宫殿,时间长达 11 年之久。此后,曾国藩又在此处重建两江总督署。林则徐、李鸿章、刘坤一、沈葆桢、左宗棠、张之洞、端方等清朝重臣均在此就任过两江总督。1912 年 1 月 1 日,孙中山在这里就任中华民国临时大总统;以后的 15 年间,这里先后成为江苏总督府、副总统府等机构;1927 年国民政府成立,总统府成为国民政府办公地;抗日战争期间,这里先后沦为日军机关和汪伪政权机构所在地。抗战胜利后,总统府仍为国民政府的办公地。1949 年 4 月 23 日南京解放,24 日凌晨,中国人民解放军占领总统府。①	**【历史】** 透过总统府的历史沿革看中国历史的变化。	
	12:30—13:30	午餐。				
	14:00—17:00	南京大学		**一、研学目标** 1. 了解南京大学历史发展和大学文化。 2. 感受中外文化交流的过程。 **二、学生组织方式** 研学导师(或展览馆解说员),分组交流。		

① 南京中国近代史遗址博物馆(总统府)官网,http://www.njztf.cn/public! guihua.sh。

续表

<table>
<tr><th>天次</th><th>时　间</th><th>行程安排</th><th>课本内容</th><th>教学过程</th><th>学生研学课题</th><th>学生研学评价</th></tr>
<tr><td></td><td></td><td>南京大学外国留学生处</td><td>**【政治】**
（人教版）必修 4“文化的作用”“文化在交流中传播”。</td><td>三、**研学讲解**
景点一：南京大学　【政治】
【南京大学的历史变迁】
南京大学是一所历史悠久、声誉卓著的百年名校。其前身是创建于 1902 年的三江师范学堂，此后历经两江师范学堂、南京高等师范学校、国立东南大学、国立第四中山大学、国立中央大学、国立南京大学等历史时期，于 1950 年更名为南京大学。1952 年，在全国高校院系调整中，南京大学调整出工学、农学、师范等部分院系后与创办于 1888 年的金陵大学文、理学院等合并，仍名南京大学。在一个多世纪的办学历程中，南京大学及其前身与时代同呼吸、与民族共命运，谋国家之强盛、求科学之进步，为国家的富强和民族的振兴做出了重要的贡献。尤其是改革开放以来，作为教育部直属的重点综合性大学，南京大学又在崭新的历史机遇中焕发出新的生机，在教学、科研和社会服务等各个领域保持良好的发展态势，各项办学指标和综合实力均位居全国高校前列。1994 年，南京大学被确定为国家“211 工程”重点支持的大学；1999 年，南京大学进入国家“985 工程”首批重点建设的高水平大学行列；2006 年，教育部和江苏省再次签订重点共建南京大学的协议；2011 年，教育部和江苏省签署协议继续重点共建南京大学；2016 年，南京大学入选首批国家级双创示范基地；2017 年，南京大学入选 A 类世界一流大学建设高校名单，15 个学科入选世界一流学科建设名单。①
同学们，今天我们在南大优秀学子的带领下参观二源壁、小礼堂、大礼堂、北大楼、百年鼎及纪念馆，与南京大学标志性建筑合影。
景点二：南京大学外国留学生处　【英语】
【与南大的外国留学生们交流】
南京大学因为其诸多领域的卓越成就，吸引了大量国际留学生来这里学习和</td><td>**【政治】**
查找和分析南京大学校训的意义，感受中外文化交流的过程。</td><td></td></tr>
</table>

① 南京大学官网，https://www.nju.edu.cn/3642/list.htm。

续表

天次	时间	行程安排	课本内容	教学过程	学生研学课题	学生研学评价
				生活，今天我们主动与外国留学生交流，练练口语，了解外国文化，增长个人见识。在南京大学食堂品尝美味午餐，亲身感受南大学子的生活氛围，用心记住我们在南京大学期间的点点滴滴。 文化对人的影响来自特定的环境，具有潜移默化、深远持久的特点。文明因交流而丰富，文化因交流而多彩，在文化交流过程中坚持各民族文化一律平等的原则，坚持尊重文化多样性原则。积极宣传中华优秀传统文化，提高文化自信。		
	18:30	晚餐，住宿：南京酒店。				
第三天	8:30—12:00	中山陵	**【历史】** （人教版）必修 1“辛亥革命”；必修 3“三民主义”；选修 1“孙中山”。	**一、研学目标** 1. 革命家孙中山的历史事迹和辛亥革命伟大意义。 2. 了解紫金山天文台的历史和功能，开展研学实验，掌握功率、速度和牵引力的关系。 **二、学生组织方式** 研学导师（或展览馆解说员），分组研学实验。 **三、研学讲解** **景点一：中山陵　【历史】** **【了解孙先生的生平事迹】** 同学们，中山陵是中华民国国父、中国民主革命的先行者孙中山先生的陵墓。 孙中山（1866 年 11 月 12 日—1925 年 3 月 12 日）是中国近代民族民主主义革命的开拓者，中国民主革命的伟大先行者，中华民国和中国国民党的缔造者，三民主义的倡导者.创立《五权宪法》。孙中山生于广东省香山县（今中山市）翠亨村的农民家庭。青少年时代受到广东人民斗争传统的影响，向往太平天国反清事业，自诩“洪秀全第二”。1905 年成立中国同盟会。1911 年 10 月 10 日新军中的革命党人暗中联络，决定当天晚上起义。辛亥革命后孙中山被推举为中华民国临时大总统（任期 1912 年 1 月 1 日—1912 年 4 月 1 日）。	**【历史】** 深刻理解无声的中山陵与有声的孙中山历史涵意。	呈现图文资料、上交历史小论文或分享参观感受。

续表

天次	时　间	行程安排	课本内容	教学过程	学生研学课题	学生研学评价
				1925 年 3 月 12 日孙中山在北京逝世，1929 年 6 月 1 日，根据其生前遗愿，葬于南京紫金山。1940 年，国民政府通令全国，尊称其为“中华民国国父”。 同学们，哪位同学来带领大家回顾一下辛亥革命的历史时刻？哪位同学给我们讲讲什么是三民主义？ 结合我们学习的课本知识，根据孙先生的生平事迹，想一想我们应该学习伟人领袖的什么精神？	**【英语】** A brief introduction to Yat-sen.	A writing.
	13:30—15:30	紫金山天文台	**【政治】** （人教版）必修 1“坚持创新驱动发展战略，坚持新发展理念”。 **【地理】** （中图版）必修 1“宇宙中的地球”。 **【物理】** （人教版）必修 2“万有引力定律”。	**景点二：紫金山天文台大门前　【政治、地理】** **【天文台的历史发展】** 紫金山天文台坐落在南京市东南郊风景优美的紫金山上，位于南京钟山第三峰天堡山上，山势险峻，蜿蜒如龙。 中国科学院紫金山天文台（以下简称“紫台”）前身是 1928 年 2 月成立的国立中央研究院天文研究所，1950 年 5 月 20 日更名为中国科学院紫金山天文台。紫台是我国自己建立的第一个现代天文学研究机构，被誉为“中国现代天文学的摇篮”。① 我国是世界上研究天文最早的国家之一，自古创造了许多天文仪器，现在紫金山天文台内还保存着一批珍贵文物，有浑仪、简仪、圭表、小天体仪、小地平经纬仪和漏壶等，这些仪器制作精美，使用精确方便，举世公认。 高中政治必修 1“坚持创新驱动发展战略，坚持新发展理念”这一章里提到，我国的现代天文事业从无到有，从有到精，无不折射出中国人的创新精神。	**【政治】** 1. 探究创新发展的意义。 2. 我们坚持的新发展理念是什么？	200 字左右的小论文一篇。

① 中国科学院紫金山天文台官网，http://www.pmo.cas.cn/ztjj2019/ztgk2019/。

续表

天次	时间	行程安排	课本内容	教学过程	学生研学课题	学生研学评价
				景点三：紫金山天文台馆(一)　【地理】 **【开展天文学研学实验】** 地球与月球共同构成地月系，地月系与其他行星系共同构成了太阳系，太阳系与其他恒星系共同构成了银河系，银河系与河外星系共同构成了宇宙。 **【研学课题活动】** 学习望远镜的使用和工作原理。 请同学们在老师的指导下学习望远镜的组装方法及工作原理。 **景点四：紫金山天文台馆(二)　【物理】** **【开展物理学研学实验】** 牛顿提出万有引力定律：自然界中任何两个物体都相互吸引，引力的方向在他们的连线上，引力的大小与物体的质量的乘积成正比，与他们之间的距离成反比。	**【地理】** 如何使用望远镜观察远处景物和宇宙天体。 **【物理】** 1. 了解有哪些方法测量星体之间的距离。 2. 联系高中物理“万有引力定律”思考：想要证明维持月球绕地球运动的力与使苹果下落的力是同一种力，需要测量哪些物理量？如何进行验证？	学生观测报告；研究的小论文，包括视频或图片材料。 研究报告、论文。
	15:30—19:00	乘车赴无锡。				
第四天	8:00—12:00	锡惠公园	**【政治】** (人教版)必修4“传统文化的继承”，中华文化源远流长、博大精深。	**一、研学目标** 1. 学习优秀的传统文化知识，了解中国传统优秀文学作品背后所反映的历史现象，继承并弘扬优秀的传统文化。 2. 动手制作，研究惠山黑土作为复杂的混合物的化学成分。 3. 研究江南文化，感受源远流长、博大精深的中华文化。 **二、学生组织方式** 研学导师(或展览馆解说员)；动手制作体验。		

续表

天次	时间	行程安排	课本内容	教学过程	学生研学课题	学生研学评价
		惠山泥人手工馆	**【化学】** (人教版)必修 1“无机非金属材料的主角——硅酸盐的成分和性质”。	**三、研学讲解** **景点一:锡惠公园 【语文、历史、音乐】** **【体验中国的优秀传统文化】** 同学们,大家听过二胡名曲《二泉映月》吗? 今天我们来到锡惠公园,请同学们用心细心体味。 走进唐朝诗人李坤当年的读书处,分析《悯农二首》古诗意蕴。 游览天下第二泉,了解中国茶文化:自唐代陆羽所著《茶经》品评以来,引得历代无数帝王将相、文人雅士所追崇,名骚江南,佳篇不绝。 了解中国的贝多芬和中国的《命运》——《二泉映月》这首二胡名曲创作的背景故事;现场聆听世界十大名曲——民族音乐家瞎子阿炳的《二泉映月》,泉清月冷,境幽情深,撼动着千万游人的心弦。 请同学们在参观的过程中,注意研学导师对《二泉映月》作品的评价,希望同学们能够牢记于心,增强我们的文化自信。 **景点二:惠山泥人桂花厅 【历史】** **【体验中国的优秀传统文化】** 惠山泥人是无锡三大著名特产之一,其历史悠久,距今已有近五百年的历史。在惠山北麓,离地面 1 米以下,有 40~100 厘米厚的黑土,泥质细腻柔软,搓而不纹,弯而不断,干而不裂,可塑性极佳。惠山泥人的代表作“大阿福”,是两个被神化的民间健壮孩子的可爱形象,北京奥运会吉祥物“福娃”的原形也来自“大阿福”。2006 年被国务院列为国家非物质文化遗产。① **景点三:惠山泥人手工体验馆** **【动手制作,体验中国的优秀传统文化】**	**【历史、音乐】** 赏析《二泉映月》,研究中华文化的博大精深之处。 **【历史、艺术】** 制作惠山泥人。	制作一个手工作品。

① 无锡“惠山泥人”简介,无锡市惠山泥人厂官网,http://www.wxdaf.com/company.asp? Iid=1。

续表

天次	时间	行程安排	课本内容	教学过程	学生研学课题	学生研学评价
				现场由工艺美术师示范泥人彩绘步骤,指导亲手彩绘惠山泥人素胎。 参与体验泥人制作与彩绘过程:选泥,要黏性强、少沙石的红色黏土。捏泥人需要新鲜的泥(或者水分适中的泥),温度太高,泥里面的水分会随着时间而蒸发掉、从而就会裂开;制培,把黏土一晒二搅三过滤,制成细腻的黏土胚,然后反复摔打,直到黏土有了韧性;塑造,用机器或者手工将泥人捏造成型;阴干,在阴凉处将制好泥人阴干;着色,在泥人上用各种色彩,一般用的是水粉,然后用清漆固色。 **【研学课题活动】** 研究惠山泥土的化学成分。 各地泥土的成分不尽相同,但组成这些泥土的元素有氧、硅、钙、铝、铁等,大多数以硅酸盐的形态存在。由于自然条件的不同,这些元素可以形成不同的土壤。以形态分类有沙土、壤土、黏土。	**【化学】** 研究惠山泥土的硅酸盐的性质。	研究实验报告、探究小论文。
	12:00—15:30	用午餐后,乘车赴乌镇。				
	15:30—18:00	浙江乌镇	**【地理】** (中图版)必修2“地域文化在城乡景观上的体现”。	**一、研学目标** 1. 了解典型的江南水乡特点,体验江南水乡文化内涵。 2. 研究拱形桥梁承重的计算方法。 3. 学习化学实验的基本方法,了解中国传统的印染技术。 4. 了解作家茅盾故乡文化特点,体会茅盾的作品相关内容特点。 **二、学生组织方式** 研学导师(或展览馆解说员);分组实验体验。 **三、研学讲解** **景点一:乌镇　【地理】** **【理解地域文化与景观特点】** 同学们,我们国家地域广阔,不同的地域有着不同的文化特色,这些特色有的就体现在民居上。让我们一起走进乌镇,看看江南水乡文化是怎么体现的。	**【地理】** 举例说明地域文化在城乡传统民居上的体现。	探究小论文,包括视频或图片材料。

续表

天次	时　间	行程安排	课本内容	教学过程	学生研学课题	学生研学评价
			【物理】 （人教版）必修 2“生活中的圆周运动”。 **【化学】** （人教版）必修 1“化学实验基本方法”。	乌镇是国家 AAAAA 级景区、全国 20 个黄金周预报景点以及江南四大名镇之一。乌镇古名乌墩、乌戌，因其处于河流冲积平原，沼多淤积土，故地脉隆起高于四旷，色深而肥沃，遂有乌墩之名，①具有 6000 余年的悠久历史。乌镇是典型的江南水乡古镇，素有“鱼米之乡，丝绸之府”之称。乌镇地处东南沿海，属典型的亚热带季风气候。冬暖湿润，四季分明，雨水丰沛，日照充足。具有春湿、夏热、秋燥、冬冷的气候特点。 乌镇隶属浙江省桐乡市。桐乡地处浙北杭嘉湖平原腹地，区位条件优越、交通体系发达，是典型的江南水乡。桐乡历史文化底蕴深厚，马家浜文化、良渚文化、运河文化、古镇文化交相辉映，孕育了张履祥、吕留良、陆费逵、太虚、茅盾、丰子恺、钱君匋、徐肖冰、木心等一批名人巨匠。② 乌镇还是世界互联网大会的举办地，相信离不开网络的今天，大家对这里会更加感兴趣。希望同学们在参观乌镇的过程中，对乌镇的人文、历史、地理和动植物情况做充分的了解和记录。 **景点二：乌镇中的各种桥　【物理】** **【研究乌镇桥的物理原理】** 物体经过桥时，对桥产生压力，经过平桥时，压力等于重力。经过拱形桥时，可把物体的运动近似看成是圆周运动。在最高点受力分析，支持力和重力的合力提供向心力，使支持力小于压力。 **景点三：南印花作坊　【化学】** **【研究印染的化学原理】** 同学们，我们即将走进南印花作坊，请大家认真观察一匹白布变成精美花布的过程，并分析其中的化学原理。	**【物理】** 生活中的桥为什么更多的设计成拱形？汽车经过拱形桥时的限速如何计算？ **【化学】** 如何从身边的物质中提取色素。	研究报告、小论文。 实验报告、探究小论文。

① 乌镇旅游官网，http://www.wuzhen.com.cn/web/origin? id=10。

② 桐乡概况，桐乡市人民政府官网，http://www.tx.gov.cn/col/col1631296/index.html。

续表

天次	时　间	行程安排	课本内容	教学过程	学生研学课题	学生研学评价
	19:00	用晚餐后夜游乌镇。	**【语文】** 观看“乌镇戏剧节”。	**景点四：乌镇夜景　【语文】** **【结合茅盾作品赏乌镇夜景】** 乌镇是著名文人茅盾的家乡，其代表作品有：《子夜》《春蚕》；文学评论：《夜读偶记》。让我们一起看看一代文豪茅盾的诞生之地、立志之所。 浙江乌镇素有“中国最后的枕水人家”之誉，这里是原汁原味的江南水乡，也是一代文豪茅盾的诞生之地、立志之所；这里古风犹存的东、西、南、北四条老街呈“十”字交叉，构成双棋盘式河街平行、水陆相邻的古镇格局；这里的民居宅屋傍河而筑，街道两旁保存有大量明清建筑，辅以河上石桥，体现了小桥、流水、古宅的江南古镇风韵。 **【研学课题活动】** 同学们，请在参观中总结乌镇的文化特色，分析其对人的文化滋养作用。	**【语文】** 了解作家茅盾，说说环境在人成长过程中的滋养作用，尤其是文化滋养。	
	21:00	住宿：乌镇。				
第五天	6:30	乘车出发去绍兴。				
第五天	8:30—12:30	鲁迅故里——绍兴	**【语文】** 高中课文《祝福》《阿Q正传》《药》《拿来主义》《为了忘却的纪念》《狂人日记》《孔乙己》《风波》《故乡》《祝福》。	**一、研学目标** 1. 参观鲁迅故里，了解鲁迅先生的生平，感受鲁迅先生的革命精神。 2. 结合实地参观，回顾鲁迅先生的相关作品，研究其作品的特点。 **二、学生组织方式** 研学导师(或展览馆解说员)分组介绍。 **三、研学讲解** **景点一：鲁迅故里　【语文】** **【回顾鲁迅先生的生平与相关作品】** 同学们，绍兴是一座古朴的城市，每个台门都隐藏着一个故事；鲁迅是一本厚重的书，每页间都流淌着段段往事。鲁迅先生早年成长、生活的故土就是绍兴，让我们跟随他的笔，一起去感受他的故土吧。	**【语文】** 对鲁迅及其作品的再认识。 **【历史】** 研究新文化运动之鲁迅的贡献。	

续表

天次	时　间	行程安排	课本内容	教学过程	学生研学课题	学生研学评价
		鲁迅故居及百草园	**【历史】** (人教版)必修 3“新文化运动”。 **【生物】** (人教版)必修 3“生物多样性”。	鲁迅在五四运动前后,站在反帝反封建的新文化运动的前列,成为五四新文化运动的伟大旗手。他的主要著作——杂感、小说和论文等深刻地揭露了封建礼教的罪恶,发出了解放的呼声。他在 1918 年 5 月发表的第一篇小说《狂人日记》,以特有的深刻性彻底揭露了封建礼教的“吃人”的性质,在青年中引起了极热烈的反应。 重温鲁迅经典散文《从百草园到三味书屋》,在百草园寻找童年时期的乐趣。 看风情社戏:由研学指导老师带领学生参观鲁迅笔下风情园,在水乡戏台感受绍兴戏曲魅力。 赏祝福大典:在鲁迅笔下风情园,请学生欣赏绍式祝福大典,了解鲁迅以此为题材所创作的同名小说《祝福》。 听三味早读:指导老师带领学生前往仿真“三味书屋”,学生们穿上长衫,戴上瓜皮帽,体验一堂别具一格的“三味早读”课。 品鲁迅先生名言,比如:真的猛士,敢于直面惨淡的人生,敢于正视淋漓的鲜血,这是怎样的哀痛者和幸福者?沉默啊沉默,不在沉默中爆发,就在沉默中灭亡。 结合参观,研究鲁迅笔下出现的风土人物,尝试直观解读鲁迅作品。 **景点二:百草园　【生物】** **【结合教材内容领略百草园的特色】** 百草园原为周家新台门(鲁迅故居)族人所共有的一个荒芜的菜园。鲁迅在著名散文《从百草园到三味书屋》一文中回忆说:“我家的后面有个很大的园,相传叫百草园。……其中似乎确凿只有一些野草;但那时却是我的乐园。”百草园内,短短的泥墙根,碧绿的菜畦,光滑的石井栏,高大的皂荚树,紫红的桑椹……一一呈现在你的面前,使人联想起童年的鲁迅在这里捉蟋蟀、找蜈蚣、摘覆盆子、拔何首乌藤的情景。①	**【生物】** 研究如何提高物种丰富度。	呈现图文资料、上交历史小论文或分享参观感受。

① 百草园,绍兴鲁迅故里,沈园景区官网,http://www.sxlxmuseum.com/art/2017/1/11/art_49763_1089402.htm。

续表

天次	时间	行程安排	课本内容	教学过程	学生研学课题	学生研学评价
	14:00—18:00	午餐后乘车抵达杭州，漫步西湖。	**【语文】** 与西湖相关的诗词、典故、课文。 **【生物】** （人教版）必修3“生态系统及其稳定性”。	**一、研学目标** 1. 欣赏西湖美景，感受西湖文化，了解中国传统地域文化的精髓。 2. 分析西湖景观特征，了解环境保护的意义与方法。 **二、学生组织方式** 研学导师（或展览馆解说员）分组介绍。 **三、研学讲解** **景点一：西湖（一）　【语文】** **【游览西湖，背诵古诗】** 看湖光山色的潋滟晴好，体味宋代名士苏轼“欲把西湖比西子，淡妆浓抹总相宜”之意境；远观断桥，遥想传说中许仙与白娘子的相会！远观三潭印月、白堤、断桥等；找寻苏轼、白居易的古典；叙讲断桥白娘子、许仙的优美传说；探访雷峰塔的倒塌详源。 同学们，徜徉在美丽的西湖景区，请以小组为单位完成以下内容： 1. 背诵1～2首关于西湖的古诗。 荷花开后西湖好，载酒来时。——欧阳修《采桑子·荷花开后西湖好》 未能抛得杭州去，一半勾留是此湖。——白居易《春题湖上》 2. 雷峰塔倒塌的原因，《论雷峰塔的倒掉》有什么含义？ **景点二：西湖（二）　【生物、地理】** **【研究西湖水环境保护问题】** 浙江，因水而名，因水而兴。古往今来，这里的人们不断探寻着治水之道。水域环境质量的改善为百姓带来了幸福，与此同时，各地不断探索出的治水经验正日趋丰富。 西湖湖底，藏着一个曼妙的“水下王国”，“水光潋滟晴方好，山色空蒙雨亦奇。”初夏的西湖，山清水秀，游人如织。乘游船溯湖而上，一个郁郁葱葱的透明水下世界就此被打开：水中藻荇交横，鱼儿往来翕忽，似与游者相乐。	**【语文】** 理解“一切景语皆情语”，体悟诗词作者的情感。 **【生物】** 如何提高西湖生态系统的稳定性。	实验报告单；小组合作写出各自特点。

续表

天次	时　间	行程安排	课本内容	教学过程	学生研学课题	学生研学评价
				“西湖水域环境的改善，与这些错落有致的沉水植物有着密不可分的关系。”杭州市西湖水域管理处工作人员陈琳告诉记者，在环湖截污、底泥疏浚、引水入湖、湖域西扩等工程措施相继实施后，西湖的水环境得到显著改善，但还存在沉水植物匮乏、局部湖区水体更新滞缓、低等藻类异常增殖等问题。 为了进一步提升西湖水质，让市民更有环境获得感，自 2009 年起，相继实施了国家“十一五”“十二五”水体污染控制与治理科技重大专项项目——“西湖水质改善和水环境生态恢复项目”和“西湖水质提升与生态系统稳态调控项目”。①		
	18:30	用晚餐后，入住杭州酒店。				
第六天	8:30—12:30	浙江大学		**一、研学目标** 1. 感受名校的氛围，了解浙江大学的发展历史，增强学生对大学的向往。 2. 了解知名大学的专业院系设置，实地参观感受浙江大学的重要设施，领悟浙江大学的科学与人文精神。 **二、学生组织方式** 研学导师(或展览馆解说员)分组介绍。 **三、研学讲解** **景点一：之江校区** **【浙江大学的历史】** 浙江大学是一所历史悠久、声誉卓著的高等学府，坐落于中国历史文化名城、风景旅游胜地杭州。浙江大学的前身求是书院创立于 1897 年，为中国人自己最早创办的新式高等学校之一，1928 年，定名国立浙江大学。		

① 仲瑶卿，《【美丽中国行】杭州打造“水下森林” 重塑河道生态系统》，浙江在线，http://epmap.zjol.com.cn/yc14990/201805/t20180515_7270230.shtml。

续表

天次	时　间	行程安排	课本内容	教学过程	学生研学课题	学生研学评价
				抗战期间，浙大举校西迁，1946 年秋回迁杭州。1952 年全国高等学校院系调整时，浙江大学部分系科转入兄弟高校和中国科学院，留在杭州的主体部分被分为多所单科性院校，后分别发展为原浙江大学、杭州大学、浙江农业大学和浙江医科大学。1998 年，同根同源的四校实现合并，组建了新浙江大学，迈上了创建世界一流大学的新征程。 在 120 多年的办学历程中，浙江大学始终秉承“求是创新”的优良传统，以天下为己任、以真理为依归，逐步形成了“勤学、修德、明辨、笃实”的浙大人共同的价值观和“海纳江河、启真厚德、开物前民、树我邦国”的浙大精神。① 浙江大学之江校区坐落在杭州钱塘江畔、六和塔边的月轮山峦，占地面积 650 多亩。校区内树高林密，四季葱茏。所有建筑依山而建，依势而筑，错落有致，风格别致。之江校区原为美国基督教南北长老会在杭州开办的一所基督教教会大学，于 1911 年建成并投入使用。之江大学旧址 50 年代曾先后为浙江师范学院和浙江省委党校所在地，1961 年正式划归浙江大学，成为浙大的三分部。2006 年 5 月，之江大学旧址被国务院列入全国重点文物保护单位，这也是目前国内唯一一所保存最完好的教会大学旧址。② **景点二：玉泉校区** **【了解浙江大学的专业设置】** 浙江大学是一所特色鲜明、在海内外有较大影响的综合型、研究型、创新型大学，学科涵盖哲学、经济学、法学、教育学、文学、历史学、艺术学、理学、工学、农学、医学、管理学等 12 个门类，设有 7 个学部、37 个专业学院（系）、1 个工程师学院、两个中外合作办学学院、7 家附属医院。	**【语文】** 感受名校的氛围，领悟大学的科学与人文精神，了解学校的专业院系设置。	小组合作完成调查报告，个人完成探究小论文，展示比较各自特点。

① 浙江大学官网，http://www.zju.edu.cn/512/list.htm。

② 浙江大学继续教育学院官网，http://zdpx.zju.edu.cn/zdcampus_53.html。

续表

天次	时间	行程安排	课本内容	教学过程	学生研学课题	学生研学评价
				学校图书馆总藏书量788.4万册。 截至2019年底，教师中有中国科学院院士、中国工程院院士(含双聘)50人，文科资深教授13人，教育部"长江学者奖励计划"特聘教授96人，国家杰出青年科学基金获得者145人。 在国家公布的"双一流"建设名单中，学校入选一流大学建设高校(A类)，18个学科入选一流建设学科，居全国高校第三。① **【研学参观活动】** 1. 参观浙江大学重点实验室。 2. 参观浙江大学科研成果展览厅。 3. 参观浙江大学浙大图书馆。		
	12:40	午餐。				
	14:00	出发前往杭州火车站，16:50乘坐杭州—北京的火车返回北京，乘坐大巴返回学校。				

五、学科拓展应用

【化学】

通过领会化学知识在自然、生活等实际中的应用，能促进学生思考、探究，并动手实践，从而使学生获得更大的成长和进步。

【语文】

品味经典，丰富人生。

① 浙江大学官网，http://www.zju.edu.cn/512/list.htm。

续表

【数学】 通过观察建筑体会数学中的对称美，通过利用工具测量计算建筑的高度，把解三角形应用到实际生活当中，能促进学生思考、探究，并动手实践，从而使学生获得更大的成长和进步。
【英语】 初步运用英语介绍中华优秀传统文化，具有传播中华优秀传统文化的意识。
【政治】 学生通过研学活动，深刻理解了“实践和认识的辩证关系”，获得认识的途径可以很丰富，但是经万亲身实践而获得的直接经验是提高认识的唯一来源。有利于学生提高科学精神、公共参与等政治学科的核心素养。
【历史】 学生通过近距离的参观学习及自身对各种史料的搜集，更真切地了解感知历史，穿越历史时空，理解品味历史，提升家国情怀。
【地理】 学生通过观察地理事物和地理现象，运用课本上的知识联系生活实际，融会贯通，既提升了学生的综合思维，又锻炼了学生的地理实践能力，从而达到培养学生人地协调观的目的。
【物理】 将理论学习应用到实际，会解释现象，能解决生活中的问题。
【生物】 学生通过领会生物知识，能够用理论知识去解决实际问题，为我们所生存的环境提供可持续发展的策略，保护自然、热爱自然。

本课程方案的设计由北京财贸职业学院的董雪梅负责，参与本章课程研究的单位（个人）还有：北京市昌平区第二中学的张冰、高宇、赵金平、张华晶、李继阳、闫静、李建和北京康庄国际旅行社股份有限公司的尚忠娥、姜奇。

二、历史文化主题研学旅行线路:西安—延安

（高中二年级用）

一、活动前研学课本知识准备要求

【语文】

1. 查阅西安建都与延安革命的历史资料,了解西安与延安的前世今生。
2. 阅读《长恨歌》,了解隋唐历史背景与杨贵妃的故事;阅读《安塞腰鼓》,感受陕北民风民俗的风格与特点。

【历史】

1. 复习必修中外历史纲要(上)第一单元第 1 课“中华文化的起源与早期国家”、第 4 课“西汉与东汉——大一统国家的巩固”。
2. 复习必修中外历史纲要(上)第二单元“三国两晋南北朝的民族交融与隋唐大一统的发展”第 6 课“从隋唐盛世到五代十国”。

【美术】

1. 复习必修美术鉴赏第 3 课“华夏意匠——建筑艺术”,了解我国优秀的传统建筑文化,掌握其风格与艺术手法。
2. 复习必修美术鉴赏第 5 课“三度空间的艺术——古代雕塑”,了解我国古代雕塑的手法与特点,掌握不同朝代雕塑技巧的发展。

【地理】

1. 复习必修 3“地理环境与区域发展”“区域生态环境建设”,了解地理区位因素对于地形地貌的塑造以及对城市发展的影响。
2. 复习必修 1 第四章第一节“营造地表形态的力量”,了解三大类岩石的特点以及地球运动的规律,掌握地热能的作用;复习第三节“河流地貌的发育”。
3. 复习必修 3 第二章第一节 “中国黄土高原水土流失的治理”,了解黄河的起源与黄河对黄土高原水土流失的影响。

【政治】

1. 复习必修 3“文化生活”第二单元“文化传承与创新”,了解我国源远流长的文脉以及深厚的文化底蕴,思考我们应该如何传承并创新古老的中华文化。
2. 复习必修 4“哲学与文化”中“文化的多样性”,了解我国文化多样性的表现及其意义,思考我们应该如何对待多元的文化。

【英语】

复习必修 2 Unit 1 Cultural Heritage、Unit 4 History and traditions,掌握关于文化遗产和传统习俗的表达方法。

二、研学旅行主题课程目标

【语文】

1. 通过在西安城墙、兵马俑、陕西历史博物馆、延安革命纪念馆等的研学活动，促进学生对中华优秀传统文化、革命文化、社会主义先进文化的深入学习和思考。

2. 通过对延安革命纪念馆、杨家岭、枣园等革命纪念场所的学习，进一步认识中国革命、建设和改革的历程，加深对中国革命传统的认识和理解，激发热爱中国共产党、热爱社会主义祖国的情感。

【历史】

1. 研读西安建都历史，了解秦汉大一统国家的建立与巩固。

2. 通过对延安革命纪念馆、杨家岭、枣园等革命纪念场所的学习，深入了解中国共产党的成立与新民主主义革命的兴起。

【地理】

1. 能够运用图表并结合西安城市环境实例，分析自然环境的整体性和地域分异规律，结合壶口瀑布的成因和影响，综合运用示意图，说明水循环的过程及其地理意义。

2. 结合西安旅游实例，分析旅游业对区域经济、社会、文化发展的带动作用，以及旅游资源在开发过程中的保护措施。

【政治】

1. 能够辩证地看待传统文化，领会对中华优秀传统文化进行创造性转化、创新性发展的重要意义，弘扬民族精神。

2. 认识到开创中国特色社会主义是党和人民长期奋斗、创造、积累的根本成就；学会处理个人利益和集体利益的关系，知道公民维护国家利益的基本义务，了解服务型政府的构建，能够坚持国家利益至上。

3. 了解生命的价值、劳动的意义，学会增强生命的韧性，成为自立自强的人；懂得更加珍爱生命、守护生命，树立正确的世界观、人生观和价值观。

【音乐】

1. 欣赏陕西秦腔、陕北民歌等表演，并模仿演绎，在享受戏剧表演乐趣的同时，体验戏剧艺术的魅力和丰富的表现力。

2. 体验中国传统音乐的风格和文化特征，认识、理解陕西民俗音乐与陕西社会生活、历史文化、民间习俗等的密切关系。

【美术】

掌握中国传统文化元素与多样化的民俗文化元素的特征，学会赏析中国古代优秀传统文化与民风民俗之美，提高审美情趣与艺术创造能力。

【体育】

1. 通过在研学期间合理饮食、适度锻炼，帮助学生增强体能，养成良好的锻炼、饮食、作息和卫生习惯，消除运动疲劳，保持良好心态。

2. 通过集体研学行动，遵守研学行为规范，帮助学生养成勇敢顽强、积极进取、超越自我的体育精神，遵守规则、诚信、自律的体育道德以及文明礼貌、团队合作的体育品格。

三、线路特色

1. 延安精神、红色教育，感受中国革命先烈昂扬斗志。
2. 壶口瀑布、陕西历史博物馆，见证黄河自然之壮美与文明之璀璨。
3. 华县皮影、延安腰鼓、陕北民歌，了解关中民俗，传承优秀文化。
4. 西安城墙、兵马俑、华清池、黄帝陵，学习中国古代人民聪明才智。

四、研学旅行线路与研学课程实施内容

天次	时间	行程安排	课本内容	教学过程	学生研学课题	学生研学评价
第一天	6:20—11:06	北京—西安，乘坐高铁前往西安。		**一、研学目标** 1. 了解西安古城的保护现状，了解西安的城市历史和作为都城的历史，以及在中华民族历史上的重要作用，体会西安的城市之美。 2. 了解西安的地理位置与地理特征，理解地理因素对于西安城市发展的重要影响。 **二、学生组织方式** 研学导师分组介绍，组织学生集体聆听，小组查询相关资料，进行讨论。 **三、研学讲解** **景点一：火车上讲解西安的历史状况** **【西安古都历史简介】** 同学们，我们将要到达的城市就是西安。西安的历史非常悠久，早在100万年	**【历史、地理】** 1. 分析西安作为十三朝古都的优势区位因素。 2. 古都文化对于西安的城市建设有何影响。 **【历史】** 分析论文《十三朝古都西安的历史文化价值》。	分组交流个人完成的任务，同学互评，打分。

续表

天次	时　间	行程安排	课本内容	教学过程	学生研学课题	学生研学评价
			【历史】 必修中外历史纲要(上)第一单元第1课“中华文化的起源与早期国家”、第4课“西汉与东汉——大一统国家的巩固”;第二单元“三国两晋南北朝的民族交融与隋唐大一统的发展”第6课“从隋唐盛世到五代十国”。 **【地理】** 必修3“地理环境与区域发展”“区域生态环境建设”。	前,蓝田古人类就在这里建造了聚落。7000年前仰韶文化时期,这里已经出现了城垣的雏形。公元前1046年,周武王率众伐商,灭商后,定都于镐,就是现在陕西西安市的西部。公元前202年,刘邦建立汉朝,定都长安,意思就是要“长治久安”。1369年,明太祖朱元璋改奉元路为西安府,取义“安定西北”,西安之名由此而来。① 西安是中国历史上建都朝代最多、时间最长、影响力最大的城市之一。请同学们回忆历史课本上的相关内容,说一说在西安建都的朝代有哪些?如今在西安还能找到它们留下的哪些遗迹? **景点二:火车上讲解西安的地理状况【地理】** **【西安自然地理简介】** 同学们,我们即将到达的西安市位于黄河流域中部关中盆地,东经107°40′～109°49′和北纬33°42′～34°45′之间。东以零河和灞源山地为界;西以太白山地及青化黄土台塬为界;南至北秦岭主脊;北至渭河,东北跨渭河。辖境东西长204千米,南北宽116千米。西安市属暖温带半湿润大陆性季风气候,冷暖干湿,四季分明。冬季寒冷、风小、多雾霾、少雨雪;春季温暖、干燥、多风、气候多变;夏季炎热多雨,伏旱突出,多雷雨大风;秋季凉爽,气温速降,秋霖明显。年内主要气象灾害有干旱、高温、大风、沙尘、雷电、冰雹、暴雨、低温冻害、连阴雨和雾霾。② 请同学们回忆地理课本上的相关内容,用思维导图的形式思考西安的地理环境对于西安的城市发展产生了哪些影响?	**【语文】** 了解唐代诗人的轶事,搜集几首与西安有关的唐诗,结合其创作年代,了解长安发展与唐诗创作的关联。必读:《长恨歌》《琵琶行》《梦游天姥吟留别》。 **【地理】** 绘制西安地图并标明气候带、典型地貌等重要因素。	

① 西安市人民政府官网自然地理介绍,http://www.xa.gov.cn/sq/csgk/zrdl/1.html。

② 西安市人民政府官网自然地理介绍,http://www.xa.gov.cn/sq/csgk/zrdl/1.html。

续表

天次	时间	行程安排	课本内容	教学过程	学生研学课题	学生研学评价
	12:00—13:00	午餐。				
	14:00—15:30	西安城墙	**【美术】** 必修美术鉴赏第3课“华夏意匠——建筑艺术”。 **【政治】** 必修4“哲学与文化”文化的多样性。	**一、研学目标** 1. 通过对西安古城墙的实地研学，了解我国古代在城市建设和规划上的基本特色。激发学生对西安古都文化的热爱，增强学生对我国城市发展历史的了解，提升学生的文化自信。 2. 通过对大雁塔及大雁塔音乐喷泉的研学，了解佛教在我国历史上的传播。 **二、学生组织方式** 研学导师（或讲解员）进行学生组织与景点的讲解。集体聆听、小组自由观察研究。 **三、研学讲解** **景点一：西安城墙　【美术、历史、地理】** **【西安城墙总体介绍】** 同学们，现在我们来到的就是历史悠久的西安城墙。西安城墙又称西安明城墙，位于西安市中心区，呈长方形，墙高12米，底宽18米，顶宽15米，东墙长2590米，西墙长2631.2米，南墙长3441.6米，北墙长3241米，总周长11.9公里，是中国现存规模最大、保存最完整的古代城垣。西安城墙始建于明太祖洪武三年，洪武十一年竣工，是在明太祖“高筑墙、广积粮、缓称王”的政策指导下，在隋、唐皇城的基础上建成的，当时是西安的府城，有城门四座：东长乐门，西安定门，南永宁门，北安远门，每个城门都由箭楼和城楼组成。现存城墙建于明洪武七年到十一年（1374—1378年），至今已有600多年历史。① 请同学们跟随辅导员用脚步丈量城墙，了解城墙在古代军事活动中的重要作用。	**【美术】** 选择任意箭楼、角楼、敌楼等，画出其结构示意图。 **【语文】** 请选择任意城墙、箭楼、角楼或敌楼等，为其写一首诗，歌咏一段历史，一些人物，或古今追思的情志。 **【政治】** 结合哲学与文化的相关知识，阐述西安文化发展历程。	写观察报告，或小论文或小诗进行展示。

① 西安市人民政府官网西安城墙介绍，http://www.xa.gov.cn/sq/csmp/msgj/gjz/5d4907aefd850833ac58787d.html。

续表

天次	时间	行程安排	课本内容	教学过程	学生研学课题	学生研学评价
	15:30—18:00	大雁塔		同学们，通过对西安城墙的观察，你们发现城墙由哪几个部分组成了吗？请画出城墙的结构示意图，并标注出每个部分的名称与作用。 **景点二：西安古城　【历史、政治】** **【西安古城历史简介】** 西安历史文化悠久，人文氛围和谐，官方记载先后有 13 个王朝，前后历时一千多年，享有“天然历史博物馆”之称。建国初期，西安城墙的修复和保护工作曾经走过一段曲折的历程。由于受历史的局限和“左”倾思潮的影响，西安城墙曾几度有被完全拆除的危险，幸而在部分高度重视历史文化保护工作的国家领导和省、市领导及专家学者、社会各界人士的坚持下，西安城墙才免除了被拆除的命运，迎来了改革开放后命运的转折。① 请同学们回忆，我们在高中政治教材中，曾经讲过：中华文化源远流长、博大精深。中华文化具有独特性、民族性和区域性。文化传承创新是文化建设的基本内容，是文化发展繁荣的基本规律。中华民族具有悠久的历史和优良的传统。中华优秀传统文化对于凝聚和团结全国各族人民，起着重要的纽带和基础作用。传承中华优秀传统文化，在继承的基础上有所创新，可以使我们的传统文化更加迸发活力，使全国人民始终保持奋发有为、昂扬向上的精神状态，实现中华民族的伟大复兴，具有特别重要的意义。 请同学们思考，西安古城文化的保护与传承对于今天的中国有何现实意义？ **景点三：大雁塔　【美术】** **【大雁塔历史简介】** 大雁塔建于唐长安城晋昌坊（今陕西省西安市南）的大慈恩寺内，又名“慈恩寺塔”，是佛教建筑艺术的杰作，也是古代楼阁式砖塔的精品，唐代著名诗人杜甫、	**【政治】** 1. 对比西安与北京文化差异的表现，我们应如何对待文化差异。 2. 西安文化发展如何体现传承与创新？这一过程体现了什么哲理？	

① 西安市人民政府官网西安历史沿革介绍，http://www.xa.gov.cn/sq/csgk/lsyg/5d4907abf99d6572b764a5e3.html。

续表

天次	时间	行程安排	课本内容	教学过程	学生研学课题	学生研学评价
				白居易、岑参、章八元、高适、薛据等都曾来慈恩寺塔游览，留下许多脍炙人口的诗篇。杜甫诗云："高标跨苍穹，烈风无时休。"岑参诗云："塔势如涌出，孤立耸天宫。登临出世界，蹬道盘虚空。"这些都是题咏雁塔的千古绝唱。1961 年大雁塔被中华人民共和国国务院公布为全国重点文物保护单位。①	**【美术】** 请回忆语文课本"中国建筑的特征"一文与美术课本"华夏意匠"中关于中国传统建筑的相关知识，思考大雁塔的设计体现了中国传统建筑的哪些主要特征与文化内涵？	
	18:00—19:00	晚餐。				
	19:00—19:30	永兴坊皮影戏	**【政治】** 必修 3"文化生活"第二单元"文化传承与创新"；必修 4"哲学与文化"文化的多样性。	**一、研学目标** 1. 通过对非物质文化遗产皮影戏的研学，深入了解我国的非物质文化遗产与文化的传承与创新。 2. 加深同学们对于民间艺术的了解，增强文化自信与民族认同感。 **二、学生组织方式** 研学导师组织学生集体聆听讲解，自主观摩思考、搜集材料，走访调研。 **三、研学讲解** **景点：永兴坊皮影戏景点内　【美术】** 皮影戏，又称"影子戏"或"灯影戏"，是一种以兽皮或纸板做成的人物剪影表演故事的民间戏剧。表演时，艺人们在白色幕布后面，一边操纵影人，一边用当地流	**【政治】** 探究皮影戏如何创新才能更好传承。	提交一份西安皮影文化的保护和传承方案。研学导师根据学生研学报告质量进行评价。

① 西安市人民政府官网大雁塔介绍，http://www.xa.gov.cn/sq/csmp/msgj/mlgt/5d4907cb65cbd87465a5f3e7.html。

续表

天次	时间	行程安排	课本内容	教学过程	学生研学课题	学生研学评价
				行的曲调讲述故事，同时配以打击乐器和弦乐，有浓厚的乡土气息。陕西皮影保留着民间说书的种种痕迹，它是近代陕西多种地方戏曲的前身。陕西皮影造型质朴单纯，富于装饰性，同时又具有精致工巧的艺术特色。陕西皮影人物造型的轮廓整体概括，线条优美生动有力度，有势有韵，在轮廓内部以镂空为主，又适当留实，做到繁简得宜、虚实相生。皮影人物、道具、配景的各个部位，常常饰有不同的图案花纹，整体效果繁丽而不拖沓，简练而不空洞。每一个形象不仅局部耐看，而且整体配合也美，既充实又生动，构成完美的艺术整体。 2011 年，中国皮影戏入选人类非物质文化遗产代表作名录。① 请同学们回忆“中国美术鉴赏”课文的相关内容，并通过欣赏皮影表演以及亲自体验皮影操作，思考皮影文化的主要特征与现实价值。 结合西安皮影戏的前世今生，请同学们回忆，我们在高中政治教材中，曾经讲过：文化的发展离不开文化的传承和创新。传统文化的发展需要传承。中华民族传统文化灿烂多姿，是几千年来民族智慧的结晶，是先辈传承下来的珍贵遗产。传统文化的发展需要创新。在当今的社会竞争中，文化竞争越来越激烈。而文化发展的基础在传承，关键在于创新。如果不能顺应时代的发展、灵活地创新，那么丰富的文化资源就不能得到充分的利用。	请结合今天关于皮影戏的研学活动，谈谈在新时代如何促进传统文化的传承和创新？我们作为青年学生的使命和责任是什么？(可以从认识转变和传播方式等角度分析。)	

① 西安市人民政府官网非物质文化遗产介绍，http://www.xa.gov.cn/sq/csmp/msfq/fwzwhyc/1.html。

续表

天次	时　间	行程安排	课本内容	教学过程	学生研学课题	学生研学评价
第二天	9:00—11:30	华清池	**【历史】** 必修中外历史纲要(上)第八单元第 23 课“从局部抗战到全面抗战”。 **【地理】** 必修 1 第四章第一节“营造地表形态的力量”(三大类岩石)。	**一、研学目标** 1. 通过对华清池的研学,了解华清宫的建筑历史;品读发生在骊山的传奇故事,学习白居易的《长恨歌》,体会诗歌的魅力。 2. 深入研学“西安事变”发生的历史背景,及其对于中华民族抗击日本侵略者,取得抗日战争胜利的重要意义。 3. 了解中华民族的革命历史、反侵略历史,增强民族自信心和道路自信。 **二、学生组织方式** 研学导师组织集体讲解,小组讨论。 **三、研学讲解** **景点一:西安事变纪念室** **【讲解西安事变的历史】** 同学们,“华清池”见证了中华民族抗战史上一个重要的事件——“西安事变”的发生,这里就是西安事变发生的旧址——五间厅。1931 年 9 月 18 日,日本发动九一八事变,东北三省全部被日本关东军占领,中日民族矛盾逐渐成为中国社会主要矛盾。1936 年 10 月 22 日,蒋介石由南京飞抵西安,严令进剿红军。张学良当面表示反对,并提出停止内战、一致抗日的要求,遭到蒋介石拒绝。1936 年 12 月 12 日 5 时,东北军奉命到华清池捉拿蒋介石,蒋介石从卧室窗户跳出,摔伤后背,躲在一块大石头后面,被发现活捉。在共产党的劝说下,西安事变和平解决,蒋介石答应联共抗日。① 请同学们回忆历史课本中的相关内容,思考西安事变在抗日战争中的重要作用。	**【历史】** 登骊山,寻访“兵谏亭”,了解“西安事变”在抗日民族统一战线建立和国共合作中所起的重大作用。	找到三种岩石,制作说明标签,制成标本,并对同学进行介绍。

① 中华人民共和国教育部官网西安事变介绍,http://www.moe.gov.cn/jyb_xwfb/xw_zt/moe_357/jyzt_2015nztzl/2015_zt05/15zt05_kzxbk/201507/t20150730_196949.html。

续表

天次	时间	行程安排	课本内容	教学过程	学生研学课题	学生研学评价
				景点二：华清池 **【讲解构成温泉的地质特征】** 同学们，请回忆地理课本中相关内容，思考地壳由什么物质组成呢？简单地说，是石头。地壳物质循环是指不同种类石头之间的相互转化，就是循环。地壳中有什么石头？从成因的角度，我们把所有岩石分成三大类：岩浆岩、沉积岩和变质岩。它们被用在生活的方方面面，大家可能平时没太注意区分。 岩浆岩，顾名思义，地幔中的软流层里的岩浆，顺着岩石中的裂缝上来，随之温度降低，气压减小，于是由熔融态变为固态，然后形成了岩浆岩。岩浆岩分为两类，即侵入岩和喷出岩。侵入岩是沿着裂缝慢慢地一点一点地上来，所以温度是缓慢冷却的，喷出岩是喷出来迅速冷却成岩石。典型侵入岩是花岗岩，粉红色居多，也有灰白色，用作建筑石料，地面铺花岗岩，硬度很高，耐磨。 大家在山上看到的大部分是沉积岩，最多的是石灰岩、砂岩、页岩。岩浆岩是一种原生的岩石，它是从岩浆直接冷却形成的，沉积岩前面应该有已经形成的岩石，经过风化、侵蚀、搬运、沉积又形成新的岩石。砂岩就是很多层沙子沉积在一起，经过高温高压作用形成的岩石。页岩比砂岩要细腻一点，是很多层泥质的东西沉积在一起。大家不妨看看自己找到的沉积岩属于哪种沉积岩。 变质岩，由岩浆岩和沉积岩经过变质作用形成的。变质岩本身也可能经高温高压作用变成另一种变质岩。比如岩浆顺着岩石裂缝侵入时，岩浆经过的地方两边的岩石受到高温高压作用，导致这些岩石的晶体排列发生了变化，晶体排列在同一个方向，整齐划一。这样的岩石叫变质岩。比如石灰岩变质形成大理石（大理岩），洁白纯净的大理石叫汉白玉，比如眼前的华清池就是汉白玉雕刻成的，但是化学结构没有变，都是碳酸钙，在化学实验中鉴定碳酸钙是滴两滴盐酸冒泡，同样	**【地理】** 为华清池的大理岩拍照，找到三大类岩石（留用制作岩石标本），结合三大类岩石特点、形成过程或对人类的影响分别写三首三行诗，制成手抄报，在小组内评选出最佳手抄报，在班级内进行展示。	每个人就“西安事变”或“安史之乱”的历史影响写一篇研究报告。研学导师评定等级。

续表

天次	时间	行程安排	课本内容	教学过程	学生研学课题	学生研学评价
				往金水桥上滴两滴盐酸也冒泡。世界著名建筑泰姬陵，是给印度王妃修建的，印度曾一度被伊斯兰教管制，整个泰姬陵都是洁白的大理石，伊斯兰教是喜欢白颜色和绿颜色的。页岩变质后形成板岩。在变质岩中多发现铁矿。① 请同学们以小组为单位，带着学案听讲，寻找、识别三大类岩石，拍照。 **景点三：华清宫宫城区　【语文】** **【讲解唐代文学作品】** 同学们，安史之乱对唐代文学有重要影响，现在请同学们回忆语文课本，和老师一起探究《长恨歌》。 请大家集体朗读《长恨歌》。这首诗作于唐宪宗元和元年，当时，白居易任周至县尉，一日与友人到马嵬驿附近的游仙寺游览，偶然间谈及李隆基与杨玉环的这段悲剧故事，友人王质夫认为，像这样突出的事情，如无大手笔加工润色，就会随着时间的流逝而消失。他鼓励白居易："乐天深于诗，多于情者也，试为歌之如何？"于是白居易写下了此事。虽然作者的立意是"欲惩尤物"，但在读者心中却流传成了一曲爱情的颂歌。 大家读后请思考、讨论并回答：这首诗题为"长恨歌"，从内容看，谁恨？恨什么？为什么恨？怎样来表现恨的程度的？	**【语文】** 诵读与华清池有关的唐诗，包括杜牧《过华清宫绝句三首》、白居易《长恨歌》等，比较它们各自特色。	
	12:00—13:00	午餐。				

① 地质调查科普网，http://www.china-shj.org.cn/。

续表

天次	时间	行程安排	课本内容	教学过程	学生研学课题	学生研学评价
	13:30—16:00	兵马俑	**【历史】** 必修中外历史纲要（上）第 3 课“秦统一多民族封建国家的初步建立”。 **【美术】** 必修美术鉴赏第 5 课“三度空间的艺术——古代雕塑”。 **【政治】** 必修 2“经济与社会”综合探究二弘扬劳动精神；必修 4“哲学与文化”感受文化的影响，用全面的观点看问题、用一分为二的观点看问题。	**一、研学目标** 1. 通过对世界文化遗产兵马俑的研学，了解兵马俑出现的历史背景、用途和具体制作方式。 2. 充分了解兵马俑作为世界文化遗产的艺术价值、历史文化价值，理解兵马俑作为中华优秀传统文化的重要组成部分，对于世界文明的重要贡献，增强学生的文化自信。 **二、学生组织方式** 研学导师组织学生集体聆听讲解，小组观摩讨论。 **三、研学讲解** **景点一：兵马俑一号坑 【美术】** **【讲解兵马俑的艺术价值】** 同学们，今天我们根据“三度空间的艺术——古代雕塑”教材内容，深入了解兵马俑。兵马俑位于今陕西省西安市临潼区秦始皇陵兵马俑坑内，列入世界遗产名录、世界十大古墓稀世珍宝之一，被誉为“世界第八大奇迹”、全国重点文物保护单位，是中国古代辉煌文明的一张金字名片。秦陵内共有 3 个兵马俑坑，呈品字形排列。秦始皇陵一号俑坑，呈长方形，东西长 230 米，南北宽 62 米，深约 5 米，总面积 14260 平方米，四面有斜坡门道。俑坑中最多的是武士俑，平均身高 1.80 米左右，最高的 1.90 米以上，陶马高 1.72 米，长 2.03 米，战车与实用车的大小一样。二号坑有陶俑陶马 1300 多件，战车 80 余辆，青铜兵器数万件，其中将军俑、鞍马俑、跪姿射俑为首次发现。二号坑东、西两端各有 4 个斜坡门道，北边有 2 个斜坡门道，俑坑坐西面东，正门在东边。三号坑面积约为 520 平方米，整体呈凹字形，由南北厢房和车马房组成，车马房中有一辆驷马战车及四件兵马俑，三号坑共可出土兵马俑 63 个。①	**【历史】** 1. 秦始皇兵马俑怎样体现皇权至上？怎样全面客观评价秦始皇嬴政？ 2. 探究陶器文化。 **【美术】** 为兵马俑增色——发挥想象力，用自己的方式为兵马俑上色。	1. 通过学生的作品考察学生在绘画与制作中的创新意识和创造能力。 2. 以小论文形式谈体会。研学导师评定等级。

① 秦始皇兵马俑博物馆官网，http://www.qinhan.org.cn/bmy/view_zhanlan1.asp? classid=10。

续表

天次	时　间	行程安排	课本内容	教学过程	学生研学课题	学生研学评价
				同学们，你们认为兵马俑雕塑运用了什么样的艺术表现手法呢？ **景点二：兵马俑二号坑　【历史】** **【讲解秦陵彩绘铜马车】** 现在，请同学们来看秦陵彩绘铜马车。秦陵铜马车一组两乘，1980 年出土于秦陵封土西侧 20 米处车马坑中。铜车马是秦始皇的陪葬品之一，象征着秦始皇銮驾的一部分。铜车马的形制是模仿实实在在真车的形状，为“立车”，是古代单辕双轮车，并按照秦代真人车马 1/2 的比例制作。铜马车整体用青铜铸造，大量使用的金银饰件重量超过 14 千克，零部件达 3000 余个，采用了铸造、镶嵌、焊接、子母扣连接、活铰连接等多种工艺组装而成，是我国考古史上截至目前出土的体型最大、结构最复杂、系驾关系最完整的古代车马，被誉为“青铜之冠”。铜车马通体施以彩绘，有云纹、几何纹、夔龙纹等图案，红、绿、紫、蓝等色彩艳丽丰富，生动描绘了秦代皇家属车的华贵富丽。秦陵彩绘铜车马是秦代宫廷舆服制度的真实写照，对研究古代车制更是具有极高的学术价值。① 现在请同学们思考，秦始皇陵兵马俑有何价值意义？ **景点三：兵马俑三号坑　【政治】** **【讲解兵马俑所体现出的“匠人精神”】** “匠人精神”在当代是一种极其让人赞叹的精神，它的主要表现就是精益求精。秦兵马俑是秦始皇建造的最大“陪葬品”之一，也是世界第八大奇迹，但刚出土的时候，两千多年的历史积尘已经把它们压成碎片。如何让这个碎片化的历史文化奇迹完整挺立起来，成了一个巨大的难题。马宇参与了近 20 年秦兵马俑修复工作的各个阶段，兵马俑的第一件戟、第一件石铠甲、第一件水禽都是马宇修复的。	**【语文】** 请围绕秦始皇兵马俑，至少使用两种修辞手法，写一段文字，生动展现兵马俑的姿态、神态等。 **【政治】** 1. 了解兵马俑诞生过程，谈谈新时代青年应如何致敬、学习工匠精神。 2. 身处这样的文化氛围，谈谈文化对你的影响。	

① 秦始皇兵马俑博物馆官网，http://www.qinhan.org.cn/bmy/view_zhanlan1.asp? classid=10。

续表

天次	时　间	行程安排	课本内容	教学过程	学生研学课题	学生研学评价
				两千多年前的雕塑品在马宇手中获得了第二次艺术生命，形象讲述了那个时代的文化风貌。没有两块碎片是完全一样的，没有任何一尊兵马俑雕像的拼接问题是相同的。每一块拼接都是新的挑战，每一次的块体比对都是新问题的研判。在貌似重复中不断应对新问题，修复者们把这份工匠式劳作变成了艺术和学问，他们是国家文化使命的真正有力的承担者。①	3. 结合历史任务中对秦始皇的人物评价，谈谈这体现了什么哲理？	
	16:30—17:30	晚餐。				
第三天	7:30—10:00	西安—黄帝陵，乘大巴车前往黄帝陵。				
	10:00—11:30	黄帝陵	【语文】 必修1“中华优秀传统文化”。	**一、研学目标** 1. 通过黄帝陵研学，了解中华文明与中华民族的起源，了解由部落到国家的历程。 2. 深刻理解中华民族5000年的历史根源和悠久的文明历程，激发同学们的民族自豪感和文化自信。 **二、学生组织方式** 研学导师组织学生集体聆听讲解、小组观察探究。 **三、研学讲解** **景点一：轩辕广场、轩辕殿** **【讲解黄帝与黄帝陵】** **讲解内容一：关于黄帝　【语文】** 黄帝（公元前2717年—公元前2599年），古华夏部落联盟首领，中国远古时代		

① 秦始皇兵马俑博物馆官网介绍，http://www.qinhan.org.cn/bmy/view_zhanlan1.asp?classid=10。

续表

天次	时　间	行程安排	课本内容	教学过程	学生研学课题	学生研学评价
			【历史】 必修中外历史纲要(上)第一单元第1课“中华文明的起源与早期国家:从部落到国家”。 **【地理】** 必修1第五章第一节“部落与聚居”。	华夏民族的共主、五帝之首,被尊为中华“人文初祖”。他合炎帝、败蚩尤,统一了三大部落,建立了世界上第一个有共主的国家;他领导先民们始制衣冠、造舟车、定算数、创医学、定音律,他重农耕、养蚕桑,发明了指南车,建立了夫妻制,结束蛮荒懵浊,开启了文明先河。黄帝被列为五帝之首,被尊为奠基文明、肇造华夏的人文始祖。中华民族五千年文明史,即指由黄帝纪元开始。黄帝陵是海内外炎黄子孙共同景仰的民族圣地,是亿万华夏儿女魂牵梦绕的精神家园。① 　　同学们,请回忆语文课本上的相关知识,说一说古往今来关于黄帝的传说有哪些?这些古代传说体现了什么文学特点? 　　1937年清明节时,国共两党一起在黄帝陵举行公祭仪式,分别宣读两党的《祭黄帝陵文》,中国共产党的《祭黄帝陵文》由毛主席亲自撰写,请阅读并探讨其所体现的抗日决心和信心。 　　**讲解内容二:关于黄帝陵　【地理】** 　　站在黄帝陵的制高点眺望,能将整个黄帝陵的苍劲尽收眼底。宋乐史所撰《太平寰宇记》载:“桥山,《山海经》云:‘蒲谷水源其山下,水流通,故谓桥山’。”清顾祖禹所撰《读史方舆纪要》载:“沮水至县北,穿山而过,因以桥名。”1992年7月11日,《人民日报》刊发了题为《黄帝陵风水轴线》一文,文章说:“黄帝陵风水轴线就是桥山主脊至黄帝墓冢,并与印台山山峰之间构成一条连线,黄帝陵区的各种建筑都是以此为轴线而建造,墓冢方向正好在这条线上。”这条连线是西北至东南走向,这与大家在十三陵里看到的后世帝王正北正南(坐北朝南)的陵墓走向不同,	**【语文】** 写一篇祭文(微写作,突出新时期作为炎黄子孙的民族自豪感)。 **【历史】** 探究为什么历代帝王和名人去黄帝陵祭祀黄帝?	研学导师通过学生的研学成果对学生进行评价。

① 延安市黄帝陵管理局官网,http://hdl.yanan.gov.cn/jingqujianjie/20161126/1700.html。

续表

天次	时间	行程安排	课本内容	教学过程	学生研学课题	学生研学评价
				而是依据地理，背向西北，面朝东南，同桥山、子午岭和号称龙脉的昆仑山走向完全吻合，即中国地理的基本形态——“天倾西北，地不满东南”。[①] 同学们，请回忆我们地理课本上的相关知识，解释我国古代讲究的这种风水布局原理。 **景点二：轩辕柏 【地理】** **【讲解轩辕柏的历史与价值】** 我们面前的这棵柏树叫“黄陵古柏”，又叫“轩辕柏”。据传为轩辕皇帝亲手所植。轩辕柏耸立在桥山脚下的轩辕庙内，侧柏属，树高 20 米以上，树围 7.8 米。侧柏为单种属植物。虽经历了 5000 余年的风霜，至今干壮体美、枝叶繁茂，树冠覆盖面积达 178 平方米，树围号称“七搂八拃半，疙里疙瘩不上算”。由于世界上再无别的柏树比它年代久远，因此英国人称它是“世界柏树之父”。经专业人员实地考察，它有 5000 年的历史。较耐寒，抗风力较差。耐干旱，喜湿润，但不耐水淹。耐贫瘠，可在微酸性至微碱性土壤上生长。生长缓慢，寿命极长。[②] 同学们，请回忆我们预习过的关于西安的地理知识，并思考西安的这种气候类型对于柏树的生长产生了哪些影响？	**【地理】** 为黄帝陵风水轴线上的建筑及周围地势拍照，为轩辕柏枝叶的大小、形状、颜色、排列、伸展方向拍照，写一首三行诗制成明信片。 结合授课内容，论述气候是怎样影响植被的。	写一篇关于黄帝陵的观察报告，研学导师进行评价打分。
	12:00—13:00	午餐。				

① 延安市黄帝陵管理局官网，http://hdl.yanan.gov.cn/jingqu_ianjie/20161126/1700.html。
② 延安市黄帝陵管理局官网，http://hdl.yanan.gov.cn/jingqu_ianjie/20161126/1700.html。

续表

天次	时间	行程安排	课本内容	教学过程	学生研学课题	学生研学评价
	14:00—16:00	壶口瀑布	**【地理】** 必修1第四章第三节“河流地貌的发育”;必修3第二章第一节“中国黄土高原水土流失的治理”。	**一、研学目标** 1. 参观壶口瀑布,了解壶口瀑布形成的地形地貌原因,了解壶口瀑布给周边环境带来的影响。 2. 通过对壶口瀑布的研学,了解其水文特征及其形成的原因,深入理解我国黄河水域的特征。 3. 通过宏伟的自然景观,激发学生对祖国大好河山的热爱之情。 **二、学生组织方式** 研学导师组织集体聆听讲解、小组观察探究。 **三、研学讲解** **景点:壶口瀑布　【地理】** **【讲解壶口瀑布的地理特征】** 黄河是中华民族的母亲河、华夏文明的发祥地,而壶口瀑布则是镶嵌在母亲河上最为璀璨的一颗明珠,这里四季景色各异,八大自然景观各具特色,波涛汹涌间激荡起民族之音、勇往直前彰显中华气节,素被国人誉为“黄河之心、民族之魂”。壶口瀑布是世界上唯一一条金黄色干流大瀑布,也是世界上唯一的移动式、潜伏式大瀑布。黄河流经晋陕峡谷宜川段,滔滔黄河水从千米河床排山倒海似的涌来,骤然归于二三十米宽的“龙槽”,倾注如壶口,形成极为壮观的瀑布群。壶口景区与革命圣地延安、人文圣地黄帝陵、安塞民间艺术、黄土风情等组合为陕西省十大旅游区之一的“两黄两圣”旅游区,壶口瀑布以其独特的山水之美、人文之美吸引世人目光的聚焦!① 请同学们回忆地理课本的相关内容,思考黄土高原地区的地理特征对壶口瀑布的形成与发展产生了哪些影响?	**【地理】** 1. 分析黄河壶口段的水文特征及其成因。 2. 探究壶口瀑布的最佳观赏季节,并说明原因。 3. 说出壶口瀑布所属的地貌类型,分析该地貌的形成原因。 4. 选择最佳位置拍摄一张河流阶地的照片。	小组讨论分析壶口瀑布景区旅游基础设施设计和布局的合理之处及需要改进的地方,同学互评打分。

① 黄河壶口瀑布风景区官网,http://www.tianxiaqiguan.com/detail/intro/sid/14734068767667100。

续表

天次	时间	行程安排	课本内容	教学过程	学生研学课题	学生研学评价
	17:00—18:00	晚餐。				
	18:30—19:00	腰鼓/陕北民歌	**【语文】** 《安塞腰鼓》。 **【地理】** 必修2第二章第三节“地域文化与城乡景观”。	**一、研学目标** 1. 通过对非物质文化遗产陕北腰鼓、民歌的研学，深入了解当地的地域音乐文化发展。 2. 通过欣赏及学习腰鼓表演，进一步促进同学们审美情趣的提升。 3. 体会我国多民族、多元化的风俗文化与表现形式，增强学生的文化自信。 **二、学生组织方式** 研学导师组织集体观摩、学习表演。 **三、研学讲解** **景点：陕北民歌，腰鼓表演地　【语文、地理、历史】** **【讲解陕北民歌与安塞腰鼓】** 陕北是民歌荟萃之地，陕西民歌是历代劳动人民在生产实践和社会实践中，在各种艺术形式不断地相互影响、融合中，创造、发展、流传下来的。腰鼓是中国传统民族乐器，它来源于生活，又很好地表现了生活。独具魅力的安塞腰鼓掀起了黄土地上的狂飙，展示出西北黄土高原农民朴素而豪放的性格，张扬出独特的艺术性。① 请同学们回忆《安塞腰鼓》这篇文章：作者通过对一群朴实得像红高粱一样的茂腾腾陕北后生在黄土高原上展现的壮阔、雄浑、激越、豪放的腰鼓舞场面的描写，展示了中华民族古老淳朴的民间文艺风情，显示了生命的活跃和强盛，热烈赞颂了中国人民“晦暗了又明晰，明晰了又晦暗，尔后最终永远明晰了的大彻大悟”，抒发了中华民族挣脱了束缚与羁绊、闭塞与保守后的欢乐和痛快、思索和追求。这是对改革开放炽烈的、深层次的理性思索的结晶。	**【语文】** 1. 如何保护、传承与发扬非物质文化遗产？具体措施和建议有哪些？ 2. 作为传统民俗舞蹈，其展现出的精神风貌是如何与陕北这一地区的地理位置、地形特点、民风、陕北人的精神品格形成联系的，为什么该地孕育出了这样风格的民俗舞蹈。	学生个人用不同的方式描摹安塞腰鼓特点，研学导师评价打分。

① 陕西省非物质文化遗产数据库官网，http://www.sxlib.org.cn/dfzy/feiwuzhi/gjyp/2/201703/t20170302_637160.html。

续表

天次	时间	行程安排	课本内容	教学过程	学生研学课题	学生研学评价
				安塞腰鼓的形式与发展和当地的历史地理环境及民情习俗是分不开的。安塞素有“上郡咽喉”“北门锁钥”之称，为抵御外族入侵的边防要塞之一。想象一下，早在秦汉时期，腰鼓就被驻防将士视同刀枪、弓箭一样不可少的装备。遇到敌人突袭，就击鼓报警，传递讯息；两军对阵交锋，以击鼓助威；征战取得胜利，士卒又击鼓庆贺。随着时间的流逝，腰鼓从军事用途逐渐发展成为当地民众祈求神灵、祝愿丰收、欢度春节时的一种民俗性舞蹈，从而使腰鼓具有更大的群众性，但在击鼓的风格和表演上，继续保留着某些秦汉将士的勃勃英姿。① **【研学课题活动】** 1. 如何保护、传承与发扬非物质文化遗产？具体措施和建议有哪些？ 2. 作为传统民俗舞蹈，其展现出的精神风貌是如何与陕北这一地区的地理位置、地形特点、民风、陕北人的精神品格形成联系的，为什么该地孕育出了这样风格的民俗舞蹈？	**【地理】** 探究地域文化与地理环境的关系：为安塞腰鼓演出拍照，写一首三行诗制成明信片，在小组内评选出最佳明信片，结合自然地理整体地给同学们讲讲安塞腰鼓的起源和特点。	
第四天	9:00—11:30	杨家岭革命旧址/枣园革命旧址		**一、研学目标** 1. 通过对杨家岭革命旧址和枣园革命旧址的研学，深入了解我国的革命历史，了解中共七大召开的重要意义。 2. 了解什么是延安精神，感受革命先辈的爱国情怀和艰苦奋斗精神，激发学生们继承优良革命传统和民族精神的热情。 **二、学生组织方式** 研学导师组织集体小组参观，寻找历史资料。		

① 延安市人民政府官网，http://www.yanan.gov.cn/zjya/yagk/xqgk/320853.htm。

续表

天次	时　间	行程安排	课本内容	教学过程	学生研学课题	学生研学评价
			【历史】 必修中外历史纲要(上)第八单元第 24 课“正面战场、敌后战场和抗日战争的胜利”。 **【政治】** 必修 3“政治与法治”;必修 4“哲学与文化”。	**三、研学讲解** **景点一:杨家岭革命旧址　【历史】** **【讲解杨家岭革命旧址】** 同学们,杨家岭革命旧址和枣园革命旧址,都曾经是毛泽东等中央领导和中共中央机关居住的地方。杨家岭革命旧址位于延安城北杨家岭村,是中共中央 1938 年 11 月至 1947 年 3 月所在地。旧址整体坐东向西,占地面积 2 万平方米。中国共产党第七次全国代表大会在此召开;党中央在延安期间,先后有毛泽东、朱德、刘少奇、周恩来、王若飞等近 20 位领导人在此居住;毛泽东主席在此居住期间先后撰写了《中国革命和中国共产党》等 43 篇重要著作,领导了边区大生产运动和整风运动。1961 年国务院将杨家岭革命旧址公布为第一批全国重点文物保护单位。① **景点二:枣园革命旧址　【历史】** **【讲解枣园革命旧址】** 枣园革命旧址是中共中央书记处 1943 年 10 月至 1947 年 3 月所在地,1943 年 10 月,中央书记处成员由杨家岭先后移住这里,继续领导了全党的整风运动和解放区的大生产运动,筹备了中国共产党第七次全国代表大会,实现了抗日民族战争向全国解放战争的历史转折,为粉碎国民党发动的“全面内战”作了充分准备;1961 年 3 月 4 日,被国务院公布为第一批全国重点文物保护单位,1996 年被中宣部命名为全国百个爱国主义教育示范基地之一。② 在高中政治课堂中,我们在《哲学与文化》中学过中华传统文化和民族精神:延安精神是中国共产党人和不屈不挠的中国人民,在革命战争时期,为争取民族	**【历史】** 1. 了解大生产运动、整风运动的相关情况,分析二者对抗战胜利的意义。 2. 了解中共中央七大的召开意义。 **【政治】** 1. 以延安精神为例,结合当时时代背景,说明它的时代意义。 2. 弘扬和培育民族精神,我们能做些什么? 3. 为什么说没有共产党就没有新中国?	

① 延安市人民政府官网,http://www.yanan.gov.cn/zjya/yal/hsly/302809.htm。

② 延安市人民政府官网,http://www.yanan.gov.cn/zjya/yal/hsly/302809.htm。

续表

天次	时间	行程安排	课本内容	教学过程	学生研学课题	学生研学评价
				独立解放，克服严重的经济困难，所形成的思想精神和品德风貌。它是对井冈山精神、长征精神等革命精神的继承和发展，同时又融合了中华民族的优秀传统文化，并升华到了一个全新精神境界。在《政治与法治》中，讲到中国共产党是中国的执政党，是中国特色社会主义事业的领导核心，中国共产党的执政地位是历史和人民的选择。		选择一个研学课题，写一篇小短文（400字），选出优秀论文。
	12:00—13:00	午餐。				
	13:30—15:00	延安革命纪念馆	**【美术】** 在中国抗日战争和民主运动时期，我国木刻版画、漫画的艺术特点。	**一、研学目标** 1. 通过对延安革命纪念馆的研学，加强同学们对于中国共产党革命历史的深刻认知，感受中华民族艰难而又辉煌的革命史与复兴史。 2. 体会史料实证，感悟革命先辈的英勇事迹与奉献精神，激发学生的爱国情怀。 **二、学生组织方式** 研学导师组织以手册为引领，小组自主探究研学。 **三、研学讲解** **景点一：延安革命纪念馆大厅　【历史】** **【讲解延安革命纪念馆】** 延安革命纪念馆位于陕西省延安市。1935 年 10 月，中共中央和中央红军长征胜利到达吴起镇后，延安就成为中国革命的落脚点和出发点。党中央、毛泽东等老一辈无产阶级革命家在延安和陕北生活战斗了 13 个春秋，领导中国人民取得了抗日战争和解放战争的伟大胜利，形成了伟大的毛泽东思想，培育了光照千秋的		

续表

天次	时　间	行程安排	课本内容	教学过程	学生研学课题	学生研学评价
			【历史】 必修中外历史纲要(上)第八单元"中华民族的抗日战争和人民解放战争"第24课"正面战场、敌后战场和抗日战争的胜利"、第25课"人民解放战争"。	延安精神。延安是中国革命的圣地。"一个党史陈列,就是一部党史教科书"。走进延安革命纪念馆,看着一幅幅珍贵的历史照片,一件件革命文物,探究延安精神的历史作用与现实意义。① **景点二:《延安革命史》基本陈列　【历史】** **【讲解基本陈列】** 《延安革命史》基本陈列的主题是在毛泽东的旗帜下胜利前进。陈列体系是按照历史编年体与专题相辅相成的方式,将党中央和老一辈无产阶级革命家在延安时期的重大实践和理论设计为六个单元展示:第一单元红军长征的落脚点;第二单元抗日战争的政治指导中心;第三单元新民主主义的模范试验区;第四单元延安精神的发祥地;第五单元毛泽东思想指导地位的确立;第六单元夺取全国胜利的出发点。以上六个单元在新馆集中展现,展览面积10000多平方米,展出各类文物2100多件,历史照片1000余幅。② 同学们,请回忆历史课本中关于延安抗战的内容,思考延安为什么会在抗战历史中占据如此重要的地位。 **景点三:《铸魂——延安时期的从严治党》专题展览　【政治】** **【讲解基本陈列】** 《铸魂——延安时期的从严治党》专题展览按照历史编年体与专题相辅相成的方式,分为六个单元展示:第一单元中央苏区——从严治党的有益探索;第二单元延安时期的组织建设;第三单元延安时期的思想建设;第四单元延安时期的制度建设;第五单元延安时期的作风建设;第六单元继往开来——开创全面从严治党	**【历史】** 通过参观延安革命纪念馆,作为新时代的青年学生应如何继承和发扬延安精神。	通过微演讲,传承与弘扬革命传统与延安精神的责任与使命。互评打分。

① 延安革命纪念馆官网,http://www.yagmjng.com/rsf/site/jinianguan/zhanguanjianjie/info/2020/81013.html。
② 延安革命纪念馆官网,http://www.yagmjng.com/rsf/site/jinianguan/zhanguanjianjie/info/2020/81013.html。

续表

天次	时　间	行程安排	课本内容	教学过程	学生研学课题	学生研学评价
				新时代。期望参观者能够通过参观受到启发，从延安时期从严治党的成功实践中汲取经验，树立崇高的理想信念，坚定正确的政治方向，努力提高党性修养，始终维护党的形象，永葆党的先进性。① 同学们，高中政治必修 3《政治与法治》中我们学到：衡量一个政党的先进性，就是看它在性质、宗旨和指导思想等方面所具有的优于其他政党的特质，看它在人类社会历史发展不同阶段所起的引领作用。历史雄辩地证明，中国共产党不忘初心、牢记使命，是始终走在时代前列、人民衷心拥护、勇于自我革命、经得起各种风浪考验、朝气蓬勃的马克思主义政党。 **景点四：延安版画艺术作品　【美术】** **【讲解延安版画艺术】** 中国新兴版画真正发展起来确实与中国革命有密切的关系。1929 年鲁迅开始介绍欧洲版画，1930 年中国左翼作家联盟和左翼美术家联盟成立，标志中国左翼文艺运动兴起。左翼文艺是以文艺大众化作为中心思想开展的。左翼文艺关注的是人民大众的苦难生活。新兴版画是时代的写照、社会的魂魄，是以清醒的意识，在榛莽中露出了日见生长的健壮的新芽。中国现代美术的现实主义作品正是由新兴版画开拓的，它是以崭新姿态出现在艺坛上，发挥了它特殊的战斗作用。它虽然是艺术品，但是它是有倾向性的艺术品，在社会生活当中它就带有政治性。②	请结合展厅内容和学习过的课本知识，说一说中国共产党是如何实现“从严治党、保持党的先进性”的。 **【美术】** 1. 为我国的抗日战争和民主运动画一幅宣传画。 2. 请回忆《中国美术鉴赏》中关于民间艺术的相关内容，结合文艺作品，参观、了解延安革命纪念馆，感受爱国美术家们的民族情怀。	

① 延安革命纪念馆官网，http://www.yagmjng.com/rsf/site/jinianguan/zhanguanjianjie/info/2020/81013.html。
② 延安革命纪念馆官网，http://www.yagmjng.com/rsf/site/jinianguan/zhanguanjianjie/info/2020/81013.html。

续表

天次	时间	行程安排	课本内容	教学过程	学生研学课题	学生研学评价
	15:00—18:00	延安—西安,乘大巴车返回西安。				
	18:00—20:00	晚餐,闭营联欢。				
第五天	9:00—11:30	陕西历史博物馆	**【历史】** 必修中外历史纲要(上)第一单元。 **【美术】** 必修美术鉴赏第2课“传统玉器的根脉——玉器、陶瓷和青铜艺术”、第5课“三度空间的艺术——古代雕塑”。	**一、研学目标** 1. 通过对陕西历史博物馆的研学,加强对于当地历史文化的深刻认知,感受中华民族优秀文化的多元性与差异性。 2. 通过近距离接触和观摩文物,感悟文物作为文明载体的重要价值,培养自觉爱护文物的责任感。 3. 体会中华优秀传统文化的厚重底蕴,激发学生的文化自信。 **二、学生组织方式** 研学导师组织以手册为引领,小组自主探究研学。 **三、研学讲解** **景点一:陕西历史博物馆大厅 【历史】** **【讲解陕西省博】** 陕西历史博物馆被誉为“古都明珠,华夏宝库”,共3个展室,分为7个部分(史前、周、秦、汉、魏晋南北朝、隋唐、宋元明清),精选的2000余件珍贵文物包括:反映古代先民生活情景和艺术追求的丰富多姿的彩陶器皿,反映周人兴起与鼎盛的青铜器,反映秦扫六合统一天下气势的青铜剑、弩机、兵马等,以及显示秦汉奋发崛起精神的钢建筑构件、大型瓦当,还有反映封建盛世繁荣景象的精美的唐代金银器和唐三彩等,并配以遗址模型、图表、照片等辅助展品。同学们通过游览“大唐遗宝展厅”及“陕西古代文明展厅”,观赏国之瑰宝,领略璀璨文明。①	**【历史】** 了解陕西的政治、经济、文化发展以及秦汉、隋唐时期的中国政治、经济、文化。 **【美术】** 1. 挑选一件你喜欢的唐代套用作品,分析其艺术特点并用速写的形式进行临摹绘画。	通过小论文或绘画对学生能力进行检测。以学生绘画作品进行考核。

① 陕西历史博物馆官网,http://www.sxhm.com/index.php? ac=article&at=list&tid=218。

续表

天次	时　间	行程安排	课本内容	教学过程	学生研学课题	学生研学评价
			【地理】 必修3第一章第一节“区域和区域差异”。 **【政治】** 必修4“哲学与文化”我们的中华文化：源远流长、博大精深；文化在交流中传播。必修1“中国特色社会主义”第一课第一框。 **【历史】** 选修二“古代的生产工具与劳作”。	**景点二：常设展厅　【历史、地理、美术、语文】** **【讲解内容一：唐三彩】** 同学们，眼前的这件文物就是唐三彩，请回忆我们在《中国美术鉴赏》中学到的：唐三彩实际上是唐代彩色釉陶的总称，由于它烧制于唐代，所烧作品用得最多的色彩是黄、绿、白三种颜色，所以得到了唐三彩的名称，实际上，它所用的色彩还包括蓝、赭、紫、黑等。这种彩色釉陶是在汉代低温铅釉陶工艺的基础上，通过长期实践，对含有有色金属元素的各种原料有了新的认识而制作成功的。之间历经了一个由粗到精的缓慢烧造发展过程，到唐供时，终于烧成了著名的唐三彩陶器。 唐代晚期出现了一种瓷器，对中国瓷器影响非常大，叫秘色瓷。秘色，意为秘密之色，充满神秘感。实际上，秘色瓷算是越窑的改进版。今天很多商品都是一代代地改进，历史上的越窑也是这样不停地改进。我们讲过，最早的越窑颜色叫糖黄色，有点像红糖的黄色。黄色肯定不如绿色好看，于是它就向绿色慢慢过渡，要追求这个绿色。秘色瓷的颜色就非常青绿了。这件瓷盘口沿细薄呈五曲花瓣形，质地细腻，是专门为皇室烧制的越窑青瓷器。① 现在，请同学们随我参观馆内的玉器，并结合《天工开物——中国传统工艺美术》一文思考，古文化中的玉有哪些功能？ **【讲解内容二：青铜器】** 这个展厅展示的是青铜器。对于中国先秦中原各国而言，最大的事情莫过于祭祀和对外战争。作为代表当时最先进的金属冶炼、铸造技术的青铜，也主要用在祭祀礼仪和战争上。夏、商、周三代所发现的青铜器，其功能均为礼仪用具、武器以及围绕二者的附属用具，这一点与世界各国青铜器有区别，形成了具有中国传统特色的青铜器文化体系。青铜礼器可以分为：炊器、食器、酒器、水器、乐器、杂器。②	2. 我来画文物——挑选一件自己最喜欢的文物，画出来，可以选用任意材料，形式不限。 **【地理】** 了解陕西省自然地理地貌单元划分：在博物馆中找到陕西省地形地貌单元划分图并拍照，分别找出三大地貌单元出土的文物，为它们拍照留念。	根据所拍照片手绘陕西省三大地形地貌单元图，找出这些文物所在的地理位置，在图中标出，并附上简短说明来源、用途，研学导师评价打分。

① 陕西历史博物馆官网，http://www.sxhm.com/index.php? ac=article&at=list&tid=218。

② 陕西历史博物馆官网，http://www.sxhm.com/index.php? ac=article&at=list&tid=218。

续表

天次	时间	行程安排	课本内容	教学过程	学生研学课题	学生研学评价
				请同学们以小组为单位，在展厅内找到青铜器的杰出代表文物，并讨论青铜器的主要特点与文化价值。 **【讲解内容三：陶器】** 请同学们随我参观馆内的陶器展厅，并回忆我们在历史选修 2“古代的生产工具与劳作”中学过的：陶瓷业也是古代重要的手工业之一，使用的主要工具包括坯车、匣钵、支钉等。人们最初用泥条盘筑的方式来制造陶器，由于用手工控制形状，陶器的圆度并不理想。到了新石器时代晚期，许多地区都采用坯车来制坯，不仅能制成圆形坯件，还能通过调节坯车转动的快慢，控制坯件的薄厚。中国南朝时，为了防止在烧制过程中气体和有害物质污损坯件，工匠把坯件放在耐火泥制成的匣钵中。唐宋时期，为了使器物在烧制过程中不粘连，工匠在器物底部放置已烧制好的黏土块——支钉。 请同学们在展厅中找到一件人面鱼纹彩陶盆，观察这件作品的艺术特征，并思考这件作品蕴含的文化内涵。 同学们，馆内还有大量栩栩如生的汉俑。汉俑有许多艺术形象，有文吏、仕女、百戏、劳动俑及动物俑等。这些陶俑洋溢着一种那个时代特有的美。古朴厚重、雍容大度的造型方式，使人充分领略到汉代文化特有的力量内涵；单纯简洁、整体概括的造型意识使这些艺术形象具有浑厚、粗犷的节奏韵律；加之陶俑充分表达了作品材料——陶土的质感特性和捏塑感的自然情趣，使得这些作品有着淳朴浑厚、古拙耐看的共同特点。汉俑塑造中除了大度、自由、富于创意的特征外，还蕴含着另外一种特质——稚拙、谐谑的意趣。汉代陶俑朴拙生动、率真天然、自由奔放、张扬大气的风格特征，集中体现了当时的民族文化、民族精神和审美标准。① 请同学们回忆我们去过的秦始皇兵马俑博物馆，对比分析秦汉时期的陶俑的异同吗？这些异同所代表的更深层次的社会特征是什么？	**【语文】** 选择一件自己最喜欢的文物向读者介绍其特点并阐明你最喜欢它的原因。 **【政治】** 1. 陕西博物馆是通过哪些途径和手段传播丝路文化的？请你为丝路文化更好地“走出去”提出两条建议。 2. 观看文物修复特展，简述科学技术在文化建设中的重要作用。	自选角度，以小论文形式谈谈中华文化的特点和促进文化发展的路径。 展示搜索的不同器物图片所反映的当时的社会风貌。相互打分。

① 陕西历史博物馆官网，http://www.sxhm.com/index.php? ac=article&at=list&tid=218。

续表

天次	时间	行程安排	课本内容	教学过程	学生研学课题	学生研学评价
				景点三:大唐遗宝展 【政治】 同学们,高中《哲学与文化》中我们曾学到:文化传播产生于人类生存和发展的需要。文化传播生生不息,绵延不断,贯穿于人类社会发展过程的始终。恒久长存的人类活动文化传播使得各具特色的文化相互交流、借鉴和融合,传播的方式多种多样,在当代社会,面对世界范围内的文化交流,我们要保持正确的态度,做中外文化交流的友好使者。 **【研学课题活动】** 1. 请同学们根据在博物馆的研学,完成以下任务。 (1) 寻找藏在博物馆里的古代发明,感受古代科技成就。 (2) 探究我国造纸术和印刷术的发展演变过程以及对世界的影响。 (3) 在丝绸服饰、宗教中选择其一,研究丝路文化魅力。研究丝绸之路对文化交流和传播的重大意义。 (4) 研究唐墓壁画中蕴藏的丝绸之路文化。 2. 请同学们结合所学,根据所见所察,思考以下问题。 (1) 陕西博物馆是通过哪些途径和手段传播丝路文化的?请你为丝路文化更好地“走出去”提出两条建议。 (2) 观看文物修复特展,简述科学技术在文化建设中的重要作用。 (3) 如何保护优秀文化遗产,请你提出几条建议。 (4) 从馆藏文物中,探索不同社会形态使用的生产工具有何不同,以及由此体现的生产力发展状况;建立在不同生产力基础上的生产关系有何特点?	3. 如何保护优秀文化遗产,请你提出几条建议。 4. 从馆藏文物中,探索不同社会形态使用的生产工具有何不同,由此体现生产力发展的什么状况?建立在不同生产力基础上的生产关系有何特点?	
	12:00—13:00	午餐。				
	下午	西安—北京,返回北京。				

五、学科拓展应用

【英语】

研学活动提供了英语学习的主题语境，活动中学生体验人与自我、人与社会、人与自然的关系，为语言学习和表达提供意义语境。学生借助所学词语和句式传递自己的所见所闻、情感和思想，根据研学经历写出简单的游记，是语言综合运用的一种体现。学习相应的通用句式。

【生物】

第六单元第二章“调查生物多样性”；第八单元第二章“用药与急救”；第四单元第四章“人体内物质的运输(心脏\血管)”。

【地理】

1. 读陕西省行政区划图，说出简称和行政中心，陕西省名字的由来。
2. 描述西安、延安的位置特征(查阅地图找出经纬度范围、海陆位置、相邻位置)。
3. 运用陕西地形图概括出陕西地势特征，包含了哪些地形类型？黄土高原有哪些地理特征？
4. 读中国气候类型分布图找出陕西省的气候类型，说出西安和延安气候特征。
5. 自然环境对农业生产影响比较大，陕西的自然环境条件对农业生产有什么影响？

【美术】

1. 北京传统工艺美术——拓展：其他地区的传统美术，陕西省博物馆工艺展品。
2. 吴昌硕的书画和篆刻——拓展：其他地区的名家书画，陕西省博物馆书画展品。
3. 生动的人物动态——北朝壁画像，陕西省博物馆壁画像。
4. 旅游纪念品设计——设计西安、延安的旅游纪念品。

【历史】

(人教版)八年级上册第21课“敌后战场的抗战”10[illegible]页抗日根据地的建立与发展。

【语文】

盛唐诗人名篇：唐朝盛世诗歌的发展亦达到巅峰，回顾学过的唐朝诗人佳作，如李白、杜甫、白居易、刘禹锡等，感受盛唐时期的西安风貌。

本课程的设计由北京财贸职业学院的夏飞负责，参与本部分设计研究的单位(个人)还有中央民族大学附属中学的王国德、马诗凯、刘笑妍、布素蕾、贾爱、汪明水、姜明亮、王文红和北京世纪明德教育科技股份有限公司的赵兴花、胡倩倩等。

三、红色文化主题研学旅行线路:湖南—江西

（高中一年级用）

一、活动前研学课本知识准备要求

【语文】

1. 阅读毛泽东诗词四首:《沁园春·长沙》《念奴娇·昆仑》《七律·和柳亚子先生》《七律·人民解放军占领南京》。
2. 背诵《沁园春·长沙》这首词。

【数学】

1. 普通高中教科书数学(B版)第一册(必修)第二章“等式与不等式”41—79页;第三章“函数”83—121页、“数学建模活动”125页。
2. 普通高中教科书数学(B版)第二册(必修)第五章“统计与概率”53—90页。
3. 普通高中教科书数学(B版)第四册(必修)第九章“解三角形”1—19页;第十一章“立体几何初步”53—123页。

【历史】

1. 复习(人教版)必修1第四单元第16课“抗日战争”。
2. 复习(人教版)必修1第四单元第15课“国共十年的对峙”。
3. 复习(人教版)选修4第五单元第4课“新中国的缔造者毛泽东”。

【地理】

1. 复习“天气与气候”“地图的阅读”“山体部位”等七年级上册内容。
2. 复习必修2“农业的区位因素”。
3. 复习必修1“地理环境的整体性”。

【政治】

1. 了解红色主题研学路线和相关景点反映的政治意涵。
2. 回顾“政治生活”“文化生活”“生活与哲学”等教材的相关知识要点。

【音乐】

1. 查阅毛泽东诗词碑林以及《忆秦娥·娄山关》相关资料,了解毛泽东以及曲作者田丰创作的背景和所表达的情绪。
2. 查阅江西民歌特点、探究江西革命歌曲特点以及形成原因,对江西革命代表歌曲《映山红》《红星歌》从旋律、风格上进行对比分析。

3. 提前观看《闪闪的红星》电影，三个小组合作演唱、表演电影中的主题曲《映山红》《红星闪闪》《红星照我去战斗》等歌曲。

【美术】

1. 查阅资料，了解中国传统建筑的艺术特色；了解毛泽东的诗词与书法。

2. 感受舞蹈带来的律动美和反映的历史意义。

二、研学旅行主题课程目标

【语文】

1. 从“千年学府，百年师范”及毛泽东等人物故事入手，开展主题体验和探究活动。

2. 感悟以毛泽东为代表的历史名人的成长历程和伟人思想的锻造过程，培养青年人的使命感、责任感。

【数学】

1. 选取黄洋界景点中无法到达的两处山峰，借助米尺与测量角度的仪器设计测量这两点间距离的方案，并利用解三角形的知识获取解答。

2. 结合凤凰吊脚楼的独特建筑结构，培养学生直观想象素养。

【历史】

1. 让学生感悟人民群众是历史的创造者，深入了解马克思主义唯物史观，树立正确的人生目标。

2. 感悟中国人民追求民族独立、反抗外来侵略的艰难与决心，品味家国情怀。

3. 感悟中国人民获得新民主主义革命胜利的不易，明白只有中国共产党才能救中国，体会毛泽东思想的正确性。

【地理】

1. 不同山体部位的判读；地形地势特征的描述。

2. 找到第九司令部，运用地图分析第九司令部选址的原因，领悟军事家的智慧及艰苦的工作环境。

3. 分析大井可以保证部队后勤粮食供给的原因。

4. 描述黄洋界的位置，分析黄洋界的地理环境特征，分析这里成为黄洋界保卫战主战场的区位条件。

【舞蹈】

1. 领略舞蹈中表达的一代代老师无私奉献、蜡炬成灰的精神，从而了解到遥远的历史精神在今天的意义。

2. 通过此次旧址游学，让学生亲眼看到剧目中的桌子，联想到舞蹈中的旁白，加深对舞蹈编排的理解，使舞蹈动作叙事感更强。

3. 苗族的地域风情、人文风俗、宗教历史及生活习惯等对苗族舞蹈有着很大的影响，使其形成了有着强烈风土气息的舞蹈动律，从而展现了独特的舞蹈风格。

【政治】

1. 探究中国共产党带领中国人民革命的奋斗历程，理解中国共产党是中国工人阶级，同时是中国人民和中华民族的先锋队。

2. 知行合一，通过研学感受在实践中获得和深化认识、追求真理。

【音乐】

1. 参观毛泽东诗词碑林，朗诵和演唱毛泽东诗词，让学生深深感受中国诗词及音乐作品的魅力，从而热爱祖国颂歌类体裁，并喜欢演唱这类歌曲。

2. 分析合唱作品《忆秦娥・娄山关》，了解音乐要素对歌曲情绪的表达所起的作用。

3. 了解江西革命歌曲特点，探究歌曲形成原因，从而热爱江西革命民歌。

4. 了解《映山红》《红星歌》所表达的对红军无限热爱与不舍之情，歌颂伟大的党，歌颂工农红军，表达对美好未来的憧憬和向往。

【美术】

1. 了解中国书法与建筑，提高对民族文化艺术的热爱。

2. 利用现代摄影摄像设备，或熟练运用手机进行影像编辑记录游学收获。

三、线路特色

衡山西，岳麓东，第一师范峙其中。
橘子洲，浪遏舟，挥斥方遒解民忧。
爱晚亭，藏枫林，革命圣地求真理。
岳麓山，育书院，千年学府美名传。
韶山下，瞻故居，韶山胜地传精神。
纪念馆，小广场，诗词碑林现辉煌。
游凤凰，览风情，传统文化意难平。

四、研学旅行线路与研学课程实施内容

天次	时间	行程安排	课本内容	教学过程	学生研学课题	学生研学评价
第一天	16:00—6:00	北京—长沙(乘火车,夜宿火车)。				
	7:30—11:00	乘车赴爱国主义教育基地湖南第一师范旧址。	**【历史】** 必修1第22课“南京国民政府的统治和中国共产党开辟革命新道路”。 **【政治】** “生活与哲学”第二单元“探索世界与追求真理”第6课“求索真理的历程:实践和认识的辩证关系”。	**一、研学目标** 1. 让学生感悟人民群众是历史的创造者,深入了解马克思主义唯物史观,树立正确的人生目标。 2. 通过“读无字之书求真知”的主题活动,了解实践的特性和作用,理解社会生活的实践本质。感受如何在实践中获得和深化认识。 3. 结合八班教室旧址,通过与历史结合,学生能掌握舞蹈《八班教室》的内涵美,了解舞蹈作品同生活实际结合的价值。 **二、学生组织方式** 学生扮演讲解员,现场分组介绍。 **三、研学讲解** **景点一:湖南第一师范 【政治】** **【“无字之书”的故事介绍】** 毛泽东青少年时代读“有字之书”下了很大的功夫,读“无字之书”也下了很大的功夫。 那么同学们,什么叫读“无字之书”呢? 1913年,毛泽东在湖南第四师范读书时整理的课堂笔记《讲堂录》中,写有这样一段话:“闭门求学,其学无用。欲从天下国家万事万物而学之,则汗漫九垓,遍游四宇尚已。”毛泽东从青年时代就很重视读“无字之书”。 1917年夏,他邀同学萧子昇,利用暑假,以游学方式,游历了湖南长沙、宁乡、益阳、沅江、安乡五县农村,广泛了解农村农民生活。 1918年夏,他又和蔡和森到湖南益阳、沅江、岳阳、汉寿等县农村进行了半个多月的社会考察。	**【语文】** 1. 写人物传记。 2. 讲述“千年学府,百年师范”名人轶事。	小组组员互评和老师打分相结合。

续表

天次	时　间	行程安排	课本内容	教学过程	学生研学课题	学生研学评价
			【语文】 高中语文必修“人物传记”。	毛泽东没有走出国门，壮游世界；相反，当许多人都在国外住洋房、吃面包时，他却走向了中国的穷乡僻壤，走向了社会的最底层，住茅屋，吃南瓜。通过调查了解中国社会问题和劳动人民的生活状况，从读“无字之书”中获得了丰富的社会历史知识。 1920年，毛泽东成为一个马克思主义者之后，他更加注意走向社会，深入实际，走进工农群众之中。他把社会实际和奇妙无限的自然界作为学无止境的人生大课堂。后来，他还在许多讲话和谈话中，联系古今中外的历史事实，反复说明一个道理：一个人光有书本知识是不行的，一定要投身到社会实际生活中去学习实际的知识。① 他认为这是最丰富、最生动、最有用的、人生永远学不完的知识。 纵观毛泽东青少年时代的读书实践，就是读“有字之书”和读“无字之书”的有机结合。读“有字之书”，毛泽东下了很大的功夫，花费了很多的时间和精力，写下了大量的读书批注，读“有字之书”达数万卷（据我们不完全的统计，毛泽东生前中南海住地的存书就近十万册）。 读“无字之书”，毛泽东一生中也下了很多的功夫，花费了很多的时间和精力，走遍了大江南北，踏遍了千山万水，行走数万公里，深入机关、工厂、学校，深入部队、连队，深入农村、农民家中，走到哪里，读到哪里，学到哪里。留下了很多的读“无字之书”的实践、感想、感言和逸闻、佳话、趣事，写下了很多具有真知灼见的高水平的调查研究文稿。② 请同学们从哲学教材认识论的角度，说一说读“无字之书”的意义，以及你们参加本次游学活动的收获。	**【舞蹈】** 以小组形式进行舞蹈片段编排。	

① (人教版)高一历史必修1。

② 《毛泽东如何读“无字之书”》，新华网，http://xhv5.xhby.net/mp3/pc/c/201903/15/c607034.html。

续表

天次	时　间	行程安排	课本内容	教学过程	学生研学课题	学生研学评价
				景点二：第八教室　【舞蹈】 **【讲解《八班教室》的故事】** 参观第一师范旧址，领略舞蹈《八班教室》中表达的一代代老师无私奉献、蜡炬成灰的精神，从而了解到遥远的历史精神在今天的意义。 学生通过手机一起观看《八班教室》舞蹈作品，分析该作品的情感抒发。 该剧目取材于湖南第一师范学校旧址第八班教室，该作品在“荷花奖”校园舞蹈大赛中荣获一等奖。 通过此次旧址游学，亲眼看到剧目中的桌子、联想到舞蹈中的旁白，加深对舞蹈编排的理解，使舞蹈动作叙事感更强，更好地用肢体语言诠释“八班教室”的故事。 群舞中表情与细节之间的关联是整部作品叙事语境的重要描绘，因而在表演作品时注重强调学生的肢体表现力及情感表现力。	**【语文、艺术】** 1. 完成论文《读“无字之书”求真知》，从游学论知行关系。 2. 选取舞蹈段落，根据段落中学生对音乐及情感的理解进行二度创作。	
	11:00—12:00	午餐。				
	12:00—17:00	参观橘子洲。		**一、研学目标** 1. 朗读背诵《沁园春·长沙》。结合对橘子洲的实地游览，体验把握词的意象和意境，概括画面，并能从情景交融的角度赏析词作，提高诗词鉴赏能力。 2. 体味诗人毛泽东蕴涵于作品中的情感，感悟诗人毛泽东博大的情怀，感受诗人毛泽东以天下为己任的历史责任感。 **二、学生组织方式** 体验式，诵读诗词、故事讲解。		

续表

天次	时　间	行程安排	课本内容	教学过程	学生研学课题	学生研学评价
			【语文】 毛泽东主席的诗词。	**三、研学讲解** **景点：橘子洲　【语文、历史】** **【橘子洲与毛主席的诗词】** 同学们，如果说到橘子洲，首先映入大家脑海的是什么呢？ 没错，就是毛泽东主席的诗篇——《沁园春·长沙》，这是我们语文必背古诗词，现在我们站在橘子洲，是不是更有抒发感情的迫切愿望了？有没有同学来大声朗诵一下！ 那么，这个橘子洲到底是怎么形成的呢？ 橘子洲是湘江中最大的沙洲，它由南至北，纵贯江心，西瞻岳麓，东临古城。① 1914年至1918年，青年毛泽东曾在这里与同学友人到洲头搏浪击水，在洲头“问苍茫大地谁主沉浮”，在问天台探求真理、议论国事，至此橘子洲成了青年毛泽东早期从事革命活动的热土，橘子洲也记住了一个胸怀大志、风华正茂的毛泽东。1925年，毛泽东在此挥笔写就出脍炙人口的诗词名篇《沁园春·长沙》，②抒发心忧天下、济世救民的壮志豪情。橘子洲头美誉八方，名扬四海，为蜚声中外的“天下第一洲”。 现在，由课代表起头，站在橘子洲头诗碑前，组织学生大声齐读《沁园春·长沙》，背会这首词。	**【历史】** 了解青年毛泽东，每人准备一个故事——青年毛泽东或毛泽东在湖南。要求脱稿讲毛泽东的故事。 比较阅读《沁园春·长沙》和《沁园春·雪》。	根据资料的搜集整理，学生现场讲述，故事会现场评委（学生评委、教师评委）评选最佳故事人，颁发有橘子洲特色的文创产品。

① 岳麓山风景名胜区官网，http://jzzjq.hnyls.com/index.php? c=page&id=2。

② 《沁园春·长沙》，（人教版）高一语文。

续表

天次	时间	行程安排	课本内容	教学过程	学生研学课题	学生研学评价
				接下来，结合对橘子洲头的实地考察，想象诗人毛泽东独立橘子洲头，“看万山红遍，层林尽染；漫江碧透，百舸争流。鹰击长空，鱼翔浅底，万类霜天竞自由”的画面，感悟诗人“恰同学少年，风华正茂，书生意气……浪遏飞舟”的豪情。 **【研学课题活动】** 2010 年，长沙市委、市政府提出了推进城市国际化、把长沙打造成具有国际影响力的文化名城的目标，确立把旅游业打造成战略性支柱产业。 橘子洲周末烟花燃放盛事以“橘洲浪漫、璀璨星城”为主题，以“浏阳花炮”为品牌，以橘子洲为载体，把山、水、洲、城这一独特的城市景观展示给国内外游客。这也是一次烟花行业的比赛，即“长沙市橘子洲周末焰火燃放暨中国·长沙国际音乐焰火大赛”。每周六晚上在橘子洲专用燃放场所燃放烟花，如遇重大节日或天气原因做适当调整。冬、春季燃放时间为 20:00 — 20:20，夏、秋季燃放时间为 20:30 — 20:50，每场燃放时间长 20 分钟。 橘子洲的“菊花”烟花是最壮观的烟花之一。制造商一般期望在它到达最高点时爆裂。如果烟花距地面的高度 h m 与时间 t s 之间的关系是二次函数 $h=f(t)$，且满足 $f(0)=18, f(1)=f(2)=27.8$，观看烟花解答下面的问题。	**【数学】** 1. 求烟花二次函数的解析式； 2. 烟花冲出后什么时间是它爆裂的最佳时刻？这时距地面的高度是多少（精确到 1m）。	学生个人考核数学二次函数的实际运用求解。
	17:00—19:00	乘车前往市区，晚餐后，入住酒店。				

续表

天次	时　间	行程安排	课本内容	教学过程	学生研学课题	学生研学评价
第二天	7:30—11:00	乘车赴岳麓书院。	**【政治】** “生活与哲学”第一单元第2课“百舸争流的思想”哲学的基本问题、唯物主义和唯心主义；“文化生活”第二单元“文化传承与创新”。 **【地理】** 必修2“区位因素”。 **【美术】** 第7课“华夏意匠——中国传统建筑与园林艺术”。	**一、研学目标** 1. 了解爱晚亭的伟人的历史故事，体味中国传统建筑的动人心魄的美。 2. 了解岳麓书院的概况，通过岳麓书院了解中国古代文人的追求目标，从而感受“风声雨声读书声声声入耳，家事国事天下事事事关心”的情怀。 **二、学生组织方式** 情景参与式。 **三、研学讲解** **景点一：爱晚亭　【语文】** **【爱晚亭的故事】** 同学们，我们来到了著名的爱晚亭，相信大家都对这处名胜有所耳闻，大家都从哪里听说过呢？（学生回答古诗）没错，爱晚亭始建于清乾隆五十七年（1792年），由岳麓书院院长罗典创建。爱晚亭原名红叶亭，又名爱枫亭。后来由湖广总督毕沅，根据杜牧“远上寒山石径斜，白云深处有人家。停车坐爱枫林晚，霜叶红于二月花”的诗句，更名为爱晚亭。① 爱晚亭与安徽滁县的醉翁亭（1046年）、杭州西湖的湖心亭（1552年）、北京陶然亭公园的陶然亭（1695年）并称中国四大名亭。② 爱晚亭也是革命活动胜地。毛泽东青年时代在第一师范求学时，常与蔡和森聚于爱晚亭，纵谈时局，探求真理，也许爱晚亭也记得几位以改变中国、改变世界为己任的革命青年当年意气风发的模样吧。亭内立碑上刻有毛泽东主席手书《沁园春·长沙》诗句，笔走龙蛇，雄浑自如，更使古亭流光溢彩。	**【美术】** 欣赏爱晚亭这一传统建筑形式，了解爱晚亭的建筑形式重檐四角攒尖顶，体味中国传统建筑的美。 用速写的基本步骤方法描画爱晚亭。	课题小组成果集；调查资料，统计数据。 自评与学生互评为主，分项目打分。

① 岳麓山风景名胜区官网，http://www.hnyls.com/index.php? s=news&c=show&id=237。

② 岳麓山风景名胜区官网，http://www.hnyls.com/index.php? s=news&c=show&id=237。

续表

天次	时　间	行程安排	课本内容	教学过程	学生研学课题	学生研学评价
				景点二：岳麓书院　【语文】 **【岳麓书院简介】** 今天我们来到了中国古代著名的“四大书院”之一——岳麓书院。这是我国现保存最完好的一座古代书院。北宋开宝九年(公元 976 年)，潭州太守朱洞因袭扩建，创立岳麓书院。历宋、元、明、清各代，兴学不变。随着清末改革学制，废书院，办学堂，辛亥革命后改高等学校等，直至湖南大学，均因旧址扩建，千余年来都是湖南高等学府所在，反映了祖国文教事业的悠久历史，是十分可贵的文物史迹。自二十世纪八十年代岳麓书院经由湖南大学管理和修复以来，书院延续了千年的教育办学和学术研究传统，成为全国书院中承继其传统功能的典型代表，被外界誉为“千年学府”。今天的岳麓书院不仅是湖南大学的文史哲人才培养和研究基地，湖南省旅游胜地，更是整个长沙市的文化窗口和文化名片。① 我国古代讲求诗礼传家，无论哪朝哪代，都把读书看作一等一的大事，于是在千百年的历史流转中，承载着文明和思想火花的“四大书院”也应运而生。 你知道中国古代四大书院吗？ 今河南商丘的应天书院、湖南长沙的岳麓书院、河南郑州的嵩阳书院、江西九江的白鹿洞书院。希望同学们回去查阅一下相关资料，感受贤人志士“风声雨声读书声声声入耳，家事国事天下事事事关心”的情怀。 **【研学课题活动】** 在书院文化中，对联是一个重要部分，是千载中华人文思想的积淀。今天，我们在游览中要注意感悟岳麓书院的这些经典对联。请同学们注意摘抄、研究： 1. 岳麓书院的大门上的楹联：惟楚有材，于斯为盛。 2. 前门两侧有一副著名对联：千百年楚材导源于此，近世纪湘学与日争光。	通过岳麓书院了解中国古代文人的追求目标，感受“风声雨声读书声声声入耳，家事国事天下事事事关心”的情怀。	

① 岳麓书院官网，http://ylsy.hnu.edu.cn/sygk/syjj.htm。

续表

天次	时　间	行程安排	课本内容	教学过程	学生研学课题	学生研学评价
				3. 赫曦台西面两柱上的一副对联：合安利勉而为学，通天地人之谓才。 4. 岳麓书院的二门上的一副对联：纳于大麓，藏之名山。 5. 岳麓书院二门过厅的对联：地接衡湘，大泽深山龙虎气；学宗邹鲁，礼门义路圣贤心。 6. 进入二门后就是书院的核心部分——讲堂。讲堂有很多重要的对联、碑刻，我们只选取两副为大家解读。 第一幅是：工善其事，必利其器；业精于勤，而荒于嬉。 此联典出《论语》和韩愈的《进学解》，上联由《论语・卫灵公》中的“工欲善其事，必先利其器”演化而成，下联则来源于韩愈《进学解》中的“业精于勤，荒于嬉”。 第二幅是：是非审之于己，毁誉听之于人，得失安之于数，陟岳麓峰头，朗月清风，太极悠然可会；君亲恩何以酬，民物命何以立，圣贤道何以传，登赫曦台上，衡云湘水，斯文定有攸归。 这也是古代读书人关于个人修养的座右铭，意在告诫学子士人：要树立积极的人生态度。 7. 在校经堂门口悬挂着一副左宗棠撰写的对联：学贯九流，汇此地人文法海；秀冠三湘，看群贤事业名山。从这副对联中可以看出左宗棠的豪迈自信以及他对岳麓书院的无限赞美。 千百年来，岳麓书院人才辈出，不愧为千年学府。如今的岳麓书院已经成为湖南大学的重要组成部分，继续发挥着它千年学府的作用。		
	11:00—12:00	午餐。				

续表

天次	时　间	行程安排	课本内容	教学过程	学生研学课题	学生研学评价
	12:00—17:00	乘车到韶山。	**【历史】** 必修 1 第 22 课“南京国民政府的统治和中国共产党开辟革命新道路”。 **【政治】** “政治生活”第三单元“发展社会主义民主政治”第 6 课“中国共产党领导的多党合作和政治协商制度：中国共产党执政历史和人民的选择”。	**一、研学目标** 1. 让学生感悟人民群众是历史的创造者，深入了解马克思主义唯物史观，树立正确的人生目标。 2. 不忘初心牢记使命，理解中国共产党是工人阶级的先锋队，是中国人民和中华民族的先锋队。 3. 参观毛泽东诗词碑林，朗诵毛泽东诗词，演唱诗词歌曲，让学生感悟伟人毛泽东的博大情怀和革命壮志，感受中国诗词及音乐作品的魅力。 4. 通过分析合唱作品《忆秦娥·娄山关》，了解音乐要素对歌曲情绪的表达所起的作用，了解艺术歌曲，认识作品的社会价值。 **二、学生组织方式** 互动式，分小组完成任务。 **三、研学讲解** **景点一：韶山　【历史】** **【韶山的历史名胜介绍】** 各位同学，现在我们所处的韶山，是南岳七十二峰之一。这里群山环抱，峰峦耸峙，气势磅礴，翠竹苍松，田园俊秀，山川相趣。最著名的传说是，舜帝以他的智慧和行动，在这里带领人们开荒平地，教导人们耕耘播种，派遣大禹消除洪水让百姓安居乐业。 韶山是中华人民共和国的缔造者之一、中国各族人民的伟大领袖毛泽东的故乡。这里既是重要的革命纪念地，全国青少年革命传统教育基地，国家重点革命文物保护单位，也是享誉中外的景色秀丽的旅游胜地，拥有滴水洞、虎歇坪、滴水洞、八景屏等著名景观，韶乐也是当地著名的人文特色景区。点缀灵秀山川的伟大领袖毛泽东故居、毛氏宗祠、毛泽东纪念馆及新建的毛泽东铜像、毛泽东诗词碑林、韶山烈士陵园等也坐落在此。①		

① 韶山市人民政府官网，http://www.shaoshan.gov.cn/。

续表

天次	时　间	行程安排	课本内容	教学过程	学生研学课题	学生研学评价
			【语文】 诗词拓展，阅读感悟。 **【音乐】** 音乐鉴赏模块第十一单元第21节“峥嵘岁月”；毛泽东诗词《忆秦娥·娄山关》欣赏。 **【美术】** 2017高中美术课标模块二“中国书画”。高中美术鉴赏36页第5课“书为心画——中国书法”。	**景点二：毛泽东广场　【历史】** **【毛泽东广场介绍】** 我们现在位于湖南韶山核心景区的中心——毛泽东广场。 这个广场始建于1993年，广场上的毛泽东铜像重3.7吨，像高6米，基座高4.1米，通高10.1米，象征着“10.1”国庆，更象征着毛泽东是新中国的缔造者，铜像总高度14.5米。铜像朝向为东偏北51.5度，背靠韶峰，面向毛泽东故居。主席身着中山装，左胸前挂着“主席”证，手执文稿，目光炯炯，面带微笑，正视前方，巍然挺立，成功地再现了人民领袖毛泽东出席开国大典时的风采。2008年1月，中央批准了改扩建方案，并同意毛泽东同志铜像广场改扩建后命名为“毛泽东广场”。 各位同学站在毛主席铜像下，有什么感触呢？ 缅怀毛主席，同时也不由得忆起主席的丰功伟绩：领导全民族抗战、建立革命根据地，并建立中华人民共和国；新中国成立后领导人民走正确的、符合我国国情的社会主义道路；在思想理论方面，丰富和发展了马克思主义，结合我国国情提出了解决中国多民族问题的方法，使各民族得到发展，促进了民族团结，为世界其他多民族国家树立了典范。 关于这座铜像，当地流传有许多传说，虽然传说未必真实，但是这些传说印证了当地人民对毛主席的爱戴和缅怀之情。 **景点三：毛泽东故居　【历史】** **【毛泽东故居的故事介绍】** 离铜像广场不远的地方，就是毛主席的故居了。 毛泽东故居位于韶山市韶山乡韶山村土地冲上屋场，是一座土木结构的“凹”字形建筑，共有房屋18间。1893年12月26日毛泽东诞生于此，在这里生活了17年。1910年秋，毛泽东胸怀救国救民大志外出求学；此后，毛泽东同志在这里开始了救国救民的征程：不仅在自己的家乡教育亲人投身革命，更在这里发起了农民革命，召开会议并且建立党支部，带领人民走向解放。	缅怀毛主席历史，总结伟大领袖的丰功伟绩。 搜集毛泽东青少年时期的事迹，整理成材料。	小组组员互评和老师打分相结合。 毛泽东诗词朗诵比赛，故事、传唱、表演评比。

续表

天次	时　间	行程安排	课本内容	教学过程	学生研学课题	学生研学评价
				新中国成立后毛泽东故居向民众开放，1983 年，邓小平为毛泽东故居牌匾题字，之后故居也成为全国第一批爱国主义教育基地。① **景点四：毛泽东诗词碑林　【语文、历史、音乐】** **【碑文诗词赏析】** 徜徉在毛泽东诗词碑林(图 1)，“忆往昔”，重温“峥嵘岁月”，那一行行文字，一首首诗词，一件件史实，一个个故事，一张张图片，必将带领我们感悟一代伟人的豪情壮志、一代伟人的丰功伟绩、一代伟人思想的博大精深，我们将在游赏中荡涤自己的灵魂，我们将从红色追忆中汲取奋斗的力量。  **图 1** 1. 品读赏鉴毛泽东诗词。 碑随诗意造，诗赋碑体吟。毛泽东诗词碑林汇天下碑林之精华，融诗情画意于一体，千姿百态，各具风采，有着神奇美丽而令人陶醉的魅力。	游览碑林，欣赏毛泽东诗词软笔书法创作。	

① 韶山市人民政府官网，http://www.shaoshan.gov.cn/。

续表

天次	时　间	行程安排	课本内容	教学过程	学生研学课题	学生研学评价
			【语文】 毛泽东诗词《沁园春·雪》《沁园春·长沙》《念奴娇·昆仑》《贺新郎·读史》。	《七律·到韶山》这首光辉诗篇，是毛主席 1959 年回韶山所作，是他 100 多首诗词中的代表作之一。这块碑则是当今中国最大的刻碑。它宽 12.26 米，代表毛主席 12 月 26 日诞生；高 8.3 米，代表毛主席 83 岁寿数；厚 0.99 米，代表毛主席 9 月 9 日忌辰。“别梦依稀咒逝川，故园三十二年前。红旗卷起农奴戟，黑手高悬霸主鞭。为有牺牲多壮志，敢教日月换新天。喜看稻菽千重浪，遍地英雄下夕烟。”这首七律，记述了毛泽东回到阔别 32 年的故乡时的真实感受。通过对韶山人民革命历史的回顾，以及对人民公社社员通过热情劳动而喜获丰收的描绘，赞扬了革命人民艰苦卓绝的战斗精神，歌颂了中国人民战天斗地的风貌，鲜明地体现了毛泽东高远的思想境界。 “独立寒秋，湘江北去，橘子洲头。看万山红遍，层林尽染；漫江碧透，百舸争流。鹰击长空，鱼翔浅底，万类霜天竞自由。怅寥廓，问苍茫大地，谁主沉浮？携来百侣曾游，忆往昔峥嵘岁月稠。恰同学少年，风华正茂；书生意气，挥斥方遒。指点江山，激扬文字，粪土当年万户侯。曾记否，到中流击水，浪遏飞舟？” 此时此地，我们读背这首诗，再次感受到了伟人毛泽东那种“指点江山”的大气磅礴。此时此地，我们读背这首诗，再次感受到了伟人毛泽东那种“谁主沉浮？”的豪情壮志。再次感受到了老一辈革命家那种英勇无畏的革命精神。 2. 音乐鉴赏《忆秦娥·娄山关》。 大家合唱或吟诵诗词：《忆秦娥·娄山关》：西风烈，长空雁叫霜晨月。霜晨月，马蹄声碎，喇叭声咽。雄关漫道真如铁，而今迈步从头越。从头越，苍山如海，残阳如血。 这首歌是作曲家田丰 1971 年根据《忆秦娥·娄山关》的结构特点与所表达的意境创作的一首混声合唱曲。	【语文】 理解《七律·到韶山》《沁园春·长沙》诗词的意思以及毛泽东创作此诗词的历史背景，进一步探究其意义。 游览毛泽东诗词碑林，了解国内革命以及毛泽东创作《忆秦娥·娄山关》的历史背景。从音乐要素以及创作手法上分析中国诗词和音乐形式中的音、韵、律之美。	

续表

天次	时　间	行程安排	课本内容	教学过程	学生研学课题	学生研学评价
				这首气势宏伟的《忆秦娥·娄山关》经过精妙的合唱创作之后，使词与音乐得到了非常好的结合。作曲家田丰在写作上多次借鉴了我国戏曲音调素材、旋法和紧打慢唱的节奏特征，将中西方音乐元素与中国诗词进行了有机的融合。 这首合唱曲，在前奏、间奏以及合唱部分的调式调性布局上安排巧妙，力度、速度等表情符号的安排也始终紧扣着这首词的情绪发展，整体遵循了词的结构特点。可以看出作曲家运用中西方的音乐技术，融汇了中国诗词和音乐形式中的音、韵、律，体现了这首词所要表达的意境，更好地描绘出了毛泽东伟大的胸怀气魄与战略思想，此曲成为我国经典的合唱作品之一，也是传唱至今的不朽作品。① **【研学主题活动】** 1. 学生分组朗诵毛泽东诗词，并进行简要解说，进一步感悟伟人毛泽东的博大情怀和革命壮志。 如《菩萨蛮·黄鹤楼》《西江月·秋收起义》《西江月·井冈山》《采桑子·重阳》《渔家傲·反第一次大围剿》《渔家傲·反第二次大围剿》《忆秦娥·娄山关》《七律·长征》《清平乐·六盘山》《念奴娇·昆仑》《浣溪沙·和柳亚子》《浪淘沙·北戴河》《蝶恋花·答李淑一》《水调歌头·游泳》《七绝·为女民兵题照》《贺新郎·读史》《水调歌头·重上井冈山》《念奴娇·井冈山》《念奴娇·鸟儿问答》《七律·到韶山》等，还可以结合音乐创作进行诗词诵读联唱。 2. 欣赏毛泽东诗句书法，进行软笔创作。展示交流作品。		
	17:00—19:00	乘车往市区，晚餐后，入住酒店。				

① 《音乐鉴赏》模块第十一单元“光荣与梦想”，人民音乐出版社普通高中教科书教师用书，2020。

续表

天次	时间	行程安排	课本内容	教学过程	学生研学课题	学生研学评价
第三天	7:30—17:00	韶山—井冈山	**【历史】** 必修1第七单元第22课“南京国民政府的统治和中国共产党开辟革命新道路”。 **【政治】** “文化生活”第三单元“中华文化与民族精神”第7课“我们的民族精神”。 **【地理】** 必修2“农业区位因素”。	**一、研学目标** 1. 了解革命根据地井冈山，了解中国的工农红军，感悟中国人民取得新民主主义革命胜利的不易，明白只有中国共产党才能救中国，深入体会毛泽东思想、根据地建设等思想的正确性。 2. 从优秀的人物形象中汲取一代又一代中国共产党人为共产主义理想而奋斗的精神力量。弘扬井冈山精神。不忘初心，牢记使命。 3. 在演唱《映山红》《红星歌》的同时，表达对红军的无限热爱与不舍之情，歌颂伟大的党，歌颂工农红军，表达对美好未来的憧憬和向往。了解江西革命歌曲特点，探究歌曲形成原因，从而热爱江西革命民歌。 **二、学生组织方式** 体验式、探究式。 **三、研学讲解** **景点：井冈山　【历史、地理、政治】** **【井冈山革命根据地的讲解】** 现在，我们到达了江西境内，所处的位置是井冈山风景区，首先映入眼帘的是一个红旗的雕塑（图2），这里为什么以红旗为标志呢？ 因为，井冈山是中国革命红旗升起的地方。 我们所处的吉安市井冈山风景旅游区，地处湘东赣西边界，南岭北支、罗霄山脉中段。 在革命历史时期，毛泽东同志率领的部队和朱德同志南昌起义领导的部队在这里胜利会师，创建了我们中国红军第一块革命根据地——井冈山根据地。至此，人民军队有了根基，有了灵魂，才能一步步发展壮大。①		从学生展示形式的创新性、科学性、完整性评价学生研学效果。采用学生自评、互评，教师评价相结合的方法。

① 井冈山旅游网官网，http://www.jgstour.com/jingqujieshao/20150331104412192.html。

续表

天次	时间	行程安排	课本内容	教学过程	学生研学课题	学生研学评价
			【音乐】 音乐鉴赏模块第二单元“腔调情韵——多彩的民歌”，江西革命歌曲：《映山红》《红星歌》。	 图 2 1927 年 10 月，毛泽东、朱德、陈毅、彭德怀等老一辈无产阶级革命家在此创建了中国第一个农村革命根据地，点燃了中国革命的星星之火，开辟了“以农村包围城市，武装夺取政权”的具有中国特色的革命道路。红军战士在毛泽东、朱德等人的领导下，开展了艰苦卓绝的斗争，粉碎了国民党军队的多次围剿，取得了一次又一次的伟大胜利，在中国人民革命斗争史上谱写了光辉的篇章，井冈山也被誉为“革命摇篮”“天下第一山”，已成为游览、瞻仰、参观、学习的圣地和进行爱国主义教育和革命传统教育的大课堂。① 1982 年，井冈山名列国务院公布的第一批国家级重点风景名胜区。1991 年又被评为中国旅游胜地四十佳之一，同时还是中国百家爱国主义教育示范基地和中国十佳优秀社会教育基地。	**【历史、政治】** 游览井冈山革命根据地，了解中国工农红军的战斗历史，选出你印象最为深刻的几条毛泽东思想、根据地建设理论的论述或观点。 **【音乐】** 以《闪闪的红星》电影中的《映山红》《红星歌》《红星照我去战斗》歌曲做主题，创作一个主题情景剧。	

① 吉安市人民政府官网，http://www.jian.gov.cn/news-show-9553.html。

续表

天次	时间	行程安排	课本内容	教学过程	学生研学课题	学生研学评价
				【研学课题活动】 观看影片《闪闪的红星》,体会《映山红》《红星歌》的革命意蕴。 内容提示:电影《闪闪的红星》是一部家喻户晓的优秀儿童片,讲述的是二十世纪三十年代江西苏区柳溪村,年仅八岁的红孩儿潘冬子在党和革命前辈的教育下,与大土豪胡汉三进行生死斗争并逐渐成长起来的故事。该片中的三首歌曲《红星歌》《映山红》和《红星照我去战斗》都传唱至今。 《映山红》这首歌,不仅唱出了生活在黑暗之中的苏区人民渴盼红军归来的强烈心声,更是唱出了与黑暗势力做殊死搏斗的革命意志。这首歌用通俗易懂的语言和柔美细腻、悦耳动听的旋律向人们诠释了对红军英雄的无限热爱与不舍之情,以及对美好未来的憧憬和向往。 第一段歌词“夜半三更盼天明,寒冬腊月盼春风,若要盼的红军来,岭上开遍映山红”。每一句歌词都有一个“盼”字,这个盼字让我们深刻体会到那种急切盼望的心情。 第二段歌词:“映山红哟映山红,英雄儿女哟血染成,火映红星哟星更亮,血洒红旗哟旗更红,高举红旗哟朝前迈,革命鲜花哟代代红!”这是潘冬子妈妈英勇牺牲时所唱。体现了英雄妈妈不向敌人屈服的革命豪情和英雄的气概及信仰!妈妈对潘冬子寄予厚望,希望潘冬子在红星的照耀下,快快长大,高举革命红旗,前赴后继跟党走,使革命鲜花代代红! 无数的人愿意用各种属于他们自己的方式来演绎这首经典歌曲,红歌会一直影响着我们,它会一直陪着我们,一直激励着我们,一直鼓舞着我们,会一直传承下去。让我们向红歌致敬,向经典致敬,向红军英雄致敬。 研究提示:民歌的形成与人民的劳动方式、生活习惯、风土人情息息相关。江西革命歌曲是以传统的客家山歌为原型创作或改编而成的民歌,这些歌曲用来向群众宣传,起到打击敌人、团结人民、教育人民、组织人民战斗的作用。在中国革命前进的历史上留下了浓墨重彩的篇章。	探究江西革命歌曲的特点以及形成原因。	收集各种井冈山革命根据地的素材,以笔记、绘画、照片表现。 学生学唱红歌表演。

续表

天次	时　间	行程安排	课本内容	教学过程	学生研学课题	学生研学评价
	17:00—19:00	乘车前往市区，晚餐后，入住酒店。				
第四天	7:30—11:00	游览黄洋界哨口。	【历史】必修 1 第八单元第 25 课“人民解放战争”。 【政治】“文化生活”第三单元“中华文化与民族精神”第 7 课“我们的民族精神”。	**一、研学目标** 1. 描述黄洋界的位置，分析黄洋界的地理环境特征。 2. 分析这里成为黄洋界保卫战主战场的地理条件。 3. 感悟中国人民取得新民主主义革命胜利的不易，明白只有中国共产党才能救中国，深入体会毛泽东思想、根据地建设等思想的正确性。 **二、学生组织方式** 体验式、探究式。 **三、研学讲解** **景点一：茨坪、大井　【历史】** **【革命圣地历史故事介绍】** 茨坪是井冈山的中心景区。主要景点有井冈山革命博物馆、井冈山革命烈士陵园(北山烈士陵园)、井冈山革命斗争旧址群、挹翠湖公园、南山公园、红军谷(五马朝天)等。该景区是井冈山革命遗址最为集中的地方。[①]毛泽东同志就是在这里写下《井冈山的斗争》这篇著作。  图 3 井冈山有五井，五个位于群山环绕、宛若井状的山间盆地村庄，即大井、小井、中井、上井和下井。大井是其中最大的村庄，位于茨坪西北面七公里处。	请同学们读地形图(图 3)，结合大井的游学体验，说明什么样的地理环境促使毛泽东率领中国工农革命军由茅坪转到茨坪？深入体会毛泽东思想根据地建设的正确性。	

① 吉安市人民政府官网，http://www.jian.gov.cn/news-show-9553.html。

续表

天次	时间	行程安排	课本内容	教学过程	学生研学课题	学生研学评价
			【地理】 必修1“地理环境的整体性”；必修2“区位因素”。 **【数学】** 2017年版数学（必修）第二册第五章“统计与概率”第四册第九章“解三角形”。	茨坪四周环山，阻挡冬季的冷空气，气候温暖；地形平坦开阔，且面积宽阔，适宜农耕；山间水流潺潺，水源丰富，有河流流经，水源充足，流水沉积，土壤肥沃，雨热同期，降水丰富，适合在平原种稻田、蔬菜，建鱼塘养鱼，缓坡种果树。 大井有中国名山大川罕见的高山田园风光，大井周围的群山，松峰顶篁交翠，古树成林，溪涧流泉清冽，石鱼历历可数，美味的石鸡、珍稀保护动物娃娃鱼也分布于此。当地居民的住宅环境清幽，建筑风格古朴，和周围环境相映成趣。村寨周围的稻田像天梯一样直入云雾深处。 **景点二：黄洋界哨口　【历史、地理、政治】** **【黄洋界及黄洋界保卫战介绍】** 1928年8月30日，红军在广大群众的支援下，利用黄洋界的天然地势——狭小崎岖的三条上山的小路，建立了三个防御工事。依托黄洋界哨口工事，以不足一个营的兵力打退了四个团的进犯之敌，取得了黄洋界保卫战的伟大胜利。① 黄洋界海拔1343米，是井冈山五大哨口之一，四周崇山峻岭，气象万千。有“一夫当关，万夫莫开”之险。南部山冈星罗棋布，古称“万箩倒米”；北部峭壁深渊，长满松竹杜鹃；四季天气变幻多端，云雾弥漫，故又称“汪洋界”。毛泽东同志曾赋诗曰：“过了黄洋界，险处不须看。”② 黄洋界由于海拔高，地形地势陡峭，上山小路只有两条，没有其他道路可走，易守难攻，地势险要，因此成为阻挡国民党进攻的天然屏障。 黄洋界区域内生长着亚热带常绿阔叶林，全年森林茂密，易于隐藏；木材丰富，便于就地取材，制作成阻挡敌人上山的“武器”。而当地亚热带季风气候，雨热同期，山间多小盆地，农耕条件好，可供部队筹措给养。 **【研学课题活动】** 同学们，读黄洋界地形图（图4），结合游学体验，完成以下研究。	分析茨坪、大井当地气候、地形、土壤、植被的类型及其相互关系。	评选学生重走红军路的照片，学生投票、教师投票结合，合计选出优胜奖前三名。

① 《井冈山之行．黄洋界怀旧》，https://www.sohu.com/a/212205000_740066，2017.12.22。

② 井冈山旅游网官网，http://www.jgstour.com/jingqujieshao/huangyangjie。

续表

<table>
<tr><th>天次</th><th>时　间</th><th>行程安排</th><th>课本内容</th><th>教学过程</th><th>学生研学课题</th><th>学生研学评价</th></tr>
<tr><td></td><td></td><td></td><td></td><td>1. 选取黄洋界景点中不可到达的两处山峰，借助米尺与测量角度的仪器设计测量这两点间距离的方案，并利用解三角形的知识获取解答。
方法提示：将不可到达的两座山峰分别看作质点 A、B。利用米尺与测角仪，结合解三角形的知识设计求不可到达两点 A、B 间的距离。

图 4
2. 结合“黄洋界保卫战”实景模拟，根据山地坡度、气候和当时敌我双方兵力、兵器的计算对比，借助解三角形、统计与概率等知识设计建模活动，为胜利提供科学依据。</td><td>利用位置、地形等地理要素绘制黄洋界地图；全面分析保卫战选址原因。</td><td>从一个角度，写一篇小文或诗词，描述革命根据地的历史和地理环境。</td></tr>
<tr><td></td><td>11:00—12:00</td><td colspan="5">午餐。</td></tr>
<tr><td></td><td>12:00—17:00</td><td>参观小井中国红军第四军医院旧址。</td><td>【历史】
必修 1 第 26 课“中华人民共和国的成立和向社会主义的过渡”。</td><td>一、研学目标
1. 感悟中国人民取得新民主主义革命胜利的不易，明白只有中国共产党才能救中国，深入体会毛泽东思想、根据地建设等思想的正确性。
2. 从优秀的人物形象中汲取一代又一代中国共产党人为共产主义理想而奋斗的精神力量，弘扬井冈山精神。
二、学生组织方式
体验式，拍视频。
三、研学讲解
景点：小井中国红军第四军医院旧址（图 5）　【历史】
【革命故事简介】
1927 年 10 月，毛泽东率工农革命军向井冈山进军途中，在原宁冈县茅坪村设</td><td></td><td></td></tr>
</table>

续表

天次	时　间	行程安排	课本内容	教学过程	学生研学课题	学生研学评价
			【政治】 “政治生活”第三单元“发展社会主义民主政治”第 6 课“中国共产党领导的多党合作和政治协商制度”，中国共产党立党为公执政为民的先锋模范作用。	立了一所简易的后方医院。1928 年 5 月，毛泽东、朱德两支部队在井冈山胜利会师后，在井冈山的大小五井，建立了名叫“红军医院”的后方医院。  **图 5** 医院分四个管理组：第一、二组设在大井村，第三组设在中井村，第四组就设在我们现在的小井村，也就是现在这所医院。1928 年年底，曾志任党总支书记，这是一位非常富有传奇色彩的女革命家，在这所医院里，保留了许多曾志同志留下的珍贵日用品以及照片。现在，我们一起进入一间间屋子，以曾志为线索，探索这个红军医院。 为了改善红军伤病员的医疗条件，1928 年 10 月，湘赣边界党的第二次代表大会决定：“建设较好的红军医院。”红军官兵们纷纷将平时发的伙食捐出来，军民们自己动手，就地取材，曾志同志那时已怀孕七个月了，还挺着大肚子和大家一起上山砍木头、背木头到小井村。1928 年冬，在小井建成了这所杉木皮盖的屋面、全木质结构、上下两层共 32 间的红军住院部，取名“红光医院”。①	**【历史】** 从小井军医旧址分析井冈山精神内涵和共产党人的革命精神。	分组讨论，互评打分。
	17:00—19:00	乘车前往市区，晚餐后，入住酒店。				

① 井冈山旅游网官网，http://www.jgstour.com/jingqujieshao/longtan/20150328175510182.html。

续表

天次	时间	行程安排	课本内容	教学过程	学生研学课题	学生研学评价
第五天	7:30—17:00	游览凤凰古城。	**【政治】** “文化生活”第二单元“文化传承与创新”。 **【语文】** （人教版）必修5第一单元第3课《边城》。 **【美术】** 2017高中美术课标模块六“现代媒体艺术”。	**一、研学目标** 1. 观“凤凰古城”、吊脚楼、沱江水，看“凤凰古城”的山水建筑、风土人情，感受自然美、风俗美、人情美。 2. 结合沈从文的《边城》，实地考察沈从文故居，领悟文学创作的原理，进行文化传承教育的引导。 3. 了解当地民族民间美术和建筑艺术，增加对民族文化的认同，激发热爱民族建筑艺术的情愫。 4. 了解苗族的地域风情、人文风俗、宗教历史及生活习惯等对苗族舞蹈的影响，了解具有风土气息的舞蹈动律所展现的独特的舞蹈风格。 **二、学生组织方式** 探究式、视频拍摄。 **三、研学讲解** **景点一：凤凰古城（图6）　【历史、地理】** **【凤凰古城简介】** 凤凰古城，位于湖南省湘西土家族苗族自治州的西南部，建于清康熙四十三年（1704年）。土地总面积约10平方千米，由苗族、汉族、土家族等28个民族组成，为典型的少数民族聚居区，以苗族文化为主。2001年被授予国家历史文化名城称号，是中国历史文化名城，国家AAAA级景区，湖南十大文化遗产之一。曾被新西兰著名作家路易·艾黎称赞为中国最美丽的小城之一，可以与云南丽江古城、山西平遥古城媲美，享有“北平遥，南凤凰”之美誉。① 凤凰古城属中亚热带季风湿润性气候，温暖湿润，雨水丰沛，日照充足，具有冬冷夏热，春暖秋凉，四季分明的特点，年平均气温为15.9℃。		

① 凤凰县人民政府官网，http://www.fhzf.gov.cn/jrfh/fhgl/gkjs/。

续表

<table>
<tr><th>天次</th><th>时间</th><th>行程安排</th><th>课本内容</th><th>教学过程</th><th>学生研学课题</th><th>学生研学评价</th></tr>
<tr><td></td><td></td><td></td><td>【数学】
2017 年版《课程标准》数学建模（必修）第四册第十一章“立体几何初步”。</td><td>
图 6
风凰之美，美在山清水秀，美在人杰地灵，美在天人合一。凤凰人才辈出：抗英名将郑国鸿、民国第一位内阁总理熊希龄、著名画家黄永玉、著名作家沈从文，实不负天地钟灵毓秀之德。
现在我们看到的许多店面商家，都穿着苗族的传统服饰。如果在苗寨遇上节日，便少不了悠扬的苗歌和悦耳的凤凰花鼓声。
景点二：吊脚楼　【美术、数学】
【吊脚楼的特色与数学原理】
吊脚楼是“凤凰古城”的特色建筑。
吊脚楼（图 7），也叫“吊楼”，是中国西南地区的古建筑，也是最原始的一种栏式民居，为苗族（贵州等）、壮族、布依族、侗族、水族等族的传统民居，在桂北、湘西凤凰古城、鄂西、黔东南地区特别多见。</td><td></td><td>自评与学生互评为主，分项目打分。</td></tr>
</table>

续表

天次	时间	行程安排	课本内容	教学过程	学生研学课题	学生研学评价
			【语文】 高中语文教材《边城》。	 图 7 吊脚楼属于干栏式建筑,但与一般所指干栏有所不同。干栏应该全部都是空的,但吊脚楼一般临水而立、依山而筑,采集青山绿水的灵气,与大自然浑然一体,所以,称吊脚楼为半干栏式建筑。① **景点三:沈从文故居　【语文、历史、美术】** **【沈从文故居及所创作《边城》的社会历史背景】** 同学们,现在我们来到了著名文学家沈从文的故居,大家学过沈老的小说《边城》。边城描写的就是凤凰古城,在这里,留下了沈从文老先生许多宝贵的回忆。让我们带着他的文学作品,一起来参观学习吧。 沈从文故居是沈从文先生的祖父沈宏富(曾任清朝贵州提督)于同治五年(1866 年)购买旧民宅拆除后兴建的。四合院系木结构建筑,占地 600 平方米,分	**【美术、数学】** 1. 实地考察凤凰古城的民间工艺,民族风情及独特建筑,尝试运用现代媒体记录最能体现凤凰古城神韵的瞬间。 2. 观察吊脚楼,其特殊建筑结构设计在于每根支柱的支撑力。结合吊脚楼的外形感受直观图的画法、水平放置的平面图形的斜二测画法、三视图等,体会构成空间几何体的基本元素。	

① 凤凰古城官网,http://www.xyfhgc.com/about-introduce.html。

续表

天次	时间	行程安排	课本内容	教学过程	学生研学课题	学生研学评价
				为前后两栋，共有房屋 10 间。沈从文在这里度过了童年和少年时代。14 岁时，他投身行伍，浪迹湘川黔边境地区。1924 年开始文学创作，撰写出版了《长河》《边城》等小说，1931—1933 年在青岛大学任教。抗战爆发后到西南联大任教，1946 年回到北京大学任教，1988 年病逝于北京，骨灰葬于凤凰县听涛山下。同年故居大修并向游人开放。1991 年被列为省人民政府重点文物保护单位。沈从文故居已有百余年历史，故居现陈列有沈从文先生的遗墨、遗稿、遗物和遗像，是凤凰古城中人文景观的最耀眼点。 沈从文先生是中国著名作家。原名沈岳焕，笔名休芸芸、甲辰、上官碧、璇若等，乳名茂林，字崇文。湖南凤凰县人。1902 年 12 月 28 日，沈从文诞生在凤凰古城中营街的这座典型的南方古四合院里。由于其祖父是汉族，祖母是苗族，母亲是土家族，沈从文的民族身份可以是此三个民族中的任何一个，但沈从文本人更热爱苗族。他的文学作品中有许多对苗族风情的描写。沈从文的作品还被译成日语、英语、俄语等，在日本、美国、英国、苏联等 40 多个国家出版，并被日本、美国、韩国、英国等 10 多个国家或地区选进大学课本。曾两度被提名为诺贝尔文学奖候选人，是蜚声文坛的巨星。 沈从文先生还是著名的历史学家、考古学家，他的《中国古代服饰研究》影响很大，填补了我国文化史上的一项空白。① 沈从文先生创作的《边城》，就是以 20 世纪 30 年代川湘交界的边城小镇茶峒为背景。有研究者指出，大致地理环境就是这里。作者以兼具抒情诗和小品文的优美笔触，描绘了湘西地区特有的风土人情；借船家少女翠翠的爱情悲剧，凸显出	3. 结合《边城》，感受民族文化的博大精深。了解沈从文先生在文学和历史上的贡献。 4. 体会凤凰古城苗族舞蹈采风与特点。	实地游览考察体验“凤凰古城”，以小组为单位采集信息（照片、录音等），并进行组内讨论，学习苗族基本动律。

① 凤凰县政府门户网站，http://www.fhzf.gov.cn/jrfh/fhjy/lsmr/201509/t20150914_1270658.html。

续表

天次	时间	行程安排	课本内容	教学过程	学生研学课题	学生研学评价
				了人性的善良美好与心灵的澄澈纯净。小说吸引了众多海内外读者，奠定了《边城》在中国现代文学史上的特殊地位。 大家可以梳理、把握小说中爷爷、翠翠、天宝、傩送和顺顺等人物的性格，体会一下小说的“环境美、人情美、风俗美”。 接下来，我们再分组尝尝当地的特色小吃，看一看苗族的舞蹈表演，品一品独特的湘西风情。		
	17:00—19:00	乘车前往市区，晚餐后，入住酒店。				

本课程的设计由北京教育学院朝阳分院的刘继泠负责，参与本部分设计研究的单位(个人)还有北京市大峪中学的曹彦彦、吕娜、沈艳辉、韩玮、常泽然、王慕菡、石秀娟、宋德静、褚玉珍、魏逢和北京市联合国教科文组织协会研学旅行办公室的解海涛、吴彩华、林琳、程玉、安杰、皋丽坤、范鑫、孙伊笛、鲁依婷、尹雅楠、董雪慧、郁文等。

四、古丝路文化主题研学旅行线路：敦煌

（高中一、二年级用）

一、活动前研学课本知识准备要求

【语文】

1. 查阅敦煌莫高窟资料，了解莫高窟相关人物与莫高窟著名洞窟知识。
2. 查阅资料，了解丝绸之路的兴起与发展的历史背景。
3. 查阅酒泉卫星发射基地的相关资料，了解我国哪些卫星是在酒泉卫星发射基地发射的，卫星和我们的生活都有哪些密切的联系。
4. 复习（北京版）阅读・写作必修二，精读唐诗《出塞》《从军行》，扩展阅读《渭城曲》《凉州词》《使至塞上》等相关诗词。

【化学】

1. 复习（人教版）选修1“化学与生活”第三章“探索生活材料”第四节“塑料、纤维和橡胶”。
2. 查询相关资料，了解航天服需要的特殊功能有哪些，我们的材料化工工艺是如何满足这些功能需要的。

【历史】

1. 复习（人教版）必修1第一单元“古代中国的政治制度”第3课“从汉至元政治制度的演变”第四节“明清君主专制的加强”，了解莫高窟所经历的历史时期，社会经济发展状况，以及丝绸之路的形成过程和在历史中的地位和作用；第四单元“近代中国反侵略，求民主的潮流”第10课“鸦片战争”，了解莫高窟文物被西方国家列强掠夺，流失海外的历史背景。

2. 复习（人教版）必修2“古代中国经济的基本结构与特点”第2课“古代手工业的进步”、第3课“古代商业的进步”，关注我国丝绸之路形成的历史背景和社会发展的背景，了解丝绸之路的兴起的过程与所处的历史时期。

3. 复习（人教版）必修3第三单元“古代中国的科学技术与文学艺术”第10课“充满魅力的书画和戏曲艺术”，了解当时的中国绘画的重要特点，认识中国绘画艺术的发展历程，莫高窟壁画就是这个时期最为繁盛的绘画与雕塑艺术。

4. 复习（人教版）选修1“历史上重大改革回眸”第三单元“北魏孝文帝改革”第3课“促进民族大融合”，了解莫高窟发现的满地绣佛说法图残片，对比分析莫高窟、云冈石窟、龙门石窟的特点，思考为什么莫高窟是其中艺术价值影响力最大的。

5. 复习（人教版）选修4“中外历史人物评说”第一单元“古代中国的政治家”第二节“大唐盛世的奠基人唐太宗”，了解盛唐时期的社会发展状况，了解唐朝的经济发展与莫高窟的开凿之间的关系。

【地理】

1. 复习(人教版)必修 1 第一章“宇宙中的地球”第三节“地球的运动”;第二章“自然地理环境中的物质运动和能量交换”第一节“大气的热状况与大气运动”(气压带,大气环流对气候的影响);第三章“地理环境的整体性和区域差异”第一节“气候及其在地理环境中的作用”、第二节“地理环境的整体性和地域分异”;第四章“自然环境对人类活动的影响”第一节“自然条件对城市及交通线路的影响”、第二节“全球气候变化对人类活动的影响”、第四节“水资源对人类生存和发展的意义”。

2. 复习(人教版)必修 2“人类与地理环境的协调发展”第一节“人类面临的主要环境问题”,通过案例研究中国土地沙漠化问题。

3. 复习(人教版)必修 3 第一章“区域地理环境和人类活动”第一节“区域和区域差异”。

4. 复习(人教版)选修 3 第一章“旅游地理中旅游资源与类型分布”第一节“旅游资源的内涵及特点”、第二节“旅游资源的类型”、第三节“中国的世界遗产”;第二章“旅游资源的综合评价”第一节“旅游景观的观赏”、第二节“著名旅游景区景观的特点及其成因”、第三节“旅游资源评价”。

【政治】

1. 复习(人教版)必修 3“文化生活”第三单元“我们的中华文化”第 7 课“我们的民族精神”,了解我国航天工作者的非凡业绩。

2. 复习(人教版)必修 4“生活与哲学”第四单元“认识社会与价值选择”第 11 课“寻觅社会的真谛”,人民群众是历史的创造者,璀璨的中华文明莫高窟就是劳动人民创造出来的。

【英语】

复习(人教版)高中英语第 1 册 Travelling Around,能够描述旅游计划,能够表达对中国文化的热爱。

二、研学旅行主题课程目标

【语文】

1. 了解古代丝绸之路的起点、路线、发展历史、东西方的文化与经济的交流、古代文明的发展。抒发爱国情怀。

2. 了解莫高窟的位置、建造所经历的时间和朝代、艺术特点、艺术价值,以及敦煌学的由来等情况和对莫高窟的保护与文物保护的具体情况,感受莫高窟的精湛艺术、无与伦比的艺术特点。了解我国石窟绘画雕塑艺术辉煌的成就与历史形成原因,感受古人的非凡智慧与杰出创造力,激发学生对艺术的热爱,对我国古代璀璨文明的热爱,提升学生的文化自信。

【历史】

1. 归纳敦煌莫高窟所经历的修建时间,感受我国古代石窟艺术的高超水平与人们对于莫高窟的高度评价,通过对不同时期开凿的洞窟绘画雕塑艺术的特点进行比较分析,特别是对唐朝与清朝的艺术品的对比性欣赏,了解我们各个朝代艺术发展的历史。

2. 学生通过了解莫高窟的发现、藏经洞的发现,以及莫高窟大量文物流失海外的历史时间,深刻体会我们历史上所经历的列强入侵的历史时期，了解当时中国所处的历史阶段。激发学生对国家富强与稳定的社会状态的理解与热爱。

3. 通过对嘉峪关、汉长城遗址的研学，了解中国长城修建的历史，了解从秦长城到汉长城、明长城的变迁，长城修建的重要历史时期，深入了解中国古代朝代发展的历程。历史上哪几个朝代是没有修建过长城的？为什么？

4. 学生通过在酒泉卫星发射基地的研学，了解我国航天事业发展的伟大成就，抒发爱国情怀。

【地理】

1. 通过调研区域地理状况，加强对祁连山地理区域环境的认知。

2. 莫高窟所处位置的地理状态为什么适合石窟的保存，当地气候特点是什么，为什么选择在这个区域开凿石窟？

3. 研究鸣沙山的成因、月牙泉的水体，了解敦煌的用水情况，以及城市水环境的承载力的问题。认知自然保护对于城市发展的重要意义。

4. 研究敦煌当地的气候特点，并研究气候对当地社会经济环境的影响。

5. 区域的时差问题的研修；了解区域的区时，并通过具体的现象认知地球的自转过程。

【生物】

1. 通过甘肃酒泉、莫高窟研学活动，了解当地常见的植被种类及其特性，了解当地的主要植被特点。亲身感受生物的适应性。了解生物的多样性，以及保护生物多样性的意义与生物学价值。

2. 了解当地主要动物的分布，对当地沙蜥进行观察与生物特点研究。

【政治】

1. 了解我国历代政治体制的变革，深入理解我国走中国特色社会主义道路的必然性和重要意义。

2. 了解我国航天事业的发展，深入体会一代代航天人的艰苦奋斗精神，激发学生为国家强大而努力学习的动力。

【物理】

夏天，去往敦煌丹霞魔鬼城的路上，会经过大片戈壁，在炎热的柏油路上，经常可以看到海市蜃楼的自然现象。了解这种现象的成因，并通过研学了解总结形成这种自然现象所需要的环境特点与气候特点。

【音乐】

通过欣赏、学习演唱当地民族歌曲，了解西北民歌特点，通过当地的音乐更加深入地了解当地文化。

【英语】

能够用英文描述一个旅行计划，能够用英文介绍中国莫高窟的艺术和文化价值，表达对中国伟大艺术与文化的热爱。

三、线路特色

1. 酒泉卫星发射基地，看中国航天成就，学习无私奉献精神。
2. 嘉峪关、悬臂长城历史遗迹，看古代城关文化，提升民族情怀。
3. 莫高窟研学基地艺术教育，看中华艺术成就，提高民族自信。
4. 敦煌雅丹国家地质公园，看自然奇观，提升爱国情怀。
5. 鸣沙山研学基地研学，看中国地理奇观，提升科学精神。

四、研学旅行线路与研学课程实施内容

天次	时间	行程安排	课本内容	教学过程	学生研学课题	学生研学评价
第一天	10:00—6:43	乘坐火车，参考车次 Z69(10：00—6：43)，北京—嘉峪关或者乘坐高铁（北京—兰州—嘉峪关）。	**【地理】** 1.（人教版）必修 1 第四章“自然环境对人类活动的影响”第一节“自然条件对城市及交通线路的影响”。 2. 复习（人教版）必修 1 第一章“宇宙中的地球”第三节“地球的运动”。	**一、研学目标** 1. 感受祖国的幅员辽阔，地大物博，激发对祖国的自豪与热爱之情。 2. 对我国铁路的发展和西部铁路线路的布局有整体了解，从而了解我国中西部经济发展与交通发展，激发学生的爱国之情。 3. 通过观察不同区域天亮和天黑时间的变化，掌握地球的运动规律，了解为什么在中国的东部和西部天亮、天黑有明显的时间差。了解中国东西部所跨越不同时区的情况，了解中国的国土面积东西跨度。增强自豪感。 **二、学生组织方式** 研学导师根据所乘坐交通工具类型，提前准备相关资料，为学生提供研学题目。并在乘坐火车旅行途中进行分组，分段讲解。 **三、研学讲解** **景点一：呼和浩特 【地理】** **【城市知识简介】** 呼和浩特是蒙古语音译，意为“青色的城”，是内蒙古自治区首府，全区政治、经济、文化、科教和金融中心，被誉为“中国乳都”，荣膺国家森林城市、中国优秀旅游城市、国家历史文化名城、全国十大幸福城市、全国民族团结进步模范城市、全国双拥模范城市等称号。	1. 我国铁路网的分布，高铁的发展，体现了中国改革开放 40 多年高铁的发展成就；网上查找我国高铁技术输出的国家有哪些？ 2. 高铁发展对于区域旅游目的地的影响，旅行服务与旅游目的地建设的关系。	提前准备好研学任务单，布置在火车上的具体任务，发给学生所需要的彩笔、纸张等工具。在下火车前收回任务作业单。根据学生小组完成情况，对小组作业进行评价，并通过在线教学系统或者通

续表

天次	时　间	行程安排	课本内容	教学过程	学生研学课题	学生研学评价
				全市总面积 1.72 万平方公里，其中建成区面积 260 平方公里，截至 2019 年底，全市常住人口 313.7 万人，呼和浩特市聚居着汉族、蒙古族、回族、满族、达斡尔族、鄂温克族等 41 个民族。现辖 4 区、4 县、1 旗和 1 个国家级经济技术开发区，正在积极申报和林格尔国家级新区。市区平均海拔 1050 米。 呼和浩特属中温带干旱半干旱大陆性季风气候，年平均气温 3.5～8℃，年平均降水量 337～418 毫米，四季变化明显，气候宜人。① **景点二：银川　【地理】** **【城市知识简介】** 银川市是宁夏回族自治区首府，自治区政治、经济、文化、科技中心，东临九曲奔流的黄河，西依雄浑巍峨的贺兰山，怀抱美丽富饶的宁夏平原，是安居乐业的天府之地，名闻天下的“塞上江南”，西北地区重要的中心城市，总面积 9025.38 平方公里，下辖兴庆区、金凤区、西夏区、永宁县、贺兰县和灵武市。 2019 年末，全市常住人口 229.31 万人，先后荣获全国文明城市、国家园林城市、中国最具幸福感城市、全国环保模范城市、国家卫生城市、国际湿地城市等称号。② **景点三：张掖　【地理】** **【城市知识简介】** 张掖，古称甘州，甘肃省省辖市。西汉以“张国臂掖，以通西域”而得名，位于青藏高原和蒙古高原交汇的河西走廊中部，自古有“金张掖、银武威”美誉。古人有诗曰“不望祁连山顶雪，错把张掖当江南”。 张掖有着悠久的历史、灿烂的文化，自古以来就是丝绸之路商贾重镇和咽喉要道，是新亚欧大陆桥的要道。	3. 北京和嘉峪关的日落时间大概相差时间，进行相关问题地研究和计算，并分析原因。研学产生日落时间不同的地理原因。 4. 地球一共分为多少个时区？北京所处的是哪个时区？嘉峪关所处的是哪个时区？ 5. 所乘坐的火车途径的省份有哪些？所途径的省份、自治区的首府有哪些？历史文化名城、全域旅游示范区有哪些？	过微信群等形式，分享学生的研学成果。让学生能够互相学习。充分利用好在火车上的时间。

① 呼和浩特市人民政府网，http://www.huhhot.gov.cn/mlqc/qcgk/csgk/201806/t20180615_210182.html。
② 银川市人民政府网，http://www.yinchuan.gov.cn/sshc/index.html。

续表

天次	时　间	行程安排	课本内容	教学过程	学生研学课题	学生研学评价
				张掖有优美的自然风光和独特的人文景观，境内祁连山水源涵养区、黑河绿洲、荒漠戈壁三大生态系统交错衔接，雪山冰川、森林草原、七彩丹霞、田畴沃野、湿地候鸟、荒漠沙丘等地貌交相辉映，使张掖成为坐落在祁连山、黑河湿地两个国家级自然保护区之上的城市，被国家列为生态文明示范工程试点市。 张掖市是全国历史文化名城和中国优秀旅游城市，全国第二大内陆河黑河贯穿全境，是甘肃省商品粮基地。张掖拥有亚洲最大的军马场，国务院批准建设的国家级湿地保护区，以及被美国《国家地理》杂志评为世界十大神奇地理奇观的张掖国家地质公园。 全市总面积3.86万平方公里，2019年末全市常住人口123.76万人，境内有汉、裕固、藏、蒙、回等38个民族，其中分布于祁连山区的裕固族是全国独有的少数民族。① **景点四：嘉峪关市　【地理】** **【城市知识简介】** 嘉峪关市位于甘肃省西北部，河西走廊中部，东临河西重镇酒泉市，距省会兰州776公里；西连石油城玉门市；南倚终年积雪的祁连山与肃南裕固族自治县接壤，与青海相距300余公里；北枕色如铸铜的黑山，与酒泉金塔县、酒泉卫星发射基地和内蒙古额济纳旗相连接。全市海拔在1412～2722米之间。境内地势平坦，土地类型多样。城市的中西部多为戈壁，是市区和工业企业所在地；东南、东北为绿洲，是农业区。 嘉峪关市是明代万里长城的西端起点，素有“天下第一雄关”“边陲锁钥”之称。2016年11月，嘉峪关市被国家旅游局评为第二批国家全域旅游示范区。②	6．选取一个你最喜欢的城市，查找相关资料，进行一段讲解。并讲一讲你喜欢这座城市的原因。	

① 张掖市人民政府网，http://www.zhangye.gov.cn/zjzy/201805/t20180516_7275.html。

② 嘉峪关人民政府网站，http://www.jyg.gov.cn/zjjyg/。

续表

天次	时间	行程安排	课本内容	教学过程	学生研学课题	学生研学评价
第二天	7:30—12:00	乘车赴酒泉卫星发射基地。	**【化学】** (人教版)选修1“化学与生活”第三章“探索生活材料”第四节“塑料、纤维和橡胶”。	**一、研学目标** 1. 了解我国酒泉航天卫星发射基地的建造过程,了解我国航天技术的发展历程,了解卫星发射的基本过程。 2. 通过参观发射基地和发射塔,深入体会航天人的艰苦奋斗精神,了解中国现代航天技术的迅速发展,激发学生的爱国主义情怀,激发学生树立努力学习以科技创新强国的人生理想。 **二、学生组织方式** 在研学导师带领下走进酒泉卫星发射基地、参观卫星发射中心场史展览馆,卫星发射基地的厂房、发射场、问天阁(航天员生活区)。 **三、研学讲解** **景点一:中国酒泉卫星发射中心历史展览馆 【历史】** **【酒泉卫星发射中心历史展馆介绍】** 中国酒泉卫星发射中心历史展览馆(图1)1998年初建,2015年在原有基础上改造扩建至3318平方米。整个展览馆通过60多个小故事,综合运用图文、视频、  图1	1. 学生根据现场研学,了解卫星发射过程。 2. 火箭是如何被发射升空的?(通过文字、画图等多种形式展示火箭发射的过程。) 3. 查找中国“两弹一星”元勋奖章获得者的相关事迹,为什么这些建设者、科学家能够在艰苦的条件下为国家做出巨大的贡献?是什么精神让这些建设者愿意来到条件艰苦的地方牺牲个人利益,为国家事业无私奉献?	
	12:00—13:00	午餐。				

续表

天次	时　间	行程安排	课本内容	教学过程	学生研学课题	学生研学评价
	13:00—15:00	参观酒泉卫星发射基地。	**【政治】** 复习(人教版)必修3“文化生活”第三单元“我们的中华文化”第7课“我们的民族精神”:宇航员在天宫一号实验舱、我国航天工作者的非凡业绩。	模型、场景还原、动画等展陈手段,再现中心创业者艰苦奋斗搞建设、科学求实搞试验、开拓创新谋发展的奋斗历程,展示我国航天事业从无到有、从弱到强,不断创造辉煌的发展过程(图2)。  **图 2** 2017年5月,中国酒泉卫星发射中心历史展览馆被全国博物馆协会、中国文物报社评为“全国博物馆十大精品展推介优胜奖”。2019年12月,被中国卫星发射测控系统部列为红色教育基地。 酒泉卫星发射中心是我国第一个综合性卫星发射基地,在60多年的发展历程中创造了中国航天史上的二十多个“第一”。展览馆搜集相关文物,挖掘背后故事,参与制作反映中心发展历程的纪录片《两弹结合风云录》《筑梦太空》《为国铸剑》等,让更多的年轻人了解中国航天事业起步的艰难和走过的光辉历程。① **景点二:中国酒泉卫星发射中心发射场** 酒泉卫星发射中心(图2)(英文名称:Jiuquan Satellite Launch Centre,简称:JSLC,又称:东风航天城),是中国创建最早、规模最大的综合型导弹、卫星发射中心,	4. 我国的卫星发射中,哪些卫星是在酒泉基地发射的?了解这些卫星发射的时间、用途等,研学卫星发射和我们日常生活有什么关系?为什么我们要进行卫星发射?	以小组为单位,录制成视频进行展示和评价。

① 中国军网,http://www.81.cn/kt/2020-09/15/content_9902771.htm。

续表

天次	时间	行程安排	课本内容	教学过程	学生研学课题	学生研学评价
				也是中国目前唯一的载人航天发射场，酒泉卫星发射中心是中国科学卫星、技术试验卫星和运载火箭的发射试验基地之一，隶属于中国人民解放军原总装备部。 酒泉卫星发射中心(图 3)是测试及发射长征系列运载火箭、中低轨道的各种试验卫星、应用卫星、载人飞船和火箭导弹的主要基地，基地并负有残骸回收、航天员应急救生等任务。  图 3 酒泉卫星发射中心(原总装备部 20 基地)是中国最早建成的运载火箭发射试验基地，地理位置是酒泉市金塔县与内蒙古额济纳旗交界处。该地区属内陆及沙漠性气候，地势平坦，人烟稀少，全年少雨，白天时间长，每年约有 300 天可以进行发射试验。①	5. 研学“北斗卫星导航系统”的建设背景，北斗卫星导航系统一共是由多少颗卫星组成的？历经多少年建设完成？为什么我们一定要建设北斗卫星导航系统，我们的北斗卫星系统组网成功的重大意义有哪些？	
	15:00—19:00	乘车返回嘉峪关。				

① 爱航天网，http://www.aihangtian.com/fashechang/jiuquan.html。

续表

天次	时间	行程安排	课本内容	教学过程	学生研学课题	学生研学评价
第三天	8:00—12:00	参观游览嘉峪关城关、断臂长城。	**【地理】** （人教版）选修 3 第一章“旅游地理中旅游资源与类型分布”第一节“旅游资源的内涵及特点”、第二节“旅游资源的类型”；第二章“旅游资源的综合评价”第一节“旅游景观的观赏”、第二节“著名旅游景区景观的特点及其成因”、第三节“旅游资源评价”。	**一、研学目标** 1. 了解长城的修建历史，修建的最初用途，万里长城历代修建的特点，体会古代劳动人民的伟大智慧与勤劳的品质。 2. 了解中国历史发展的各个阶段与万里长城的发展相互关联程度，重温中国长城修建历史与中国古代发展历史。加深对中国文化、历史的深入了解。激发学生对于历史学习的热情，激发学生的爱国情怀。 **二、学生组织方式** 通过辅导员的带领，攀登嘉峪关城楼，学习长城文化及长城对当地百姓的生活影响。了解古代军事防御系统，温习、学习有关长城古诗词。在嘉峪关城关上可以举行和嘉峪关有关的诗词朗诵活动。拍摄成视频资料，制作抖音小视频等，激发学生的爱国情怀。 **三、研学讲解** **景点一：嘉峪关城关瓮城内　【历史、地理】** **【嘉峪关景点概括】** 嘉峪关是明代万里长城的西端起点，也是明代万里长城沿线保存最为完好、规模最为壮观的古代军事城堡，有“天下第一雄关”之美誉。 “万里长城——嘉峪关”初建于明洪武五年（1372 年），由内城、外城、罗城、瓮城、城壕和南北两翼长城组成，分为西长城、东长城和北长城三部分，全长约 60 公里。长城内外城台、墩台、堡城星罗棋布，共同构成了嘉峪关完整的军事防御体系。 嘉峪关游击将军府，也称游击衙门，初建于明隆庆年间，是明清两代镇守嘉峪关的游击处理军机政务的场所。	1. 调研长城发展的历史，从各个朝代对长城的修建了解各个朝代的发展状况：为什么唐朝没有修建长城？清朝没有修建长城的原因是什么？历史上修建长城的三个高峰时期是什么时候？ 2. 长城的修建工艺在汉代、明代有什么不同？在甘肃的长城主要是哪个时期的？为什么主要在这个区域才能看到汉长城的众多遗迹？	1. 学生个人完成任务单，在回程的车上组织学生进行研讨，通过学生的表现给予评价。 2. 展开研学问题的研讨。教师通过观察给学生进行评价。

续表

天次	时　间	行程安排	课本内容	教学过程	学生研学课题	学生研学评价
			【语文】 复习(北京版)阅读·写作必修二精读唐诗《出塞》《从军行》,扩展阅读《渭城曲》《凉州词》。	嘉峪关,1987 年被联合国教科文组织列入《世界文化遗产地名录》,1961 年被国务院公布为第一批全国重点文物保护单位。 **景点二:天下第一墩** **【讨赖河墩简介】** 长城天下第一墩:古称讨赖河墩,1539 年由肃州兵备道李涵监筑。它是明代万里长城自西向东的第一座墩台,是明代长城的西端起点。墩台北距关城 7.5 公里,矗立于讨赖河边近 56 米高的悬崖边上,可谓:“天下第一险墩”。 依托古墩台兴建的文物景区,东临酒泉,西连荒漠,北依嘉峪,南望祁连。景区包括讨赖河墩、地下谷、观景平台、滑索、吊桥、“醉卧沙场”雕塑群、“中华龙林”等功能区,以长城文化和丝绸之路文化为内涵,以戈壁风光和西北民俗风情为基础,是一处观光、探险、休闲、娱乐的好去处。 **景点三:悬臂长城** **【悬臂长城简介】** 悬壁长城是明嘉靖十八年(1539 年)由肃州兵备道李涵监筑,此段长城从关城东闸门边的角墩起向北延伸至黑山山腰,全长 7.5 公里。山腰长城约 750 米,陡峭直长,气势雄伟,垂若悬臂,故有“西部八达岭”之称。①	3. 指导学生拍摄照片、视频,记录研学过程。积累行程中的相关摄影作品,选取相关主题,进行研学成果的视频制作。	3. 拍摄相关照片、视频资料,制作抖音等形式作品,教师根据学生最后成果的质量给予评价打分。
	13:30—18:00	乘车前往敦煌。				

① 嘉峪关市文化和旅游局网,http://whlyj.jyg.gov.cn/jqzs/sjxg/201611/t20161111_85776.html。

续表

天次	时　间	行程安排	课本内容	教学过程	学生研学课题	学生研学评价
第四天	8:00—10:30 11:00—12:00	参观游览莫高窟。 参观敦煌石窟文物保护研究陈列中心。	【历史】 （人教版）必修 1 第一单元“古代中国的政治制度”、第四单元“近代中国反侵略，求民主的潮流”第 10 课“鸦片战争”；（人教版）必修 2“古代中国经济的基本	**一、研学目标** 1. 深入了解莫高窟的开凿建设时间，莫高窟艺术价值，主要的石窟艺术的发展历程，深入体会精美的中国石窟艺术，激发学生热爱祖国传统文化和民族自信心。 2. 陶冶学生的艺术情操，激发同学们对中国历代绘画雕塑等艺术形式发展的了解，弘扬文化自信。激发同学们对民族文化的认同感与自豪感。 **二、学生组织形式** 分组讲解、独立观察。 **三、研学讲解** **景点一：敦煌石窟文物保护研究陈列中心　【历史、地理】** **【展馆简介】** 敦煌市，是甘肃省酒泉市代管的一个县级市，位于甘肃省西北部，历来为丝绸之路上的重镇，是国家历史文化名城。敦煌东峙峰岩突兀的三危山，南枕气势雄伟的祁连山，西接浩瀚无垠的塔克拉玛干大沙漠，北靠嶙峋蛇曲的北塞山，以敦煌石窟及敦煌壁画而闻名天下，是世界文化遗产莫高窟和汉长城边陲玉门关及阳关的所在地。 始建于 1992 年并在 1994 年落成的敦煌石窟文物保护研究陈列中心，坐落在大泉河东岸，与举世闻名的莫高窟东西相望，占地面积 20000 余平方米，建筑面积 5000 多平方米。它是中国独一无二的设备齐全功能完备的石窟文物保护研究陈列机构，为海内外游人不断提供着一道又一道敦煌文化大餐——视觉的盛宴。 敦煌石窟文物保护研究陈列中心自建成以来，除常规展陈顺利进行以外，还先后举办了《藏经洞被盗史实图片大展》《敦煌研究院建院 50 周年特展》、中国台湾地区著名雕塑家杨慧珊女士《千年敦煌今再起——杨惠姗现代中国琉璃艺术展》、印度本伊诺·K·贝尔《慈悲之路摄影大展》、香港大学饶宗颐先生《莫高余馥书画大展》等。	1. 调研莫高窟石窟艺术的发展历程，最精美洞窟的开凿时期，针对不同时期洞窟的人物雕像的特点、绘画的特点，以及绘画表现的主要内容等，撰写一份敦煌莫高窟的研学调研报告。 2. 研究中国艺术、绘画的基本特点。	研学导师对学生调研报告的撰写，给予评价打分。

续表

天次	时间	行程安排	课本内容	教学过程	学生研学课题	学生研学评价
			结构与特点”；第2课“古代手工业的进步”、第3课“古代商业的进步”；(人教版)必修3第三单元“古代中国的科学技术与文学艺术”第10课“充满魅力的书画和戏曲艺术”；(人教版)选修1“历史上重大改革回眸”第三单元“北魏孝文帝改革”第3课“促进民族大融合”。	为了进一步弘扬敦煌文化，让敦煌文化走出国门，让世界更好地了解敦煌，陈列中心在国内外多次举办规模宏大、形式多样、内容丰富的展览，所到之处无不引起轰动，赞叹之声不绝于耳。① **景点二：敦煌莫高窟数字展示中心** **【莫高窟数字展示中心介绍】** 敦煌莫高窟数字展示中心的建立由敦煌研究院樊锦诗院长在2003年的全国政协会议上提出，2007年获国家批准，2010年正式开建。与敦煌莫高窟数字展示中心项目同时进行的还有莫高窟的风沙防护、崖体加固、占道改造和安防工程等子项目。截至目前，有很多洞窟经过修复已向游客开放。 敦煌莫高窟数字展示中心开放后，莫高窟的开放和旅游模式将发生“革命性”的变化：所有游客须通过网络形式预约参观莫高窟。所有游客在实地参观莫高窟之前，须首先在数字展示中心通过两个20分钟的主题电影、球幕电影及其他展示形式，提前了解莫高窟的背景知识，身临其境地观看洞窟建筑、彩塑和壁画，领略莫高窟博大精深的佛教艺术；然后乘坐内部车辆从数字展示中心抵达莫高窟，根据团队和散客分组后，由讲解员引导按照既定路线进洞窟参观；参观结束后再乘坐内部车辆返回数字展示中心购物和用餐。整个莫高窟参观活动用时将由目前的120分钟延长为150分钟至180分钟，而游客在全部洞窟内的时间将压缩到75分钟左右，但获取的信息量会大大增加。② **景点三：莫高窟** **【莫高窟的介绍】** 敦煌莫高窟是甘肃省敦煌市境内的莫高窟、西千佛洞的总称，是我国著名的四大石窟之一，也是世界上现存规模最宏大，保存最完好的佛教艺术宝库。	3. 莫高窟为何会建在距敦煌市二十多公里的鸣沙山崖壁上？ 4. 敦煌处于丝绸之路的“咽喉之地”，在中西方文化交融方面有哪些体现？	

① 敦煌研究院官网，https://www.mgk.org.cn/information/detail/pavilion? id=123666。

② 敦煌旅游网，http://www.sldhly.com/mgktopic/hall。

续表

天次	时　间	行程安排	课本内容	教学过程	学生研学课题	学生研学评价
	14:00—17:00	参观游览鸣沙山、月牙泉。	**【地理】** 1.(人教版)选修3第一章"旅游地理中旅游资源与类型分布"第一节"旅游资源的内涵及特点"、第二节"旅游资源的类型"、第三节"中国的世界遗产";第二章"旅游资源的综合评价"第一节"旅游景观的观赏"、第二节"著名旅游景区景观的特点及其成因"、第三节"旅游资源评价"。	莫高窟位于敦煌市东南25公里处,开凿在鸣沙山东麓断崖上。南北长约1600多米,上下排列5层,高低错落有致,鳞次栉比,形如蜂房鸽舍,壮观异常。莫高窟是我国现存规模最大,内容最丰富的古典文化艺术宝库,也是举世闻名的佛教艺术中心。1987年12月被联合国教科文组织列为世界文化遗产。① **一、研学目标** 1. 了解鸣沙山的成因。 2. 调研月牙泉的水源来自哪里,现在鸣沙山月牙泉的水源是否还能自我补给,引导学生进行生态环境保护地调研。 **二、学生组织方式** 先集体讲解、集体参观,然后分组开展鸣沙山拓展活动(滑沙接力、采集彩砂、骑骆驼爬山或者自行爬上鸣沙山)。 **三、研学讲解** **景点一:鸣沙山月牙泉** **【月牙泉介绍】** 鸣沙山月牙泉风景名胜区,位于敦煌城南5公里,沙泉共处,妙造天成,古往今来以"沙漠奇观"著称于世。鸣沙山以沙动成响而得名。东汉称沙角山,俗名神沙山,晋代始称鸣沙山,其山东西长40余公里,南北宽约20公里,主峰海拔1715米。峰峦危峭,山脊如刃,经缩复初;人乘沙流,有鼓角之声,轻若丝竹,重若雷鸣,此即"沙岭晴鸣"。 月牙泉处于鸣沙山环抱之中,因其形酷似一弯新月而得名。古称沙井,又名药泉,一度讹传渥洼池,清代始称月牙泉。 月牙泉水质甘洌,澄清如镜,绵历古今,沙不进泉,水不浊涸。铁鱼鼓浪,星草含芒,水静印月,荟萃一方,故称"月泉晓澈"。 "沙岭晴鸣""月泉晓澈"均为敦煌八景之一。②	**【地理】** 完成一份敦煌旅游资源调研报告。	教师通过学生的调研报告的质量对学生进行分组评价。

① 莫高窟旅游网,https://www.dunhuangtour.com/cn/destination/1.html。
② 鸣沙山月牙泉风景名胜区官网,http://www.mssyyq.com/intro/。

续表

天次	时间	行程安排	课本内容	教学过程	学生研学课题	学生研学评价
第五天	7:00—10:30	集体乘车赴雅丹。				
	10:30—12:30	游览雅丹地质公园。	2.(人教版)必修2“人类与地理环境的协调发展”第一节“人类面临的主要环境问题”,案例研究中国土地沙漠化问题。	**一、研学目的** 1. 通过对雅丹地貌,以及路上荒漠地理环境的考察与了解,加深对于雅丹地貌的地理、地质成因的认知。 2. 了解土壤沙化的进程,提升保护环境意识。 **二、学生组织方式** 集体讲解,分组实地考察 **三、研学讲解** **景点:雅丹国家地质公园 【地理】** **【雅丹地貌的介绍】** 敦煌雅丹地貌地质遗迹自然景观,位于敦煌市西北约 180 公里深处,是一片巧夺天工的天下奇观。 敦煌雅丹国家地质公园位于玉门关西北边,园区面积约 400 平方公里,分南、北两区,主要是风蚀作用而形成的第四纪地质遗迹和自然地理大漠景观。雅丹(维吾尔语),原意为陡峭的土丘,是干旱地区的一种风蚀地貌,被认为是当今世界地学的一大奇观。敦煌雅丹地貌规模之大,属世界罕见;这是宝贵的、不可再生的自然遗产,具有重要的科研、科普和旅游观光价值。 敦煌雅丹地貌形状各异、大小不同、方圆参差、高低错落,实乃鬼斧神工、妙造天成。雅丹地貌的形成经历了一个漫长的历史过程,由湖底沉积、地壳变化、雨水冲刷、劲风侵蚀而成,包括颇具规模的沟谷、高矮不等的土岗和刀刻斧凿的雕塑。一个个似人非人、似禽非禽,“街道”“城堡”“战舰”“金字塔”造型千姿百态、惟妙惟肖。若进其中,如掉迷宫,千曲百回,迂回深邃,悬崖若壁,形态各异,使人遐想联翩。	通过研学了解雅丹地貌的形成过程。学习相关雅丹地貌的地理地质特点,同时查找一下,中国还有哪些地区有雅丹地貌?世界上哪些国家和地区有雅丹地貌?总结雅丹地貌的主要特点和分布特征。	研学导师引导学生深入了解敦煌地区的地质特点,了解中国西北部的主要地质构造。研学导师根据同学们研学报告撰写的质量给予评价。

续表

天次	时间	行程安排	课本内容	教学过程	学生研学课题	学生研学评价
				敦煌雅丹地貌是迄今为止在世界上发现的规模最大、地质形态发育最成熟、最具观赏价值的雅丹地貌群落。2001 年 12 月国土资源部批准建立了“甘肃敦煌雅丹国家地质公园”,2003 年 8 月正式开园揭碑，并对游人开放。2006 年被原国家旅游局评定为 AAAA 级旅游景区。①	1. 对敦煌地区旅游资源价值进行评价，敦煌地区文旅融合发展中旅游资源的利用状况？ 2. 敦煌艺术价值的展现与利用形式的调研。 3. 旅游对于当地居民生活影响的调研。 4. 敦煌经济发展状况调研。	
	13:30—17:00	回敦煌。				
	18:30—20:30	晚餐。				
	21:26—20:22+1	乘车赴柳园 Z7(21:26—20:22),柳园—北京。				
第六天	20:22	抵达北京。		返程火车上组织学生分小组研讨，完成调研报告的初步撰写思路；明确此次研学报告的撰写方法，引导学生进行深入思考。		

① 敦煌旅游网,http://www.sldhly.com/scenic/scenic/2ce480854739b35d01473ddbcb10008c。

五、学科拓展应用

【地理】

莫高窟为何会建在距离敦煌 20 多公里的鸣沙山崖壁上？

【历史】

1. 敦煌处于丝绸之路的“咽喉之地”，在中西方文化交融方面有哪些体现？
2. 查阅斯坦因、王圆箓的生平和二人的交集，研讨两个人对于敦煌产生了什么样的影响？如果他们两个人都没有来到敦煌，今日的敦煌会有什么不同吗？
3. 查阅资料，了解常书鸿、张大千、梁思成、林徽因、樊锦诗、常沙娜、赵声良等人的生平及与敦煌的关系。了解我们对敦煌艺术的保护与应用。
4. 什么是敦煌学？为什么说“敦煌在中国，敦煌学在世界”？

【英语】

假设你的朋友要来敦煌参观，请你给他们发一封英语电子邮件，简要介绍敦煌参观旅游的行程。电子邮件不少于 100 字，内容包括：敦煌石窟的地理位置，敦煌石窟及周边的旅游景点，敦煌的历史文化，敦煌的环境保护等。

【语文】

学习古代咏嘉峪关诗词。

《出塞》王之涣

黄河远上白云间，一片孤城万仞山。羌笛何须怨杨柳，春风不度玉门关。

《从军行(七首其四)》王昌龄

青海长云暗雪山，孤城遥望玉门关。黄沙百战穿金甲，不破楼兰终不还。

《七绝・咏嘉峪关》

关山南北共争雄，云压缭垣雪压峰，黄昏宿燕归来晚，怨锁双扉鸣漠风。

《七律・咏嘉峪关》

胡杨已老叶仍青，沙枣花开香满庭。种柳千丛欺大漠，驰峰万里揖长城。

钢花更比春花艳，古月岂如今月明？莫道河西焦苦地，楼台处处阻云行！

本课程的设计由北京财贸职业学院刘雁琪负责，参与本章研究的单位(个人)还有北京市延庆区第一中学的程来继、侯京京和中国国旅集团旅游劳务培训中心的王祎、李金武等。